文
景
―――――
Horizon

社 科 新 知　文 艺 新 潮

桑兵　关晓红

—— 主编 ——

章程条文与社会常情

近代中国的知识与制度转型

制度编

上海人民出版社

本书为浙江大学"中央高校基本科研业务费专项资金"、中山大学历史学系学科建设经费专项出版资助项目

目　录

总　说

　　当前的世界格局，正在发生自 17 世纪以来最为重大深刻的变动。这一变动呈现相反相成的两面：一方面，全球化导致各国的交往联系进一步紧密；另一方面，单一的西方强势霸权地位已经动摇，包括中国崛起在内的多元化成为新的发展取向。由此引发重新认识自我和调整世界秩序的需求，不同文化系统的相互理解和接受变得更加重要，而沟通的理据却引起越来越多的反省和检讨。近代以来，在世界一体化的大趋势之下普遍发生的知识与制度转型，本来是各国赖以沟通理解的凭借，现在却造成许多的疑惑和困扰。以往后发展国家将接受欧洲中心衍生出来的一整套观念制度作为体现人类发展共同趋向的公理，用以重新条理和解释既有的历史文化。西方社会也习惯于用后来体系化的观念制度看待异己的文化，乃至回溯自身的历史。

　　随着全球化的推进，经过观念与制度的所谓现代变革调适的国家民族之间，摩擦冲突仍然不断加剧，而人类发展的单一现代化取向备受质疑，越来越多的学人意识到倒看历史所产生的误解不同文化的现实危险。如何通过世界一体化（其核心仍然是欧洲中心）之后表面相似的观念和制度来理解和把握各种社会文化差异，增进相互理解与沟通，同时注重不同文化之于世界多样性的价值意义，引起各国学人的高度关注。作为重建世界格局一极的中国，晚清民国时期，知识与制度体系发生了重大变动，使得中国人的思维方式与行为规范前后截然两分。了解这一千古大变局的全过程和各层面，对中外冲突融合的大背景下知识与制度体系沿革、移植、变更、调适的众多问题进行深入探究，可以获得理解传统、认识变异、了解现在和把握未来的钥匙。在中学、东学和西学的视角下重新考察近代中国观念与制度变革的趋向和症结，有助于更好地认识世界一体化进程中东亚文明的别样性及其对人类发展提供多样性选择的重要价值，争取和保持对在世界文明体系中的位置日益重要的中国历史文化解释的主动和主导地位，增进包括中国在内的世界各国的沟通理解。

第一节　问题的提出

美国学者任达（Douglas R. Reynolds）的《新政革命与日本》（*The Xinzheng Revolution and Japan*）一书，出版以后引起不小的争议，对其观念和材料方面的种种局限议论较多。[1] 不过，作者指出了以下至关重要的事实，即新政前后，中国的知识与制度体系截然两分，此前为一套系统，大致延续了千余年；此后为一套系统，经过逐步的变动调整，一直延续至今。作者这样来表述他的看法：

---

[1]　桑兵：《黄金十年与新政革命——评介〈新政革命与日本：中国，1898—1912〉》，载侯仁之、周一良主编《燕京学报》新四期，北京大学出版社，1998，第 321 页。

在 1898 年百日维新前夕，中国的思想和体制都刻板地遵从中国人特有的源于中国古代的原理。仅仅 12 年后，到了1910 年，中国人的思想和政府体制，由于外国的影响，已经起了根本性的变化。

从最根本含义来说，这些变化是革命性的。在思想方面，中国的新旧名流（从高官到旧绅士，新工商业者与学生界），改变了语言和思想内涵，一些机构以至主要传媒也藉此表达思想。在体制方面，他们按照外国模式，改变了中国长期以来建立的政府组织，改变了形成国家和社会的法律与制度。

如果把 1910 年中国的思想和体制与 1925 年的、以至今天中国相比较，就会发现基本的连续性，它们同属于相同的现实序列。另一方面，如果把 1910 年和 1898 年年初相比，人们发现，在思想和体制两大领域都明显地彼此脱离，而且越离越远。[1]

也就是说，中国人百余年来的精神观念与行为规范，与此前的几乎完全两样，这一天翻地覆的巨变，不过是百年前形成的基本框架，并一直运行到现在。今日中国人并非生活在三千年一以贯之的社会文化之中，而是生活在百年以来的知识与制度体系大变动所形成的观念世界与行为规范的制约之下。任达认为，这样的变动是以清政府和各级官绅为主导的具有根本性的革命，并且强调在此过程中日本影响的主动与积极的一面。对于诸如此类的看法，意见当然难期一律，表达异见十分正常。但任达所陈述的近代知识与制度根

[1]　任达:《新政革命与日本:中国，1898—1912》，李仲贤译，江苏人民出版社，1998，第 215 页。

本转变的事实，却是显而易见，不宜轻易否定的。

不过，这一转型的过程及其意义，远比任达所描绘的更为复杂和深刻。因为它不仅涉及明治日本，还包括整个丰富多样的"西方"；不只发生在新政时期，而是持续了半个多世纪（其实受域外影响发生观念行为的变化，从来就有，如佛教和耶稣会士的作用，尤其是后者，令西学已经东渐）；不仅政府主导的那些领域出现了观念和制度变化，全社会各个层面的各种知识制度体系，几乎全都根本改观；参与其事者不仅是清朝官绅和日本顾问，外国来华人士和广大中国知识人也纷纷介入其中。更为重要的是，这样的革命性变动不是单纯移植外国的知识与制度，今天中国人所存在于其中的知识与制度体系，虽然来源多在外国，因而与世界上其他国家大体相似，但还是有许多并非小异。这些千差万别，不能简单地用实际上未能摆脱西化的现代化理论来衡量和解释。

今日中国人在正式场合用来表达其思维的一整套语汇和概念、形成近代中国思想历史的各种学说、教学研究的学科分类，总之，由人们思维发生，独立于人们思维而又制约着人们思维的知识系统，与一个世纪以前中国人所拥有的那一套大相径庭。如果放弃这些语汇、概念和知识系统，面对各种信息，人们将无所适从，很难正式表达自己的意思。而习惯于这些语汇、概念和知识体系的今人，要想进入变化之前的中国人的精神世界，也十分困难。即使经过专门训练，并且具有相当程度的自觉，还是常常发生格义附会的误读错解。不仅如此，要想认识今日中国人的精神世界，尽管处于同一时代，但要分辨那些看似约定俗成、不言而喻，实际上各说各话的话语，如果不能从发生发展的渊源脉络理解把握，也很难真正做到了解同情。近年来学人所批评的"倒放电影"和所主张的"去熟悉化"，[1] 显然都由此而生。

同样，体现和规范今人的行为，维系社会有序运作的各种制度，与百年以前也是迥异。这些制度覆盖政治、经济、军事、对外关系、教育、金融、司法、医疗、治安、社会组织、社会保障与救济等各个方面，几乎无所不包。除了少数"仍旧"或"全新"外，多数情况是"古已有之"而"变化多端"甚至"面目全非"。这就导致今人既不易理解前人的种种行为方式和运作模式，又无法深究今日各种制度规定及其运行轨则的来龙去脉，难以知其然亦知其所以然。结果，一种制度之下存在着多种行为样式，甚至主要的样式与设制本身的立意相去甚远。有时观念与制度之间发生离异，观念层面的优劣之争并不影响制度层面出现一面倒的局面。如中西医的是非优劣，历来争论不已，至今只能说是各有高下，而医疗和医院制度，已经几乎完全照搬西洋方式。

出现上述情形的重要原因之一在于，晚清民国的知识与制度转型，并非由中国的社会文化历史自然发生出来，而是近代中外冲突融合的产物。某种程度上，可以说是从外部世界移植到本土，并且改变中国思维与行为的基本面貌的产物。换言之，这是世界体系建构过程中，中国一步步被拖入世界体系的结果。今人争议甚多的全球一体化，仍是这一过程的延续。

然而，事情如果只是如此简单，也就不难认识。实际情形不仅复杂得多，而且潜移默化，令人习以为常。所谓"世界"，其实仅仅处于观念形态，如果要落到实处，则几乎可以断定并不存在一个笼统的"世界"，而是具体化为一个个不同的民族或国家。更为重

---

[1]　前者为罗志田教授屡次论及，后者参见王汎森：《中国近代思想文化史研究的若干思考》，《新史学》2003 年第 14 卷第 4 期。

要的是，那个时期的所谓"世界"，并非所有不同民族和国家的集合，实际上主要是以同样笼统的"西方"为蓝本和基准。在"西方"人看来，"西方"只是存在于东亚人的观念世界之中。认真考察，西方不但有欧美之别，欧洲内部还分为大陆和英伦三岛，大陆部分又分成历史文化各不相同的众多国家。此外，本来是东亚一部分的日本，因为学习西方比较成功，脱亚入欧，似乎也进入了西方发达国家的行列，而逐渐成为西方世界的一部分。

　　如此一来，近代中国面临的外部冲击和影响，就知识系统而言，不仅有"西学"，还有"东学"。而"西学"的基本凭借，即"西方"既然只存在于观念世界，"西学"相应地也只有抽象意义。一旦从笼统的"学"或"文化"落实到具体的学科、学说，可以发现，统一的西方或西学变得模糊不清甚至消失不见了，逐渐显现出来的是由不同民族和国家的历史文化渊源生成而来的独立系统。各系统之间或许大同，但也有不少小异，这些小异对于各种学科或学说的核心主干部分也许影响不大，但对于边缘或从属部分则相当关键，往往导致不同系统的学科分界千差万别，从而使得不同国度的不同流派关于学科的概念并不一致。来龙不一，去脉各异，不同国度的同一学科的内涵也就分别甚大。大者如"科学"，英法德含义不同，小者如政治学、社会学、人类学的分科与涵盖，欧美分别不小，欧洲各国也不一致。至于社会文化研究，究竟是属于社会学的领域还是人类学的范畴，不仅国与国之间存在差异，同一国度的不同学派也认识不一。

　　上述错综复杂是在长期的渐进过程中逐渐展开的，因此一般而言，对于亲历其事者或许并不构成认识和行为的障碍，而后来者或外来人则难免莫名所以、无所适从。当由欧洲原创的人类知识随着世界体系的扩张走向全球时，为了操作和应用的方便，不得不省去繁复，简化约略，使得条理更加清晰。这样一来，原有的渊源脉络所滋生出来的纠葛被掩盖，学科的分界变得泾渭分明。将发源于欧洲的各种学科分界进行快刀斩乱麻式的后续加工和划一，开始不过是有利于既缺少学术传统又是移民社会的美国便于操作，后来由于美国的实力和地位迅速上升，对世界的影响不断扩大，甚至成为霸主和中心，美式的分科成为不少后发展国家接受外来影响的主要模式。可是，在清晰和方便的同时，失去了渊源脉络，一味从定义出发，一般而言也无大碍。然而若仔细深究，尤其是还想弄清楚所以然，就不免模糊笼统。因此，格义附会、似是而非的现象不仅多，而且乱，看似异口同声，实则各唱各调的情况比比皆是。

　　近代中国在西方压力之下发生的知识与制度体系转型，如果只是全盘西化式地照搬移植，问题也就相对简单。可是，中国的文化不仅历史悠久，而且一脉相传、始终活跃，其巨大张力所产生的延续性，对于近代的知识与制度转型产生着重要的制约作用。

　　清季民初，是中国固有学术向西式分科转型的重要时期，众多学人对此做了不同程度的努力，其中康有为、梁启超、刘师培、章太炎、严复、宋恕、王国维等人在学术领域的影响尤为突出，而蔡元培等人则更多的是从教育的角度关注分科。他们借鉴来源不同的西学，以建立自己的体系，都希望在统一的整体框架下将各种新旧中西学术安置妥当，尤其是力图将中西新旧学术打通对接。各人编织的系统虽然大体都是依据西学，但实际分别相当大，反映了各自所依据的蓝本以及对这些蓝本的认识存在很大差异。加之在中国变动的同时，欧洲各国的学科体系也正在随着社会分工的日益细化和知识分类的不断增加，随时新建、调整或重组，时间的接近加剧了空间变动的复杂性，这就进一步增加了中国人对于学术分科理解与把握的难度，也导致分科界限的模糊与错乱。早在20世纪初，主讲京师大学堂史学的陈黻宸比较中西学术时就认为："夫彼族之所以强且智者亦以人各有学，学各有科，一理之存，源流毕贯，一事之具，颠末必详。而我国固非无学也，然乃古古相承，迁流失实，一切但存形式，人鲜折衷，故有学而往往不能成科。即列而为科矣，亦但有科之名而究无科之义。"[1] 这显然是用进化论的眼光看待中西学术的结果，将近代等同于西方，以为西学的优势从来如此。其实，整体而言，分科治学在西方也不过是 19 世纪以来，尤其是 19 世纪后半叶以来的新生事物，其间也经历了用后来观念重构系统的历史进程。由于各国的学术文化传统不同，造成分科边际的不确定和不稳定，使得对西方本来就缺乏全面深入认识的中国人更加难以把握这些舶来的抽象物。

上述难题，几乎所有的后发展国家和民族都会共同面对。而中国还有其独特的问题。中国的近邻、明治维新后的日本率先走上了现代化道路，并通过一系列军事、外交和政治活动向中国人展示了它的巨大成效，以至于新政期间，在朝野人士的鼓动下，中国主要是通过日本来学习西方。这样的取径，在具有欧洲留学背景的严复看来，不仅是舍近求远，甚至会南辕北辙。他说：

> 吾闻学术之事，必求之初地而后得其真，自奋其耳目心思之力，以得之于两间之见象者，上之上者也。其次则乞灵于简策之所流传，师友之所授业。然是二者，必资之其本用之文字无疑也。最下乃求之翻译，其隔尘弥多，其去真滋远。今夫科学术艺，吾国之所尝译者，至寥寥已。即日本之所勤苦而仅得

---

[1]　陈黻宸：《京师大学堂中国史讲义》，载陈德溥编《陈黻宸集》下册，中华书局，1995，第 675 页。

者，亦非其所故有，此不必为吾邻讳也。彼之去故就新，为时仅三十年耳。今求泰西二三千年孳乳演迤之学术，于三十年勤苦仅得之日本，虽其盛有译著，其名义可决其未安也，其考订可卜其未密也。乃徒以近我之故，沛然率天下学者群而趋之，世有无志而不好学如此者乎？侏儒问径天高于修人，以其逾己而遂信之。今之所为，何以异此。[1]

严复的意见在一段时期内不被普遍认同，在他供职的学部，据说也是东学派占了压倒性优势，不过却提醒国人注意，日本化的西学，加入了许多东亚因素，其中不少是根据中国文化加以变异，以应对西学。而东学所带有的浓厚的德国色彩，提示人们进一步抛弃西学的笼统性，关注英国以外的其他欧洲文化系统，并设法弄清不同系统之间的差异。

知道分别就会有所取舍。在大规模地接受东学之后，朝野人士对东学东制移植中土暴露出来的弊病逐渐有所认识，于是再度将目光转向欧洲。从这时起，国人开始跳出西学的笼统观念，不一定在不同系统之间做整体性选择，而是考虑各个系统的组成部分可能各有长短，应当具体地予以了解和把握。民国以后，虽然留美学生渐多，并且逐渐占据了国内各界的要津，有识之士还是知道，欲求高深学问而非仅仅谋求学位，应该前往原创性的欧洲。只是后来北美与东欧的影响日益增强，将已有的复杂因素变得看似简化。

在近代中国人的精神世界发生着翻天覆地的变化的同时，其行为规范也随着涉及社会生活各个方面的各种制度的引进而悄然变

[1]　严复:《与〈外交报〉主人书》，载王栻主编《严复集》第 3 册，中华书局，1986，第 561 页。

更。西制进入中国并导致原有的各种制度发生程度不同的变动，与西学的进程颇为近似，也经过了取法日本的阶段。虽然中西文化交流并非截然分为物质、制度和心理的层面，依次递进，器物的引进带来不同的审美和实用观念，工厂的开办需要一整套制度的保障，而且随着新事物的日益增多，清朝的各级职官体制也悄然变更，总体而言，制度变动的进展相当缓慢。新政时期，中国全面模仿日本，朝野上下，先后派出了为数众多的官绅，他们出发前以及抵达日本后，要集中听讲学习，有关方面为此还编制了具体的考察指南，指示考察的程序、步骤和做法。他们按图索骥，将日本的各种制度一一照葫芦画瓢地搬来中国。当然，后来同样有过再向欧美学习以调整偏差的经历。其间有些先见之明的人士并不囿于一途，如孙中山对美国的代议制民主就不以为然，而倾心于瑞士的直接民主。

对于近代中国的知识与制度体系转型，学界往往会用现代化的解释框架来加以认识。现代化的观念，未必不是一种解释模式。不过，现代与传统、进步与落后之类的两极范畴，最终实际上落实到了中西对立的观念之上，不仅流于简单地找变化，而且根据固定标准所找出的变化归根结底都是西化。诸如此类以变化为进化，以现在为现代的看法，多少反映了今人的盲目自信。而近代中国的知识与制度转型绝非如此简单，至少应该考虑到：1. 中国固有的知识与制度体系的渊源、变化与状况。2. 外来知识与制度体系的具体形态及其进入中国的过程、样式。3. 中国人如何接受外来的知识与制度，外来知识及制度如何与中国固有的知识及制度发生联系。4. 在上述过程中，本土与外来的知识和制度如何产生变异，形成怎样的新形态。5. 这些变异对中国的发展所产生的制约性影响。

近代中国的知识与制度转型研究的展开，力求回应上述问题，大体把握中外知识与制度转型之前的情形，外来知识与制度进入中国的过程，由此引起的变化、变化所造成的延续至今的状况以及未来的发展趋向，力求为世界格局的重构做好知识与制度准备。

第二节　观念与取向

知识与制度体系的全面变动，不仅改变了近代中国人的思维与行为，而且使得现在的中国人在面对过去时，自觉或不自觉地用现行思维行为方式去观察判断，如果没有充分自觉，等于用后来外在的尺度衡量前人前事，难以体察理解前人思维行为的本意真相。也就是说，外来的知识与制度体系进入之前，中国人已有自己长时期累积而成的一整套思维和行为方式。而在转型之后，由于观念和规矩的变更，要想如实了解固有本来，反而变得相当困难。要做到不带成见从无到有地去探究发生、发展和变化，首先必须对本来的情形有充分的了解同情。

此事说来简单，其实至为复杂。尽管近代知识与制度转型很有几分脱胎换骨的色彩，以致有学人断言已是西体中用，实则吸收域外文化或融合其他异文化，在中国历史上不仅随时发生，而且有过几次显而易见的重要变动。今人看转型以前的人与事，难免带着后来西式的有色眼镜，即使有所自觉，尽量不带成见，也很难完全还原。历史本事、相关记述和后来著史，彼此联系，又各自不同，而分际模糊，容易混淆，况且著史还有层累叠加的问题。历史的实事即所谓第一历史必须经由历史记述即所谓第二历史加以展现，任何历史记述，往往积薪而上，一般而言，所有系统，均由后人归纳，集合概念亦均为后出，而且越到后来，条理越加清晰，意涵却悄然变化。后来之说可以表明编制者的看法，不能简单地认作所指时代的事实。转型之前，前贤已经提出以汉还汉的问题，只是即便回到汉代，所获仍然不过汉代人对先秦思想的认识。汉代固然距离先秦较今人为近，保留理解先秦的思想观念或许较今人为多且确，却未必真正吻合。况且汉代对于前人的认识也是五花八门、各不相同。

将以汉还汉的精神贯彻到底，应该是回到不同时代不同人物的不同观念行事。傅斯年曾为自己将来可能写"中国古代思想集叙"，提出若干要遵守的"教条"，其中包括：1. 不用近代哲学观看中国的方术论，"故如把后一时期，或别个民族的名词及方式来解它，不是割离，便是添加。故不用任何后一时期，印度的、西洋的名词和方式"。将明清之际耶稣会士和晚清以来西学的影响乃至中古大事因缘的儒释道合一，均置于自觉排除之列。2. 研究方术论、玄学、佛学、理学，各用不同的方法和材料，而且不以两千年的思想为一线而集论之，"一面不使之与当时的史分，一面亦不越俎去使与别一时期之同一史合"。[1]

也就是说，中国不仅没有一以贯之的哲学史，而且历代分别有方术、玄学、佛学、理学的历史，各史均须还原到当时的历史联系之中，而不能抽取某些元素加入其他时期的同类史。此说对于现在的不少相关研究尤其具有针对意义，探讨概念、分科及制度，看似广征博引，也能遵循时空顺序，实则将不同时期的相同或相似观念事物抽离原来各自的历史联系，而强行组合连缀，其本意既因脱离

---

[1]　《傅斯年致胡适》1926 年 8 月 17、18 日，载杜春和、韩荣芳、耿来金编《胡适论学往来书信选》下册，河北人民出版社，1998，第 1264-1265 页。

原有语境不能恰当解读，其联系复因形似而实不同而有削足适履之嫌，仍然是强古人以就我的主观预设。况且，诸如此类的研究往往还会就文本以证文本，对于相关人事视而不见，无法将思想还原为历史，不过是创造一家之言的个人思想史而已。

至于写法，傅斯年主张应由上层（下一时）揭到下层（上一时），而非自上一时写下来。前者从无到有，探寻概念事物的发生及其演化，后者则以后来观念条理先前史事，实为用后来眼光倒述历史。所谓自上一时写下来，其实未能剥离后来的附加成分，而以后来的概念条理作为先入为主的是，形式上虽然顺着写，实际上却是倒着讲。必须首先由记述的上层即时间的下一时，揭到记述的下层即时间的上一时，才能以汉还汉，回到历史现场。不过，仅仅这样逆上去固然可以层层剥笋，求其本意，还物事的本来面目，但要再现思想演变的历史进程，还应在回归具体时空位置的基础上顺下来，历时性地展示事物发生演化的复杂详情。

然而，更为吊诡的是，和傅斯年所推崇的阮元《性命古训》一样，尽管该研究"其方法则足为后人治思想史者所仪型"，还是存在其结论未必能够成立的尴尬。[1] 原因如陈寅恪所论：

> 宋儒若程若朱，皆深通佛教者。既喜其义理之高明详尽，足以救中国之缺失，而又忧其用夷变夏也。乃求得两全之法，避其名而居其实，取其珠而还其椟。采佛理之精粹，以之注解四书五经，名为阐明古学，实则吸收异教，声言尊孔辟佛，实则佛之义理，已浸渍濡染，与儒教之宗传，合而为一。此

---

[1]　傅斯年：《性命古训辨证》，载欧阳哲生主编《傅斯年全集》第 2 卷，湖南教育出版社，2003，第 505－509 页。

先儒爱国济世之苦心，至可尊敬而曲谅之者也。故佛教实有功于中国甚大。自得佛教之裨助，而中国之学问，立时增长元气，别开生面。故宋、元之学问、文艺均大盛，而以朱子集其大成。[1]

1934年陈寅恪为冯友兰《中国哲学史》下册所写审查报告指出：

> 六朝以后之道教，包罗至广，演变至繁，不似儒教之偏重政治社会制度，故思想上尤易融贯吸收。凡新儒家之学说，几无不有道教，或与道教有关之佛教为之先导。如天台宗者，佛教宗派中道教意义最富之一宗也。其宗徒梁敬之与李习之之关系，实启新儒家开创之动机。北宋之智圆提倡中庸，甚至以僧徒而号中庸子，并自认为传以述其义。其年代尤在司马君实作《中庸广义》之前，似亦于宋代新儒家为先觉。二者之间，其关系如何，且不详论。然举此一例，已足见新儒家产生之问题，尤有未发之覆在也。至道教对输入之思想，如佛教摩尼教等，无不尽量吸收，然仍不忘其本来民族之地位。既融成一家之说以后，则坚持夷夏之论，以排斥外来之教义。此种思想上之态度，自六朝时亦已如此。虽似相反，而实足以相成。从来新儒家即继承此种遗业而能大成者。[2]

---

[1] 吴宓：《吴宓日记》第2册，吴学昭整理注释，生活·读书·新知三联书店，1998，第102-103页。

[2] 陈寅恪：《审查报告三》，载冯友兰《中国哲学史》下册，商务印书馆，1934，第3-4页。

关于唐宋诸儒究竟是先受到佛教道教性理之说的影响，再上探先秦两汉的儒学，以外书比附内典，构建新儒学，然后据以辟佛，还是相反，鉴于时代风气人伦道丧，先从古儒学中认出心学一派，形成理学，以抵御佛教，对此，陈寅恪与傅斯年意见分歧，并有所论辩，最终各执己见。[1]1948 年，陈寅恪在《历史研究》发表《论韩愈》，旨在说明"退之自述其道统传授渊源固由孟子卒章所启发，亦从新禅宗所自称者摹袭得来也"。韩愈扫除章句繁琐之学，直指人伦，目的是调适佛教与儒学的关系：

> 盖天竺佛教传入中国时，而吾国文化史已达甚高之程度，故必须改造，以蕲适合吾民族、政治、社会传统之特性，六朝僧徒"格义"之学，即是此种努力之表现，儒家书中具有系统易被利用者，则为小戴记之中庸，梁武帝已作尝试矣。然"中庸"一篇虽可利用，以沟通儒释心性抽象之差异，而于政治社会具体上华夏、天竺两种学说之冲突，尚不能求得一调和贯彻，自成体系之论点。退之首先发见小戴记中大学一篇，阐明其说，抽象之心性与具体之政治社会组织可以融会无碍，即尽量谈心说性，兼能济世安民，虽相反而实相成，天竺为体，华夏为用，退之于此以奠定后来宋代新儒学之基础……

而"退之固是不世出之人杰，若不受新禅宗之影响，恐亦不克臻此。又观退之寄卢仝诗（春秋三传束高阁，独抱遗经究终始），则知此种研究经学之方法亦由退之所称奖之同辈中人发其端，与

[1]　参见桑兵：《求其是与求其古：傅斯年〈性命古训辨证〉的方法启示》，《中国文化》2009 年第 29 期。

前此经诗〔师〕著述大意〔异〕，而开启宋代新儒学家治经之途径者也"。[1]

　　如果韩愈是受新禅宗的影响才转而正心诚意，甚至到了"天竺为体，华夏为用"的程度，其弟子的复性论就很难说是与禅无关于儒有本。新儒学究竟是取珠还椟，还是古今一贯，或者说，古今一贯是唐宋诸儒苦心孤诣的自称，还是新儒学创制的渊源，两说并存、悬案依旧，破解之道，有待于来者。两相比较，以情理论，无疑陈寅恪之说更为可信，恰如欧洲中世纪思想必须借助儒学才能突破变换，很少抽象虚理思维习惯的唐宋诸儒，如果没有内典外书相互比附、性理之学盛行的时代风尚影响，也很难产生思维方式的革命性变换。只是陈寅恪的看法较傅斯年曲折复杂，不易直接取证，反而傅斯年的说法容易找出直接证据，看似信而有征。史学研究中往往存在实事无实证，而实证并非实事的现象，造成诸多困惑，由此可见一斑。唐宋诸儒的行事方式，直到明清之际仍然有人仿效，只是自然科学方面可以比较文本进行梳理，思想精神层面的水乳交融，已经很难分离验证。如此看来，晚清面对西学的中学，其实早已是既非固有，更不固定。

　　知识与制度转型的大背景是中西交汇，除了认识中国原有，对西的一面同样要认真探究，而不仅仅是一般性的了解，应当回到相应的历史时期，追寻各种知识与制度变化发展的渊源脉络，以免受后来完善化、体系化观念的影响。关于此点，近代学人围绕中国有无哲学的问题所展开的讨论颇有启示意义。1928 年，张荫麟撰文评冯友兰《儒家对于婚丧祭礼之理论》，指出：

————————

　　[1]　陈美延编：《陈寅恪集·金明馆丛稿初编》，生活·读书·新知三联书店，2001，第 320、322-323 页。

　　夫以现代自觉的统系比附古代断片的思想，此乃近今治中国思想史者之通病。此种比附，实预断一无法证明之大前提，即谓凡古人之思想皆有自觉的统系及一致的组织。然从思想发达之历程观之，此实极晚近之事也。在不与原来之断片思想冲突之范围内，每可构成数多种统系。以统系化之方法治古代思想，适足以愈治而愈棼耳。[1]

　　这里虽然讲的是中国，实则西方也有类似情况。如欧美学者的社会学史，一般是将斯宾塞的《社会学》作为发端。其实这也是后来社会学家的倒述。严格说来，斯宾塞那本标名《社会学》的著作，更近似于今人所谓社会科学。而在几乎所有欧美人撰写的社会学史中找不到位置的甄克斯，在 20 世纪初年的中国人眼中，却是西方代表性的社会学家，影响了众多中国人对社会和社会学的认识。

　　当然，最为复杂的还是变动不居的阶段。一个本来就没有真正统一定义（至多是约定俗成）的外来概念进入中国，常常要经历相当长的接受过程，而且接受者各自以其原有的知识进行判断和理解。其间不同时期有不同的表述，同一时期的不同个人也会表述各异。而同一表述之下，有时各人的意思大相径庭。一个学科同样如此。西式近代分科因民族国家的传统渊源而千差万别，进入中国后，对应于中国固有学问的何种门类，开始往往五花八门，后来虽然逐渐统一，其实还是各说各话。等到中国的固有分类被外来替代（实则很难对应），或者说按照西式分类的观念将中国的固有学问

------

[1]　张荫麟：《评冯友兰〈儒家对于婚丧祭礼之理论〉》，《大公报·文学副刊》1928 年 7 月 9 日第 9 版。

加以比附，却又出现了用西式分类看待中国固有学术是否合适的问题。如哲学，一度对应到易学、理学或诸子，后来傅斯年却提出古代中国无所谓哲学，连思想一词也要慎用，因为概念不仅仅是符号，由此可以引起极大的误解。用今天通行的美术概念去理解梁启超在戊戌前所主张的工人读制造美术书，[1] 只能是百思不得其解。而张荫麟等人对胡适、冯友兰等人中国哲学史研究的批评，主要也是针对后者用西洋现代系统化的哲学观念去理解或解释中国古代的精神世界，难免格义附会，似是而非，差之毫厘，谬以千里。

直至今日，不少中国学人仍然在为诸如此类的分歧差异而备感困惑和困扰，而那些没有感到困惑与困扰者，并不见得比他人更加清醒，或许刚好相反，以现有的知识来理解前人，已经将现实视为天经地义，从而失去了怀疑的自觉。如有的评论者指出那些认为中国无哲学的论点是以西方为标准，殊不知中国非有哲学不可，同样是一把西学的尺度。后来熊十力即批评西方人认为中国无哲学，不无矮化贬低中国学术之意。了解近代学人何以会有上述观念看法，以及他们彼此讨论的具体语境，有助于理解问题本身。

中国古代已有现代西方的各种学术分科，除习惯于附会者外，当然有些匪夷所思。其实，连中国固有学术是否存在分类，学界尚有争议。民国时宋育仁从学制改良和国学教育的角度，断言："经史子集乃系书之分类，不得为学之分科；性理考据辞章为国学必要经历之程，而非人才教育专门学科所立。""北京大学立经学专科，外国学校有历史分科，讲求国学者，因此遂以经史子集四部之名分配为教科。孔经为欧美所无，而彼中大学五科有道科，以其教经为主

---

[1]　梁启超：《读日本书目志书后》，载林志钧编《饮冰室合集》文集之三，中华书局，1989，第 54 页。

课；日本大学立哲学，以孔经立为哲学教科。夫四部乃分布书类之名，非支配学科之目。"[1]

不过，古人治学，虽然不讲分科，而重综合，不等于学术没有分别。经学、史学的名目，由来已久，诸子学也有数百年历史，至于集部，实际是文学，只是古人的文章之学，与今日的文学概念不同。图书分类，也不等同于学术分科。晚清那一代新进学人，努力将中国固有学问与西学对应，很少怀疑这种对应是否合适，因此附会之说不在少数。到了民国时期，不少人意识到简单对应的牵强，但已不容易摆脱分科概念的控制。时至今日，分科教育和分科治学的现状，早已将古代中国的学问肢解得七零八落，而且彼此之间壁垒森严了。

考古的概念和考古学的分科，不仅在转型过程中困扰着近代中国学人，即使在此之后，认识与理解仍然因人而异，令学人有些莫名所以。直到 20 世纪 90 年代，中国考古学界的新锐学人还在为中外考古学的发展趋向明显两歧而大感不解。一般而言，欧美考古学的主导趋向是离开文献，或者说是要补文献的不足。章太炎对此有过整体性的评论，他指责"今人以为史迹渺茫，求之于史，不如求之于器"的做法，是"拾欧洲考古学者之唾余也。凡荒僻小国，素无史乘。欧洲人欲求之，不得不乞灵于古器。如史乘明白者，何必寻此迂道哉"。中国"明明有史，且记述详备"，可以器物补史乘之未备，而不宜以器物疑史乘，或作为订史的主要凭据。[2] 所以中国

---

[1]　宋芸子：《国学学制改进联合会宣言书》，《国学月刊》1923 年 9 月第 17 期，第 23－25 页；宋芸子：《国学研究社讲习专门学科》，《国学月刊》1923 年 9 月第 17 期，第 39 页。

[2]　徐一士：《一士类稿·太炎弟子论述师说》，载荣孟源、章伯锋主编《近代稗海》第 2 辑，四川人民出版社，1985，第 105－108 页。

考古学在很大程度上要承担印证文献记录的使命。加之中国本有金石器物学传统，与考古学不无近似，因此，在相当长的时期内，考古一词更多的是在考证古史的意义上理解和使用。所谓古史，固然也指上古历史，更主要的是历代典籍对先民历史的记载。这也就是具有留学背景的近代学人所批评的，中国旧式学人的研究重心在于古书而不是古史。

由于这一取向较易与金石学传统沟通联系，民国时期金石学者一直在考古学界扮演重要角色。20 世纪 30 年代在北平成立的考古学社，主导的取向就不一定是掘地。而 20 世纪 20 年代在古史辨论战中，李宗侗等一些学人主张由考古发现来解决问题，正是寄希望于掘地。进言之，即使掘地，学人最有兴趣的仍然是发现埋藏在地下的文献。王国维著名的二重证据法，说到底所谓地下还是文献，而不是用实物证文献，更不是用实物重建历史。直到 20 世纪 80 年代重建考古学会，担任顾问与担任理事的学人取向依然有所不同。这种固有学术传统的制约作用不仅发生在中国学人身上，深受中国学术熏染的域外学人也会近朱者赤。日本考古学大家梅原末治晚年甚至宣称：东亚考古学应当是以器物为对象的学问，几乎认同金石学的理念。更多地接受欧美现代考古学影响的李济批评梅原末治开倒车，实则毋宁说梅原的转向是由于对东亚的历史文化和学术有了更加深刻的体验，因而改变了单纯以欧美考古学为准的的观念。[1]

分科治学之下，各种辅助学科对于历史研究的影响渐深，统一的历史被分割为各种各样的专门史，用了分科的眼光看待前人前事，很难得其所哉。姑不论文学古今有别，哲学似有似无，政治形

---

[1]　参见斋藤忠:《考古学史の人びと》，第一书店，1985；角田文衛编:《考古学京都学派》（增补），雄山阁，1997。

同实异。即使域外为道理，一味盲从，也难免偏蔽。民国时期社会经济史盛行，有学人就认为："吾国史政治之影响究大于经济，近人研史或从经济入手，非研史之正轨也。"[1] 近代学人批评中国古代无史学，只有帝王家谱。可是王朝的兴衰，往往关乎民族的存亡，却是不争的事实。在今人眼中，货币无疑属于经济史、金融史、财政史的范畴，而历史上在不同人的眼中，银钱的意涵不可同日而语。用后来专门的观念，可以得出符合学科规范的结论，而于认识历史上的实事，反而可能牵扯混淆。

近代中国的知识与制度转型的复杂性，因为东学背景而更加难以把握。日本长期以来一直受中国文化的影响，直到明治维新大见成效，特别是甲午战争、戊戌维新和新政之后，乾坤倒转。此后中国的精神世界大受日本的影响，用于正式学科的许多名词，都是来自日本明治后的"新汉语"。此事已经引起海内外学人的长期关注。所谓明治后的"新汉语"，并不一定是日本人的发明，尽管前人也察觉到其中有借用，有独创，有拼合，但最值得注意的却是，这些新汉语中相当一部分本来源自中国。例如"国民"，十余年前日本学人已经注意到，1880 年王韬等人著述中就出现了现代意义上的"国民"，与古代中国的国民含义大不相同。近来又有学人发现，最早的中文期刊《察世俗每月统纪传》中，已经出现了具有现代意义的"国民"一词。

当然，这些新名词大都并非单纯国人的贡献，往往是来华外国人士为了翻译上的用途，而和他们身后的中国助手一起逐渐发明出来。虽然在中国人的圈子当中并不流行——所以后来要从日本"逆输入"，但如果以为要到 19 世纪末 20 世纪初才从日本引进，

[1]　金毓黻：《静晤室日记》第 6 册，辽沈书社，1993，第 4786 页。

则不仅有时间先后之别，对于过程的理解也会大受影响。明治初期的日本人士，用一般日语很难因应西学的复杂，不得不借助表现力强而且简略的汉文古典。由此创造出数以千计的新汉语，既不能与西文原意吻合，又与中国的原典有异，在促使东亚进入世界体系、使得日本掌控了东亚精神世界话语权的同时，产生了误读错解中西历史社会文化的不小弊端。而知识的分科系统，无论在教育还是学术层面，近代中国多以日本为蓝本，有时争议的各方，引经据典的大都东学的不同来源。其利弊得失，很有重新全面检讨的必要。

诸如此类变化过程的复杂性，在制度方面同样有明显的体现。作为人与社会的行为规范，制度具有独特的文化内涵，全以西人现代观念对待，难免陷入科学与迷信、先进与落后、文明与野蛮的对应。这种建立在进化论基础上的社会发展观，不可避免地导向西方中心论。银行取代钱庄票号，便是一个相当典型的例证。认定前者在制度上优于后者，显然是以今日的眼光去回顾衡量的结果。这种似乎合理的观点，并不能解释何以在长达半个世纪内银行非但不能取代钱庄票号，甚至在与后者竞争时还处于下风。至少在当时中国人的实际生活中，银行似乎不如钱庄票号来得方便，也不比后者更具诚信。后来银行之所以能够占据上风并且最终取代钱庄票号，与其说是因为银行自身具有优势，不如说是随着西方列强的全球扩张和世界化进程，中国社会日益被拖入其中，整体环境产生了有利于银行的极大的变化，而钱庄票号又不能抵御各级政府和官僚各式各样的插手干预，被后者财政信用的不断流失所拖累，直到金融危机爆发，终于陷入万劫不复的境地。后来的民族工商业乃至新式金融业，也难逃同样的命运。

另一项中西差异明显的制度是医疗。在进化论观念的主导下，国人一度试图在先进与落后的框架下安置所有的中国与西方，中学、中医乃至国画，都被看成旧与错的象征。而据现代的研究，中国的稳婆与西方的助产士，二者在接生过程中所担当的角色作用相去甚远，前者的文化心理安抚功能在很大程度上弥补了医疗手段的不足，使得产妇分娩时能够减少痛苦，并且在一定程度上抵消了后者科技水准的优势。无论医学所包含的文化因素难以用西医的科学标准裁量，一视同仁的西医和因人而异的中医，究竟哪一种更加合乎较近代科学的简单化复杂得多的现代科学，也不无重新认识的余地。

晚清以来的教育变革同样经历曲折，历届政府一直大力推行的国民教育，在实际运行中遭遇重大障碍，而备受争议的所谓私塾，则到20世纪40年代仍然具有相当大的规模。清代对新式学堂的非议很容易被斥为守旧，而民国时期倡行乡村教育的知识人对于国民学校的批评，就不再是一个简单的新旧判语所能了断。其中所包含的对于外来制度与国情现实的反省，值得后人深思。

有些制度变更，看似完全由西方移植引进，其实并不那么简单。三权分立的原则以及相关的制度建设，包括选举的实施、机构的建置、程序的展开，甚至基本的理念，都不是原版复制，引进之时固然有所选择取舍，引进之后还要加以调整，尤其是在许多方面实际上利用了中国已有的基础，或是不能不受固有条件的制约，因而在落实到中土的时候，发生了种种变异。戊戌以来，民主的追求就是中国政治生活中的头等大事，相关的制度在形式上也陆续建立，可是西方民主制的理念源于人性恶的原罪意识，而权力又是万恶之源，性恶之人掌握权力，更加无恶不作，所以天下无所谓好的政治，只是坏的程度多少深浅而已，因此必须分权制衡，以防止掌权者为恶。中国的传统却是圣王观，内圣可致外王。只要找到内圣，就应当赋予其充分的权力，使之可以放手行其外王之道。因为内圣致外王时能够自律，约束太多，反而限制其发挥。而后来的各级行政机构多由科房局所演变而来，分立的三权，也往往被行政长官视为下属。这些都使得制度的移植和建设充满变数，不是主观意愿所能控制。

典章制度研究本来就是中国史学的要项，只是近代史研究中往往有所忽视。涉及者主要依据章程条文，加以敷衍。而"写在纸上的东西不一定就是现实的东西。研究制度史不能只看条文，必须考察条文在实际生活中的作用"。[1] 也就是说，应当注意章程条文与社会常情及变态的互动关系，这种考察制度渊源与实际运作及其反应的做法，适为近代制度沿革研究的上佳途径。

一般而言，概念往往后出，研究中很难完全避免用后出外来的概念，因为经过近代的知识转型，不使用这些概念，将不可避免地导致失语。不过，在迫不得已的情况下使用后出外来概念，并不等于全盘接受其所有语义，甚至本末倒置，完全按照其语义的规定来理解事物。反之，对于这些概念的局限或扭曲原义本相的潜在危险，必须具有充分的自觉，否则势必南辕北辙。如按照现代法治社会的观念来看待清代的律法及其实践，将司法与行政分离，已经离题太远，再强分刑法与民法，更加不着边际。在官的方面，判案就是政务的要项。这与亲民之官担负保一方平安的职责密切相关。清季改制，军政长官不愿放弃司法行政权，根据之一，就是军情紧急之时就地正法的必要。

试图在司法层面理解古代中国的社会常态，恐怕也有不小的距

---

[1]   蒋天枢：《陈寅恪先生编年事辑》（增订本），上海古籍出版社，1997，第97页。

离，伦理社会的诸多问题乃至纠纷，都不会提到法律的层面来解决。直到 20 世纪 40 年代，中国人大都还认为坏人才打官司。而用案卷来透视社会，如果不能与其他资料比勘参证，尽力还原事实，则案子固然已经是变态异事，案卷所录与实事本相也相去甚远。反之，虽然传统中国并非法治社会，多数争端纠纷一般不会上升到法律层面，并不意味着常态的社会生活与律法无关。熟知律法的民间人士，除了担任刑名师爷等幕友外，主要不是在打官司的过程中扮演讼师，而是在一般社会生活的各个层面，担任与律法有关的中间或见证人。

近年来，知识史的研究越来越引起国内外学人的关注，研究的方向领域共通，而取径各异，见仁见智之下，也有一些值得共同注意的问题，其中之一，便是如何防止以今日之见揣度前人。要避免"倒放电影"和做到"去熟悉化"，对于今人而言其实是极为困难的事，仅仅靠自觉远远不够。因为习惯已成自然，错解往往是在不经意之间。无知无畏者不必论，即使不涉及价值判断，且有高度自觉，也难免为后来外在的观念所左右。近代学术大家钱穆研治历代政治制度极有心得，而且明确区分时代意见与历史意见，可是仍然一开始就使用中央与地方的架构来梳理历代政治制度。实则这样的对应观念并非历代制度本身所有，而是明治时期日本的新概念。来华日本人士以此理解清朝体制，进而影响国人。尤其是织田万所著《清国行政法》，对中国朝野影响巨大。尽管如此，清季改制之际，就连接受这些概念的官绅，一旦面对内外相维的清代原有设制，直省究竟是否地方，还是成为偌大的难题，令举国上下缠绕不清、头痛不已，找不出适当的破解之道。进入民国，在相当长的时间里，省的地位属性，一直困扰着行政体制的设置及运作。岁月流逝，原来的困惑如今看似已经不成问题，实际上不仅依然制约着现实社会的相关行事（如地方行政与税制层级划分），而且导致与中国固有体制的隔膜，使得相关研究进入南辕北辙的轨道，用功越深，离题越远。

知识与制度体系转型日益深化，类似情形便不断得到巩固和强化。清季以来，西式学堂取代旧式学校，不仅要分科教学，而且以教科书为蓝本，在模仿日本编制教科书的过程中，各种知识陆续按照日本化的西式系统初步被重新条理。担心这种情形可能存在某种危险倾向的学人，曾经从不同的角度提出警示，只是在中西乾坤颠倒的大势所趋之下，他们的担忧和呼吁，很容易被视为守旧卫道而遭到攻击排斥。与此相应，各种报刊出现分门别类的栏目，中外学问需要统一安放，附会中西学术成为不少有识之士孜孜追求的目标。民国以后，整理国故兴起，精神世界已经被西化的中国学人进一步认为中国固有的知识缺少条理系统，因此要借助西方的系统将中国学问再度条理化。从胡适的《中国哲学史大纲》建立新的范式，中国的知识系统不仅在教科书的层面，而且在学术层面也逐渐被外化。随着重新条理一过的知识不断进入教科书和各种普及读物，主观演化成了事实，后来的认识就反过来成为再认识的前提。这样的过程周而复始地进行，今人的认识越来越适应现有的知识，而脱离本来的事实。这也就是陈寅恪所指摘的，越有条理系统，去事实真相越远。

与蔡元培等人推崇胡适以西方系统条理本国材料为开启整理国故的必由之路不同，1923 年，清季附会东西洋学说的要角梁启超针对国故学复活的原因指出：

　　盖由吾侪受外来学术之影响，采彼都治学方法以理吾故物。于是乎昔人绝未注意之资料，映吾眼而忽莹；昔人认为不

可理之系统，经吾手而忽整；乃至昔人不甚了解之语句，旋吾
脑而忽畅。质言之，则吾侪所恃之利器，实"洋货"也。坐是
之故，吾侪每喜以欧美现代名物训释古书；甚或以欧美现代思
想衡量古人。

　　尽管梁启超认为以今语释古籍原不足为病，还是强调不应以
己意增减古人之妍丑，尤其不容以名实不相符之解释致读者起幻
蔽。而且梁启超现身说法，承认此意"吾能言之而不能躬践之，
吾少作犯此屡矣。今虽力自振拔，而结习殊不易尽"。告诫"吾同
学勿吾效也"[1]。可是，清季开始的教育变革到这时产生了极其重
要的效应，正是大批新式学堂培养起来的青年，成为外化的学术
最终升上主流位置的决定性因素。守成的学人在失去政治依托之
后，又被剥夺了学术的话语权。今人对近代学术历史的认识，往
往是通过主流派后来写成的历史，有意无意间将后者的看法当成
了史实本身。
　　制度体系的变异进一步强化了知识体系的西化。生长于今日的
环境，所得知识又是由学校的教科书教育灌输而来，现行的知识与
制度体系已经成为今人思维与行为的理所当然。换言之，今人基本
是按照西式分科和西式系统条理过的知识进行思维，依据西式的制
度体系规范行为，因而其思维行为与国际可以接轨，反而与此前的
中国人不易沟通。这显然是用进化论的观念将人类文明和文化统一
排列后产生的结果。只是中国并不能因此就成为理想中的西方，这
种沟通一方面以牺牲文化传统为代价，另一方面，则以对西方认识

---

[1]　梁启超：《先秦政治思想史》，载林志钧编《饮冰室合集》专集之五十，中华
书局，1989，第 13 页。

的笼统模糊和似是而非为凭借，或是将不同的西方各取所需，杂糅混淆，因而往往与西方形同实异。这既体现了传统对现状的制约，又反映了国人对域外的隔膜。

民主、科学、革命等等概念，都是 20 世纪主导国人思维行为的重要语汇，它们不仅仅是观念，而且形成一整套的政治、法律、社会制度和行为方式。国人对这些约定俗成的概念的认识和解释，并不一致，与其来源的含义更是相去甚远。在内圣外王观念的制导下，近代中国的追寻民主相当长的一段时期是在寻求可以成为民之主的内圣。这个概念本身开始的含义就是民之主，后来则演变成民主制推举出来的首脑。科学是另一个让国人半是糊涂半明白的概念。什么是科学，在不同的西方有着不同的内涵外延，如果以必须由实验验证为标准，则数学也不宜称为科学。至于社会科学，尤其是人文学科能否称为科学，争议更大。而科学本来的历史意义之一，就是分科治学。在这方面，近代中国受东学的影响极大，背后则是德国学术的观念。概念本身的差异，使得中国很容易泛科学化，从而令科学的意义反而不易把握。今人使用这些概念，常常追究是否准确传达西文的原意，其实作为翻译语汇，误读错解是常态，用比较研究的办法探究其如何被创造、应用、传播和变异，才能接近因时因地因人而异的本意。

研究近代中国的知识与制度体系转型，还有更深一层的含义。晚清尤其是五四以来，以西洋系统条理本土材料，已成大势所趋。今人所有的知识，几乎都是被条理过的。近代学人已有比附西学的偏向，今人治学，更加喜欢追仿外国。这虽然是学风不振所致，其知识架构已被西化，则是深层原因。而外人治学，虽然有现代学术的整体优势，治中国学问，还是要扬长避短，其问题意识，也主要是来自本国，并非针对中国。国人不察，舍己从人，既不能发挥所长，又容易误读错解方法和问题。长此以往，国人不可避免地只能跟随在欧美后面，亦步亦趋。学得越像，反而离中国历史文化越远。如果不能及时正本清源，找出理解中国固有的思维行为的门径，则虽有自己就是中国人的自信，对于中国的认识，反倒会出现依赖外国，却不能真正了解中国的尴尬。

第三节　做法与释疑

知识与制度体系转型研究，理想的境界是能够同时提供理解传统、认识过程、了解现在和把握未来的钥匙。其中理解传统和认识过程至关重要，是了解现在和把握未来的基础。知识与制度体系转型，虽然导致中国今昔截然不同，在某种程度上甚至可以说造成了传统的断裂，但不一定意味着今日的一切比过去来得正确、进步、高明，也不是说传统在今日不再发生作用。中国文化从古至今一以贯之，清季民国的知识与制度体系转型，发生在这一文化系统持续活动的过程之中，中国固有的知识与制度，是国人认识和接受外来知识与制度并且加以内化的凭借。因此，近代中国人虽已开始接受西方的观念和制度，所凭借并非西化之后，所理解的与当时的外国人和今天的中国人均有所不同。固有文化不仅制约着知识与制度体系变动的进程和趋向，而且影响着转型后的形态。不了解中国的固有文化，就很难确切把握转型中的种种情形以及转型后的种种面相，也就无从进入近代中国人面对知识与制度转型时的精神世界，难以理解相应的各种行为。

作为中西新旧变相的传统与现代，往往相互缠绕，并非如当事人及后来者所以为的截然分立。好讲科学方法，是清季民国趋新学

人的共相，至于什么是科学方法，各人的理解相去甚远。而且所讲
科学方法又往往附会于传统。被指为树立现代学术范式的胡适，在
相当长的时期内主要是讲清代学者的治学方法。梁启超、傅斯年
等人也一度认为清代学者的治学方法最接近科学。不过，梁启超
长期以归纳法为科学方法的主要形式，后来却意识到，历史研究
并不适用归纳。在变化之前，梁启超一度站在汉学家的立场，主
张考史，引起钱穆的不满，撰写同名著作，辨析清代汉宋并非壁
垒森严，甚至尽力抹平汉宋之分。可是他论及民国学术，还是不得
不承认：

> 此数十年来，中国学术界，不断有一争议，若追溯渊源，
> 亦可谓仍是汉宋之争之变相。一方面高抬考据，轻视义理。其
> 最先口号，厥为以科学方法整理国故，继之有窄而深的研究之
> 提倡。此派重视专门，并主张为学术而学术。反之者，提倡通
> 学，遂有通才与专家之争。又主明体达用，谓学术将以济世。
> 因此菲薄考据，谓学术最高标帜，乃当属于义理之探究。此两
> 派，虽不见有坚明之壁垒与分野，而显然有此争议，则事实为
> 不可掩。[1]

另一方面，近代学人所指称的清代学者的治学方法，很大程度
上是他们用后来的科学观念观察理解的认识，未必符合清代学术的
本相。从胡适推许清代学者的治学方法，到今日学界滥言乾嘉考
据，可见对于由音韵训诂的审音入手的乾嘉学术，即使在专业领域
也已经误会淆乱到颠倒黑白的程度。今人所讲清代学术的汉宋古

---

[1]　钱穆：《新亚学报发刊辞》，《新亚学报》1955 年第 1 卷第 1 期，第 1 页。

今，即是历来学人的认识层垒叠加的产物，视为清学史的演进变异则可，视为清学发生演化的本事，则不免似是而非。以汉宋纷争为主线脉络，甚至全用汉宋眼光理解清人的学术，多为阮元以下不断系统化的看法，而非惠栋以来复杂的实情。而且后来不断变换强化的解读，与阮元、江藩、方东树等人的本意也相去甚远。前人未必有汉宋对立、此是彼非、非此即彼的观念，即使有所分别，也与后人所说形同实异。

古今之争更是康有为以后才上升为全面性问题。清人多将古今兼治，熔为一炉，后来制定新式学堂章程，读经内容也并未排斥今文。因此讲今文不止常州一派，而常州学人所说，也并非一味从今古文立论。如果不是康有为托古改制，以及章太炎有心与康氏立异作对，今古文未必成为问题。而康有为转向今文，初衷或许只是迎合公羊学盛行的时尚，以求科考功名，为其立业奠定基础。

同样，近代学人好讲的浙东学派，固然为清代学人论及，可是不同时期不同学人所说的渊源流变和范围内容各异。迄今为止，关于浙东学派的研究，主要不是寻绎发生演化的历史，而是不断编织言人人殊的谱系。即使逐渐形成共识，也不表明符合事实。正如前贤所指出的，诸如此类的举动实为创造而非研究历史。而历史并不因此发生丝毫增减，反而无情地成为检验研究者见识是非高下的永恒尺度。每一代人心中的历史将永远反复受到验证。

近年来，海内外学人对于近代中国的知识与制度体系转型的研究兴趣渐浓，做法互有异同。高明者的理念取径从努力的方向看有一致之处，都将概念、学说、思想视为整体，以传播与接受并重，并且注意由西而东，从外入里地输入引进、模仿移植、取舍调适的全过程和各方面。窃以为，这正是通过事实影响进入平行比较，从而进行比较研究的上佳课题，[1] 对于学人的智慧与功力，也将是极大的考验与挑战。

由于近代中国的知识与制度体系转型持续时间长，牵涉范围广，相关资料多，问题又极为复杂，非有长期专深系统的探究，不易体会把握。作为集众的研究，不做一般通史的泛论，也力求避免彼此隔断的窄而深，旨在分科治学的时代，超越分科、专门、古今、中外等界域，借鉴中古制度史研究的有效良法，避免先入为主的成见，将知识与制度研究合并，按照历史发展的时序，同时考察观念与行为的变化及其相互影响制约，探究概念引进、思想传播、体制建立等层面外来影响与本位知识、制度体系的冲突融合呈现对应、移植、替代、调适、更新的不同情形，梳理西学、东学影响下中学由旧学转向新学的轨迹大势，以及各级各类政治法律、社会经济、教育文化等制度体系的变革与变异过程，深入认识中华民族崭新智能生成与运作机制形成的进程、状态和局限，使得概念、思想、学科、体制各阶段各层面各角度的内外复杂关系完整体现，力求沟通古今中外，更加全面深入地把握知识与制度转型的渊源流变和各个层面的内在联系。在实证研究的基础上，形成一套相互沟通的理念、行之有效的方法、具有统系且不涉附会的解释系统和恰如其分的表述话语，为超越分科局限的知识与制度转型研究提供切实可行的新取径和新做法。

遵从大处着眼、小处着手的途辙，本丛书将宏观作为探究的工具而不是表述的依托，读者高明，自然能够区分这些具体表述背后

---

[1]　关于此节，详参桑兵：《近代中外比较研究史管窥——陈寅恪〈与刘叔雅论国文试题书〉解析》，《中国社会科学》2003 年第 1 期；《梁启超的东学、西学与新学——评狭间直树〈梁启超·日本明治·西方〉》，《历史研究》2002 年第 6 期。

各自的"宏大框架"的当否高下。参与本丛书的各位作者，对此大义的领悟各有所长，或许不能尽相吻合。而他们的成果一旦独立，读者从中领悟的微言大义也会因人而异，呈现出横看成岭侧成峰的景象。这并不改变研究的初衷，作为开端，自有其承上启下的意义。呈现阶段性的研究所得，与其说要提供样板，毋宁说是探索途径，显示一些方向性的轮廓，希望由此引起海内外同好的兴趣，加入这一潜力无限的探索中来，循此方向，贡献各自的智慧和功力，在提供具体研究成果的同时，使得研究路径和方法日趋完善。研究成果结集出版，并不意味着相关研究的结束，而是向海内外学人展现一片广阔的研究前景。同时，同仁们努力追求的目标，不仅仅是丰富思维的内容，更要提高思维的能力。

近代中国的知识与制度转型研究，进行有年，收效显然，困惑仍多。探索前行，应是恰当写照。概言之，此项研究，重在"怎样做"，而非"做什么"，也就是说，主要并非所谓开拓前人目光不及的专门领域，尤其不欲填补什么空白，而是力图用不同的观念、取径和办法，重新审视探究历史本事与前人的历史认识之间的联系及区别，以求理解前人的改变是如何发生，如何演化，以便探究今日国人的思维行为、观念制度的所以然。若先有主观，则难免看朱成碧，所谓论证，无非强古人以就我。而以后来观念说明前事，历代皆有，不得不然。此一先入为主，不可避免地存在，所以学人早已提出"以汉还汉"之类的目标。只是如何还得到位，既要条理清楚，又不曲解古意，前贤做法各异，还原程度不一，还须仔细揣摩体会。

治史当求真，而真相由记录留存。即使当事人，因立场、关系等因素，所记也会因人而异。况且，记录不过片段，概念往往后出，当时人事的语境，经过后来史家等的再论述，不知不觉间变化转换，能指所指，形同实异。继起者不能分别历史叙述中本事与认识的联系及区别，每每因为便于理解把握而好将后出的集合概念当作条理散乱史事的工具，又没有充分自觉，导致望文生义、格义附会。时贤批评以关键词研究历史相当危险，主张少用归纳而力求贯通，或认为越少用外来后出框架越有成效，确有见地。不从先入为主的定义出发，最大程度地限制既有的成见，努力回到前人的语境理解其本意，寻绎观念事物从无到有的生成或演化，理解把握约定俗成之下的千差万别，应是恰当途径。

今日学人的自身知识大都由现代教育而来，受此影响制约，感受理解，与上述取径不免南辕北辙。用以自学，不免自误，进而裁量，还会害人。近代中国面临前所未有的大变局，意识行为以及与之相应的知识和制度规范，乾坤大挪移。努力引领时流的梁启超和趋新之外还要守成的章太炎、刘师培、王国维等，都曾不但用西洋镜观察神州故物，而且主动附会，重构历史。可见用外来"科学"条理固有学问，早在上一次世纪之交已经开始。只是当胡适等人理直气壮地用西洋系统条理固有材料欲图整理所有国故时，先驱者逐渐察觉过去的鲁莽，程度不同地自我反省。可惜后来者不易体会，历史不得不再次循环往复。所遗留的问题，至今仍然不断迫使人们反思。经过清季千古未有的大变局和五四开天辟地的新文化，有多少已经天经地义之事需要重新检讨，或者说从更贴切地理解古今人们的意识行为的角度看，有必要进一步再认识。

历史研究，无疑都是后人看前事，用后来观念观照解释前事，无可奈何，难以避免。但要防止先入为主的成见，尽量约束主观，以免强古人以就我。如何把握 1931 年清华 20 周年纪念时陈寅恪所提出的准则，即"具有统系与不涉傅会"[1]，至关重要，难度极高。

---

[1]　陈寅恪：《吾国学术之现状及清华之职责》，载陈美延编《陈寅恪集·金明馆丛稿二编》，生活·读书·新知三联书店，2001，第 361 页。

这不仅因为后人所处时代、环境及其所得知识，与历史人物迥异，而且由于这些知识经过历来学人的不断变换强化，很难分清后来认识与历史本事的分界究竟何在。陈寅恪曾说：

> 以往研究文化史有二失：（一）旧派失之滞。旧派作"中国文化史"……不过抄抄而已，其缺点是只有死材料而没有解释，读后不能使为了解人民精神生活与社会制度的关系。（二）新派失之诬。新派留学生，所谓"以科学方法整理国故"者。新派书有解释，看上去似很条理，然甚危险。他们以外国的社会科学理论解释中国的材料。此种理论，不过是假设的理论。而其所以成立的原因，是由研究西洋历史、政治、社会的材料，归纳而得的结论。结论如果正确，对于我们的材料，也有适用之处。因为人类活动本有其共同之处，所以"以科学方法整理国故"是很有可能性的。不过也有时不适用，因中国的材料有时在其范围之外。所以讲大概似乎对，讲到精细处则不够准确，而讲历史重在准确，功夫所至，不嫌琐细。[1]

近代以来，中西新旧，乾坤颠倒，体用关系，用夷变夏，已成大势所趋。1948 年杨树达作《论语疏证》，为陈寅恪所推许，并代为总结其方法：

> 先生治经之法，殆与宋贤治史之法冥会，而与天竺诂经之法，形似而实不同也。夫圣人之言，必有为而发，若不取事实

---

[1]　卞僧慧：《陈寅恪先生年谱长编（初稿）》，中华书局，2010，第 146 页。

以证之，则成无的之矢矣。圣言简奥，若不采意旨相同之语以参之，则为不解之谜矣。既广搜群籍，以参证圣言，其言之矛盾疑滞者，若不考订解释，折衷一是，则圣人之言行，终不可明矣。今先生汇集古籍中事实语言之与《论语》有关者，并间下己意，考订是非，解释疑滞，此司马君实李仁甫长编考异之法，乃自来诂释论语者所未有，诚可为治经者辟一新途径，树一新模楷也。天竺佛藏，其论藏别为一类外，如譬喻之经，诸宗之律，虽广引圣凡行事，以证释佛说，然其文大抵为神话物语，与此土诂经之法大异。……南北朝佛教大行于中国，士大夫治学之法，亦有受其薰习者。寅恪尝谓裴松之《三国志注》，刘孝标《世说新书注》，郦道元《水经注》，杨衒之《洛阳伽蓝记》等，颇似当日佛典中之合本子注。然此诸书皆属乙部，至经部之著作，其体例则未见有受释氏之影响者。唯皇侃《论语义疏》引《论释》以解《公冶长》章，殊类天竺譬喻经之体。殆六朝儒学之士，渐染于佛教者至深，亦尝袭用其法，以诂孔氏之书耶？但此为旧注中所仅见，可知古人不取此法以诂经也。盖孔子说世间法，故儒家经典，必用史学考据，即实事求是之法治之。彼佛教譬喻诸经之体例，则形虽似，而实不同，固不能取其法，以释儒家经典也。[1]

以事实证言论，以文本相参证，继以考订解释，可以明圣人之言行。此即宋代司马光等人的长编考异之法，也是史学的根本方法。其要在于依照时空顺序，通过比较不同的材料，以求近真和联

---

[1]　陈寅恪：《杨树达论语疏证序》，载陈美延编《陈寅恪集·金明馆丛稿二编》，生活·读书·新知三联书店，2001，第 262—263 页。

系，从而把握包括精神观念在内的各种形式的史事的发生演化。在此之上，应当依据材料和问题等具体情形，相应变通，衍生出具体问题具体分析的千变万化，体现史无定法的奥妙。

与陈寅恪沟通较深的傅斯年撰写《性命古训辨证》，讲性命二字的古训、用法、德学者常用的"以语言学观念解释一个思想史的问题"的方法，强调："思想不能离语言，故思想必为语言所支配，一思想之来源与演变，固受甚多人文事件之影响，亦甚受语法之影响。思想愈抽象者，此情形愈明显。"而语学的观点和历史的观点同样重要：

> 用语学的观点所以识性命诸字之原，用历史的观点所以疏性论历来之变。思想非静止之物，静止则无思想已耳。故虽后学之仪范典型，弟子之承奉师说，其无微变者鲜矣，况公然标异者乎？前如程、朱，后如戴、阮，皆以古儒家义为一固定不移之物，不知分解其变动，乃昌言曰"求其是"。庸讵知所谓是者，相对之词非绝对之词，一时之准非永久之准乎？在此事上，朱子犹盛于戴、阮，朱子论性颇能寻其演变，戴氏则但有一是非矣（朱子著书中，不足征其历史的观点，然据《语类》所记，知其差能用历史方法。清代朴学家中，惠栋、钱大昕较有历史观点，而钱氏尤长于此。若戴氏一派，最不知别时代之差，"求其是"三字误彼等不少。盖求其古尚可借以探流变，"求其是"则师心自用者多矣）。[1]

求其古与求其是，原为王鸣盛勾勒惠栋与戴震的治学特点，并

---

[1]　欧阳哲生主编《傅斯年全集》第 2 卷，湖南教育出版社，2003，第 506、508 页。

有所评判，所谓："方今学者，断推两先生。惠君之治经求其古，戴君求其是，究之，舍古亦无以为是。"[1] 钱穆论道："谓'舍古亦无以为是'者，上之即亭林'舍经学无理学'之说，后之即东原求义理不得凿空于古经外之论也。然则惠、戴论学，求其归极，均之于六经，要非异趋矣。其异者，则徽学原于述朱而为格物，其精在三礼，所治天文、律算、水地、音韵、名物诸端，其用心常在会诸经而求其通；吴学则希心复古，以辨后起之伪说，其所治如《周易》，如《尚书》，其用心常在溯之古而得其原。故吴学进于专家，而徽学达于征实。王氏所谓'惠求其古，戴求其是'者，即指是等而言也。"[2] 或以为求其是还有是正之意，固然，但前提仍是知其本意。

将近现代学术大家如陈寅恪、傅斯年、杨树达、吕思勉、钱穆、梁方仲、严耕望等成效卓著的圣贤言行、经典古训、中古制度研究与域外比较文化研究的理念方法相结合，运用于资料更为丰富，情形更为复杂的近代知识与制度转型进程。打破分科的藩篱，不受后来分门别类的学科局限，将观念与制度融为一体，努力回到历史现场，充分展现历史的复杂性以及历史人物在此进程中所经历和体验的各种困惑，避免用外来后出的观念误读错解，或是编织后来条理清晰的系统。将观念还原为事实，以事实演进显示观念的生成及衍化。尤其要注意中西新旧各种因素的复杂纠葛，防止简单比附，把握观念变化与制度变动的关系，依时序揭示和再现知识与制度不同时段不同层面的渊源流变等时空演化进程，使得知识与制度

---

[1]　洪榜：《戴先生行状》，载《戴震文集》，赵玉新点校，中华书局，1980，第255 页。

[2]　钱穆：《中国近三百年学术史》，商务印书馆，1997，第 357 页。

变动认识的历史顺序和逻辑顺序有机结合，从而达成认识与本事的协调一致。

回到无的境界，寻绎有的发生及其演化，与后现代的解构形似而实不同。其最大区别，目的不在解构现有，而是重现历史从无到有的错综复杂进程。既要警觉前人叙述框架存在的问题，不以其框架为事实或认识事实的前提，亦不以为批评对象，简单地站在前人叙述的对面立论，而要以历史事实为研究对象。后来的有固然不能等同于之前的有甚至无，却仍然是历史进程演化的一部分，既要把握具体时空联系下的所指能指，又要进入历史认识的视域。

现代中国人的思维、言说方式和行为规范以及与此相应的社会制度，大体形成于晚清民国时期，这一过程深受东西方发达国家的影响，以至于后者很大程度上对中国人的精神和行为，长期起着掌控作用，并造成对于中国社会和历史文化多方面的误读错解。前贤曾断言中国人必为世界之富商，而难以学问、美术等造诣胜人。为此，应以西学、东学、中学为支点，打破分科治学的局限，不以变化为进化，不以现在为现代，从多学科的角度，用不分科的观念方法，全面探究近代以来中国的概念、思想、学科、制度转型的全过程和各层面，沟通古今中外，解析西学与东学对于认识中国历史文化的格义附会，重建中国自己的话语系统和条理脉络，深入认识中华民族新的智能成生运作机制形成的进程、状态和局限，认识世界一体化进程中东亚文明的别样性及其对人类发展提供多样选择的价值，争取和保持对于世界文明发展日显重要的中国历史文化解释的主动和主导地位。

在分科治学的时代，超越分科、专门、古今、中外等界域，不以实用为准的，而以将人类知识作为整体来把握和运用为目标，聚合与培养超越分科与专门的志向高远之士，为国际多元文化时代的到来做人才和学理的准备，以重新理解中国、东亚乃至世界的社会、历史和文化的本意为凭借，超越 17 世纪以来欧洲对人类思维行为的垄断性控制，探索不同的思维和行为方式，使中国的民族精神为人类社会的发展提供新的思维取向和行为规则，建构全新的世界秩序和发展模式。

集众式的研究，很难齐头并进，只要各有所长，均有可取之处。先期刊发的相关论著，陆续得到一些意见和疑问，凡是涉及理念、取向和做法的，总说和分说有所说明，在此还想集中进一步解释。意见和疑问主要有三点：其一，关键概念应当更加明确；其二，整体系统应当先予展示；其三，方法究竟为何。

一般而言，普遍使用的集合概念大都后出，要与当下沟通，图个方便，不能不用，否则无法表达和传递意思。不过这样的约定俗成，往往省略许多复杂因素，要想作为了解历史的凭借，只能通过所有相关的史事来把握概念，决不能从后来集约的定义出来来认识历史。因为一旦要定义概念，势必牺牲史事，削足适履。所以，即使作为研究的结论，也只能说历史上这一概念因时因地因人而异的情形，大体可以如何理解。可是，人们认识世界往往以其所具有的知识为前提，有什么样的知识，决定其如何认识，这也是语言说人的意思之一。必须改变这样的认知习惯，学会不从定义出发，而以史事为据。要知道历史事件都是单一、不可重复的，历史上的词汇概念，在约定俗成之前固然言人人殊，即使在此之后，各说各话的情形也相当普遍。用定义的概念作为方便名词尚无大碍，若是作为关键概念使用，势必误读错解文本的本意和史事的本相。与此相关，用词汇勾连史事，看似展示历史的变相，实则不免用统一的概念取舍理解历史，还是跳不出认识旧惯的窠臼。

人类知识系统的整体架构究竟如何形成，什么因素在其中起作用以及如何起作用，至今为止还是有待探索的未知境界。今日通行的学科史，看似顺着说，其实大都是用后来的观念倒述出来。况且，在不同的文化系统以及同一系统的不同时段，其知识架构也是变动不居的。可以说，从来就没有什么统一、科学的整体系统。尽管近代中国人曾经笃信系统详备的分科之学就是科学，尽管康有为、梁启超、蔡元培、宋恕、刘师培、王国维等人努力学习日本，试图建立中外一体的学术系统，不知道二者其实是同义反复，五四以后留学欧洲的傅斯年还是早就发现，以分科为科学，是国人对西学的一大误会。因为即使在欧洲，各国的学科分界还是不尽相同，相互牵扯、纠缠不清。今日中国所使用的分科系统，虽然源自欧洲，却经过日本、美国的改造。前者要求严整，后者喜欢出奇。由于严整，貌似科学，由于出奇，便要创新，二者相反相成。其实不过糊弄外行，博取时名而已。研究知识与制度转型，正是为了改变以现行系统为天经地义的错觉，解析其发生演化的历史进程，解构不限于破坏，重现也不是为了替代。

先行确定整体系统，无非有两种情形：一是将现行知识体系视为认知前提，无论如何努力，结果肯定陷入窠臼；二是先验地建构新的系统，即便冥思苦想，也不能不有所凭借。若取法域外，则有格义附会、食洋不化和橘逾淮为枳的偏蔽；若任意拼凑，则重蹈前人覆辙，落得个无知者无畏之讥。凡事只要能够了解把握其渊源流变，就能够趋利避害。况且，学术研究必定是不完整的，求其完整系统，只能写成通史或一般教科书，有吸纳而难以独创，宽泛而不能深入。研究近代中国的知识与制度转型，目的不在于开辟一个具体的特殊领域，而是可以通过各方面的研究，逐渐把握中国现行知识与制度体系的由来演变，知其然亦知其所以然，进而重新检讨整个历史。这一进程目前还只是万里长征走完了第一步，随着研究的推进，各部分错综复杂的相互联系日益清晰，整体形态自然逐步显现。即使如此，也不过是研究问题图个方便，而不能视为哲学式的逻辑系统，尤其不能牺牲问题以迁就系统。

为了达成上述目的，必须有得其所哉的取径和做法。由于研究对象涵盖广泛，内容复杂，不可能有放之四海而皆准的单一方法，在海内外现行的史学方法中，也没有可以照搬的成例。在研究开始之际，虽然大体可以掌握方向，具体还有待于实际探索。经过多年努力，可以确定以下原则：沟通古今中外，回到历史现场，从无的境界寻绎有的发生演化。遵循史无定法和具体问题具体分析的要求，以史学基本的长编考异和比较之法为基础，融合借鉴国内外行之有效的研究方法，尤其要重视研制中古思想学术和制度史诸大家的心得，力求既有方法讲究，亦能据以做出超越前人的研究成果。

在具体方法上，继承各位学术大家的治学良法，与域外比较研究相结合，根据研究对象的变化，灵活应用于史料极大丰富的近代中国历史，力求贯通古今中外，重现知识与制度转型密集期的进程。诸如陈寅恪将中国固有的长编考异、合本子注与域外比较研究的事实联系各法参合运用，注意章程条文与社会常情及其变态的关系；傅斯年用语学与史学的方法探讨事物的发生及其演化；钱穆强调历史意见与时代意见的联系和分别；顾颉刚讲究史事的时空推演关系等，必须融会贯通、用得其所。所谓无招胜有招，一旦变成固定程式，就难免破绽百出。概言之，要努力因缘求其古以致求其是之说更进一层，力求摆脱先入为主的成见，以近代中国的知识与制度转型为枢纽，通过重现各种概念、学说、分科、制度的渊源流变，理解把握前人本意和史事本相。

如果仅仅就方法言方法，难免陷入专讲史法者史学往往不好的尴尬，说起方法来头头是道，却没有实用或用而效果不佳，形同纸上谈兵。所以应当着重通过具体研究成果的例子来展示方法的应用及其成效。诚如钱穆所说，方法是为读过书的人讲的。只有做过相关研究，才能体会方法的良否以及效果如何。能够在前人基础上更进一步，有用有效，便是良法。相信善读者通过丛书各编以及其他相关成果，可以查知体现于研究而非表述过程的方法及其应用。

或者根本怀疑能否放弃后设集合概念去理解前人前事，其实这是今人自以为一定比古人高明的表现。如果自以为是，不能虚怀若谷，守定后见，强古人以就我，当然是缘木求鱼。首先，古人自有其本意；其次，古人表达其本意时并不借助今人所用的概念；其三，古人的本意因时因地甚至因人而异，有其发生演化的脉络；其四，从古人的本意到今人的解读之间，仍是前后联系、不曾断裂的历史进程。具备这些基本条件，能否历时性地理解把握，就要看学人的天赋、功力、机缘凝成的造化了。

近代中国的知识与制度转型研究有计划地循序展开于新世纪之初，其主要目标，是用大约15年的时间，训练和聚集一批理念相通、潜力可观的学人，围绕主题，各选相关题目，做出50本系列学术专著，为研究的进一步铺开提供人员、材料、取径及方法的准备和示范。为此，与生活·读书·新知三联书店签订了长期出版协议，并且陆续出版了几种专著。与此相应，通过各种方式积累了数量庞大的文献资料，逐渐摸索出一套略具雏形的研究理念、取径及做法，并凝聚了一批经过训练能够胜任的研究人员。

2005年年底，教育部重大攻关项目"近代中国的知识与制度转型"正式立项。因为所要研究的问题涵盖广泛，难度很大，需要各方面强有力的支撑。项目实施期间，除了资料的大幅度增加和人员的调整外，在系列学术专著继续出版的基础上，又在几家学术期刊开辟了相关专栏，发表阶段性成果，反应甚佳。又与社会科学文献出版社达成战略合作，在该社另外出版同名的系列专著。更为重要的是，随着研究领域的拓展和深化，研究理念、取径和做法不断清晰化，力求做到切实可行、行之有效。由此引导，后续各项具体研究日益精进，表述话语逐渐成形，转变观念和做法后的暂时性失语状态显著改善，可望达到深入而不琐碎，具有整体联系，宏观而不宽泛，可以信而有征的理想境界，争取对国内外相关研究产生长期前瞻性的导向影响。当然，良法的难度大、要求高，非经系统训练和沉潜积累不易奏功。

重大攻关项目立项时的设计，最终成果为 12 本系列专著。后来根据统一规定，改为一部集众的专书。虽然要求参与者提供各自专著的浓缩版或最具展示性的部分，力求通过每一具体个案展示整体联系，既保证研究的深度，以免流于空泛，同时又不失之零散，毕竟一般读者不易把握相关章节与背后支撑的专著之间以及各章节之间的整体联系。而最初设计以系列专著为最终成果的形式，是因为本研究旨在以新的理念、取径、做法和表述，在清代学者梳理历代文献以及近代学人用域外观念系统条理文本史事的基础上，重新梳理解读中国历史文化及其近代转型的利弊得失。按照分科治学的现状，计划几乎涉及所有社会人文学科的领域，可能衍生出难以预计的众多课题，因此并非开辟什么特别的方面或领域，所关注的着重于"怎样做"，而不是"做什么"。其终极目标，应是得其所哉地重新展现近代以来国人关于中国与世界的知识以及相应的思维方式，进而去除以进化论为主导的欧洲中心式世界一体化观念，重新理解各文化系统思维行为的本意，为应对人类文明进入多元化新纪元做好知识和人才的准备。

既然研究不是对某一或某些问题的结束，而是开启无限宽广的可能，也就无法将所有层面全部纳入。限于篇幅，即使已经专栏讨论过的问题，也要留待日后再行结集出版。或以为这样不免有所缺漏，实则不仅史学强调阙疑，但凡学术研究便从来不是面面俱到，详人所略正是学术研究的普遍规律，否则就有一般通史或教科书之嫌，看似完整，其实表浅。至于题中应有之义究竟如何拿捏把握，则不仅是科学，同时也是艺术。

重大攻关项目成稿后，特请京都大学人文科学研究所名誉教授狭间直树先生审阅，除提示若干材料与史事（尤其是与日本关系密切之处）的疏漏错误外，在事先没有任何沟通的情况下，他对各章的逐一评点，与我心中所想高度吻合，两人不禁诧为奇事，慨叹学术评价仍有不二法则，只是因人而异罢了。

此次将历年来各专栏刊发的文章以及重大攻关项目各篇重新编辑，按照概念、制度、文化、教育、学科、学术、法政、中外八个主题，分别结集，编成一套丛书。整套丛书由桑兵统稿，并撰写总说和分说（其中制度编和教育编的分说部分初稿由关晓红、左松涛提供）。各编各章作者于总说分说所述理念的领悟各有千秋，取径做法也别具特色，为了相互照应、贯通一气，于文字有所增删，意思也力求一贯。不当之处，还望方家指正。

本套丛书的编辑出版，为将近 20 年的近代中国的知识与制度转型集众研究，形成阶段性的重要成果展示，连同两套近代中国的知识与制度转型系列专著，以及专栏以外各位参与者发表的论著，为相关研究的取径做法提供了大致的方向架构。只是相对于问题本身的繁复宽广，看似已经稍具规模仍然还是开篇。诸如此类的研究，的确需要国际合作与科际整合的持续接力。希望海内外有识之士以不同形式加入其中，使得后续研究顺利展开，共同推动新一轮"以复古为创新"的文艺复兴。

分说：章程条文与社会常情及其变态

典章制度，历来是认识中国社会历史文化的枢纽。设官分职，用人行政，则是王朝统治秩序确立与维系的基础。康熙皇帝曾将规制的建立与完善称为"制治保邦之道"，认为其"损益无一不关乎黎庶"[1]；光绪也在上谕中强调："廓清积弊，明定责成，必从官制入手。"[2] 有鉴于此，晚近史家好将典章制度作为认识中国社会历史文化的纲领钥匙。于制度史颇有心得的史家吕思勉指出："然官制实为庶政之纲，研求史事者必不容不究心，最好以官制与他种制度相参考，既就一切政事求其属于何官，更就凡百职官求其所司何事，更通观前后而知其所以变迁之由，考诸并时而得其所以分职之故，则不独官制可明，即于一切庶政，亦弥觉若网在纲矣。"[3]

清季遭逢千古未有的大变局，集历代王朝体制之大成的清代体制难以从容应对，为了图存，必须应变，于是中国继隋唐以后再度

---

[1] 伊桑阿等纂修：《大清会典》（康熙朝），载沈云龙主编《近代中国史料丛刊三编》第 72 辑 711 册，序，文海出版社，1992，第 5—6 页。

[2] 《光绪三十二年七月十三日上谕》，载中国第一历史档案馆编《光绪宣统两朝上谕档》第 32 册，广西师范大学出版社，1996，第 128 页。

[3] 吕思勉：《中国制度史》，上海教育出版社，1985，第 651 页。

出现整体性制度变更，以政体变革为主导，包括官制、司法、财政、金融、军事、社会、教育等各方面，体制全面转型，各种牵涉西学、东学和中学的观念层面的变化，最终落实于机构增置与制度建制，并通过各项制度的实施贯彻而得到体现。其进程在民国时期进一步全面展开，其影响则一直延续至今。除了少数"仍旧"或"全新"外，多数情况是"古已有之"而"变化多端"甚至"面目全非"，导致今人既不易理解前人的种种观念行为的文本意涵，又无法深究今日各种制度规定及其运行的来龙去脉，造成诸多误读错解。因此，政体变动成为近代中国知识与制度转型的枢纽，也是了解中国的过去，认识现在和把握未来的关键所在。

对此重大而复杂的问题，相关史料又极为丰富，既有研究却显得相对表浅，尤其是与近年来海内外学人关注较多的知识转型相比，制度变动的探讨进展相对滞后。在长期吸收同化外来文化的中国土壤之上，建构移植进来的全新体制，自然遭遇古今内外观念体制相隔悬殊，如何兼容而不变质的难题，改制之初，便已引起参与其事的中外官绅的百般困惑。而既变之后，用格义的眼光重新审视，更加不能把握领悟其中的种种玄奥。相比于体制层面脱胎换骨式大变局的丰富、周折、复杂，后来的历史叙述多少显得平淡，究竟这一改变中国政体发展进程和形态的大转折，何以成为古今历史的分水岭，又如何认识理解前后截然不同的设制本意和运作规则，既有研究尚未提供令人信服的答案。

存在的困难和问题主要有五方面：

1. 研究者习惯用后出外来的观念解读原有的制度，指示变化的方向，将前后截然不同的体制做简单对应，由此产生大量误读错解，很难认识原有建制与近代变制各自的特性。如用中央、地方的观念看待内外官制和行政层级区划，用成文法和习惯法乃至刑法、民法的观念指称原有律法等。

2. 将章程条文简单地等同于事实，且未能深究文本和体制的复杂来源和演化的所以然，尤其是近代制度转型牵涉古今中外众多层面，必须纵横贯通，才能驾驭得当。

3. 静态地搭建典章制度的框架，低估中国地广人众造成地缘民情的时空差异，忽视制度变动因时因地而异的展开进程以及形态差别。

4. 讲制度脱离具体人事，只见制度的架构，不见人事的作用。就历史进程的具体而言，因时因地而异固然由于时空不同的关系，更为关键的还是因人而异作用其间。即使时空条件大致相当，人事有别，制度的实态也会迥异。

5. 未能将制度沿革放入历史进程整体脉络之中的适当位置，用分科治学的专门化眼光，将制度研究作为独立的专史做孤立的考察，不及制度与各方面的复杂联系。在把握整体联系的基础上，进而以制度为纲领脉络，才能驾驭贯通历史的各时段和各方面。

导致研究进展缓慢的直接原因之一，是近年来中国研究多受国际学术变化的影响，而制度研究综合性地牵涉历史文化、社会国情的各方面，恰为海外学人的弱项，无法真正内化，使之很难进入制度研究的高深层面，为深化相关领域的研究带来强劲的外力推动。当然，食洋较少，未必就是优势所在。进一步深究，近代以来崇尚分科治学、专题研究的所谓科学化取径，以及日益严重的挟洋自重的学风，使得用外来间架条理本土材料成为法则标准，决定了基本学术取向，今日的极端表现，在于对问题的严重性普遍失去意识，以为合理，不觉得有反省的必要，更不用说有反省的能力。因此，在这一对研究中国社会历史文化具有主导性的领域，有必要重新建构认识理念、话语系统和研究方法。

1941 年 6 月金毓黻为中央大学历史学系撰写的《治史纲要》，有助于理解典章制度研究之于认识中国社会历史文化的枢纽作用。该纲要仿《大学》的三纲领、八条目义，亦为三纲八目。三纲的前两项为：

第一、以研究制度文物为中心。说明：本系治史，侧重中国部分，故以研究制度文物为中心，应以各正史之书志及《通典》、《通考》、《会要》、《会典》诸书为研究对象。其前代治乱大事，如正史之纪传，及《通鉴》诸书所载，仍就制度文物有关联者从而研究之，其他则暂行从略。

第二、求通重于求专。说明：本系研究之要点，求通重于求专，以探求历代制度文物之因革损益为主，视断代、专门、国别各史皆为通史之一体。又如清代考证学之优点，亦尽量利用之，但亦用以求通，而非求专。凡作专题之研究，皆以力避支离破碎，求得贯通之旨为主眼。[1]

金毓黻的理念，直接针对"本系向未建立中心，致学子茫然无所适从"，希望以此有所改变，深一层则是对战前中国史学界唯重考据和专题研究时趋的纠偏，力图回归中国史学的正轨。上述二纲，显示研究制度文物的两项基本取法的重要价值，一是中心，二是贯通。以研究制度文物为中心，其实就是关注正史即政治史，这与清季至抗日战争战前所有新史学的主张颇异其趣，也与时下政治史的概念有所不同。中心说重在针对史事的散漫，讲究线索脉络，不仅可以贯穿历代治乱大事，而且可以决定治乱大事的轻重取舍，

[1]　金毓黻：《静晤室日记》第 6 册，辽沈书社，1993，第 4738－4741 页。

与典章制度关联性强的治乱大事或是相关方面，值得特别重视。

抗战期间，金毓黻特请贺昌群为中央大学历史系开设中国政治社会制度史课程，并专函说明，"系史系特开之课，与政治系之中国政治史旨趣不同，彼所重者政治，因而叙及政治之制度，其范围有限。至史系所开者，以政治经济并言，举凡《通典》、《通考》所列礼乐、官学、兵刑、钱谷诸门，无一不在网罗之中，则所赅者广矣。鄙意中大史系之特点，应以研究典章制度为中心，则吾兄所开之课，亦即中心之中心也。不惟兄应如是，即弟拟开之课亦侧重是点，专言宋代以来之制度，以与兄所讲者沆瀣一气，如是则兄乌所用其迟疑乎。"[1] 以典章制度为中心研治历代大事，可以把握治乱兴衰的规律因缘，而避免就事论事。

贯通说主要针对分科治学的支离，倡导通与专相辅相成，将分门别类的专史整合为统一的历史。所谓求通重于求专，一则要以通为纲领，驾驭各种专史，将其贯通一体；二则要兼收考证专题研究的优点，使之利于求通。即在求是的原则下，破除门户之见，吸收各家各派之所长，融会贯通，提纲挈领地把握中国社会历史文化的因革损益，以制度文物为主轴经络，通贯整个历史的各个部分及其发展变化。

以制度变革为枢纽，重新理解和把握中外社会历史文化与制度的关系，总体上要摆脱近代制度研究中套用西方观念模式的弊端症结，将制度研究由静态描述放回历史进程之中，通过实证研究，在经得起验证的成果的基础上，完成理论建树和方法探索。其创新性和特色，即针对原有的局限而来，主要包括两方面，其一，摆脱近代以来新名词概念的格义附会，建构一套符合观念体制本意的话语

---

[1]   金毓黻:《静晤室日记》第 6 册，第 4870 页。

系统。其二，摆脱套用外来框架的认识及表述模式，形成行之有效的研究方法。具体为：1. 回到历史现场，在原有语境中把握固有制度的指称话语及其设制本意，认识不同建制的结构和特性。2. 在西学、东学和中学的冲突融汇中探究变制的由来和中西新旧体制的分别及联系，理解变制的文化和社会渊源。3. 注意体制变革时章程条文与社会常情及其变态的相互关系，考察制度规定与具体实情的异同。4. 注重人事及社会关系对于制度建构和运作的影响制约，尤其是朝野之间、中枢与各地之间不同利益群体的博弈所产生的相关作用。5. 时空变化所导致的变制差异。6. 将制度研究置于历史的整体联系之中，求得历史的整合贯通。

近代学人于研究制度成绩卓著，心得亦多，就取径做法而论，钱穆所说尤著功力见识。他说："本来政治应该分为两方面来讲：一是讲人事，一是讲制度。人事比较变动，制度由人创立亦由人改订，亦属人事而比较稳定，也可以规定人事，限制人事。"作为史学里的一项专门学问，制度研究要注意七个方面。

第一，讲一代制度，必先精熟一代的人事。若离开人事单看制度，则制度只是一条条的条文，似乎干燥乏味，无可讲。而且亦是明日黄花，也不必讲。

第二，任何一项制度，绝不是孤立存在的。各项制度间，必然是互相配合，形成一整套。否则那些制度各各分裂，决不会存在，也不能推行。

第三，制度虽像勒定为成文，其实还是跟着人事随时变动。某一制度之创立，绝不是凭空忽然地创立，必有渊源，在此项制度创立之先，已有此项制度之前身，渐渐创立。某一制度之消失，也绝不是无端忽然地消失，必有流变，在此项制度消失之前，已有其后影，渐渐变质。如此讲制度，才能把握各项制度的真相，否则仍只是一条条的具文，决不是能在历史上有真实影响的制度。

　　第四，某一项制度逐渐创始而臻于成熟，在当时必有种种人事需要，逐渐酝酿，又必有种种用意，来创设此制度。这些在当时也未必尽为人所知，一到后世，则更少人知道。但任何制度的创立，必然有其外在需要和内在用意。纵然事过境迁，后代人都不了解了，即其在当时也不能尽人了解，但到底不是秘密。在当时乃至在不远的后代，仍然有人知道该项制度的外在需要与内在用意，记载在历史上，这是讨论该项制度所必须注意的材料。否则时代已变，制度已不存在，单凭异代人主观的意见和悬空的推论，决不能恰切符合该项制度在当时实际的需要和真确的用意。

　　第五，任何制度，决不会绝对有利而无弊，也不会绝对有弊而无利。所谓得失，即根据其实际利弊而判定。而所谓利弊，则指其在当时所发生的实际影响而觉出。因此要讲某一代的制度得失，必须知道在此制度实施时期之有关各方意见之反映。这些意见，才是评判该项制度之利弊得失的真凭据与真意见。而意见分为历史意见与时代意见，二者明显有别，应以历史意见为据，同时注意时代意见转化为历史意见。

　　第六，讨论一项制度，既要重视时代性，又要重视地域性。推扩而言，应重视其国别性。一项制度在这一国家这一地区获得成立而推行有利，但在另一国家另一地区，则未必尽然。正因制度是随时地而适应的，不能推之四海而皆准，正如其不能行之百世而无弊。讲论中国历史上的历代制度，应该重视中国历史的特殊性。若忽视这一点，如学术界时尚认为外国的一切都好，中国的一切都要不得，那只是意气，还说不上意见，又哪能真切认识到自己以往历代制度之真实意义与真实效用呢？

　　第七，历史的特殊性，牵连深入全部文化史。政治只是全部文化中一项目，若不深切认识到某一国家某一民族全部历史之文化意义，很难孤立抽出政治来讨论其意义与效用。[1]

尤其值得注意的是，钱穆将古往今来对于制度的认识分为历史意见与时代意见。所谓历史意见，指的是在制度实施时代的人们所切身感受而发出的意见。这些意见，比较真实而客观。待时代隔得久了，该项制度早已消失不存在，而后代人单凭自己所处的环境和需要来批评历史上已往的各项制度，则为时代意见。时代意见并非全不合真理，但不该单凭时代意见来抹杀历史意见。如民主政治时代不再需要皇帝，可是不能凭这一时代意见来一笔抹杀历史，认为从有历史以来，便不该有皇帝，皇帝总是要不得，一切历史上的政治制度，只要有皇帝，便是坏政治。正如壮年人不要睡摇篮，便认为睡摇篮是要不得的事。而在婴孩期，让他睡摇篮，未必要不得。单就中国历史论，如今所传历代名臣奏议之类，便是极该重视的材料。那些人在历史上所以得称为名臣，其奏议所以长期流传诵览，正因为他们的话在当时便认为是可以代表时代意见的。只有在当时成为时代意见，后来才能成为历史意见。重视这些历史意见，正如重视自己的时代意见般。两者之间有精义相通，并不即是一种矛盾与冲突。

钱穆的意思，其他学人也多少论及。例如民国学人好从经济角度论史，有人不以为然，认为历史上政治毕竟重于经济。清季新史学兴，批评中国无史，只有一家一姓的谱系。实则民族的存亡，在相当长的时期内系于王朝的兴衰，亡国即灭种的例子比比皆是。这些都是不能以后来观念评议史事的典型。不过，历史意见与时代意见的分别及联系，还不仅如钱穆所说的可以转移。经历过清季民国

---

[1]　钱穆：《中国历代政治得失·前言》，生活·读书·新知三联书店，2001，第4-7页。

的知识转型，时代意见与历史本事相当隔膜，却已成为后来的习惯，导致今人既不易理解前人种种观念行事的本意，又难以深究今日各种制度规定及其运行的来龙去脉，造成诸多误读错解，未能深入认识内外新旧各种因素影响制约知识与制度转型的相关规律及遗存问题。即使如钱穆这样具有高度自觉的学人，也往往不由自主地使用时代观念指称前事，丝毫不觉得有何不妥。他以中央、地方架构贯穿讲述历代政治制度，即为显例。

言及体制的历史意见，即使历代政书，所述也往往出现因人因时而异的情况。晚清变制，又涉及朝野上下、体制内外乃至东西两洋，观念制度的中西新旧缠绕处处剪不断理还乱。各种改制取法东西各国的法理政制，所输入的新知蓝本及其表述概念，与固有制度及其文化含义往往形同实异，不同知识背景的人讨论同一问题，既有因立场、经验、利益各异而判断主张截然不同的状况，也有由观念话语差异引发的看似针锋相对，实则互不交集的情形。在内外观念体制千差万别而又彼此"格义"的语境下，亲历者已经陷入"当局者迷"的困惑，后来人更加受制于后出知识的预设，而对新旧递嬗之际的复杂纠结缺乏自觉，丝毫没有旁观者清与后见者明的优势。倘若对相关文本史事的本意真相缺乏辨析把握，所做判断与实情不免大相径庭。如清代体制集历代王朝制度之大成，以保障皇权的绝对权威为宗旨，制度设置呈现自上而下的分权制衡，尽可能减少官员的统属，而直辖于皇权，尽可能弱化有章可循的约束，以便君主乾纲独断。所以官制以文武及内外官职划分，着重内外相维。清季试图以此对应外来政体的"中央"与"地方"，讲究上下有序。因新旧制度的立意有别、结构不同，产生令朝野各方头痛不已的难解之结，争拗持续不断，迄清亡未能尘埃落定，对民初政制不定以及社会动荡具有深远影响。[1]

　　研究制度，章程条文固然是重要凭据，可是如果将文本所记等同于制度实情，则不仅过于拘泥，甚至可能离题万里。清代实际起作用的制度往往没有章程可循，不过却有潜在规则，等到形成章程，则或者已经形同虚设，或是开始发生变化。军机处即为典型。

　　典章制度的研究贯通历史整体，本为中国史学的强项，近代学术大家如陈寅恪、吕思勉、钱穆、梁方仲、严耕望等人的古代制度研究成效卓著，在驾驭史料，贯通史事方面尤其具有方法意义，与杨树达、傅斯年、顾颉刚等人研治先秦经典、性命古训、民间传说的取径做法有异曲同工之妙。若与国际跨文化传通比较研究的理念方法相结合，运用于资料百倍扩增、相关史事联系更为曲折复杂的近代历史，不仅能够大幅度深化制度研究，呈现本相的丰富多彩，而且可使方法更加提升完善，效用大增。

　　研治制度，言之有据，只能聊备一说，还要考察所据为实情抑或说辞。在掌握和驾驭史料、把握章程条文与社会常情及其变态等关键处，因清季改制在取法域外的同时亦有稽古变通，加之各类资料遗留数量巨大，散佚亦多，较研究历代典章制度更具难度和挑战。无论从问题的重要性还是资料的丰富性看，清季制度变革不仅应该成为晚清史研究的重点，而且可能成为制度史研究的制高点。

　　将前贤研治古代典章制度的良法移植于近代制度研究，须以西学、东学、中学为支点，沟通古今中外，不以变化为进化，不以现在为现代，打破分科的藩篱，不受后来分门别类的局限，从多学科的角度，用不分科的取法，将观念与制度融为一体，以政体变革为

　　[1]　参见关晓红：《清季外官改制的"地方"困扰》，《近代史研究》2010年第5期。

核心，努力回到历史现场，避免用外来后出的观念误读错解，尤其要防止将前后不同的政体和法理进行格义比附，注意中西新旧各种因素的复杂纠葛，把握观念变化与制度变动的关系，全面探究近代政体变革的全过程和各层面，依时序揭示和再现近代各级各类制度变动在不同时段、不同层面的渊源流变等时空演化进程，从而使对体制变动的认识与史事的本相协调一致。在熟悉国情体制的基础上，总结吸取近代制度兴革的经验教训，深化对未来变革取向的理性思考。

　　本编由以下各人撰写：总说、分说，桑兵；第一章，廖志伟；第二章，曲霞；第三章，刘增合；第四章，吴昱；第五章，闫强；第六章，林剑。

第一章　戊戌前的议改武科举

　　清代科举分文武两类，武科举制度起于顺治朝，其规章历经变革，于道光朝臻于完备。[1] 清朝一直把武科作为取士、武人进身一途，主要与军事制度相联系。[2] 鸦片战争以后，清朝在军事上对列强一直处于下风，被迫接纳西方军事知识。[3] 另一方面，内乱频繁，原有军事制度难于招架。因此关于军制的改革意见与政举相继而出。而与之关联的武科制度，也势必成为改弦更张的对象。

---

　　[1]　樊增祥在光绪八年（1882年）湖北武乡试录后叙中记："历观臣工之章奏，叠经列祖之圣裁，自顺治而科已开，迄道光而法大备"。樊增祥：《湖北武乡试录后叙》（代），《樊山集》，载《清代诗文集汇编》编纂委员会编《清代诗文集汇编》第762册，上海古籍出版社，2010，第399页。

　　[2]　樊增祥在光绪十八年（1891年）陕西武乡试录后叙中记："古今取士非一途，而武居其一，武人进身非一途，而武科居其一"。樊增祥：《陕西辛卯科武乡录后叙》（代），《樊山集》，载《清代诗文集汇编》编纂委员会编《清代诗文集汇编》第762册，第400页。

　　[3]　闫俊侠的研究表明，中国吸收西方军事知识并不是从晚清才开始，明末即出现，但由于清代统治政策的影响，未能很好发展起来。另外，闫对晚清西方军事知识的传播情况有详细梳理。闫俊侠：《晚清西方兵学译著在中国的传播（1860—1895）》，博士学位论文，复旦大学历史学系，2007。

　　围绕兵制革新，清朝在鸦片战后已政令频出。然而关于武科改革却鲜有意见，一直未有实质性进展。直至甲午战争才打破僵局。此役战败，国人震动，认识到变革之重要。于是朝野上下将目光聚焦于自强维新。面对新旧问题，时人希冀以变通武科作为解决途径之一。

　　学界以往对晚清武科的研究，偏重归纳其废止的因素，对改革进程及关联面相则关注不够，尤其是议改武科的阶段性特征与人事脉络，还缺乏梳理。[1] 甲午至戊戌前的武科改制议论，以振兴武备为宗旨，虽然方案各异，均遭受现行制度的制约，力求化解，又被文科举抽薪止沸。这一过程，恰是晚清武科改制承上启下的关结。厘清其中脉络，有助于了解武科举变革的问题与纠结，并深入探究清廷最终废除武科的选择。

---

　　[1]　20 世纪 80 年代开始，张勇坚、许有根、贾学德、龙炳峰等先后对晚清武科举废止进行过研究。其重点在对几位大臣的变革方案进行解读。其中张勇坚与许有根指出武器革新、军事教育近代化与武科为对应关系，从而导致其被废止。参见张勇坚：《武科的存废与军事教育的近代化》，载《复旦学报（社会科学版）》1988 年第 1 期；许有根：《清末废武科探因（上）》，载《盐城师专学报（哲学社会科学版）》1997 年第 1 期。贾学德在此基础上肯定了改革武科的努力，提出武科难以收纳西方武器与战术战略，因而被废除。参见贾学德：《清代武科举制度的影响及废除》，硕士学位论文，复旦大学历史学系，1997，第 19 页。许有根之后又从武科士子危害社会管理的角度，补充了武科停止的原因。参见许有根：《清末废武科原因再探》，载《盐城师专学报（哲学社会科学版）》1998 年第 1 期。此后的研究开始注意到武科改废的过程。参见龙炳峰：《清代武举制度之研究（1644—1901）》，硕士学位论文，台东师范大学，2002，第 164-184 页。另外，相关研究已涉及戊戌年武科改制的集中讨论，并在史实上有实质性进展。参见李元鹏：《晚清督抚与社会变革——以 1895—1898 年初督抚的自强活动为中心》，博士学位论文，河北师范大学，2009，第 138-145 页。

第一节　甲午前武科议改概况

论及武科改制，首先需明晰其考试规制与制度关联。清朝"设科取士，文武并重"[1]，武科考试规制皆与文科举对应。层级从下到上为：武童试、乡试、会试、殿试；考生功名依次为：武生员（秀才）、举人、进士（会试录取后进行殿试，按成绩排名赐武进士及第、武进士出身、同武进士出身，皆为进士）。考试内容主要分为外场和内场。其中外场有三场，头两场为步射与骑射，以中靶数目来评定优劣。第三场是技勇，内容为拉弓、舞刀、举石三项。外场合格后才准入内场。内场为默写武经七书中的百余字，无错误即为合格。考试取中标准以外场为重。[2]

清朝设立武科，与其军事制度息息相关。清朝正规军队分为八旗与绿营，其中八旗又分为满洲、蒙古及汉军三类。武科与军队的关系主要体现在：以考生来源论，从武科乡试往下，八旗、绿营出身人员均有资格参加相应层级的考试[3]；以进身而言，八旗除满洲蒙古未有明确要求职官授予必须武科出身外，汉军武举往往授予步军统领衙门下门千总一职。[4] 而武科相应的主要进身之阶还是绿营

---

[1]《钦定武场条例》卷一，载故宫博物院编《钦定科场条例》第3册，海南出版社，2000，第73页。

[2] 贾学德：《清代武科举制度的影响及废除》，第3—6页。

[3] 据《钦定武场条例》，八旗与绿营的兵丁可以参加武童试，而八旗官员和绿营千把总可以参加武乡试。参见《钦定武场条例》卷八、卷十，第214—215、218、255—256、258页。

[4] "雍正十年议准，内九门千总，照外七门千总之例，均用汉军武举。"《清会典事例》，中华书局，1991，第451页。

职官。其中武进士除三甲内挑选若干为侍卫外，[1] 其余分授营、卫守备。武举则拣选一、二等授千总，也可以担任兵部差官。此外，不论武进士还是武举，皆可充任提塘。[2] 因此，士子考取武科一旦得官，便可进入武官系统升转，为朝廷所用，正所谓学成文武艺，货与帝王家。值得强调的是，尽管军队是获取武科功名者的重要出路，武科却并非军官任职的唯一出身。换言之，并非所有获得武科功名的士子都能谋求到武职，[3] 相当一部分仍是布衣。

鸦片战后，清廷内外交困。连年内外战争，清朝于武器、兵制、作战方式等方面暴露出严重问题，已经弊病百出的绿营，更是雪上加霜，不堪一击。[4] 不少有识之士为此提出改革军事，武科制度因而受到关注。其中有影响的议论有两广总督祁𡎴 1842 年奏请武科加试策论、[5] 魏源《海国图志》建议武试增设水师科、[6]

---

[1]　"雍正五年谕，一甲一名，授为一等侍卫；二名、三名，授为二等侍卫；二甲挑选使命，俱授为三等侍卫；三甲挑选十六名，俱授为蓝翎侍卫。嗣后永为定例。"《大清五朝会典》，线装书局，2006，第 2143 页。

[2]　罗尔纲：《绿营兵志》，中华书局，1984，第 296 页。

[3]　罗尔纲总结绿营选官的四种出身：行伍、世职、武科、荫生。罗尔纲：《绿营兵志》，第 295 页。

[4]　茅海建揭示出清军相对西方落后的表现和原因。王尔敏认为，当时认为绿营制度平时弊端有七点，而在战时又衍生出三个弱点。参见茅海建：《天朝的崩溃：鸦片战争再研究》（修订版），生活·读书·新知三联书店，2017，第 31-48 页；王尔敏：《清代勇营制度》，载《"中研院"近代史研究所集刊》，第 4 期，1973，12-14 页。

[5]　祁𡎴：《请推广文武科试疏》，载贺长龄、盛康辑《清朝经世文正续编》第 4 册，广陵书社，2011，第 123-124 页。祁𡎴上奏时间参见关晓红：《晚清议改科举新探》，《史学月刊》2007 年第 10 期，第 40 页。

[6]　魏源：《海国图志》卷二，载《魏源全集》第 4 册，岳麓书社，2011，第 37 页。

延平知府徐鼒 1859 年上书福建巡抚，建议武场加试火器、[1] 冯桂芬《校邠庐抗议》要求停武试、[2] 两江总督沈葆桢 1878 年奏请停武闱等。[3]

上述武科改革方案中，祁寯藻主在思变，不过其策问设计依旧老生常谈，未能切中时弊。魏源意在改革海防，欲将西艺引入武试。徐鼒见火器之利，想借武科以推广，为应对内乱而急中求变。冯桂芬痛定思痛，停武试但不废功名，实为化繁为简，增加科名以鼓励应试，以此整顿兵制。至于沈葆桢，虽以节省开支为由，根源却在军制变动对武科的冲击。然其善后办法过于笼统，清廷斥其"率改旧章，实属不知大体"[4]，方案最终夭折。

尽管这几个方案提出的时间有先后，场景亦不同，却反映出鸦片战后至甲午之前武科改制讨论的基本脉络。因武科革新之议，多由战乱而起，其内容五花八门，主要宗旨却集中于两点：一是变通考试规制，加入西方军事技术；二是适应军制变化，改变武科的晋身之阶。道光时期，朝野已认识到武器不如外洋坚利，[5] 开始有武科考试使用新式武器的提议；咸同时期则因勇营对兵制的影响，开

---

[1]　徐鼒:《上大府请武场添试火器笺》，载贺长龄、盛康辑《清朝经世文正续编》第 4 册，第 124 页。

[2]　冯桂芬:《停武试议》，《校邠庐抗议》，上海书店出版社，2002，第 42-44 页。

[3]　沈葆桢:《请停武闱片》，载贺长龄、盛康辑《清朝经世文正续编》第 4 册，第 124 页。

[4]　《钦定武场条例》卷四，第 170 页。

[5]　王尔敏统计，中英鸦片战争后，清廷从上至下认为西洋武器优于中国者不在少数。参见王尔敏:《清季兵工业的兴起》，广西师范大学出版社，2009，第 16-17 页。

始关注武科与军制的关系。

虽然晚清武科变革的呼声从未间断，星星之火却未能燎原，恐与改革的议论时间相对分散，内容多涉枝节，始终未见有一个考虑周详的全面方案不无关联。[1] 另一方面，咸同以降，内忧外患促使清朝在兵制改革与军器更新方面屡有动作，[2] 由于武科功名在武官出身中所占比例次要，[3] 故而武科改制进程相对滞缓。然而，甲午战争的失败，改变了这一现状，武科改革再度提上议程。

第二节　武科归并营制

甲午战争中清军一败涂地，朝野上下如梦初醒。一时间群情激奋，纷纷建言议事。众人论及丧师辱国，无不归咎武备废弛，亟须矫正。综观各论，营制败坏、兵不堪用已是普遍认识。以此为嚆矢，改革武科以整顿营制之说成为一时热点。

1894 年 8 月 29 日，翰林院检讨蒯光典向清廷条陈，提出挽回败局的方案。谈到绿营的整顿，他提出"绿营之兵，当概由武生充

---

[1]　相比之下，文科举的改革，前有严修所提方案较全面具体，后有张之洞、刘坤一的全盘谋划提纲挈领。参见关晓红《晚清议改科举新探》及《清末科举改章与停废科举》（载《近代史研究》2013 年第 1 期）。

[2]　咸同之后兵制改革的史实，罗尔纲与王尔敏分别从绿营和勇营的角度进行了梳理。至于军器更新，王尔敏则从晚清兴办兵工业的角度来说明。参见罗尔纲《绿营兵志》，第 74-86 页；王尔敏：《清代勇营制度》，第 46-50 页；王尔敏：《清季兵工业的兴起》，第 30-59 页。

[3]　清代武职以行伍出身为正途，科目次之。参见刘子扬：《清代地方官制考》，紫禁城出版社，1988，第 38-39 页。

补"。依据所陈理由，武科并入绿营，可解决绿营战斗力低下的几个弊病，即营伍"虚额""克扣"和营官"虐使"；战时"溃散之忧"；目不识丁，无将才造就。反过来则可以改正武科"游惰疲软有嗜好""武断乡曲"等问题。[1]

蒯光典意在整顿绿营以重振军威。但咸同以来，屡屡试图改造绿营，多方努力都收效甚微。[2] 现想凭借武科毕其功于一役，恐怕难如预期。况且清廷对于将武科归入绿营一事早有讨论并予以否定，再推行强制入伍势必招致物议。[3]

改革绿营未行，招募之法却兴。甲午战时，清廷命令各省督抚置办防务，封疆大吏则募勇以应付，其中便有专招武科者。江西巡抚德馨借武乡试之机，出牌示招募汇聚省城的武生，"有愿意从戎行间效力者，准赴中军衙门报名"，意在"新立一军专练炮队以备缓急"。然武科所习并无炮事，还需重新训练。德馨以"尔诸生肄习弓矢有年，一旦改用火器，以挽强命中之能，当收事半功倍之效，其事虽异，其用则同"为由回应，略显牵强。媒体的评论一语道破天机，此举是为改革兵勇积弊，"化无用为有用"，"较之招市

---

[1] 蒯光典：《吏部尚书麟书等据呈代奏检讨蒯光典条陈折》，载戚其章主编《中日战争》第 1 册，中华书局，1989，第 159-160 页。

[2] 罗尔纲认为清廷在太平天国后努力重建绿营旧制，但效果不佳。参见罗尔纲：《绿营兵志》，第 74-86 页。

[3] 乾隆朝关于武生是否强制入伍进行约束有过反复讨论，最后以乾隆六十年上谕为定例，曰："朕思武生应科目，是其正途，若令改归营伍，恐非所愿。且伊等居住偏僻，距省会镇营遥远，守候挑补，亦未便强以所难。若谓武生等多致恃符滋事，以之挑补兵丁，方可藉资约束，则文生内亦有恃符滋事之人，断无亦令入伍食粮充当字识之理……嗣后各省武生，如情愿入伍食粮，自应仍旧各听其便。其不愿入伍者，亦不必稍加勉强，以示体恤。"《钦定武场条例》卷十一，第 268 页。

井无赖，仓卒成军，不暇训练者，固有霄壤之殊矣"。[1]

　　舆论涉及晚清募勇问题非一时兴起。清朝以绿营作战时，遇抽调不及皆募勇以应对。而咸同时期绿营的溃败更是促使募勇专成一军，名噪一时如湘、淮等军。[2] 此次办理防务，各省督抚依然实行募勇办法，如张之洞便试图招募盐枭入伍。[3] 而其中不同则在于招募的对象。

　　招募武科士子，本为战时应急之策。报纸却赞赏有加。究其原因，主要是解决了两个问题：一是既往募勇来源太杂，难以整肃军队，士兵素质与作战能力无从提升，甚至有招募乞丐、樵夫为兵丁的情况。[4] 而专招武科可以防止"拉杂成军，四出滋扰"。另一方面，避免了人力资源的浪费，借此解决武科士子"不能为国家御患"，反而危害地方安靖的问题。[5] 德馨此举是无心插柳，之后舆论竟然据以发展为改革武科的方案，即以武科士子编成营伍，[6] 与

---

[1]　《破格招军》，《申报》1894 年 12 月 8 日第 2 版。

[2]　关于晚清勇营的渊源，参见王尔敏：《清代勇营制度》，第 9-15 页。

[3]　张之洞与江苏巡抚奎俊商议，"招私枭充营勇，极是救急良策。近日屡有人献此策，正拟电商，今承来示，正与鄙意相合"。张之洞：《致苏州奎抚台》，载赵德馨主编《张之洞全集》第 8 册，武汉出版社，2008，第 195 页。刘坤一对此颇为赞许："香帅谟猷远大，布置井然，至私贩入伍一层，使千百犷悍之徒，顿归钳制，伏莽既靖，内患自消，在今日最为良策。"刘坤一：《刘忠诚公遗集》，载《清代诗文集汇编》编纂委员会编《清代诗文集汇编》第 716 册，上海古籍出版社，2010，第 96 页。

[4]　以报道为例，"杭州今年正月乞丐只有老弱妇女、残疾者，去年冬天募勇时，少壮都投效所致"。《乞丐投军》，载《申报》1895 年 2 月 10 日第 2 版；"杭州户需柴薪涨价，因去年各处招勇、巡防，采樵者大半充当勇丁，缺少担者。"《苏堤春晓》，《申报》1895 年 2 月 13 日第 2 版。

[5]　《论德中丞破格招军事》，《申报》1894 年 12 月 9 日第 1 版。

[6]　《各省武举武生宜拨充军士议》，《申报》1895 年 3 月 12 日第 1 版。

蒯光典提议相类，只是前者侧重改绿营，后者侧重建新军。

　　无论是朝中大臣还是民间舆论，甲午后都有以武科变营制的倾向。但从议论到落实，牵涉甚多，尤其是涉及绿营、勇营的体制变更，很难一蹴而就，想借武科双管齐下，还欠周全计划。此时主政者更多是考虑练新军以救急，[1] 首创督抚也无推行之力。[2] 武科改制尚未提上议事日程。

第三节　改革科目与窒碍

　　甲午战争中，西方军事技术应用于实战的效果非常明显：一是武器装备；二是将领素质。两军对垒，高下立判。[3] 因而战后有人将西方军事技艺纳入武科考试之议，随之引出相应问题。

　　1894 年末，户部主事唐文治奏陈改革方案，以求扭转危局，其中认为武科应"改弓矢为枪炮，易刀石以戈矛"，进而主张"诚不如学习洋务之为亟"。又断言"武科与学堂分则二者俱归于虚名，合则二者均裨于实用"，希望广设武备学堂，"无论武生武举均得肆

---

　　[1]　1894 年 11 月 15 日，上谕从汉纳根条陈用西法练军办法，令胡燏棻和其共同筹办，"赶速教练成军"。《军机处电寄胡燏棻谕旨》，载中国史学会主编《中日战争》第 3 册，上海人民出版社，1957，第 211 页。

　　[2]　"时江西抚宪特募武生六十名充当亲军护卫小队，上年和议已成，奉部给撤以节饷需，本年又奉部饬裁兵勇，已有成议。抚宪饬小队一并裁撤。"《丰城剑气》，《申报》1896 年 5 月 21 日第 1—2 版。

　　[3]　1894 年吴汝纶复函陈静潭，比较中日军力，认为日本"切实讲求西人兵法，兵轮多于我，其统领水师将领皆深明西学"。吴汝纶：《答陈静潭》，载吴汝纶撰《吴汝纶全集》第 3 册，施培毅、徐寿凯校，黄山书社，2002，第 93 页。

业其中","除乡试会试中式外,许以随时保举拨入军营"[1]。

依唐文治的设想,考选出来的人既能使用新式武器,又能掌握西式战法,一举两得。虽然所针对的是火器不足、招募兵源的问题,立意与变营制之论殊途同归,却多了育才方面的考量,显然用意更深。

1895 年 4 月 21 日,江苏布政司邓华熙将郑观应所著《盛世危言》呈给光绪帝。郑观应办理洋务多年,自然希望按西法改造武科。他计划将武科的内外二场改为三场,"一试能明战守之宜,应变之方,深知地理险阻设伏应敌者。二试能施放火器,命中及远,驾驶船舶,深知水道者。三试制造机器,建筑营垒炮台,善造战守攻诸具者"。[2] 这一方案,较详细设计了武科考试西艺的内容。然而依照该计划,武科取士虽为不同特长的专才,武试士子却需同时具备作战技能、水陆战法以及军器制造等多种知识。就现实而言,未免苛求,考生一时恐难以企及。

另外一些方案异曲同工,标准则有所降低。1895 年 7 月 21 日,左庶子戴鸿慈条陈改革意见,认为武科"拟请马、步、射一场谨遵旧制,弓、刀、石一场改用演枪,默武经一场改作武论"[3]。如此,可行性大增,变革的幅度却明显减少。

---

[1] 唐文治:《请挽大局以维国运折》,载《茹经堂奏疏》,文海出版社,1967,第 36—39 页。

[2] 郑观应:《考试上》,载夏东元编《郑观应年谱长编》上卷,上海交通大学出版社,2009,第 217—219 页。此处引用《郑观应年谱长编》主要因为《盛世危言》编写时间较长,前后版次较多。此时光绪帝收到的可能是 1894 年宏道堂刻本,或者 1895 年上海古香阁铅印本,而无论哪个版本,在武科改制内容上并无差别。

[3] 戴鸿慈:《左庶子戴鸿慈奏为条陈审敌情以固邦交等十二事折》,载戚其章主编《中日战争》第 3 册,中华书局,1989,第 501—502 页。

　　无独有偶。1895 年 7 月 22 日，出使俄国亲历外情的王之春，向清廷条陈八项改革措施，建议武科"将步箭一场改试强炮，马射改试马枪"，"是一邑之中有数百人应试者，即隐寓数百洋枪队也，暗中收效实无涯涘"。"取定之后，即应派入营汛充当弁勇将倅，以次升补，则所用皆其所习，可并收人才之效矣"。[1] 王之春的办法实有一石二鸟之效：武科考试枪炮，未取得功名者成为优质兵源；考中功名者则充实军营。随后在 11 月 14 日，御史孙赋谦也条陈变通武场考试，要求改弓刀石用枪炮。[2]

　　由此可见，虽然使用枪炮考试的大方向一致，群臣的具体方案还是各有分别。他们之所以未提及增加西方战术、战法等内容，恐怕是预见到改革的困难而选择放弃。

　　正当武科改制众说纷纭之际，部分督抚站出来反对武科改用枪炮，引发了争议。

　　1895 年 8 月 1 日，浙江巡抚廖寿丰在奏复上谕时表达了自己的担心，认为武科"改试枪炮，然聚各省犷悍之徒蓄军火演习枪炮，岂非隐患？"[3] 甘肃新疆巡抚陶模亦坚决反对，此前曾奏陈"旧有武科得人本少，若辈恃有顶戴，往往武断乡曲，转难约束。傥谓弓矢无益而改习火器，则家家可置枪炮，流弊尤甚"[4]。之后又强

---

　　[1]　王之春：《〈使俄草〉附录》，载《王之春集》第 2 册，赵春晨等校，岳麓书社，2010，第 836-837 页。

　　[2]　参见朱寿朋编，张静庐等校：《光绪朝东华录》第 4 册，中华书局，1958，第 3976 页。

　　[3]　廖寿丰：《时局艰危亟应力图补救敬陈管见折》，载中国第一历史档案馆编《光绪朝朱批奏折》第 120 辑，中华书局，1996，第 640 页。

　　[4]　陶模：《培养人才勉图补救折》，载陶模著，杜宏春补正《陶模奏议遗稿补正》，商务印书馆，2015，第 248 页。

调"旧例武科无裨军事，徒害乡间……断不可改习火器，致滋流
弊……今议者欲改试枪炮，势必家置火器，后患更难设想"[1]。

督抚们的担忧在于枪炮用于武科考试，会导致武器流入民间，
成为社会治安的隐患。况且，本来武科士子就有扰乱社会秩序的恶
名，是不安定因素和官府治理的难题。[2]一旦持有武器，更加令人
担忧。

随后清廷谕令兵部议复孙赋谦的奏折。兵部"引严禁私藏火药
之例"将其驳回。[3]清朝确有禁止民间私藏火器的成例。[4]而武科
使用火器的议论可追溯至乾隆年间。当时大臣高晋奏请将武科舞刀
一项改为鸟枪，乾隆皇帝予以驳斥，认为鸟枪"原系制胜要器，而
民间断不宜演习多藏"。武科若改用鸟枪，"应禁之火药铅丸，俱难
禁民间私相售卖"，鸟枪习者众，"于事实为有碍"。[5]清帝防止
民间使用火器，旨在保持武力统治的优势，相比之下，武科是否改
试显得无足轻重。这两个则例成为当局否定相关提议的依据。而督
抚们的回应正中清廷下怀。

然而，时过境迁，成案适用的背景已经发生变化，因循守旧显
然难以维持。1896年12月8日，孙赋谦再次上奏，请求武科停弓

---

[1] 陶模:《复奏中外臣工条陈时务折》，载陶模著，杜宏春补正《陶模奏议遗稿
补正》，第266页。

[2] 1895年，江西考试武童，报纸称:"近年各属讲武者较昔多至十倍，往往成
群结队，于临时滋生事端，即能悻博一衿……谋生乏术，窝聚赌娼，扰害市肆，包
揽词讼，甚至藐法横行，罪恶多端，不堪指数。"虽无具体指证，可见武科士子的社
会形象不佳。《豫章试事》，《申报》1895年9月17日第2版。

[3] 孙赋谦:《御史孙赋谦请武场考试变通旧制折》，载毛佩之辑《变化自强奏议
汇编》，文海出版社，1974，第142页。

[4] 邱捷:《近代中国民间武器》，社会科学文献出版社，2012，第201-202页。

[5] 《清实录》，中华书局，1986，第977-978页。

刀石，改洋枪、洋炮。针对禁止民间私藏火器的成例，他指出："今日洋枪盛行，民间处处皆有，名虽禁实不能禁"，又举广东械斗时使用各种火炮，官员不能管理为例，[1] 以见当时民间私有火器的情况已经非常普遍。[2] 依孙赋谦的说法，清廷禁止民间私藏火器的法令已成一纸空文，所以不准武科改用枪炮不过自欺欺人。

即便如此，主政者依然坚持"士子演习火器有干禁例，格不行"[3]，无异于否定现有武科改革方案。其实自淮军起，清军早已使用新式武器，并建立了相应的兵工厂。武科仍然沿用旧制，不与军队的改变相匹配，不仅不合时宜，还会大幅度减少存在的合理性。而改用枪炮，又碍于武器民间私藏的禁令和无法妥善管控的难题。是否改试枪炮的进退两难，成为武科改革的窒碍，如何解决，还需进一步探索。

第四节 改武科与停武科

正当武科考试改革陷入困境时，被视为西式军事体系一部分的武备学堂，再次受到重视并被广泛讨论。[4] 有人另辟蹊径，绕开改革

---

[1] 孙赋谦：《御史孙赋谦请武场考试变通旧制折》，载毛佩之辑《变化自强奏议汇编》，第142-143页。时间参见朱寿朋编，张静庐等校：《光绪朝东华录》第4册，第3918页。

[2] 邱捷的研究表明，清代自乾隆朝民间就开始私藏、私造火器，并成规模。晚清因社会动荡更加普遍。参考邱捷：《近代中国民间武器》，第7-10、199-207页。

[3] 朱寿朋编，张静庐等校：《光绪朝东华录》第4册，第3995页。

[4] 甲午之前就有督抚创办武备学堂，不过只是为督抚所需而立，并未作为定制推行。参见罗尔纲：《晚清兵志》第5-6卷，中华书局，1999，第3-9页。

考试形式内容的纠结，尝试通过武备学堂来解决武科改制的两难。

1895 年 3 月 26 日，翰林院侍读文廷式奏陈，日本取得军事胜利，是因为将士都出自学校，要求"开学校以讲武"，而"武进士、举人、生员，皆年富力强，尤宜教以战阵，以资捍卫"，"似亦国家长养人材之一道也。"[1] 文廷式意识到西式兵学需要相应的育才机构，建议与武科合二为一，达到培养将才的目的。可惜所言并未引起清廷重视。[2]

郑观应的考虑较为周全，还准备了一套武科改革方案。他认为武科士子当在学堂考取功名，"县试小学堂，考列上等者为秀才，贡之于省。省试中书院，考列上等者为举人，贡之于京师。京都大书院，考列上等者为进士"。而考试标准是"精于制造""熟识驾驶""能施火器"[3]。这实质上是将武科归于学堂之中。

此后，设置武学堂的呼声与日俱增。1895 年 6 月 9 日，顺天府尹胡燏棻奏请变法自强，关于提升军队官兵素质，建议"先在直省设立武备学堂，行取各州县武生武举，考其汉文通顺，年力精壮者，选令入塾，给以养赡……则将才辈出，不患有兵而无官"[4]。

起初以武学堂改武科的方案只是强调其教育功能，随着科目改

---

[1]　文廷式：《请开学校讲习武事片》，载汪叔子编《文廷式集》上册，中华书局，1993，第 57–58 页。

[2]　"文廷式封奏：……片：练洋队、练武举、武进士，皆未办"，见翁同龢：《随手记》，载谢俊美编《翁同龢集》下册，中华书局，2005，第 1147 页。

[3]　这一方案其实是郑观应后来附加，《盛世危言》十四卷本可见。参见夏东元编：《郑观应年谱长编》上卷，第 218 页。

[4]　胡燏棻：《因时变法力图自强谨条陈善后事宜折》，载毛佩之辑《变化自强奏议汇编》，第 27–28 页。时间参见张海荣：《甲午战后改革大讨论考述》，《历史研究》2010 年第 4 期，第 102 页。

革面临阻碍，开始留意到武备学堂的管理功能。反对武科改试枪炮的廖寿丰，注意到武备学堂可以作为约束武科士子的手段，"宜仿西人之制，广设学堂"，让武科人员到学堂学习，"仍由考官按试拔取，庶可以收实效"[1]，且有助于防止因武器管理不严造成社会问题。

舆论也见及于此，甚至规划了从设立到办学的简易流程。如资金"先自捐廉以为倡始"，学员"择邑中考试武科生童一月两试"，学习"坐作进退之方，步伐止齐之法"，"演放枪炮，打靶射鹄命中及远"。至于设学堂的预期效果，首先是"可保卫地方"，进而"寄干城腹心之选，可收实效，兼可清伏莽之源，而弭无形之患"[2]，可谓一举多得。

随后，有目光敏锐者甚至指出，武备学堂可以解决武科改制的枪炮问题。1897 年，唐才常在《兵学馀谭》中提到孙赋谦改制武科建议被驳回一事，在肯定"枪炮不得私售，五洲通例，部议自是正论"的同时，体恤"孙御史救时苦心，沉痛迫切，不可无法以权衡之"。其折中调和的办法是："在各省各府书院，添设武备学堂。由官购枪炮若干，藏之学堂；于学堂附近，另辟隙地为演习所；枪炮火药毋得越学堂一步。有执枪炮火药游行街衢村落者科以罪"。[3]如此一来，则两难变为两利。

纵观各方意见，以武备学堂改武科似可一举解决诸多弊端，不仅武器管理不成问题，也为引进西方军事技艺提供了一条新途径。

[1] 廖寿丰：《时局艰危亟应力图补救敬陈管见折》，载中国第一历史档案馆编《光绪朝朱批奏折》第 120 辑，第 640 页。

[2] 《论各县设武备学堂》，《申报》1895 年 10 月 7 日第 1 版。

[3] 唐才常撰，湖南哲学社会科学研究所编：《唐才常集》，中华书局，1980，第 53 页。原文载《湘学报》第 416 号。

至此，武科改制看似出现转机，不料停武科的争议又起。

　　不少设立武学堂的方案刻意排斥武科士子加入，意在停止武科。同样反对武科改试枪炮的陶模，认为武科士子"草野武夫既乏新书奇器，又不便聚徒讲贯，性情椎鲁，难习韬钤"，因而武科"急当罢行"。[1] 他主张设立武备学堂及相关的功名，而将武科士子排除在外，实际上是以武备学堂取代武科。只是未能统筹解决停止武科的善后问题，方案显得考虑不周。

　　舆论亦不乏附议者。汪康年于 1896 年 9 月 7 日在《中国自强策》中建议，"停无用之武试，开水陆学堂，令凡能武事者，不舆齐民齿，则人竞于武矣，精选厚其饷，严教而重于防"[2]。《知新报》撰文称：由"弓刀石之武科"出身者，"甚至堂堂主帅，而己之官衔，尚不能认，然则安能望其读兵法之书，并各国之书哉。故中国宜效西法，各省遍设武备学堂，以培养将才，决不可缓"[3]。虽然没有明言停武科，却断言武科士子素养低下，无法学习新式武学，设立武备学堂摒弃武科之意不言而喻。

　　康有为的弟子王觉任提出增广同文馆章程，希望同文馆能教授更多西学知识。一方面，同文馆应在行省和州县"推例立学"，并且"以代武科"。另一方面，"枪炮既兴，兵学异古"，"今宜立武备斋"，传授各种西方军事知识。[4] 究其实，是以同文馆变为学堂，取代武科，兼讲武学。

---

　　[1]　陶模：《复奏中外臣工条陈时务折》，载陶模著，杜宏春补正《陶模奏议遗稿补正》，第 266 页。

　　[2]　汪康年：《中国自强策》下，《时务报》1896 年 9 月 7 日第 4 册，第 4 页。

　　[3]　《日人狂论》，载《知新报》第 35 册，第 7 页。

　　[4]　王觉任：《增广同文馆章程议》，载《知新报》1897 年 10 月 26 日第 35 册，第 1-2 页；1897 年 11 月 5 日第 36 册，第 1-4 页。

取代武科实际就是停止武科举考试并废止武科。这类意见的出现，当与甲午后的文科举改革有关。其时众多督抚在本省推行书院改制，仿行西式教育。而在对西艺分科模糊的认知之下，不少书院将西方兵学也纳入课程之中。[1] 如此设计，一方面使得文科囊括了武学堂，另一方面使得武科改革的必要性受到质疑。于是停罢武科之议层出不穷。然而，论者对武科士子的后续安置问题均未提及，在当政者看来，显然还欠妥当。

面对武科改革还是停止的意见分歧，部分督抚采取搁置争议、共同发展的方针来应对。1896 年 8 月 9 日，张之洞委派王承恩等人筹办湖北武备学堂，"凡文武生员、贡监、文武候补员弁以及官绅世家子弟"可以应考，"惟必须文理明通，身体强壮者"。如此，"堂内学生将来皆可为科名仕宦中人，无论文武，一登仕途，即可为国家效用，见诸实际"。[2]

张之洞并未纠结于是否吸收武科士子入学堂，而是提出"合文武为一途"的新方案，[3] 引起各方注意，褒贬不一。湖北武备学堂委员的姚锡光就指出："窃谓中国文武分途已久，其文员文生，习气甚深，本不宜于武备，尤不能当学生；而武弁武生，大率粗鄙者流，不堪造就"。[4] 在他看来，现有科举制度出身之人无论文武，皆无入学习武的资质。姚锡光曾在北洋武备学堂任事，所论不失为真知灼见。

---

[1] 此处参考关晓红对甲午战后书院改革的梳理。参见关晓红：《科举停废与近代中国社会》，社会科学文献出版社，2013，第 29—34 页。

[2] 张之洞：《札道员王承恩等筹办武备学堂》，载赵德馨主编《张之洞全集》第 3 册，第 256—262 页。

[3] 张之洞：《设立武备学堂折》，载赵德馨主编《张之洞全集》第 3 册，第 412—413 页。

[4] 姚锡光：《江鄂日记》卷四，载姚锡光著，王凡、汪叔子编《姚锡光江鄂日记》（外二种），中华书局，2010，第 141 页。

舆论对文武融合的办法反应相当正面。报纸评论道:"香帅故不分文武,特选精通文理之人入堂肄业,盖欲以文植武之基而思收其速效也,且又知不徒在中学而比于西学相辅相而行。"[1]

还有人从制度层面剖析了文武不平衡的原因,指文武两科"惟考试虽同,而平时教训则异,至教训异而文武微分优绌矣",由此导致"文者自以为文重而轻视夫武,武者自以为不能与文并重而亦致自轻",可见"文武分而文教未必日昌,而武备因之日弛"。文武士子平日虽然都有教官管理,但教官"专为文而设",武科则无对应。遑论文科还有书院,武科"国家除考试之外并无培植,一任其乡曲之师承"。结论就是,"中国人才之少"的要因之一,即"文与武分"。[2] 由此突显张之洞办学理念之善。只是张之洞所说并未得到一致认同,定为良策还为时尚早。

从改武科到停武科之议,反映出晚清科举制度在以西为师转型进程中的纠结。正因为文、武科举皆需改制,才会有武学堂归属的争论,继而出现改与停两方的博弈。而张之洞的调和办法还处于试验阶段,前途未卜,导致武科改革方案无法一锤定音。武科命运何去何从,还有待于询谋谐度。

结　语

清廷为改变鸦片战争后的内外交困,屡次尝试军事制度的革

---

[1]　《阅本报纪张香帅武备学堂招考章程示率书其后》,《申报》1896 年 11 月 3 日第 1 版。

[2]　《书鄂督张香帅创设武备学堂续示后》,《申报》1896 年 12 月 1 日第 1 版。

新，与之关联的武科举制度亦备受关注。由于各种因素掣肘，改制进程相对滞缓。在甲午战败的刺激下，变通武科以寻自强良策的议论再起。至戊戌前，武科议改多围绕考试内容与武科进身展开：先有武科纳入兵制论，受阻于旧制盘根错节，军制积重难返；后有西艺引入考试说，又碍于武器管理旧例。其后计划借设置武备学堂打开僵局，终因文科举改革已将武学堂纳入而被釜底抽薪。尽管这一时期武科举改制议论一波三折，障碍重重，却成为晚清武科改制承上启下的重要节点。厘清相关史实，有助于深入认识清廷最终废除武科举的选择。

　　甲午战后，清朝加快革新步伐，借此潮流，朝野上下武科改制的议论再次发力，且较之前更加集中，从官员到舆情都广泛参与，形成有效驱动。虽然这一阶段改革的切入点依旧是考试内容与武科进身，但较之前已经拓展深化。武科纳入兵制，倡议者鼓吹其一石二鸟之效，却忽视了晚清军队自身已经盘根错节，问题根深蒂固，非一厢情愿可以骤然改变。将枪炮等西艺引入武试之说，立意当是大势所趋，无奈碍于火器管理旧例和社会管控的难题，一时间陷入僵局。而武科结合武备学堂的主张，看似化解良策，不料文科举改革方案又将办理武学堂纳入范畴，颇有釜底抽薪之效，导致武科改制前途未卜。

　　甲午至戊戌关于武科变更的议论，将武科改革推向一个重要关节点。各种方案的挑选及其利弊的权衡取舍，显然不是朝野官绅坐而论道甚至建言献策能够解决。唯有清廷中枢的介入，方能引导武科改制进入下一阶段。

第二章　清季商政兴起与制度演进

　　晚清以前，没有作为特定指称商业管理的"商政"概念。近代以来所沿用的"商政"一词，最早见于 1872 年《申报》刊载的一篇关于保护出洋华商的时论，而较为系统的界定则于 1879 年由薛福成在《筹洋刍议》中提出，归纳为贩运之利、艺植之利与制造之利。此后，商政的用法日渐扩张，并引起既有制度的调整和变革，成为晚清民初知识与制度转型中变化显著，成效突出的重要内容。"商政"一词在近代的形成演化以致约定俗成，反映了在内忧外患的时局下，中国社会重商思潮兴起，以及与西方进行商战、抵御外侮的历史趋势。

　　道光以降，中西往来频繁，与西方通商逐渐成为商业的重心。太平天国之役后，商税成为税收的重要来源和解决财政难题的重要方式，清朝的财政结构发生了明显改变。在内部变化和外力冲击的双重影响下，注重商业发展的近代商政理念开始兴起，真正意义上的商政关系开始出现。以南北洋通商大臣、总理衙门的设置，以及洋务新政求富求强的诸多举措为标志，清王朝开始对传统征之于商的榷政关系做出调适，只是囿于既有体制的限制，甲午战前对商业的管辖范围主要集中于涉外商务及军工领域。1896 年张之洞承接洋务新政余绪，于江苏境内就地筹款创设商务局，开启了创建近代商政机构的先机。

20世纪初，实业救国成为主导性的社会思潮，最终促使清廷设立正式的职官体制统筹商政。1903年商部的创设，是实业救国思想在制度层面的体现。为了整合全国商政，商部将各地商务局作为直辖机构，借此建立上下有序的行政层级。唯因商务局仍属督抚权力在体制外的延伸，受制于督抚对人、财、物及管理运作方面的操控，构建上下有序的商政体系万分艰难。

商政的对象为商，重商即意味着商人及商业地位的提升，由此催生了商会，促使绅商群体崛起，成为清末民初重要的社会力量。社会和政治地位显著升高的绅商，自觉为商政的主体或是有意争取成为主体，使得统一商政面临更加错综复杂的局面。清末仿行宪政，商部改组为农工商部，直省裁局改道，设置劝业道归并商务局统筹农工商各业，但商务局兼具经营实体与行政职能的双重属性，与西方商政性质及模式有根本区别，难以进入职官体制，直至辛亥鼎革，各省商政交集互异的情形仍未见根本改善。这一古今中外知识与制度的差异及对接，显示近代中国商政采取自下而上、由体制外到体制内的方式，与西方宪政国家的取径迥异。

不过，"商政"作为一个后出概念，古今中外差异悬殊，令人不易正确理解和把握。以往学术界较少考察商政概念的渊源流变，通常不分古今差别，将与商有关的事项统归为商政，[1] 缺乏清晰的

---

[1] 颜炜：《春秋战国商政浅议》，《柳州师专学报》1997年第2期；单纯：《商政文化与子贡之问》，《中华读书报》2015年9月30日。有研究者已注意到近代商政的兴起，但对其出现的背景、原因和历史过程等则语焉不详。如郑剑顺《论洋务官员的经济思想》（《中国社会经济史研究》1992年第4期）、余子侠《唐文治与清末商政》（《华中师范大学学报》2005年第3期）、陈晖《张之洞的"商战论"与武汉商业近代化》（《江汉大学学报》2017年第4期）等。

比较鉴别。尤其是直接用来作为研究清末商政机构的预设前提，[1]不仅模糊了观念史事的发生演化，更忽视了"商"与"政"融合的复杂过程。因此，梳理传统农本位过渡到近代重商，探寻"商"的观念、形态在晚清的变化，以及商政关系的古今迥别，关系新旧体制嬗变的方向与成效，更能呈现近代中国知识与制度转型丰富曲折的多重面相。

第一节　近代商政的发端

历代朝廷官府对商业的经营管制，含义和方式与后来迥异。中国古籍分别对"商"和"政"有所界定，然而合二者为一的"商政"一词不见于载籍。《汉书》谓："通材鬻货曰商"；《白虎通义》曰："商之为言商也，商其远近，度其有无，通四方之物，故谓之商。"[2] 二者皆强调商的流通性。"商务"即是围绕"商"的事务，"圣王治世，则务财通商引为急务"，[3] 倾向于财政与通商。郑观应在《盛世危言》中提到："商务者，国家之元气也；通商者，疏畅其血脉也。太公之九府圜法，《管子》之府海官山，《周官》设市师以

---

[1]　研究者侧重于探讨清末商部、农工商部和商会。如刘世龙《中国的工业化与清末的产业行政——以商部、农工商部的产业振兴为中心》（溪水社，2002），王奎《清末商部研究》（人民出版社，2008），朱楷《清末农工商部研究》（硕士学位论文，首都师范大学，2004），马敏、朱英《传统与近代的二重变奏——晚清苏州商会个案研究》（巴蜀书社，1993），郭耀力《商战与大同在进步的时代—清末民初沪、津的商会》（博士学位论文，台湾大学，2004）等著作以及大量专题论文。

[2]　班固：《白虎通义》卷七"商贾"，商务印书馆，1937，第286页。

[3]　《致富论》，《申报》1872年11月22日第1张第1版。

教商贾，龙门传货殖以示后世"[1]。与前论有共通之处，皆强调开发财源、保护通商。所谓"政"，洪范"八政"，一曰食，二曰货，食为农殖嘉穀可食之物，货为分财布利通有无者也。[2] 食货居八政之首，后世论经济事物者，常有食货志之作。

传统社会的"食货"，大概即今天所谓"经济"之事，包括农工商各业，并不偏废。就商而言，三代的商政关系表现为"货通然后国实民富而教化成"，将"商"的流通规则与"政"的仁道原则相契合，对商工业并不轻视，只求符合王者之政。同时，对商业有相应的设制和管理，"九职之中，有商贾一职，关于市政亦有司市之设，一切商法皆在质人"。[3]

春秋战国时社会动荡，农商并立的局面日趋解体，重农抑商思想逐渐形成，"古人上下隶属，尊卑有序的王制统治持久，即管子所说：占统治地位的物质关系，用观念形式表现出来，就形成了重农抑商的思想"。[4] 汉以后历代都将"工"限制在很狭隘的范围之内，商业则"向无专官，故无所为行政"。[5] 只要工商业者的营业活动不越出"王制"的规范之外，就不在官府的干涉管制之内。

"重农抑商"是农业社会的产物，传统中国对待农工商各业，

[1]　郑观应：《商务一》，《盛世危言》（上），上海古籍出版社，2008，第262页。

[2]　班固撰：《汉书》卷24上《食货志第四上》，颜师古注，中华书局，1962。

[3]　黄序鹓：《中国经济史长编》第18册第14篇《商业》，国家图书馆出版社，2011，第48页。

[4]　傅筑夫：《中国经济史论丛》，生活·读书·新知三联书店，1980，第608页。

[5]　高劳：《十年以来中国政治通览》下编"实业篇"，《东方杂志》1913年1月1日第9卷第7号，"纪念增刊"，第89页。

主要以征稽管制为能，王朝体制下，"商"与"政"是分离的，"商"并未纳入"政"的范围。古代中国商人有自己的行会组织，皇室则有专属的制造体系，因此历代均没有设置专门管理商业的机构，商业由职司财政的部门兼管，"但有征商之政，而少护商之法"，换言之，"政"并非对"商"的管理，仅仅是征税和维持秩序。历代王朝每逢经济或者政治危机，即以增加商税充实国库收入，把商业贸易视为平衡不同地区物质需要，补充自给自足的手段，甚至"县衙门生活费用无一不是商民所支应，粮行支粮，屠行支肉，油行支油，宰锅支烛，盐店支盐，席行支席"。[1] 为防止因商业发展带来富可敌国的威胁，统治者不断打击商人的政治和社会地位，使之荣身无径，不能通贵，以维护统治稳定，因此传统中国里商人既受贬抑，又被需要。"商税者，榷商之政也"，与后来设立专职机构发展商务、保护通商、振兴实业、增进国家富强的"商政"之义相去甚远。

不过，晚清以前的商政关系，其观念与实践大相径庭。历代王朝的商业政策变化，若隐若现地存在重农思想掩盖下对商业看法的演变过程，重农与重商的并存与对立，贯穿始终。统治者虽屡颁贱商令，但当抑商政策化为具体的制度、法规、措施之时，常有变异。如"汉时商人，亦普参与政治，由此言之，当时虽有贱商之令，其无实效可知。然其影响，自在后世，为后人所称道，一也；为后人所沿仿，二也。""隋唐明清，亦偶有贱商之令，顾

---

[1]   魏少游：《清末地方政治杂忆》，载文安主编《清末民初系列丛书·晚清述闻》，中国文史出版社，2004，第 271 页。

其作用如何，不问可知。"[1] 随着农业的发展，小农家族经济结构的成熟，越来越需要商业发挥整合社会结构的功能，而与之相辅的行政体制亦需不断调适，其过程也是"商政"概念不断厘清的过程。

道光以降，中西方往来频繁。薛福成认为："西人之谋富强者，以工商为先，泰西治国暗合管子'商无废利，民无游日，财无砥墆'，彼之通商惠工，所以日臻丰阜也。"[2] 正因为西方对工商业的重视，所以国家有充足的积蓄，社会产品和资源不至于浪费并能得到有效利用，百姓安居乐业，国家也就安定了。西方以商富国，凡"运货至各埠者，多方庇护俾其渔利，故商人得恃以无恐；中国则视为细民，薄为市侩，既不假以事权，又不联以声势，故出洋贸易人绝少"。[3] 可见，西方由商致富，又有国家保护，尽享通商之益，中国却碍于抑商观念，在通商中处于劣势。正如《格致新报》所说："自中外互市以来，交通之势日以迫，人民通矣，货物通矣，舟车通矣，邮电通矣，语言通矣，文字通矣，而西人之智未通于我也，西人之财未通于我也，不能通其智，故彼强而我弱，不能通其财，故彼富而我贫。"[4] 这番话说明通商对中国的冲击和影响颇大，而要改变中国贫弱、西方富强的局面，就要通其智与财。所谓智与财，首先就体现为如何看待和利用商业。

---

[1]　陈登原：《国史旧闻》第 2 分册卷二十九《贱商令》，中华书局，2000，第 191－192 页。

[2]　薛福成：《出使英法义比四国日记》，载钟叔河主编《走向世界丛书》，岳麓书社，1985，第 261 页。

[3]　《筹洋管见》，《新闻报》1893 年 2 月 26 日第 1 张。

[4]　《通贫富说》，《格致新报》1898 年 5 月第 6 号。

　　洋务新政之前，通商对晚清政府带来的影响，大致可以从两方面加以说明。南京条约后，与西方通商逐渐占据近代商业的重心。所谓"通"者，往来之谓也，若止有来而无往，由彼通而我塞矣。"商"者，交易之谓也，若既出赢而入绌，则彼受商益而我受商损矣。"中外古今不尽屏商为末务，孰谓阛阓中竟无人豪，顾可一例目为市侩哉？"[1] 在西方以商富国的影响下，"重农抑商"的经济政策开始扭转，传统征商之政逐渐调整为通商之政；伴随着通商的设关定税，与西方交涉频繁，促使清廷在体制内进行相应的机构设置和调整。道光年间，经耆英等议定设立南洋通商大臣，"以为交涉事件，在外商办之计"，专门管辖中国南部沿海通商口岸的交涉、通商、海防事务。[2] 1861 年清廷设立总理衙门，专管交涉事件及与各国通商事宜。同治九年，设北洋通商大臣，管理直隶、山东、奉天三省通商、洋务，办理有关外交、海防、关税及官办军事工业等事宜。[3]

　　值得注意的是，无论总理衙门还是南北洋通商大臣，均是清朝应对时局变化的权宜措施，更多是为了政治上的需求。如奕䜣奏请设立总理衙门时谓："俟军务肃清，外国事务较简，即行裁撤，仍归军机处办理，以符旧制。"总理衙门设立后，朝野"日恨其不早裁撤，以为一日衙门尚存，即一日国光不复"。[4]

---

　　[1]　郑观应：《商务一》，载郑观应著，王贻梁评注《盛世危言》，中州古籍出版社，1998，第 299 页。

　　[2]　刘锦藻：《清朝续文献通考》第 1 册卷五十八《市籴考三·市舶互市》，商务印书馆，1936，第 620 页。

　　[3]　《清实录·德宗景皇帝实录》卷二九三，中华书局，1987。

　　[4]　贾桢：《筹办夷务始末（咸丰朝）》第 8 册卷七十一、七十二，中华书局，1979，第 2676－2756 页。

说明当时从最高统治者到民间舆论，均视其为不得已的权宜之计，只是因应与西方交涉的需要而设，一旦形势改观，就应该裁撤。

朝野上下所期望常态，似乎永无再来的机会，通商以来，中外贸易逐渐扩大，中国被卷入"商战"世界，[1] 且利权不断丧失。轮船招商局之设，乃因"各口通商以来，中国江海之利尽为外国商轮侵占，故招集华股特创此局，以与洋商争衡"。[2] 另一方面，经由鸦片战争及太平天国之役，清朝财政捉襟见肘，商税取代田赋成为税收的重要来源和解决财政难题的重要方式，迫使朝廷官府不得不重视工商产业，将商业提到与国家命运相维系的高度，重商遂成为主导性社会思潮。"商者，可以致四海之货以流通于天下，相交相易而便民生者也。故农工之所出，全恃商为转输。古有以商强人之国，亦有以商亡人之国，商之所系，顾不重哉？"[3] "商"被提升至与农工并列甚至超越其上的地位，攸关国家的兴衰存亡，近代商政关系开始兴起。重商观念抬头且渐居主导，反映了商业与政治关系

---

[1]　据王尔敏先生文章所载，"商战"一词最早出现于同治元年（1862）曾国藩致湖南巡抚毛鸿宾函中，意指对西方工商国家的反应（参见王尔敏：《商战观念与重商思想》，《"中研院"近代史研究所集刊》1976年第5期）。文中将时人对"商战"的认识及其舆论主张进行概括，诸如"今日立国，首在商战""商战之利甚于兵战""方今列国并立，其无事也，则以商为战"等等，并据此指出挽回利权和振兴实业是应对商战局面的重要举措。

[2]　葛士濬辑：《皇朝经世文续编》卷一百十五《洋务十五，商务三》，《覆陈维持招商局事宜疏》，载沈云龙主编《近代中国史料丛刊》正编第75辑，文海出版社，1972。

[3]　河北省地方志办公室整理点校：（民国）《河北通志稿》，北京燕山出版社，1993，第1721页。

的变化，[1] 振兴商务、保商护商、维持商政等，逐渐成为朝野共识。

不过，清王朝的既有职官体制并不具有保护通商和商业的职责，更无法担负沟通官商，发展新兴工商事业的职能。[2] 总理衙门和南北洋通商大臣因应通商的时局变化而设，但总理衙门最初仅管理交涉与通商事务，重在外交，以后职能逐渐扩展，包括：稽关市之征、洋人游历给照盖印、设局派员经理招商之务、安设各路电线等诸多方面，[3] 职掌过于宽泛，并非主管商业的专职机构。南北洋通商大臣因分别由两江总督和直隶总督兼任，与督抚权限厘定不明而有名无实。如时人所议，"南北洋之设通商大臣垂数十年，则吾知之矣，试问自有通商大臣之后，于通商各事在所损乎？在所益乎？洋商之势力日见其大，华人之商务日见其疲，此吾所不敢为贤者讳也"。[4] 显然，固有的制度安排和部分的调整，已滞后于商政关系的变化和发展。

---

[1]　或认为重商主义分为广义和狭义，前者即重视商业之意，指政府对商人的重视和保护；后者则是经济学者所主张的应由政府控制国家经济，以便损害与削弱竞争对手的实力，增强本国的实力，着重于国家在商业活动中的角色（参见冯筱才：《从"轻商"走向"重商"—晚清重商主义再思考》，《社会科学研究》2003 年第 2 期）。其实，诸如此类的广义与狭义之别，大体是近代汉语中文翻译外国词汇因格义附会导致所指与能指不相对应的不得已。即使依据此说，晚清的"重商主义"说也停留在广义层面，并无明显国家干涉的特征。

[2]　清制对农工商矿事务的管理，内则由户部、工部和内务府兼管；外则主要分属于布政使和道员兼任，因此清代前中期的行政架构中没有管理商业的专职机构。由于历代王朝实行"崇本抑末""重农抑商"的政策，国家对商的管理只限于税收的需要，并无重视和保护。

[3]　《光绪会典》卷九十九，载沈云龙主编《近代中国史料丛刊》正编第13辑，文海出版社，1967，第 211 页。

[4]　《孚信以整商务议》，《华字日报》1902 年 12 月 31 日第 1 版。

相对清廷的迟滞，趋新督抚在平定太平天国过程中于体制外设立的各类局处所，则成为战后振兴工商的实际载体，开始了以求强求富为口号的洋务新政，传统"俯顺舆情"的"榷商之政"逐渐转为"重商理财"的近代商政。

洋务派官员在筹办新政过程中，将"重商理财"首先与"求富"相联系。洋务运动初期，工商业被视为中国致强的手段，主管官员并未意识到工商业的经济和社会价值，因而"富"和"强"的联系开始并不明显。"昔日之财政，最大目的为'足国用'，理财之要诀为'宽恤民生'，而以'不增赋'为理财者之美德，财政负消极使命。"[1] 随着军事工业的开展，必须由谋利、求富相维系，才认识到"富"的重要，财政亦被赋予积极意义。

洋务后期，新政举措转而着重"求富"。概括起来，洋务官员的求富思想主要有两方面，一是注意到交通运输为西方致富的重要经验，中国可以循此经验实现富强。李鸿章谓："四五十年间，各国所以日臻富强而莫与敌者，以其有轮船以通海道，有铁路以便路行也。即如日本，以区区小国，在其境内营造铁路，自谓师西洋长技，辄有藐视中国之心。"张之洞也说："泰西创行铁路将及百年，实为驯致富强之一大端。"[2] 所共同认定的泰西致富之由，就是铁路、轮船等交通事业。二是能够借以抵制外洋，挽救中国利权。李鸿章称："创办机器织布局，以土产敌洋货，力保中国商民自有之利

---

[1]　贾士毅:《五十年来之中国财政》,《五十年来之中国经济 (1896-1947)》,载沈云龙主编《近代中国史料丛刊》续编第 81 辑,文海出版社,1976,第 81 页。

[2]　《光绪六年十二月初一日直隶总督李鸿章奏折》《光绪十五年三月初二日两广总督兼署广东巡抚张之洞奏折》,载中国史学会主编《中国近代史资料丛刊·洋务运动》第 6 册,上海人民出版社,2000,第 142、250 页。

权，期渐收回利源。"购器设局制造火柴，目的也是"以敌洋产而保利源"。此外，"非兴商务不足以开利源""伏思富强之要，必先振兴商务""分洋商之利，收回中国利权"等言论，[1] 均体现洋务官员从"求强"到"求富"、从轻商贱利到重商谋利的思想转变。

与此同时，洋务官员进而就轮船、铁路、设厂制造等事奏陈意见，使以"求富"为重心的商政成为庙堂热议的话题。1882 年，张佩纶奏陈"理商政、预兵权、购师船"各项事宜，得到清廷重视，饬"李鸿章悉心酌度"。1888 年，李鸿章奏议"招商局事宜以保中国利权"，认为"从古商务未尝议于朝廷，海上互市以来论者乃竞言商政"，应将招商局官商股本、运营情形、商情衰旺等随时报部。1895 年又奏请"招商局船产仍照原议全数收回"，指"轮船招商局，为中国商务大端，非兴商务，不足以开利源，非造铁路，不足以兴商务"。1896 年，张百熙奏陈"招商设厂制造，洵为握要之论"，请饬各督抚于工政商政，实力提倡，"以拓商利而杜漏卮"。[2] 这些奏议表明内外大臣均视"交通运输、设厂制造"为富国自强的根本途径。

---

[1]　《光绪十三年四月二十八日总理海军事务奕譞等议奏折》，载中国史学会主编《中国近代史资料丛刊·洋务运动》第 6 册，第 193 页；《光绪十五年七月二十四日山东道监察御史杨晟片》，载中国史学会主编《中国近代史资料丛刊·洋务运动》第 7 册，第 449 页。

[2]　张佩纶：《请修德讲武以靖藩服折》，载《清实录·德宗景皇帝实录》卷一五二，光绪八年；《覆陈维持招商局事宜疏》，载葛士濬辑《皇朝经世文续编》卷一百十五《洋务十五，商务三》，沈云龙主编《近代中国史料丛刊》正编第 75 辑；李鸿章：《招商局船产仍照原议全数收回折》，载《清实录·德宗景皇帝实录》卷二〇九，光绪十一年；张百熙：《招商设厂制造请饬妥议章程片》，载《清实录·德宗景皇帝实录》卷三九六，光绪二十二年。

传统"士农工商"的四民社会，是根据百姓所操之业进行社会划分，这样的社会结构中，虽然"工商两业，事有兼营，志宜互见"，但"工之所重在人工，商之所重在营业"，[1] 商业与工业始终两相分离，工业所出的产品并非商品。而在洋务民用企业中，"价值规律和赢利才是起着相当主导作用的"。[2] 洋务后期所创办的民用工业，确实大为有利可图。

1890 年，张之洞筹设湖北织布官局时说："现今上海专设有轧花纺纱局，远近争购，多运至东洋销售，为用甚广，获利甚丰，于是即日兴工创办湖北织布官局。"[3] 可见，洋务工业企业所出产品被转化为商品，在国内外销售且以图利，进而带动以农、工、商、矿、金融和交通运输等各方面为内容的"实业"产生。"非振兴实业，不足以图强，非改革金融机构，不足以振兴实业"。近代工业生产发展，催生了新型金融组织的需求，1896 年，中国通商银行成立于上海：为"吾国银行业之鼻祖"，借此"仿借国债可代洋债，不受重息之挟制，不吃镑价之亏折，所谓挽外溢以足国也"。[4] 各行各业的变化，扩大了商政的范围，也产生了制度变革的相应要求。

不过，洋务官员的"求富"，强调的是机器制造，以工业建设作为商业发展的后盾，与西方进行"商战"，挽回利权。左宗棠认为机器织呢，"能使成本低廉，足以抵制洋呢入口"。张之洞奏称："棉布本为中国自有之利，自有洋布、洋纱，反为外洋独擅之利。

---

[1]　吴廷燮编：《北京市志稿》，北京燕山出版社，1998，第 594 页。

[2]　夏东元：《晚清洋务运动研究》，四川人民出版社，1985，第 131 页。

[3]　苑书义、孙华峰、李秉新主编：《张之洞全集》第 2 册卷二十九，河北人民出版社，1998，第 7 页。

[4]　杨荫溥：《五十年来之中国银行业》，《五十年来之中国经济（1896~1947）》，载沈云龙主编《近代中国史料丛刊》续编第 81 辑，第 39 页。

今既不能禁其不来，惟有购备机器，纺花、织布，自扩其工商之
利，以保利权。"[1] 二人的言论或许可以代表洋务官员引进机器、自
行制造的富强观点。李鸿章则进一步阐明机器制造与商业的关系，
认为外货入超，是因为"各国制造均用机器，较中国土货成于人工
者，省费倍蓰，售价既廉，行销愈广"。[2] 指出工业生产技术与商
业消长的关系。

　　洋务官员对工业的重视促使机器工业的引进和近代工业企业的
创设，其自行制造的主张也对原料产生需求，从而带动了农业的改
良。只不过洋务官员所筹办的航运、铁路、纺织等事业，均是以西
方工业技术组织为依归，所谓"求富"之法，仍停留在"精制造、
广船械"的表面，对于西方"工商立国"背后的制度安排尚无清晰
的认识。在官商思想的主导下，以官办或官督商办的形式，洋务企
业被置于官方的控制之下，经营和发展受到限制。舆论认为，张
之洞创办的工交企业，以"官力压商力，以外资杜内资"，导致其
"富民强国"之梦的破灭。[3]

　　在反省洋务新政和思考富强关系以及深入认识"商战"的基础
上，早期维新派对商务进行全面筹划，对商、政关系有了新的认识
和思考。

　　1878 年，御史李璠奏称："泰西各国，谓商务之盛衰关乎国运，

————————————

　　[1]　孙毓棠：《中国近代工业史资料》第 1 辑，科学出版社，2016，第 898 页；《光
绪十五年八月六日两广总督张之洞奏》，载《中国近代史资料丛刊·洋务运动》第 7
册，第 501 页。

　　[2]　李鸿章：《试办织布局折》，光绪八年三月初六日，载顾廷龙、戴逸主编《李
鸿章全集》奏议十，安徽教育出版社，2008，第 63 页。

　　[3]　《光绪三十四年九月大事记·湖北绅民开会于贡院议川汉路事》，《东方杂志》
1908 年 10 月 25 日第 5 卷第 10 期，"记载"，第 94 页。

故君民同心，利之所在，全力赴之。始而海滨，继而腹地，既蚀人之资财，并据人之形势，盘踞已久，既辟土又生财，遂惟所欲为。故大学士曾国藩谓'商鞅以耕战，泰西以商战'，诚为确论，此洋人通商弱人之实情也。"所谓"轮船招商，坚壁清野之策也，外洋贸易，直捣中坚之策也"[1]，说明中外通商绝非单纯的交易经营，将使中国民穷财尽，土裂国亡。郑观应进一步指出商战的实质："彼之谋我，噬膏血匪噬皮毛，攻资财不攻兵阵。兵之并吞，祸人易觉；商之掊克，敝国无形。我之商务一日不兴，则彼之贪谋亦一日不辍。"认为商战灭一国于无形，远胜兵战。只是"欲知商战，则商务得失不可不通盘筹画，而确知其消长盈虚也"。[2]

为了"筹画商务"，维新派从不同角度、不同层面提出各项建议和设计，在形成各自思想观点的同时，近代商政观念也不断得到厘清。

中外通商是形成商战的直接动因，因此要自存自强于商战世界，首先是要在通商中拥有关税主权。钱恂在说明西方关税公例与中国的利权损失时称："溯自道光壬寅（1842）定值百抽五之税，咸丰戊午（1858）量减货价渐杀之税，而立则焉。维时西国政令，既未闻于上国，而洋使恣睢，又不受我范围。凡所为衰益而更定之者，姑徇彼请，无暇研求。抑知西国征商之例，恒重进轻出，遏人殖己，意至深也。"他提出修改税则的建议："宜参取西例重进口轻出口，顾百五之例，载在约章，骤议增加，夫岂易事。然公法自主之国，皆得损益税则，保护利权，商于其国者，不能阻也，则转移

---

[1]　《光绪四年四月十九日湖广道监察御史李璠奏折》，载《中国近代史资料丛刊·洋务运动》第1册，第165-166页。

[2]　郑观应：《商战一》，载郑观应著，王贻梁评注《盛世危言》，第292页。

补救，事在人为。取之于豪疆商贾，以助国家之经费者，其亦商政之钤键也欤。"[1] 主张仿照西方关税之例，以"公法"为依据，拥有关税主权，根据本国需要变通税则，并强调修改税则，充实国库是商政的关键。只是海关税则应如何修订，标准如何，则未见具体说明。

光绪初年，郑观应提出具体的修改办法："仿照各国税则，加征进口之货，并重税烟酒鸦片虚费等物。又如珠玉锦锈珍玩，非民生日用，饮食所必需，虽倍税加厘，无损于贫民，无伤于富室。且计须我国之所无者，则轻税以广来源；有者则重税以遏去路，权其轻重，卫我商民。"[2]《湘学新报》所载时人言论则更详细将进口货物分为六类，各有不同的定税标准：有益类免税；有损类值百抽百；有实用类值百抽八；无实用类值百抽六十；能自造类值百抽十；不能自造类值百抽四。[3] 维新派关于修改税则的言论和办法，无论是否可行，关键在于实现中国的关税自主，有遵从"公法"之权利。为此，陈炽认为"税则者，国家自主之权也，非他国所得把持而搀越者也，税则之或轻或重，无不由国君自主之"，应"渐撤西人税务司，增立内地商政局，主持稽核"，使货物出入"有数可稽"，方可"损益税则，取之商贾，以助国家"[4]。

既然修改税则、实现关税自主的宗旨是"重进口、轻出口"，那么中国自身工商业必须发达，才能满足国内所需与出口获利。王韬强调发展本国生产时称："西人自入中国以来，所有良法美意，足

---

[1]　钱学嘉编:《光绪通商综覆表》卷一，光绪元年精刻本，第 2 页。

[2]　郑观应:《盛世危言》卷一《通论》，1894 年刻本，第 7 页。

[3]　《商学》，《湘学报》1898 年 4 月第 33 期，第 17－20 页。

[4]　陈炽:《庸书》，载赵树贵、曾丽雅编《陈炽集》，中华书局，1997，第 80－83 页。

以供我观摩取益者，指不胜屈。今造船制炮次第举行，所惜者行之
犹未广耳。顾利之最巨者，则在乎用机器以织呢布，开矿穴以足煤
铁。"[1] 仅此而言，王韬所议与洋务官员并无二致，其进一步的论述
是，"近世之所以不敢轻议开矿者，特鉴于前弊，不以为裕国，而
反以为扰民。不知善理财者自必有利而无弊"，区分了"务财"与
"理财"的区别，认为前者开发财源以利民是"私事"，而后者通过
发展商业理财是"公事"，所以要求政府控制国家经济，设立管理
商业的机构，颁行促进商业的政策，负责收集和整理情报，开发经
济资源。[2] 此说较之洋务官员，明确了国家在"理财"中应扮演重
要角色。郑观应也主张，"各种货物自能制造，所造之物，既便自
用，且可外售于人，不致全以利权授外洋矣。中国以为无用之物，
洋人购之造之，竟成美货。在华人以为洋人购此无用之物，可以得
利，而不知洋人成货之后，售于华人，其什百千万之利，仍取偿于
中国也"。[3] 要预防通商漏卮，中国应自行制造并改造土货，以抵
制洋货倾销。

通过自行制造、改造土货发展本国工商业，朝野上下不无共
识，这也是在商业上抵制外洋，实现中外贸易对等的重要途径。只
是西方拥有先进的工商业技术和较为成熟的企业组织，且有条约
特权，中国的工商业如何与之竞争，则成为维新派另一必须思量
的问题。

要增强工商业的竞争力，首先必须健全各种工商业组织。马建

[1]　王韬:《弢园尺牍》卷八，中华书局，1959，第10-11页。

[2]　柯文:《在传统与现代性之间:王韬与晚清改革》，雷颐、罗桂秋译，江苏人
民出版社，1994，第132页。

[3]　郑观应:《商务五》，载郑观应著，王贻梁评注《盛世危言》，第628页。

忠认为:"外洋商务制胜之道,在于公司",建议由商人集股设立公司,"取其殷实资本保结,而后以借款相假,岁取其息以还洋款。或事关商务大局,而股商裹足,资本难集,即以借款为之提倡",数年之间,"民富而国自强"。[1] 其由政府倡导设立公司,给予资金支持的主张,为以后华商设立公司提供了思路。王韬强调应设立保险公司,招商保险相辅并行,"以中国之人,保中国之货,不必假手于外洋,而其利乃得尽归于我"。[2] 钟天纬进而认为,设商会、合公司、立银行、借国债、铸银币、广轮船、设民厂、颁牙贴、保海险、设信局、赛工艺等,皆须极力建立和筹办。[3]

另一方面,通商后列强对本国商人的保护给维新派留下深刻印象。王韬称:"西国于商民皆官为之调剂助翼,故其利溥而用无不足。我皆听商民之自为,而时且遏抑剥损之,故上下交失其利。"[4] 因此,保商、护商观念应运而生,"商政"一词的出现即体现时代要求。最早出现"商政"一词的《申报》时论,主旨是主张"于海外各口岸凡有华人贸易其间居处其地者,则为之设领事官","华官一设,则华人皆不得视外洋为畏途,而出而佣工者必多,则其裨益仍在西人也;且华官一设,则西人可不致视华人为异类,而保全者必大,则其裨益仍在华人也。诚能熟商而妥议之,则西人未必不

---

[1]　马建忠:《富民说》,《适可斋记言》,载郑大华点校《采西学议——冯桂芬 马建忠集》,辽宁人民出版社,1994,第133页。

[2]　王韬:《代上广州府冯太守书》,载《弢园文录外编》卷十,上海书店出版社,2002,第251页。

[3]　钟天纬:《扩充商务十条》,载葛士濬辑《皇朝经世文续编》卷一百十六《洋务十六,商务四》,沈云龙主编《近代中国史料丛刊》正编第75辑,第3105-3106页。

[4]　王韬:《弢园尺牍》卷七,第8页。

乐从也，而况于中朝之留心民瘼者乎？而况于中朝之有意商政者乎？"[1] 所言商政，主要是指中国应在海外设外交官保护商民利益。1879 年，薛福成著《筹洋刍议》一书，其中"商政"篇所论，也是以中外商贸为对象，"彼此可共获之利，则从而分之；中国所自有之利，则从而扩之；外洋所独擅之利，则从而夺之"。[2] 并具体归纳为贩运之利、艺植之利与制造之利，即整理船政、整理丝茶与劝集公司。可以说，商政最初并非关于政商关系，而是如何保护在国内国外经营对外商贸的商人，以免其在与其他各国的商人竞争中处于不利地位，损失中国的商业利益。何启与胡礼垣合著刊行《新政论议》一文，则具体提出创立商部保护商民的办法："在国内者遇地方有变碍及商务，商部员可请附近营兵出为弹压，或官府有过害及商民，可请商部总司委员查究，如此商务可振也。"[3] 已明确指出政府应设立专职机构保护商人。

维新派提出的改税则、立公司、设银行、改造土货、自行制造、保商护商等商务筹划，均是商战之策。"商务不兴，则不能与敌国并立"，既然振兴商务关乎商战成败，国家兴亡，那么发展工商业就不仅仅止于谋求抵制，"商务兴则民富"，民富才能国强。

薛福成指出，中国商务所以不振，根源在于"恪守中国圣贤之训，以言利为戒"。振兴商务必须破除千年以来文人士大夫以言利为戒、羞于谈利的陈规旧习。况且圣人所言之利，是为公利，但为公利必须以私利的获得为基础，即务必"使人人各遂其私求；人人

---

[1]　《拟请设华官于外国以保卫商民论》，《申报》1872 年 10 月 18 日第 1 张第 1 版。

[2]　徐素华选注：《筹洋刍议——薛福成集》，辽宁人民出版社，1994，第 71－74 页。

[3]　何启、胡礼垣：《新政论议》，载郑大华点校《新政真诠——何启 胡礼垣集》，辽宁人民出版社，1994，第 167 页。

之私利既获，而通国之公利寓焉"。这种民先富、国才富、藏富于民的见解，与洋务官员"求富"的目的大相径庭。继而又概括西方国家养民新法21条，主要包括"造机器以便制造、筑铁路以省运费、设邮政报馆以通消息、立约通商以广商权、增领事衙门以保商旅、通各国电线以捷音信、筹国家公帑以助商贾、立商务局以资讲求、设机器局以教闾阎、垦荒地以崇本业、开矿政以富民财、讲化学以精格致、求新法以致富强"。[1] 认定西方国家的富强之道是民富为强国之基础，应以国家力量助民求富。陈炽在《续富国策》中，又以"商之本在农，商之源在矿，商之体用在工，而转运流通可以周行四海也"，道明了农工商矿以及交通运输之间的关系，认为皆为致富之源。[2]

不同于薛福成等人着重于民的看法，驻英公使郭嵩焘指出中国"官商隔阂"的商政关系是商务不兴的原因。他认为："西洋赋敛繁重，十倍中国。惟务通商贾之利，营立埠头，使人民有居积之资。交易数万里，损益盈虚，皆与国家同其利病，是以其气常固。""西洋以行商为制国之本，其经理商政，整齐严肃，条理秩然；英人谋国之利，上下一心，宜其沛然以兴也。"[3] 可见西洋立国之道在于"通官商之情"。反观中国，"商非西制，亦非新法，三代以来，与士农工同列于四民，物有本末，事有精粗，官商之气未通，官商之情未洽，而商务未见振兴"。[4] 商人商业，古已有之，只是秦汉以

---

[1] 薛福成：《出使日记续刻》，载徐素华选注《筹洋刍议——薛福成集》，第11、129页。

[2] 陈炽：《续富国策》，载赵树贵、曾丽雅编《陈炽集》，第233页。

[3] 郭嵩焘：《郭嵩焘日记》，湖南人民出版社，1981，第120—121页。

[4] 朱云表：《商务议》，载求是斋《皇朝经世文编五集》卷十八《商务》，沈云龙主编《近代中国史料丛刊》三编第28辑，文海出版社，1987，第575页。

后推行农本商末的政策，没有专职机构保护和促进商业发展，致使官商隔阂日益加深，这是中国商业不发达的根本原因。为此，应颁行"惠商""劝工"政策，祛除官商隔阂，沟通上下之情。

汪康年则认为，"兴商务则必定商政"，应由朝廷采取西法，设立商务大臣，只是"无论变更成法，非一时所能行，且或立法未善，或不得其人，则益滋流弊"。[1] 虽已洞察到设立专职机构是商政的重要内容和重振商务的必要途径，却碍于成法，觉得不可遽行。

汪康年的"定商政"主张使得"兴商务"上升到制度层面，郑观应明确将二者联系起来，进一步丰富了前人关于商政关系的思考，论述尤为详备。其在《商战》篇中建议：应"特设商部大臣总其成，兼理工艺事宜，务取其平日公忠体国、廉洁自持、长于理财、无身家之念者方胜厥任"。各省督抚"札谕各府、州、县官绅及各处领事仿西法，由各艺各商中公举殷实及巧工设为董事，予以体面，不准地方官借此要求。由有商务、工务应办之事，可随时禀报商务大臣。或商务大臣不公，有循私自利之心，准各省商务局绅董禀呈军机转奏，庶下情上达，不至为一人壅蔽也"。《商务》篇则明确指出设立商部、商务局是振兴商务的"揣本之道"。[2] 从商政的角度，说明要赢得商战，就要从内部制度进行调整设制。朝廷设商务大臣、各省设商务局的设计，一方面建立全国性的专职商务机构，另一方面则组织各地商工为商务局，商政的重心由对外转而向内，商政关系则以官商关系为主，上下沟通，互为主动，相互制约。

维新派的言论和思想，反映了晚清重商思潮的兴起和发展，使

---

[1]　汪康年：《论中国求富强宜筹易行之法》，载国家档案局明清档案馆编《戊戌变法档案史料》第 3 册，中华书局，1958，第 134 页。

[2]　郑观应：《商务四》，载郑观应著，王贻梁评注《盛世危言》，第 624 页。

得近代商政的内涵外延逐渐清晰。概括而言，其"商政"思想主要体现在以下几方面：（一）将商业范围扩展至农工商矿交通等各项实业，追求经济的全面变革；（二）与西方进行商战，要求关税主权，谋取富强，是"商"与"政"日渐融合的重要原因；（三）要挽回利权损失，抵制外力侵夺，必须由征之于商变为保商护商，商政举措应围绕保护性政策制定，旨在增强中国工商业与列强竞争的能力；（四）商业团体与商人组织合法化，使商人及其商业活动进入组织轨道，增强商人和行业的实力，以便外抗强权，内争权利；（五）藏富于民，"民富而国自强"，国家力量应助民求富；（六）设立商部、商务局等专职机构，作为朝廷官府主持商务发展和管理商人商业的机关，保护和发展工商业。其中，由政府设置主管商业的专职机构，是近代商政关系兴起发展的重要内容。

早期维新派提出制度变革，较之清朝"顺商情而维财政"的商政理念和洋务官员求富求强的重商思想，可谓抓住关键，只是尚未融汇成为具体的方案，所有设想均停留在纸面。甲午之前，清政府对商业的调整与管辖主要集中于涉外商务及军工领域，政体中仍未有商的位置。甲午战败，清廷陷入严重的财政危机，中国的官绅阶层产生前所未有的危机感，督抚大员在思考如何振兴商务、改善官商关系、以商战来富国强国等问题的过程中，开始接受维新派改革体制的设想，设立专门的商业管理机构，作为发展商务、缓解危机的重大举措。

第二节　甲午危机与商务局的创设

1895 年 4 月 17 日，中日签订《马关条约》，其中第六款第四条规定:"日本臣民得在中国通商口岸、城邑任便从事各项工艺制造;又得将各项机器任便装运进口,只交所订进口税。日本臣民在中国制造一切货物,其于内地运送税、内地税钞课杂派以及中国内地沾及寄存栈房之益,即照日本臣民运入中国之货物一体办理;至应享优例豁除,亦莫不相同。"[1] 根据利益均沾原则,这一规定使日本与西方列强均获得在中国内地设厂制造货物的权利,所纳税额或免或减,不仅冲击了中国近代企业的发展,更使清朝的财政捉襟见肘。"前者洋货入口,纳半税可入内地销售,我纳全厘乃得出市,西人获利岁以数千万计"。但洋货由远方运来,中国尚有厚利,马关条约允许外洋在中国地方设厂制造,"就地取材以供挹注,直是一网打尽"。[2] 一旦列强将工业成品大量出售于华民,中国本就衰弱的工业势必无处生存,国家税收亦无从着落。

条约签订后,朝野上下皆为惶恐,亟谋抵制之方。张之洞数度行文总署,商讨挽回税收之法,[3] 官绅都以设厂自救、劝工惠商、振兴实业为挽回利权之途,而早期维新派关于近代商政的规划,短时期内竟然变成解决中国困境的良方。

设厂自救成为朝野共识,可是问题依然存在。若官为设厂,"帑项奇绌,用度不敷",财政入不敷出,官方投资受到限制。张

---

[1] (清)朱寿朋编纂,张静庐等校点:《光绪朝东华录》,中华书局,1958,第3575页。

[2] 《论中国亟宜合力振兴》,《华字日报》1896年1月17日第1版。

[3] 为保税收,张之洞提出就厂征税、厂货立册、按时巡查等六点办法,以图挽回利权之失。虽未被日本所接受,经其与总署反复酌商,竭力争取,最终得到日本允诺"中国任便酌课机器制造税饷,但其税饷不得比中国臣民所纳加多或有殊异"。(《改拟约稿缘由说帖》《调印议定书》,载日本外务省编《日本外交文书》,日本国际协会发行,1952,第271、559页)

之洞任湖广总督时，在湖北创建纱布麻桑四局、汉阳铁厂、湖北枪炮厂等近代工业，便受制于资本短缺而颇为曲折。正当其苦于筹集湖北织布官局和缫丝厂资本之际，目睹盛宣怀在李鸿章的支持下规复上海织布局，在上海招商集股，极力扩充赶办，订购机器，添设纺纱厂等情形，也产生了利用商人资本的念头，认为"惟有招商助官之一法"[1]，才能解决工业化的资本筹集难题。利用商人资本固然可行，但洋务企业"官员每从中渔利，甚至以他人血本，供自己挥霍"的官僚化管理，使得"商人闻风裹足"[2]，商股招募也非易事。

若改归商办，也未必顺利。虽然甲午后清政府放宽了对私人资本的限制，鼓励和允许商办企业发展，但"中国之患首在人心涣散，因循观望，怀诈挟私"，如果"任其群起逐利，私作奸利，不顾全局，以致百业皆衰"。因此，亟须由政府设置主管商业的专职机构。之前维新派的制度设想被舆论所接受，《中外日报》称："护商之要不外合众商之力以厚其本，合国与民之利以济其穷，今宜于各省设立商务局，专取便商利民之举，酌剂轻重而官为疏通之，勿使倾轧坏业，勿使作伪败名。凡能集巨资多股设一大公司者，奏请朝廷奖之，籍招股诳骗者，重治其罪。"[3] 只是张之洞等督抚大员的真实想法在于招募商股发展官办工业，解决财政危机，对维新派制度设计背后的"商政"尚无清晰认识，这就为后来商务局取径各异的阐释留下了空间。

---

[1]　张国辉：《洋务运动与中国近代企业》，中国社会科学出版社，1979，第287页。

[2]　孙毓棠：《中国近代工业史资料》第 1 辑，中华书局，1962，第 679 页。

[3]　《论湖北试办商务局事》，《中外日报》1898 年 10 月 29 日，"论说"，第 1 版。

1895 年张謇上"代鄂督条陈立国自强"疏，主张建立官设商务局，由绅董主持局务，"专取便商利民之举，酌其轻重"，由官负责沟通商情，为商人提供资本，以便保护商人，革除商人互相欺诈的陋习。[1] 该条陈受到张之洞的重视，其幕僚郑孝胥则积极推动了商务局的设立。《马关和约》议定后，郑孝胥受张之洞所托，拟写"翻约折稿"，所陈八事：即巡幸、铁路、陆军、海军、商务、学堂、制造、游历，洋洋洒洒约 2000 余言，内容涵盖多个领域。张之洞阅后，授意郑孝胥将所陈八项及"商务局应办事宜"酌加增改，定稿以"工政为专条，请设局，共九条"。[2] 这个由郑孝胥所拟的折稿，成为商务局设立的蓝图。由此拉开了直省筹设商务局的序幕，开启了清末工商产业行政整合的第一步。

1895 年张之洞调任两江，奉旨查核上年为应付战事而向殷实绅富息借之款。他致电苏州巡抚赵舒翘、藩台邓华熙，拟会委陆元鼎、朱之榛及上海道总办商务局，息借商款 200 万备用，欲借商务局的创办实现筹资设厂制造的目的。大旨"以劝工为主，以开风气。缫丝厂亦可酌设数处，取其机器厂屋成本较轻，可以多办数种。每厂借公款不过数万，至多不得过十万"。[3] 此系"以本地绅商之款，济本地绅商之用"，并就息借商款 200 万创办商务局之办法，致电总署。得到的回复是："江苏息借商款二百二十六万，著准

<hr>

[1]　《政闻录》卷一，载张怡祖编《张季子（謇）九录》，沈云龙主编《近代中国史料丛刊》续编第 97 辑，文海出版社，1983，第 37–38 页。

[2]　中国国家博物馆编，劳祖德整理：《郑孝胥日记》，中华书局，1993，第 499–503 页。

[3]　《致苏州赵抚台，陆、朱道台》，载苑书义、孙华峰、李秉新主编《张之洞全集》第 8 册卷二百六《电牍三十七》，第 6603 页。

其借给商务局,分十年归还"[1]。经过充分准备,1896 年 2 月 17 日,张之洞奏准《筹设商务局片》,苏州、江宁、上海三地商务局正式成立。[2] 之后,镇江和通州也陆续设立商务局。

张之洞在江苏创办的商务局,成功地为设厂筹集到了资金。苏州商务局总办陆润庠移用官府向苏州等五府商民的借银 54.76 万两,创办了苏纶纱厂和苏经纱厂,于光绪二十三年七月投产。[3] 通州商务局总办张謇议设纱厂时谓:"先是南皮以中日马关约有许日人内地设厂语,谋自设厂,江南北苏州、通州各一,苏任陆,通任余,各设公司,集资提倡,此殆南皮于学会求实地进行之法。议纱厂官商合资,官以久搁沪上之机估值五十万两为本,由商集资五十万两合之",[4] 由此创办了大生纱厂。

商务局的筹资一定程度扭转了因资本有限制约设厂的局面。据统计,光绪二十二年,国人设立机器厂、矿渐多,上海、广州、武

[1] 《总署来电》,载苑书义、孙华峰、李秉新主编《张之洞全集》第 3 册卷七十八《电奏六》,第 2085 页。

[2] 关于商务局的人员安排,苏州商务局委任素有商务经验的陆元鼎和朱之榛两道员为总办;上海商务局则由上海道黄祖络和阮祖棠担任总办;江宁商务局由藩司总办局务,由张之洞的亲信幕僚郑孝胥和桂嵩庆督办。(《致苏州赵抚台》,载苑书义、孙华峰、李秉新主编《张之洞全集》第 8 册卷二百五《电牍三十六》,第 6656 页)另外,张之洞因"官、商之气久隔,又须绅为贯通",委派苏州在籍绅士陆润庠、镇江在籍绅士丁立瀛、通州在籍绅士张謇分别经理苏州、镇江、通、海一带商务局。(《筹设商务局片》,载苑书义、孙华峰、李秉新主编《张之洞全集》第 2 册卷四十三《奏议四十三》,第 1143 页)

[3] 《商务局纱厂纪事》,《萃报》1897 年 8 月 22 日第 1 期,"中国要务",第 51 页。

[4] 《承办通州纱厂节略》,载李明勋、尤世玮主编《张謇全集》第 4 册,上海辞书出版社,2012,第 27-28 页。

汉、杭州、无锡、天津等市当年共设 20 家，资本额 434.3 万元。其大者有湖南宁乡煤矿、广西贵县银矿、湖南益阳锑矿、宁波通久源纱厂、上海永泰缫丝厂及张謇大生纱厂。[1] 因此，舆论对商务局的成效予以好评。《申报》赞道："近来纷纷设公司，纠款集股，协力兴建，可见风气大开，中国商务将渐有转机，深为可喜。此等局厂皆足与洋人争利，而并不与我华人争利，中国多设一厂一局，即多获一厂一局之益，正宜设法推广，多多益善。"[2]

中国商务"将渐有转机"，反映了舆论对于设立商务局的乐观态度，但实际上张之洞创设商务局的目的是筹集工业资本，总办由其派委候补官员甚至实官担任，商务局不仅官设，而且具有"官督"性质，"局为官设"的议论屡屡见诸报端，官商隔阂自是意料中事。

无独有偶，1896 年初，御史王鹏运奏请设商务局，也主张"沿海各省会应各设商务局一所，责令督抚专政，该省商况利病情形、补救整顿之法，禀督抚而行之"。[3] 同样要在省会设立由督抚掌控的商务局，并视为准官方机构。

各省设商务局，朝廷内外意见看来大体一致，总理衙门议覆王鹏运的奏折称："官商隔阂，官既不恤商艰，商复何知官法。该御史请于各省设立商务局俾得维护华商，渐收利权，诚为当务之急。"至于设局方式，总署则持议不同，以"官府之体而亲闾阎之业，终难透辟。不如官为设局，一切仍听商办以联其情。拟请饬下各督抚

---

[1]　汪敬虞：《中国近代工业史资料》，科学出版社，1957，第 654 页。

[2]　《维持商务说》，《申报》1896 年 3 月 9 日第 1 张第 1 版。

[3]　《外患日深请讲求商务折》，载张正吾、蓝少成、谭志峰编《王鹏运研究资料》，漓江出版社，1996，第 124~125 页。

于省会设立商务局，由各商公举一股实稳练素有声望之绅商，派充局董驻局办事，将该省物产情形综其损益，逐细讲求"。[1] 总署的议复奏折获准。由此可见清廷对于设立商政机构的基本态度：第一，并没有打算在六部之外另设管理商事的专门机构；第二，虽然认可在直省设置商务局，官府却只是主持设局，并不参与运作，而是听商自办，实际上并不赞成张之洞和王鹏运由督抚专政官局的主张。总署和疆臣意见两歧，影响到后来议改商政涉及沟通官商问题时，多有以商会取代商务局之说。

不过，直省商务局本就脱胎于督抚，在人事安排及机构设置方面，督抚拥有极大的权力，大多数商务局是由督抚任用候补道府各员担任局差。晚清大开捐纳之风，产生了庞大的候补官员群体，督抚任用候补官员充当商务局的总办、会办、提调及其他办事人员，一些省份的商务局甚至由实官兼任总办、提调，使商务局基本是"局为官设"，[2] 成为安置闲员心腹的场所。

督抚之所以用候补官员而不由士绅主持局务，首先是认为农工商局"若仅责之绅士，恐故见自封，难期倡率，自非由官督绅办，不足以广开风气"。[3] 更为重要的是，商务局具有融资功能，成为各省重要的财政来源，尤其方便本来没有正式独立财政的督抚们随意挪用。[4] 清廷对直省设立商务局采取默许态度，所争不在设局，

---

[1]　《中国议办商务局缘起》，《时务报》1896 年 7 月 14 日第 1 期，"京外近事"，18 页。

[2]　织田万认为，有实缺之时，常选布政使、粮道、盐道为总办，候补者，以候补道为总办，候补知为提调。对于此等职员，称作"局差"。（织田万：《清国行政法》，中国政法大学出版社，2002，第 263 页）

[3]　国家档案局明清档案馆编：《戊戌变法档案史料》，第 437 页。

[4]　关晓红：《晚清局所与清末政体变革》，《近代史研究》2011 年第 5 期。

而是如何掌控及避免失范。然而，商务局由督抚在体制外另设，是洋务局所的衍生，在人事、经费等方面均与督抚有着密切的关联，也意味着督抚权力的扩展和实体化。因此"始终是国家体制中非常夹生的一种东西，它的位置既不在六部管辖的范围之内，也不在司道、府、州、县那个行列里，后来修《清史稿·职官志》的一班人因之而无法把它嵌入国家的官序里去，只好让它不明不白地淹掉了"。[1] 后来修史尚且不能安置得宜，当时的朝廷和中枢、部院，更加不愿意让诸如此类的局处所名正言顺地升堂入室。

另一方面，商务局具有筹集工业资本的融资功能，本来不属于政务范围，其主要依据在苏州商务局的集股章程中有所阐明。

总办苏州商务局在籍绅士陆润庠以商务公司"总董"的身份筹集公司资本，所订《苏州商务公司缫丝纺纱两厂集股章程》包括：1. 苏州缫丝纺纱两厂息借银60余万两作为股本，借户即作股东，绅董同人先认集股20万两，共计坐股80余万两，再集股40万两以为定数；2. 集股以苏曹平足银100两为一股，乙未年底先交定银10两发给收照一纸，余分三期交清，缴还收照换给股票，每年12月结算至次年3月付息；3. 附股有当日一并交清不分期数者，即日起息给与股票，息折至丙申9月截止，不收运省来者展期三个月；4. 附股股票概用公司图记，不更加盖官局关防以昭区别，愿专入丝股或专入纱股者，听股东自便；5. 附股在苏地者，径交公司或由各绅董经收，在沪地者以现银照市价合苏曹平100两算，交宝安里祝少英君收转交公司；6. 股票转售他人必须知照公司换票过户，如有抵押纠葛，本公司只认票折为凭；7. 官利外所有盈余除花

[1] 杨国强：《百年嬗蜕——中国近代的士与社会》，上海三联书店，1997，第100页。

红外按股均分，每年 3 月与官利一并凭折付给，其收支开销一切总结清单刊刻附送；8. 商务官局与公司界限分明，官局经督抚委派江苏督粮道陆春江观察、候补道朱竹石观察为督办大员，凡一切维持保护皆唯大员是赖，如遇商务为难之事应与地方官商办者统由大员届时主持，公司两厂所办之事全照贸易规矩，皆绅董主之，官不参与。[1]

从集股章程以及陆所扮演的角色来看，苏州商务局与洋务企业类似，核心是作为一个商业公司而存在。第一，基于广泛集资与洋商进行商战为目的而设，规定了集股办法与股东权益；第二，与洋务民用企业同样具有"官利"，即"固定利息"，指企业无论盈亏定期依固定利率向股东支付的息金；第三，张之洞奏请在籍绅士陆润庠经理局务，是因为"商论不一，必须有乡绅为领袖，以免杂商蒙溷混乱"，[2] 而陆润庠作为绅董是公司的实际管理者，其认股集资，是"绅董"和"商董"渐趋融合的表现；第四，陆元鼎、朱之榛两道台为督办大员，使商务局具有强烈的"官督"色彩，是洋务企业官督商（绅）办的延续。晚清的"局"与"公司"常常混用，皆与"官督"性质有关。大体而言，商务局与洋务民用企业相似，不管名称若何，从向社会公开招募股份之际起，华洋商人就将其视为"公司"，因此，与朝野上下设立商业主管机关的初衷偏离，商务局始终以公司经营实体而存在，非驴非马，处境尴尬。

随着商务局等局所的设立，直省职官体制逐渐发生变化。清制，直省设布政使掌全省财赋，征收赋税，负责财政收支，[3] 另有

———————

　　[1]　《苏州商务公司缫丝纺纱两厂集股章程》，《申报》1896 年 1 月 9 日附张。

　　[2]　《致镇江吕道台》，载苑书义、孙华峰、李秉新主编《张之洞全集》第 8 册《电牍三十九》，第 6806 页。

　　[3]　刘子扬：《清代地方官制考》，紫禁城出版社，1988，第 81 页。

守道及粮储、盐法各专职事务道，辅佐藩司掌管钱粮收纳诸事。中外通商以来，新兴事物层出不穷，而藩司对商的管理只限于征税，因此无法应付新的情势。商务局具有发展近代工商业的行政及实业整合功能，与督抚接引西学新知并积极尝试新兴事业密不可分，在筹办商政过程中，逐渐演变成体制外管理商务的机构。

江苏境内自商务局设立，陆续创办了马车、东洋车、小火轮、机磨等有助于商务发展的事业。时人赞道："江宁省垣商务繁盛，张香帅总制两江，将阅一载，布置一切，无不思深虑远。又新设商务总局，特委桂艻亭方伯总办是差，所有马车、东洋车、纺纱织布等机器均准开办。"商务局倡导商务，起到了开通风气的示范作用，城中商民因闻"外洋有舂米机器，及轧干面等机器，咸拟集股开办，具禀商务局请先行试办"。[1] 而省城马车、东洋车"创办之始，生意颇盛"，故"添车不下百余起，总计车有四千余辆"。[2] 此外，凡有便商利民之事，莫不次第举行，省中农工商矿各项事宜也移至商务局。商务局在筹办新事业、振兴农工商等方面更为适应新情势，督抚们也愿意由商务局在体制外行政职责，以坐实自己的权力扩张，所以各省督抚的奏折中常有司道与在籍诸绅共同办理商务事宜之请。[3] 司道商局并行，是对既有直省职官体制突破，在符合时势需要的同时，也成为督抚行政权实体化的重要支撑。

以苏州为起点，商务局在各省相继创设。如同张之洞的"局为官设"、筹资设厂一样，接续创设商务局的督抚也纷纷委派候补官

---

[1] 《试办商务》，《华字日报》1896 年 1 月 25 日第 4 版。

[2] 《创办不易》，《申报》1896 年 6 月 2 日第 1 张第 2 版。

[3] 《湖南巡抚俞大中丞奏请振兴农工商业以保利权片》，《申报》1902 年 4 月 29 日第 1 张第 2 版。这些在籍绅士大都拥有候补官员的身份，由司道与在籍诸绅管理商务局，体现出商务局的官办性质。

员，招募商股，将"设局"与"融资"联系起来，商务局自然兼具行政职能与经营实体的双重属性。

1896 年 7 月，山西巡抚胡聘之在省城设立商务局，奏调籍隶山西之刑部候补郎中曹中裕、候选道冀以禾、候选知府刘笃康来山西，具体办理设局事宜。"就本省土货易于行销者，先行集资试办，查有可兴之利，再行随时推广，即将来开办矿务，一切招商集股事宜，亦可派令经理"。[1] 并以"聚众人之力以为力，合众人之财以为财"为主旨，详定集股章程，筹集资金。不过，山西商务局集股并不顺利，"仅集银四五十万两，尚不敷纺织各厂之用"。[2] 胡聘之认为，集股难的原因在于"晋省道途艰险，外商裹足，本省富商见利小而求效速，此等创办之事又多不愿附股。自非铁路先成后，商股云集，财货充裕"。[3] 故其首先致力于铁路建设，期望路成后，顺利集资，推动工业企业的创办。

同年 11 月，四川总督鹿传霖奏请设商务局，选派在籍兵部候补郎中李本方、刑部候补主事乔树枏开办，谕令各商"凡招商集股，开办川省土产、丝麻、油蜡、玻璃一切有利可兴之事皆应切实讲求，并可招商集股，妥筹开办，以期收我利权，振兴商务，不使他人觊觎，庶可富国裕民"。[4] 进而拟定招商集股章程：1. 以出资承办者为商总，主办开煤、缫丝、纺纱各业，给予制造各物以专利年限保护，官府并不参与；2. 行销各岸货品及缴税，由商务总局派设

[1]　《山西巡抚胡聘之奏设山西商务局折片》，《湘学新报》1897 年 8 月第 11 期，第 1—4 页。

[2]　国家档案局明清档案馆编：《戊戌变法档案史料》，第 393 页。

[3]　朱寿朋编纂，张静庐等校点：《光绪朝东华录》，第 4214—4215 页。

[4]　《渝城杂采》，《申报》1896 年 11 月 16 日第 1 张第 2 版。

宜昌、汉口、上海等处分公司，其与各地方衙门海关交涉事件，由
总局咨请本省各衙门分别咨达各省督抚关道立案；3. 保护公司除纳
规定的厘税外，不需认派其他差徭；4. 对于招商集股的限制，俟开
办有准方可推广集股，不准招集洋股；5. 所得净利十分之五为护本，
四分归股友，一分商首酬奖。[1] 可见，该章程对于官商关系、保护
商人、商务局与各级官府之间的关系，以及对商务局集股的制约，
都有着相对合理、有序、清晰的规范，明确了商务局管理商事的
功能。

江苏、山西、四川三省之后，因受固有体制及整个政体变革进
程的制约，加之与朝野各方的期望略有差异，商务局并未得到普遍
设立。1898 年戊戌新政期间，清廷改变不与民争利的观念，设立京
师农工商总局，专管全国农工商矿交通等各项事宜，从而暂时结束
了户部兼管农工商各项事务以及总理衙门兼管通商事务的历史。以
京师农工商总局的成立为契机，促使更多省份设立商务局，且职能
得到进一步扩展。

1898 年 7 月 18 日，汉口设立商务局，采取官商共管的形式，
总办由官派任，总董由汉口商董中选派，详定"启发、倡导、合
力、塞漏、祛习、保护、体恤、奖励"八项要事。值得注意的是，
湖北当局不再给商务局融资的职能，只负担推进商务的责任。[2] 这
与农工商总局成为统率全国农工商实业发展的专门行政机构，可谓
两相对应。

张之洞奏设汉口商务局时，认为"上海为沿海总汇，汉口为上

[1]《四川商务总局招商章程》，《申报》1897 年 12 月 7 日第 1 张第 2 版。
[2]《汉口试办商务局酌议办法折》，载苑书义、孙华峰、李秉新主编《张之洞全
集》卷四十九《奏议四十九》，第 1326-1329 页。

游要冲，铁路枢纽，自应分设两局"，得到清廷允准。不料，上海商务局未及创设，变法即告失败，农工商总局被裁撤。好在设立商务局的举措得到慈禧太后的认可，"所有一切自强新政，胥关国计民生，不特已行者亟应实力举行，即尚未兴办者亦当次第推广"[1]，饬令刘坤一加紧组设商务局。刘坤一参酌汉口商务局办法，选派张謇和湖北候补道刘世珩担任总办，在上海商董中举派严信厚为总董。[2] 当时舆论注意到慈禧太后对待设立商务局的态度。《字林西报》报道："最近太后对于保守政策的实施稍为缓和一点，例如不久以前由光绪批准设立的商务局，现在长江流域的两个总督张之洞与刘坤一依然奉旨，正式在上海与汉口两地成立。"[3]

农工商总局"虽未实行，而实业之兴，权舆此时"。[4] 事实表明，没有专管机构，则实业难以振兴，制度上的调整增设已成大势所趋。经受庚子之役的重创，统治者重新认识振兴工商的重要，新政复行，经济政策主要有两方面：一是催促督抚加快创设商务局，至 1903 年商部成立，已经设局的省份有直隶、湖北、江苏、四川、山西、云南、浙江、安徽、广东、湖南、福建。[5] 各省商务局加强联系，直省商政体系初步建立；二是 1900 年设置商务大臣，首任

[1]　中国第一历史档案馆编：《光绪宣统两朝上谕档》第24册，广西师范大学出版社，1996，第430-431页。

[2]　中国科学院历史研究所第三所主编：《刘坤一遗集》，中华书局，1959，第1413页。

[3]　清华大学历史系编：《戊戌变法文献资料系目》，上海书店出版社，1998，第87页。

[4]　刘锦藻编纂：《清朝续文献通考》第4册卷三百七十八《实业考一·总务》，第665页。

[5]　王鸿志将各省商务局设立的时间、督抚以及局内人员情况做了详细说明。详见王鸿志：《兴利与牧民：清季劝业道的建制与运作》，博士学位论文，中山大学，2009。

商务大臣是直隶总督李鸿章，盛宣怀副之。商务大臣的主要职能是游历南北洋籍资考镜。继李鸿章之后，张之洞、袁世凯受命担任此职。[1] 清廷意图把分散在各省的商政权集中起来，使得经济政策渐趋有序，并且便于掌控。

甲午之后，清廷的部分朝臣疆吏意识到"通商惠工，为古今经国之要政"，加之维新派的宣传鼓动，掀起一股重商的社会思潮。不过，在传统政治结构中，国家政权一般只有文治武功、礼仪教化的职责，而不直接参与经济的管理，以免与民争利之嫌，因此清廷对于政府在发展振兴商务中应尽到哪些职责，扮演何种角色，没有清晰的共识。维新变法时期，这种情况得到改变，新政期间设立的农工商总局，是正式的政府经济管理专职部门，其设置推动了各省商政体制的建设，从而使兼有行政整合功能的商务局在各个省份普遍设立起来。商务局的创建，是政府加强商务管理，保护华商利益和促进近代商业发展，增强华商对洋商的竞争力的重要措施，促使传统的行政机构向管理现代经济事务的方向迈进；同时有助于消除官商隔膜。"欲扩充商业，保守利权，非官与商相亲，商与商又相亲，无以达隔阂不通之情，而收上下相维之益"。[2] 商务局设立后，有的聘请工商各业推举的商董担任商务局局董，驻局办事，与官府随时筹议振兴实业大计，使官商之间的联系明显得到加强。工商业者遇有兴利除弊等要事，可提请商务局议决办理，不再像以往那样诉说无门，遇地棍吏役讹诈凌压，也可赴局禀诉。商务局之前的相关局所多是生产单位，而商务局则具有近代商务行政机构的性质，

---

[1]　《论中国商务有振兴之机》，《申报》1902 年 11 月 20 日第 1 张第 1 版。

[2]　《福州创办商务局禀稿》，载杨凤藻编《皇朝经世文新编续集》卷十《商政》，沈云龙主编《近代中国史料丛刊》正编第 79 辑，文海出版社，1972，第 799 页。

一定程度上具有"官助商力"的功能。另外,商务初基以提倡土货为要务,传统的重农抑商由是转为劝工兴商,促进了近代农工商矿各项实业的振兴。

各省普遍设立商务局来管理日益复杂的经济事务,使得商部成立前,省一级已经有了管理商事活动的机构。尽管各省商务局仍然不在正式的职官体系之内,毕竟是清朝设置兼管甚至专管商务机构的有益尝试,为商部的成立奠定了基础。同时,尽管商务局因"局为官设"被时人所诟病,可是各省商务局章程中有关保护商人、推动商业发展的规定及其实施,在一定程度上协调改善了官商关系,具有促进实业振兴的积极作用。

第三节　商部成立与商政整合

庚子之后,陆续实行新政改革和预备立宪,在这场王朝自救运动中,发展实业被确定为救亡图存、富国强兵的重要内容,商政的重心因而转向发展实业,包括农、工、商、矿、交通各项。[1] 趁势主张实业救国者,强调实业重于军事,认为:"野鄙之世,以兵力强者胜,弱者败;开明之世,以实力优者兴,劣者危。此又万国进化之通则也,近时列强竞争之大势,渐趋于实业。"[2] 要想于实业竞争的 20 世纪世界自存自强,心须振兴实业。

---

[1]　学者将"实业"概括为:"农者地面之物也,矿者地中之物也,工者取地面地中之物而制成致用也,商者以制成致用之物流通于天下也,四者相需,缺一不可。而交通一端,尤为发展四者之重要条件。"(赵丰田:《晚清五十年经济思想史》,载《民国丛书》影印本,上海书店出版社,1989,第 19 页)

[2]　《商务局总办致南洋劝业会开幕祝词》,《南洋商报》1910 年 3 月第 1 期。

1903 年商部的创设，是实业救国思想在制度层面的体现，也是打破传统六部体制的制度创新，成为经济行政体系迈向现代的起点。正如学者所说："商部之建置上，为中国史上数千年来未有之创制，当然充分显示重商意义，亦足以见出对内要求与自身整顿之成果。1903 年，适可代表中国商业发展一个重要起点，实足代表觉醒之成熟，与自救行动之开始。"[1]

有意思的是，奏设商部的条陈，将设立商部的本意概括为"要在保护开通，决不与商民争利，必痛除隔阂因循之司，始克尽整齐利导之方"[2]，并未提及制度上如何"振兴实业"，且依然坚持"不与民争利"，其目的是避免反对者以各种借口加以阻挠，也防止绅商对此心怀芥蒂，为设立商部减少阻力。

不过，成立商部，毕竟要振兴实业，其内设保惠、平均、通艺、会计四司，[3] 职权范围包括农、工、商、矿、交通等各项经济事务，体现了以实业发展为中心的理念。此外，商部还附设一些直属机构。律学馆是中国历史上最早建立的近代商事法规编纂机构，《商务官报》馆旨在开通风气、鼓舞商情，此后陆续设有工艺局、商标注册局、高等实业学堂、艺徒学堂、公司注册局、京师劝工陈列所、农事试验场等。

---

[1]　王尔敏：《中国近代思想史论》，社会科学文献出版社，2003，第282页。

[2]　刘锦藻编纂：《清朝续文献通考》第2册，卷一百二十六《职官考十二·京文职》，第294页。

[3]　保惠司专司商务局、所、学堂、招商一切保护事宜；平均司专司开垦农务、蚕桑、水利、树艺、畜牧一切生殖之事；通艺司专司工艺机器制造、铁路、街道、行轮、矿务诸事；会计司专司税务、银行货币、各业赛会、会审词讼、校正权度量衡。（《奏定商部开办章程》，载唐文治《茹经堂奏疏》卷二，沈云龙主编《近代中国史料丛刊》第6辑，文海出版社，1967，第160-165页）

为了落实"保护开通"的设制本意,商部将制订商律作为筹办商政的首要举措。"商律者,保商之政也",因中国"向无商法,政府向无保护商人之特别机关,无法律无保护,为商人者似有不可终日之势。所谓商法,吾国皆由各商人自立而自守之,唯其联乡谊之自治制度即寓乎其间,唯其能自治而各乡之界限即判于其间,界限愈判,排外愈甚,商界是矣,实为自治团体"。[1] 要打破分界排斥,促进通商,制订商律实为当务之急。

一些开明官员早就注意到商律的重要性。张之洞在《劝学篇》中指出:"劝商之要,更有三端",其中之一就是"译商律","商非公司不巨,公司非有商律不多。华商集股,设有欺骗,有司罕为究追,故集股难;西国商律精密,官民共守,故集股易"。[2] 执掌过多家企业的盛宣怀亦提出:"酌定商律,以卫华商。无商律则办事无所依据,酌定商务律例,务使华商有途可循,不致受衙门胥吏之舞弄,即不致依附洋商,流为丛爵渊鱼之弊。"[3] 张、盛二人有兴办工商的经验,对制订商律的重要性体会切实,而川籍京官甘大璋亦主张"商律、矿律、路律当定"[4],表明内外官员对于制订商律颇有共识。

官员的呼吁引起清廷的关注,1902 年 3 月谕旨谓:"近来地利日兴,商务日广,如矿律、路律、商律等类,皆应妥议专条",令

[1]　《上海商帮贸易之大势》,《商务官报》光绪三十二年六月二十五日第1册第12 期,"论说",第 221 页。

[2]　张之洞:《劝学篇》卷二《农工商学第九》,载苑书义、孙华峰、李秉新主编《张之洞全集》第 10 册,第 9754 页。

[3]　盛宣怀:《愚斋存稿》卷三《奏疏三》,沈云龙主编《近代中国史料丛刊》续编第 13 辑,文海出版社,1974,第 62-63 页。

[4]　杜春和编:《荣禄存札》,齐鲁书社,1986,第 19 页。

出使大臣查取各国律例，并责成袁世凯、刘坤一、张之洞等慎选熟
悉中西律例者，保送数员来京，开馆编纂，"务期切实平允，中外
通行，用示通变宜民之至意"。继批准设立商部后，又指示载振、
袁世凯、伍廷芳"先订商律，作为则例"。[1] 由于西方各国重视商
政，律例纷繁，若"尽行仿效，恐于中国市面情形难免无窒碍之
处"，因此修律大臣伍廷芳认为必须参用中国商规，"始为允洽"，
于是分别派员，一面"精究西律，择要编订"，一面赴上海：要商
业公所将"本埠各行业、各公所商人所定规条议单，悉行采访另
录，以便与西律汇通考证，两相发明，凡有益商家者酌订入律"。[2]
注重中国商规，表明修律者在借鉴西方商业法规的同时，也关注到
中西方的社会文化差异。

1904年1月21日，商部颁行《钦定大清商律》，由《商人通例》
和《公司律》两部分组成。《商人通例》共九条，主要对商人的含
义、商人从事商业活动的资格、商号以及商业账簿等做了明确的规
定，确定"凡经营商务、贸易、买卖、贩运货物者，均为商人"。
《公司律》共131条，包括公司分类、公司创办呈报法、股份、股
东权利各事宜、董事、查账人、董事会议、众股东会议、账目、更
改公司章程、停闭、罚例等方面。[3]《大清商律》是中国历史上第
一部独立的商事法典，在界定商人意涵的基础上，确认了商人的法
律地位与商业活动的法律规范。

看重公司，主要是因其集资合力作用，为发展实业的必要途径。
正如商部所奏："编辑商律，门类繁多，实非克期所能告成，而目前

[1]　朱寿朋编纂，张静庐等校点：《光绪朝东华录》，第5013、5063页。

[2]　《伍京卿札商业公所文附论》，《新闻报》1903年5月18日第1张。

[3]　《商律》，《东方杂志》1904年1月25日第1卷第1期，"商务"，第202页。

要图，莫如筹办各项公司，力祛曩日涣散之弊，庶商务日有起色，不致坐失利权，则公司条例亟应先为妥订，俾商人有所遵循，而臣部遇事维持，设法保护，亦可按照定章核办。"[1]中国原有的公司，是民间的一种合股形式，具有帮会色彩。近代的公司制则是引进的一项商政，商部急于筹办各项公司，未及将中国商规调查清楚，《公司律》即匆忙出台，虽多达131条，规定甚为详备，因缺乏对中国传统商业习惯的充分调查和融合，实行起来"致多拂逆商情之处"。[2]

尽管如此，随着《公司律》的颁布，传统律例一些不合理的做法得到改善。清律"钱铺亏欠钱财，立即拘拿监禁，勒限两个月，能将侵蚀、藏匿银钱全数开发完竣者，免罪释放。如逾期不完，分别查封家产资财，东伙拘案，照诓骗财物律，计赃，准窃盗罪"。[3]商业经营亏损，商人也将身败名裂，担负无限责任，则从事商业活动具有极大风险。《公司律》规定，合资有限公司"如有亏蚀倒闭欠帐等情，查无隐匿银两讹骗诸弊，只可将其合资银两之尽数并该公司产业变售还偿，不得另向合资人追补"。[4]对国家与商业的关系进行重新界定，破除了商人担负无限责任的做法，有利于商业活动的持续进行。

商律的制定颁行，政府以立法形式承认公司的法人地位和有限责任，加快了公司的创设。据光绪三十四年农工商部统计，农工商

[1]　吉林师范大学中国近代史教研室编：《中国近代史事记》，上海人民出版社，1959，第289—290页。

[2]　天津市档案馆编：《天津商会档案汇编（1903—1911）》上册，天津人民出版社，1998，第284页。

[3]　《诈欺官私取财续纂》，道光四年，载郭成伟主编《大清律例根原》卷七十《刑律·贼盗下》，上海辞书出版社，2012，第1109页。

[4]　《商律》，《东方杂志》1904年1月25日第1卷第1期，"商务"，第203页。

各项局厂公司呈部注册者集股合资 178 家，独资 37 家，呈部立案者集股合资独资 140 家，分年立表递有增加。[1] 形成创办公司的热潮。

实业救国取代洋务富强观念，商政内容也不断扩大，凡轮船、公司、商部、商会、商学诸端，莫不在提倡振兴之列。商部与农工商部时期筹办商政的举措有如下表 [2]：

时期	商政内容	效果	备注
商部 （1903—1906）	商会设立、公司创办、实业学堂创设、输出输入货物情形、市镇贸易情形、各省出产商品及详细数目。	除注册的局厂公司数有如上述外，据 1908 年统计处数据：各省各埠共设商务总会共 44 处，商务分会合计 135 处；商部直属学堂有京师高等实业学堂和上海高等实业学堂两所，同时附设路矿学堂和艺徒学堂，据不完全统计，仅 1904—1905 年全国设立的实业学堂近 30 所。	关于输入输入货物及贸易衰旺情形，各省商务议员按商部颁行的《各直省调查农工商务文》格式，印表填注。
农工商部 （1906—1911）	各国赛会章程、商务衰旺情形、农会设立、商务总会是否设齐、进出口洋土各货总数比照上年衰旺情形。	至 1910 年各直省商务总会除黑龙江、新疆尚未成立外，余均依次设齐，至 1911 年全国农务总会 19 处，分会 276 处。	关于清末农务总分会的数目，各种资料显示有异，但相差不远。

由上表可知，商部农工商部关于筹办商政的举措主要体现在

---

[1] 《本部具奏遵设统计处编成第一次农工商统计表册折》，《商务官报》光绪三十四年九月十五日第 3 册第 24 期，"公牍"，第 473 页。

[2] 此表据《商务官报》《学部官报》《东方杂志》《大公报》《华字日报》等相关报刊汇辑而成。

五个方面：（一）积极倡导农会、商会设立，联合商人结成团体；
（二）学习西方商政的公司制度，筹设公司；（三）倡办实业学堂，
培养实业人才；（四）调查各地适宜的产业、商品情况，以及国外
优良品种等；（五）调查商务情形，包括进出口和国内贸易。这些举
措一旦得到落实，将有力地推动实业商务。如时评关于实业学堂的
开办即寄予厚望："今商部奏办实业学堂，锐然以振兴实业为富强基
础。吾谓果能实力奉行，则谓吾国由言论时代而进入实行时代，即
以此学堂为开幕之一大纪念可也。"[1]

　　与此同时，为了有效地整合全国商政和推动各项实业发展，商
部力图建立与之相配套的各级专门职能机构。晚清以降，日益膨胀
的局处所和不断扩大的非官员编制，影响和改变着职官体制的结构
及运作，商部欲以商务局作为下级分支机构，试图构建从商部到商
务局的商政体系，实现上下有序的科层体制。为了加快商政体系的
建立，商部电咨各督抚："一律从速设立商务局，以便开办商政事
宜，且商部可以声气联络。"[2] 并咨催督抚将各省设立商务局的情况
限期声覆报部，借通声气。在商部的督促下，各省陆续新设商务局
或改设原有的商政机构，形式上实现了从商部到商务局的上下联络
机制，初步实现统筹商政的整合。更为重要的是，通过构建上下有
序的行政职能体系，清廷对经济事务的筹划运行实现从分散到集中
的转折。《东方杂志》时评认为："商务局之设，以宣上意达下情，
其统一联合之机关，非常尊重。"[3]

---

[1]　《商部奏请拟办实业学堂大概情形折》，《东方杂志》1904 年 3 月 25 日第 1
卷第 3 期，"教育"，第 88 页。

[2]　《商部近闻》，《华字日报》1904 年 5 月 18 日第 4 版。

[3]　《广东商务局挽回船捐》，《东方杂志》1904 年 8 月 25 日第 1 卷第 8 期，"时
评"，第 54 页。

不过，商务局的机制模式和负责范围因省而异，组织结构也由各省督抚决定，并无统一、清楚的界定。面对各省各行其是的商政机构，商部采取札委商部议员的办法，希图将商务局纳入商部的统一指导和规划之下。1904 年 11 月，商部奏定《议派各省商务议员章程》，明确规定了商务议员的属性、职能等，并界定了商务议员的隶属关系："遇有公事，准其迳行申部听候办理，一面仍应详报本省督抚查核。"[1] 作为部院与督抚妥协的产物，商务议员由商部和督抚的双重领导，左右受限。如此安排，原因在于体制外的商务局人、财、事等大权均由督抚掌控，如郑孝胥所言："各省虽立商务局，而尽交督抚之手，把持商务。"[2] 商部构建上下有序的商政体制在省一级已经部分受阻，更无法在府厅州县设置对应的专职行政机构，向下推进商政的职能受到制约。

上下一贯的商业行政体系建制受挫，说到底是如何划清内外权限的问题。而商部在职官体系中的定位和作用，遭到各方攻讦，导致其权能受限，进而被裁撤归并。

1903 年 10 月 10 日，御史王乃徵奏称："中国商务毫无头绪，若不先保护经商一切权柄，骤设一商部不过分办外务部事务而已，每年徒费若干万，无异特为振贝子而设，调济几个侍郎参丞等大员而已。"[3] 言下之意，商部不过是安置私人、虚糜款项的场所，形同虚设。还有官员直接提出："商部设立以来，并未兴办一事，其所条奏者皆各承办之事，而该部坐享其成，实于创设宗旨不符"，请予

---

[1] 《商部议派各省商务议员章程》，《东方杂志》1904 年 11 月 25 日第 1 卷第 11 期，"商务"，第 135 页。

[2] 中国国家博物馆编，劳祖德整理：《郑孝胥日记》，第 600 页。

[3] 《奏参商部》，《华字日报》1903 年 10 月 10 日第 4 版。

裁撤，将其"所筹得之款，移作练兵之用"。[1] 外人也窥探到商部的名实不符。外国驻京访事人谓："商部自创设以来，每间旬日必上一条陈降明谕，责令各省大吏或兴办某事，或整顿某事，皆系委任外省责成于人，而本部则一事不办，今已四五次矣。何竟专设一部专对空策敷衍欺饰，即以为能事毕乎？"[2]

上述言论并非无的放矢，商部确实存在自身定位不明确的问题。自其成立，朝廷即将所有路矿事务归入，复又将电报、轮船以及赛会等事均归商部总理，原本由庆亲王奕劻所办之财政处及银元局，也拟归于商部。尚书载振更拟将宝泉、宝源等铸钱局统归商部管辖，召集各侍郎会议，欲将关务、盐务一并办理。[3] 可是，商部管辖事务范围越是宽泛，作用看似重要，却与统筹商政的本职不相匹配，反而弱化了管理商务的能力。加之商部司员又并非商务学堂出身，"不谙商务，而各司官又皆奔竞入选，振我国积弊之商务恐未能胜任，是商部之设，不过于六部之外多开一辗转之途"。[4]

在舆论抨击和督抚掣肘夹击之下，商部的命运将取决于如何在政府与社会之间寻找新的平衡，而商会的成立正是这一努力的产物。

1904 年，清政府颁行《商会简明章程二十六条》，正式将设立商会作为商部一项要举。章程的核心内容是："在各省各埠设立商会以为众商联络；凡各省各埠，如前经各行众商公立有商业公所及商务公会等名目者，应一律改为商会以归划一，未立会所之处，亦即体察商务繁简酌筹举办，至于官立之保商各局应由各督抚酌量留

---

[1] 《传说裁撤商部》，《大公报》1904 年 1 月 9 日第 2 版。

[2] 《西人评论商部》，《华字日报》1904 年 1 月 21 日第 4 版。

[3] 《陈璧主稿》《商部近闻》，《华字日报》1903 年 9 月 27 日、11 月 28 日，第 4 版。

[4] 《参劾商部述闻》，《新闻报》1903 年 12 月 22 日第 2 张。

撤；凡属商务繁富之区，不论系会垣、系城埠，宜设立商务总会，而于商务稍次之地，设立分会。"[1] 实际包含了两层意思：一是以商会取代商务局发挥指臂相连的作用；二是绕过商务局，构建以商部—商务总会—商务分会的商业行政体系。

商会的成立是清末新政重商政策的关键组成部分。以后商部和商务局相继归并、裁改，商会却始终存在，并且得到进一步发展，对商人团体力量的增强起着不可或缺的作用。商部对于创设商会起到重要作用。商会章程未颁之前，两广总督岑春煊曾在广东劝立商会，"以为大兴社会之起点"，结果却因"惟国家未降明文，弛私立社会之禁，民间多有不敢兴办者"。[2] 美国学者陈锦江认为："中央政府的有力倡导，对于商会的最初建立是决定性的。"[3] 正是由于商部的支持，商会得以设立，商人才有了自己名正言顺的社团。不过，商部设立商会的初衷，是剥夺督抚的权力集中于商部，使商部能够直接掌控各级商务机构。因此商会在许多方面受到官府监督和限制，更被商部视为联络商人的便利机构，运用各种手段通过商会对商人施加要求。[4]

商会的设立，并没有根本解决商务行政上下有序的问题。商会设立于各省商埠，自然与商务局关系更为密切。如汉口开办商会早

---

[1]　《商部奏定商会简明章程二十六条》，载商务印书馆编译所编《大清光绪新法令》第 16 册，商务印书馆，2011。

[2]　《奏请弛禁》，《华字日报》1903 年 10 月 29 日第 4 版。

[3]　陈锦江：《清末现代企业与官商关系》，中国社会科学出版社，1993，第 213 页。

[4]　如广东省商会所选之总理、总办、坐办人等，均由商部札充，有事直接咨呈商部。（《商会举定绅商》，《华字日报》1905 年 7 月 3 日第 4 版）又商部听闻上海总商会所办各事有未尽妥善之处，札饬部中王、杨两位参议重加整顿，"务期妥善，以慰商情而孚众望"，通过对商会人选以及商会事务遥为干预，加强控制与监督。（《商部札饬沪上总商会重加整顿》，《申报》1905 年 6 月 3 日第 1 张第 2 版）

由商部立案，然而商人不甚踊跃，后经商务局总办孙泰圻"遍发传单，切实劝导，各商始闻风兴起，并拟定地址于新建商务局内"。[1]也就是说，商部绕过商务局以商会作为分支机构的设想未能实现，反而为商部、商务局、商会三者关系的缠绕埋下了伏笔。

不论如何作为，商部的前途显然不是部中的堂司各官所能决定的。但在传统六部之外终于有了专门主管商业的部门，不仅是对20世纪初实业救国时势的因应，更是官制设置的重大变革。商部力图将商务局纳入职能体系，建立上下有序的行政层级，而商务局兼具生产和行政的双重属性，与商部单纯的职能体制不相吻合，且与督抚的权利相冲突。商部未能理顺与各省的关系，构建起相应的行政层级，以商会代替商务局的设想在实际执行过程中也偏离了预设的轨道。京师部院与各省督抚对商政体制及其职能调整变革的角力，反映了近代制度嬗变的利益困扰。

第四节　裁局改道与制度转型

1906年9月，清廷以预备立宪为契机，实行新一轮官制改革，确定"农、工、商为富国之源，现设商部，本兼掌农、工，仅名曰商，意有未备……工部著并入商部，改为农工商部。轮船、铁路、电线、邮政应设专司，著名为邮传部"。[2]将工部并入商部，解决

---

[1]　《各省商务汇志·湖北》，《东方杂志》1905年7月25日第2卷第7期，"商务"，第73页。

[2]　《裁定奕劻等复拟中央各衙门官制谕》，载故宫博物院明清档案部编《清末筹备立宪档案史料》上册，中华书局，1979，第471页。

了两部之间权限协调的困难；新设邮传部，将原属商部管辖的轮船、铁路等事宜剥离出来，使得部务趋于明晰；改组后的农工商部实行分科治事，内设商务、农务、工务和庶务四司，各有职掌。[1] 四司的设置使农工商部名实相符，分科治事的组织模式则体现了现代科层制的特点。

各部院官制厘定后，开始直省官制改革，将地方行政分为警察、卫生、教育、实业、善举五大类，其中实业一途设劝业道专管。然而，自咸同以来不断衍生的局所，给外官制改革带来困扰，如何将局所纳入规制，是改革面临的一大难题。作为与督抚妥协的产物，1907 年的《直省官制通则》第 19 条规定："各省督抚幕职，既已分科治事，所有原设各项局所，应视事务繁简，酌量裁并，由各该省督抚覆议，具奏办理。"[2] 希望以幕职分科治事代替原有局所，进而为顺理成章地裁并局所减少阻力。

然而，局所问题积重难返，在实际执行过程中，无法遽然更改，成为始终困扰当道的症结所在。对此，1908 年宪政编查馆奏定《直省劝业道官制细则》，规定"各省原设农工商矿各局所，均归劝业道管理，如不便概行归并，应将旧有总办得力者，仍旧分任局

---

[1]　商务司掌商业及农工商各公司保护、奖励、调查事宜；农务司掌农田、垦牧、树艺以及各省水利、河工事宜；工务司掌工匠、制造、矿政等事；庶务司掌本部收支款项、报销、经费各项事务（刘锦藻：《清朝续文献通考》第 2 册，卷一百二十六《职官考十二·农工商部》，第 295 页）。另外，农工商部《阖署住址单》载明分科治事的具体情况：农务司设劝农、劝稼、宣防、藩殖四科；工务司设劝工、矿务、惠工、考工四科；商务司设商政、商学、商法、商业四科；庶务司设铨政、会计、例政、庶绩四科。（参见王奎：《清末商部研究》，人民出版社，2008，第 128－129 页）

[2]　《总司核定官制大臣奕劻等奏续订各直省官制情形折》，载故宫博物院明清档案部编《清末筹备立宪档案史料》上册，第 506－507 页。

所事务改为会办、坐办，由该道总司查察办理"。[1] 此举形同折衷，为外官改制留出渐进的空间。

舆论似乎对改制期望更高。《申报》的《官制亟宜划一》一文指出："巡警、劝业两道，或各省已设之专官，或由督抚设立总局，以候补道员为总办，于劝业之中划分农工商三局，又或合三为一。省垣以外，而商业殷繁之地，又或专设商务局，与省垣之局政权相均，此亦官制不一之证也。若巡警、劝业二道普设于各行省，俾相齐一，所辖以一省为限，凡局所之职务不齐者均设立定制，以相损益，则警政、实业之进步势必日异而岁不同。"[2] 希望迅速改变各省司道局所并立的混乱局面，一步到位，实现变革。

舆论主张的体制划一，表明时人虽然认识到新旧体制有相通之处，却对局所与职官，尤其是商务局与劝业道之间的差异未能充分把握。

劝业道的分科治事和职能权限均出自清廷，商务局则是各省主官根据当地政情自定章程，机构性质、负责范围及人事任用并不统一。劝业道下设各科均有相应的职责，注重实业的全面发展，商务局更加偏重于对商人的保护。大多数省份商务局的章程都载明保商为主，旨在促进商业发展。[3] 劝业道的管辖范围包括农工商矿以及

---

[1] 劝业道内部分科办公，就所治地方设劝业公所，分设六科即总务科、农务科、工艺科、商务科、矿务科和邮传科，并拟归并各省原设之农工商矿各实业类局所作为其下属机构。(《宪政编查馆奏考核直省劝业道官制细则酌加增改折并单》，《政治官报》1908 年 8 月 4 日第 277 号，第 6-8 页)

[2] 《论官制亟宜划一》，《申报》1909 年 9 月 25 日第 1 张第 1 版。

[3] 如广东商务局以合务、通情、除害、兴利为四大纲；以团结团体、振兴商业为宗旨；江南商务总局所订章程为"明商律、开商学、广商报、通商情、濬商源、合商力"，明定章程给予商人保护，是官商关系改善的制度化保障。(《粤省商局简明规则》《书江南商务总局章程后》，《申报》1905 年 2 月 22 日、1900 年 4 月 19 日)

邮传各项事宜，而商务局的职能偏重于保商，实际管辖范围还包括对商业诉讼、商事纠纷等商业案件的受理，承担商业仲裁者的角色。[1] 劝业道是单纯的行政机构，并不参与具体的经营活动，商务局则筹资创设公司成为经营实体，具有行政和生产的双重属性，很难完全纳入各省职官体制。劝业道是农工商部和邮传部在各省的分支机构，作为体制内正式职官，却受两部双重管辖，容易造成直省实业管理的混乱。反而是体制外的商务局，由于商部通过奏派商务议员等方式，形式上实现了从商部到商务局上下有序的行政建制。

商务局与劝业道的差异，使前者很难完整地为劝业道归并管辖，划一体制并非易事。这一时期虽然多数"商务局"相应改为"农工商局"，却不过是更名而已，时人所谓"本朝承明，自谈变法诩维新，由是而商而农工商，数年之中纷更官制，举棋不定"。[2] 名称变更后能否按照农工商部的要求重新规范职能权限，才是关键所在。

既然增设劝业道是直省官制改革的目标之一，商务局或农工商局的裁撤归并就显得至关重要。由于劝业道的设置较多牵涉各类商政局所，又与农工商部和邮传部的权责划分及其相互协调相关，因而各省设立劝业道、裁并商务局的情形参差不齐。大致分为三种类型：

其一，一步到位，设置劝业道，将商务局或农工商局裁撤归并，以安徽、广西、陕西、四川等省为代表。1906 年 6 月，安徽省

---

[1] 山东商务局章程规定，商家财产讼案准其迳赴商务局控诉，由商务局员秉公调处；各行董事公正廉明者，由商务局禀请核奖；查办假冒及有碍市面者，等等。（《山东商务局试办暂行章程》，《申报》1901 年 11 月 30 日）

[2] 刘锦藻编纂：《清朝续文献通考》第 2 册卷一百二十六《职官考十二·京文职》，第 296 页。

裁撤芜湖商务局。1908 年增设劝业道，由安徽巡抚冯煦饬令将"旧设商务局及垦牧、树艺两局并归该道管理"，各项交通事宜、驿传事务亦并归劝业道。[1] 广西新设劝业道一缺，令按察司将主管驿传事务、农工商局将主管一切事务，移交该道接收办理。[2] 四川商务总局和矿政调查局也于光绪三十四年十一月改隶于劝业道。陕西劝业道则由督粮道改设。1909 年 2 月，巡抚恩寿以"陕省近年风气渐开，次第劝办工艺，日有起色，商务已设总会……审时度势，则劝业一缺亟须添设，未容视为缓图"，[3] 奏请将陕西粮道改为劝业道，将农工商及矿政等各实业类局所统归劝业道。

其二，分两步走，以农工商局作为设置劝业道的过渡，以甘肃、山西、广东、江苏等省为代表。1906 年 5 月，陕甘总督升允在甘肃省城设立农工商矿局，继而创办劝工厂、矿务学堂、农业试验场、官报书局、商品陈列所、官铁厂等实业机构，[4] 从而使农工商矿局成为甘肃全省实业行政的总汇机构。1906 年山西商务局归并农工局，改称农工商务局，以刘笃敬、梁善济、崔廷献、冯济川等著名商人为绅董。[5] 两省虽较快落实了农工商局的创设或改设，却迟迟未能设置劝业道。在清廷的督催下，1911 年 1 月 29 日，陕甘总督长庚奏准将兰州道一缺即行裁撤，改设劝业道；1911 年 2 月，山

[1]　《驿传归并劝业道管理》，《申报》1908 年 6 月 17 日第 2 张第 2 版。

[2]　《抚部院具奏酌定新设劝业道公费银两折》，《广西官报》宣统二年正月二十五日第 53 期，"吏政"，第 124 页。

[3]　《陕西巡抚恩寿遵设劝业道遴员请简折》，《政治官报》1909 年 2 月 27 日第 477 号，第 154—155 页。

[4]　《甘督升奏设立农工商矿局举办实业情形折》，《北洋官报》光绪三十四年正月二十四日第 1638 册，"奏议"，第 1—2 页。

[5]　黄鉴晖：《明清山西商人研究》，山西人民出版社，2002，第 333 页。

西巡抚丁宝铨奏准将冀宁道裁撤，改设劝业道。[1] 广东省则在 1907年 1 月将商务局改设为农工商局，1908 年 8 月，两广总督张人骏又以实官试署劝业道，委任广州府知府陈望曾补授广东劝业道。[2] 江苏省于 1910 年 1 月 8 日由江南商务局主持召开商务行政研究会，围绕将江南商务局改建为农工商总局展开讨论。会议认为："自京师设立商部，各省始设商局；自商部归并工部，改为农工商部，各省又改农工商局。近年江南督垦局裁撤后，本局承上启下之事实已包举农工商三项，而商务局之名尚相沿未改。"[3] 为使名实相符，经由两江总督端方奏陈，江南商务局改为江苏农工商务局，所有苏松常镇太五属农工商务均由该局统筹办理。[4] 1910 年春，清廷催促江苏改订官制，改农工商局为劝业道。新任两江总督张人骏提出，江宁巡警、劝业两道于今年设立，拟将粮道改为劝业道，盐巡道改为巡警道，所遗漕粮、水利、盐务及金陵关税统归江宁藩司管理，"以符统辖财政之议"。[5] 从而在江宁设立了劝业道。

其三，两种方式并举，一面增设劝业道，一面仍保留商务局，以湖北为代表。湖北是继奉天之后第二个设立劝业道的省份，总督张之洞因"湖北地处南北之冲，带江包汉，山泽相参，汉口尤为商

---

[1] 王鸿志按照各省反应的速迟程度，将劝业道的设立分为三个批次，甘肃、山西两省即属第三批次，是清季设立劝业道最晚的两个省份。（王鸿志：《兴利与牧民：清季劝业道的建制与运作》，第 62、70 页）

[2] 中国第一历史档案馆编：《光绪宣统两朝上谕档》第 34 册，第 160 页。

[3] 《本局商务行政研究会议案》，《南洋商报》宣统元年十一月二十七日第三期，"纪事"，第 65 页。

[4] 《归并农工商局事宜折》，载端方《端忠敏公奏稿》卷九，沈云龙主编《近代中国史料丛刊》正编第 10 辑，文海出版社，1967，第 1157—1159 页。

[5] 《宁省巡警劝业两道将次设立》，《新闻报》1910 年 2 月 29 日第 2 张。

务荟萃之区，实业、交通均为最要之义"，故于调离湖北之际，特奏保心腹刘保林任劝业道一职，"以收人地相宜之效"。[1] 所遗商务局总办之差由继任湖广总督赵尔巽札派孙泰圻前往接办，因此湖北实业管理呈现出劝业道与商务局并存的格局。接办汉口商务局总办的孙泰圻召集各商，"公订商会一切章程，并商会权限，俾各商有所遵守"，总督赵尔巽也主张由商务局"筹议维持提创茶业办法，协议改良之策"。[2]

从清廷颁布《直省官制通则》，饬令设立劝业道开始，各省劝业道员相继设置，至 1908 年底，全国任命了九名劝业道。1910 年，"计已设立劝业道者直隶等 18 省，其未设等省亦催令赶行筹设"。[3] 至清亡，只剩新疆尚未设立劝业道。只是农工商局的裁撤与劝业道的设置并不同步，有时两套机构并存，使得直省统筹农工商矿各项实业的局面纷繁错杂。陕西巡抚恩寿称："陕省现设有农工商矿总局，凡一切兴业劝工之事，正在调查，皆由该局经理，事简易行，暂可节省经费，一俟各项实业办有端倪，再行请设专官以符原议。"[4] 隐约表达了对设立劝业道致使事权重复，增加经费开支的不满。

当然，农工商局与劝业道并行，虽有职能权限上的重复缠绕，两者并非不可调和。《直省劝业道官制细则》载明：劝业道归本省督抚统属，掌理全省农工商矿及各项交通事务；劝业道可由督抚奏

[1] 《前鄂督张奏新设劝业道缺遴员补授折》，《时报》1907 年 9 月 27 日第 2 张。

[2] 《议设茶业研究会》，《北洋官报》光绪三十三年十二月初六日第 1600 册，"论说"，第 12 页。

[3] 《商务官报》宣统二年七月二十五日第 5 册第 19 期，"公牍"，第 347 页。

[4] 《陕抚恩奏改盐巡道为巡警道折》，《申报》1908 年 6 月 3 日第 2 张第 2 版。

请简放或先行试署；关于农工商各学堂、公司、局厂随时稽考，将办理情形汇报农工商部及本省督抚；劝业道受督抚考核和农、邮两部随时考察，如有不称职者，可据实奏参。[1] 这些规定一方面明确了劝业道的职掌，另一方面则说明劝业道受督抚和部院的双重领导。只是《直省劝业道官制细则》虽规定劝业道由督抚奏派，却并未说明选派的具体标准。前述张之洞赴京前奏保沙市商务局总办刘保林试署劝业道的模式，成为此后各省效法的对象，因此商务局与劝业道之间仍有人脉的连续性，首批劝业道员基本上由原商务局总办、会办担任，几乎全是督抚之"私人"，[2] 从而使督抚拥有极大的用人权。劝业道莅任后亦颇知感恩，办事处处仰承督抚，故劝业道与农工商局的权限自然取决于督抚。

　　督抚的"酌定"有两种倾向：一是逐步归并农工商各类局所，将农工商矿各项实业责成劝业道掌理，或将农工商局改为劝业公所，即"如学务公所之制"。广西劝业道奉巡抚之意，接续农工商务总局管辖境内太平、思顺、三属各员绅修理水利的情形，并按巡抚要求"分别奖罚详办"。浙江也将未及兴办农业试验场等项事宜，由劝业道接续办理，"用副宪台注重农业，挽回利权之至意"。[3] 湖南拟创办农业官报，商务局总办王莘田以"湘省新设劝业道，已经奏准，该道业已受篆视事"，建议"此后凡关于农工商务应归该道管理，即本局亦将撤销改为劝业公所，则此项农业官报无庸本局兴

---

　　[1]　《宪政编查馆奏考核直省劝业道官制细则酌加增改折并单》，《政治官报》1908 年 8 月 4 日第 277 号，第 6—8 页。

　　[2]　王鸿志：《兴利与牧民：清季劝业道的建制与运作》，第 80—90 页。

　　[3]　《抚部院批劝业道详遵饬核议各员绅修理水利成绩分别奖罚缘由文》，《广西官报》宣统二年二月初三日第 54 期，"实业"，第 360 页；《呈报试验场播种情形》，《北洋官报》宣统元年五月二十六日第 2129 册，第 11 页。

闻，应由唐观察酌核举办"。[1] 二是延续局所担负发展实业的做法，由督抚委派农工商局和劝业道共同筹办实业。如两江总督规定如有设立公司，所定公司规则及创业办法，"转报各本省商务总局或劝业道"，由该两处共同呈递督抚"咨部立案"。[2] 宣统年间，浙江巡抚增韫为劝办林业事宜，也札行农工商矿局与劝业道共同办理。

无论何种情形，关键在于劝业道与农工商局能否按照农工商部的要求规范职能权限。农工商部改组后，实行分科治事，全面发展农、工、商、矿各项实业，按照其要求，各省也以改良农业、振兴工业、讲求矿政、发展商业作为商政重心。吉林省劝业道上任后，详细调查全省实业情形，制定全省实业报告书，内中详细列出农田、森林、蚕桑以及畜牧等各项兴利事宜。[3] 湖北劝业道则承督抚之意，核议办法以兴工业，筹划如何在善技、益智两场内附设工业试验所，划分天然、人力两种物品，"以资观感"。[4] 湖广总督赵尔巽要求商务局和劝业道共同"于人民请求设立公司者，酌剂盈虚，核定准驳，鼓舞之中仍示限制，以免商人抢价争售之弊"。[5] 湖南劝业道声称："近添设劝业道员，凡属农工商矿之事皆归董治。兹事繁重，非一手足之力所能及，全赖牧民之吏维持赞助，庶事举而民不病，利溥而国可强。"[6] 督饬地方官切实振兴实业，兴利强国。由

---

[1] 《饬办农业官报》，《甘肃官报》1908 年 11 月戊申第 3 期，"新政杂志"，第 17 页。

[2] 《咨饬三省举办实业》，《申报》1908 年 3 月 13 日第 2 张第 4 版。

[3] 《吉林劝业道报告书》，《甘肃官报》1908 年 11 月戊申第 2 期，"附录"，第 16 页。

[4] 《议设工业试验所》，《申报》1908 年 3 月 6 日第 2 张第 4 版。

[5] 《推广种棉织布情形饬劝业道商务局酌核办理》，《甘肃官报》1908 年 8 月戊申第 5 期，"奏议辑要"，第 9 页。

[6] 《通札湘属兴办实业》，《甘肃官报》1909 年 3 月己酉第 6 期，"新政杂志"，第 22 页。

此可见，农工商等局所和劝业道共同组成直省实业管理机构，在规范实业运作的同时，积极劝业，是兴农、恤商、惠工政策的实力执行者，也是政府适应社会发展转变职能的重要标志。

由于农工商局和劝业道均由督抚选派，归督抚统属，在筹办实业方面，尚能彼此协调。可是，两者毕竟分属不同的行政体制，职能权限也略有差异。农工商局仍属督抚权力在体制外的延伸，督抚有人、财、事等方面的处置权；劝业道则属于正式的职官体制，受督抚和部院的双重领导和整个行政体制的约束。在官制改革的背景下，劝业道综理商政的职能权限反而不如农工商局。如江苏农工商局设立商事纠纷裁判所，"专理商人关于商务诉讼之事件"，并对涉讼人的资格、商务诉讼事件的审讯方式、案件的归档、裁判员的奖励等做出比较完备的规定。以其为示范，农工商部要求各省农工商局设立商务息讼所，"凡关于商务寻常纠葛，即应先在该所和平了解，免碍商业"。[1] 反观劝业道，则无处理商事诉讼的权责。出于预备立宪司法"独立"的考虑，农工商部规定："嗣后遇有商人争讼，省城凡商埠应赴审判厅呈诉，未设审判厅地方应仍赴府州县呈诉，上控本部案件，本部及劝业道概不受理，庶司法、行政机关不致混淆。"[2] 显而易见，农工商局和劝业道在行政体制中的地位和性质不同，商政权限因之有别，农工商局与劝业道的权力交替，有时并非简单地以后者取代前者。

另一方面，省级商政机构的冗杂并立，也增加了直省经费开

[1]　《农工商局裁判简章》，《北洋官报》宣统元年正月十四日第1970册，第10页；《商务息讼所限期设立》，《华字日报》1910年3月4日第4版。

[2]　《商事诉讼仍归府州县办理》，《陕西教育官报》1911年1月第4卷第8期，"紧要时闻"，第195页。

支。宣统元年，广西农工商局制定宣统二年预算经费表，其中包含经常、特别两费以及追加矿务费，共需银 31710.8 两。[1] 察哈尔都统诚勋在察防新旧各局所开支经费的奏折中，关于商务局一项注明："查该局于光绪三十三年六月奏立，初办时员数时有增减，用款无定，嗣经一再核减，额支湘平银二百九十八两，由外销洋商茶费项下动支活支。"[2] 商务局每年所需经费虽已列入各省预算之内，却"用款无定"。宪政编查馆统计的光绪三十三年各省开支农工商政各费，"直省岁支农工商政费统计表"中所列的名目有"劝业道、农工商局、试验场、矿务局、工艺局、商务局、官办矿厂、官办工厂、商品陈列所、河工、塘工、垦务"等多项内容[3]，使得本已短绌的直省经费雪上加霜。

外官改制方案长期处于无休止的争执中，《直省官制通则》又是清廷与督抚妥协的产物。督抚将农工商局的经费预算列入直省正式预算，符合清理财政后的要求。而督抚们各行其是的改制，不但形式多样，内容也多朝着有利于督抚揽权的方向发展，因此与外官改制息息相关的局所裁撤归并问题，始终难以解决。

不过，随着劝业道的陆续设立，各种农工商矿类局所逐步融合到职官体制，直省商政机构冗杂并立的局面还是有所改变，为辛亥鼎革后的体制划一奠定了基础。1912 年新成立的中华民国临时政府借鉴清制，成立实业部管理全国的农、工、商、矿、渔、林等业，

---

[1] 《抚部院批农工商局详追加宣统二年豫算经费缘由文》，《广西官报》宣统元年十二月十四日第 47 期，"实业"，第 275 页。

[2] 《察哈尔都统诚勋等奏清理财政查明各款请销折》，《北洋官报》宣统元年十月十六日第 2267 册，"奏议录要"，第 2 页。

[3] 《抚部院准农工商部咨各省开支农工商政费应令填表报部缘由转行遵办文》，《广西官报》宣统元年八月二十七日第 36 期，"实业"，第 188 页。

并要求各地政府设立相应的部门。[1] 1913 年 1 月，袁世凯颁布了《划一现行各省地方行政官厅组织令》，规定各省行政公署分设内务司、教育司、实业司和财政司。其中实业司隶属于农商部，主要负责农业、林业、畜牧业、工业、商业等检查和监督工作。[2] 缠绕清末外官制改革的局所司道并存局面，随着民初改元，设置实业司进一步归并实业类局所逐步得到解决。

在直省实业机构改革过程中，商务局因其保护商人、调查商情、调解商事纷争等功能，与商会颇为类似而逐渐融合。如安徽各商自商务公会成立后，规定"凡商业遇有纠葛事宜，悉归公会随时处理"。湖南商务总会直接奉农工商部文："近年华茶销路尽为印茶夺去，若不整顿，于中国出口商务大有关系，亟应统筹整顿，籍资补救"，故传知众商"统筹办理，各分会一体遵照"。[3] 从调解纷争、调查商情功能的角度看，二者的功能趋同，加之清末商会陆续设立，有的商会直接由商务局改设，更没有必要刻意区分。

据《张棡日记》记载：光绪三十二年九月初五下午偕仲明至仓后看新建商务局，局约三进，均仿洋式建造。仲明云："此局均系一手雇工兴筑，仅费洋二千余元云。"[4] 张棡为温州商会首届总理，此处之"商务局"实为温州商会。清末在汉口商界享有盛誉的绅商史晋生，1897 年曾受张之洞委派，任汉口商务局总董，1907 年汉口

---

[1]　《实业部通电各省都督设立实业司文》，《临时政府公报》1912 年 2 月 5 日第 8 号。

[2]　《国务院致各省行政长官电附各省行政公署暂行办事章程》，《政府官报》1913 年 3 月 19 日第 315 号。

[3]　《禀恳商会照章理讼》《札饬整顿茶业》，《申报》1907 年 6 月 13 日、9 月 2 日第 12 版。

[4]　俞光编：《温州古代经济史料汇编》，上海社会科学院出版社，2003，第 457 页。

商务局改为商务总会，被举为总理，不就。但大力支持商务总会活动，曾出面向当局申请，拨给商务总会会所。[1] 1904 年四川忠州遵照谕令设立商务局。1909 年，又奉令撤销，改设为忠州商务分会（简称"商会"）。[2] 1911 年，为保护华侨而成立的厦门保商局，在裁并局所、建立正式职官体制的进程中，改为华侨公会。

　　这一演变过程促使商会的数量不断增加。预备立宪时期，各厅州县基本都组织设立了商务分会。仅河南一省，虽"商务向非繁盛，商人智识缺乏，各项补助机关颇不完全，厥惟商会，全省百余县，开封省会及郑州商埠与商水县之周口镇，各有总商会一处，其余各县以设一分会者居多，亦有一县设至数处"。[3] 形成从商务总会到商会分会的完备体系。

　　预备立宪期间清廷重视商会，一方面缘于商会领袖具有较高的社会声望和巨大财力，[4] 另一方面则因劝业道虽由督抚与部院双重领导，督抚拥有更大的用人权，农工商部沿袭商部寻求社会力量支持的做法，给予商会较高的地位。其规定地方官对商会"无直接管理之权，只有提倡保护之责"，并声明商务总会"既由本部奏给关防，体制较崇"，还拟"加派各省商会总理兼充农商监理官，以资

---

　　[1]　林旻、林树建：《宁波商帮》，黄山书社，2007，第 202 页。

　　[2]　忠县志编纂委员会编：《忠县志》，四川辞书出版社，1994，第 389 页。

　　[3]　1929 年《河南新志》，河南省地方史志编纂委员会书刊发行部发行，1988，第 271 页。

　　[4]　根据商会章程，对商会领袖具有任职的资格规定，一般按照"才、智、资、望"为具体依据。但在实际的资格要求中，社会声望和财力两项最为重要，是作为商会领袖的必备条件，如苏州商会领袖王同愈、尤先甲、张履谦、吴本齐、潘祖谦、彭福孙皆具有较高的功名职衔。（马敏、朱英：《传统与近代的二重变奏——晚清苏州商会个案研究》，巴蜀书社，1993，第 58－60 页）

监察各省征收农粮税课，及商务上纳税之积弊"。[1] 农工商部对商会的重视，产生了意外的结果。第三次国会请愿时，"签名者中商界居其大半"，引起清廷恐慌，农工商部方才意识到事情的严重，急忙要求各省劝业道告诫"商人不得受人指使，干预商业以外之事"。[2] 随着商会权势的增强，绅商具有举足轻重的作用，最终形成举足轻重的力量。

20 世纪初，清廷因应实业救国思潮，推行新政改革和预备立宪。在此过程中，经济、政治以及社会结构发生重大改变，清政府的经济政策趋于集中、有序；职官体制逐渐变为科层制和专业化；光绪三十四年颁定"佐贰官如府经历、县丞、州吏目、县主薄、巡检、典史六项，其经商省份概不回避"，[3] 官员任职不再受商籍限制，官商进一步融合，自 19 世纪开始形成的官商相互依赖的社会结构最终定型。

结　语

"商"与"政"在中国固有语境中各有意指，与传统王朝体制的运作相维系。秦汉以后，历代重农抑商，官制中未有专门机构职掌商业，而是由职司财政的部门兼管，以抽取赋税为主导，因此合

---

[1] 《溥尚书奏复议奏派商务监理》，载《甘肃官报》1910 年 3 月第 2 期，"新政杂志"，第 32 页。

[2] 《禁商人干预国会》，《华字日报》1910 年 12 月 22 日第 4 版。

[3] 魏秀梅：《清代之回避制度》，《"中研院"近代史研究所专刊》第 66 辑，1992，第 161 页。

二者为一的"商政"不见于载籍。王朝体制下，"政"对"商"仅仅是征税和维持秩序，与后来发展商务、保护通商、振兴实业、增进国家富强的商政之义相去甚远。因此晚清以前，没有作为特定指称商业管理的"商政"概念。

近代中外通商，商税成为税收的重要来源，国人日益认识到商业的重要性。历次战败赔款，清廷均以向商人筹借公债渡过难关，财政结构发生明显变化，不得不重视商业。伴随着重商思想的兴起，商战的观念开始被朝野所接受，以为振兴民族、富国强兵的利器。驻外使节、游历官绅以及早期维新派，借鉴域外政府在促进和保护商人利益方面的角色作用，要求调整官商关系，设立商事机构，保护通商，发展工商实业，由民富实现国强。在商政关系逐步形成的背景下，设置相应的职官制度的需求应运而生。

以商务局为标志的近代商政体制的出现，是中国商业管理方式的重大变革。但局所为督抚权力体制外扩张的体现，成为内轻外重局面的支撑。1903 年设立商部，清廷试图将商务局纳入职官体制，构建上下贯通的行政体系，并通过委任商务局总、会办作为商务、矿务议员等方式，收回督抚用人及管辖实业的行政权力。围绕实业权力的博弈，督抚对各省人、财、物及管理运作全盘操控，使商部收回实业行政权的努力收效甚微，最终转而改组为农工商部。在此过程中，商会趁机设立并发展壮大，成为绅商阶层崛起的有利条件，也使得统一商政面临着更加错综复杂的局面。

清廷以预备立宪为契机实行的新一轮官制改革，在直省设置劝业道统筹各项实业。由于内外官改制不同步，各省设立劝业道的步伐亦不一致，而商务局不仅具有行政职能，亦是经济实体，很难完整纳入各省行政机构，这与西方商政及中国古代对待商业的态度均有不同，由此造成新旧制杂糅并立的局面。清末裁局改道，商务局日渐与商会融合，成为体制外发展实业的商人自治团体。身份和地位均得到提高的绅商们积极参加国会请愿、保路运动等政治斗争，成为冲击清朝统治的重要政治力量。

　　虽然清廷集权的举措未如预期，专门商业管理机构体系的创建和经济制度的变革，还是从法律、政策和制度层面，确立了近代商政关系。作为专门管理商业的机构，商部、农工商部整合了原来政出多门的事务，实行科层化、专业化管理，毕竟为包括所有实业的商务发展，起到了推动和保障作用。

第三章　清季财政改行预算制

光绪中叶以降，朝野各方积极引介西式预算制度，冀能取代日益僵化的旧式理财制度。部分省份和机构为缓解财政压力，也不断尝试模仿这一制度。宣统年间，清廷将试办预算作为解决财政困境的制度性措施鼎力推行。预算制度的嫁接并不顺利，删减例案，改良收支，选择确定预算方针，均系移植新制度的重要举措。新制移植过程中，原有协饷制度、奏销制度以及财政积习无一不成为迎拒预算制度的排异性因素，旧制衍生的国省财政矛盾在预算编制的过程中空前激化。清廷本来欲借财政改制以挽救命运，却因新旧对峙，人事派分等制约因素，难破僵局，最终形成新制与旧规并存的尴尬局面，财政解困的愿望更成泡影。

西学东渐影响晚清各个领域的制度兴替，财政制度变动尤为典型。时人热衷于译介西方财政学理，新政时期又着力效仿近代西式预算制度，几乎要将财政旧制基盘从整体上更换。这一现象表明，研究近代财政制度变革，不能忽略"西方"的影响。

关于清季财政的研究成果相当繁富，[1] 既有的研究，包括民国

---

[1]　仅就清季创办预算制度的研究来看，民国迄今，代表性著述如胡钧：《中国财政史讲义》，商务印书馆，1920，第 392-394 页；贾士毅：《民国财政史》（转下页）

以来社会经济史学人的各类论著，习惯于将清季财政制度的变动作
因果线性阐述，或单纯关注财政本身的变化，而对新政期间各派势
力的矛盾纠结影响制度维新的过程不加细究；新近的相关论著，亦
未就新旧制度的转换及共存的复杂面相给予相应的观照；时下常见
的则是从近代化视角对相关制度变动加以解释，以后见理论统辖当
日文献，所见所论不免似是而非。

　　预算作为一种财政制度，本系输自外洋，而中土古代存在看似
相类的做法，时人评骘已不免格义附会，后人看待更易于望文生
义，往往过分注重中国制度纳入世界体系的结果，忽略本土既有制
度的惯性牵制作用。晚清中国被强行纳入世界的同时，自身也有意
对西方政教制度实行"拿来主义"。"纳入"与"拿来"的过程相互
交织，意味着不应将研究对象做简单类比，须对原生的制度运作与
引介的新制度如何调适、冲突、融合的复杂进程做深入细致的考
究，比勘章程条文规定的制度内涵与实际推行的制度实态之间存在
的异同，细察其原委演变。

　　有鉴于此，应尽量抛弃后见之明，注重深入时境，探赜索隐，
主要关注西式预算制度译介中土后，朝廷部院和各省如何将其移植

―――――――――

（接上页）（上册），商务印书馆，1917，第 25—45 页；彭雨新：《清末中央与各省财政
关系》，《社会科学杂志》1947 年第 7 卷第 1 期，周志初：《晚清财政经济研究》，齐鲁
书社，2002；周育民：《晚清财政与社会变迁》，上海人民出版社，2000；魏光奇：《清
代后期中央集权财政体制的瓦解》，《近代史研究》1986 年第 1 期；陈锋：《清代中央
财政与地方财政的调整》，《历史研究》1997 年第 5 期；赵学军：《清末的清理财政》，
载王晓秋、尚小明主编《戊戌维新与清末新政》，北京大学出版社，1998；等等。海
外学者也不乏精论，诸如山本进：《清代财政史研究》，汲古书院，2002；何汉威："A
Final Attempt at Financial Centralisation in the Late Qing Period,1909–1911", *Papers on Far
Eastern History* 32, 1985 等，均系颇具分量的论著。

嫁接于旧制之上，财政制度的"老树""新枝"间的排异兼容等问题，由此把握清季财政制度变动的主脉。时人平衡新旧、取舍中西的标准自然要纳入观照的视野。

第一节　新知引介

19世纪中叶前，清政府的财政基本承袭了唐宋元明以降大一统的"王朝财政"架构。清政府借着冬估和春秋拨等措施，了解外省的财政收支状况；依靠奏销制度加强对各级行政单位赋税收支的会计审核和管理；以解协饷制度控制并调剂全国的财赋分配。周育民指出，正是依靠这些制度，清朝实现了"从账册上控制财政运行的过程"，"解协饷制度是清代整个财政体系运作的中心环节……只有通过解协款制度的运作，才能实现中央政府对于全国财政资源的控制和分配，保证财政收支的平衡"。[1] 雍正和乾隆年间创设的留贮、分贮和增贮银制度，既兼顾了军需，又备地方不时之用。[2] 然而，太平天国起事后，各省军费支出庞大，留贮、分贮等款项已难以满足战时的需求。督抚必须突破传统量入为出的旧规，将就地筹款的便宜处事权限发挥到极致，不受户部规约的外销款项应运而生，且愈加膨胀，导致中央控制外省的能力大大削弱。这是传统协解制度日趋式微的要因。庚子以后，外债与赔款剧增，新政经费需求膨

---

[1]　周育民：《晚清财政与社会变迁》，第26、29页。

[2]　参见陈锋：《清代中央财政与地方财政的调整》，《历史研究》1997年第5期，第106页；彭雨新：《清末中央与各省财政关系》，《社会科学杂志》1947年第7卷第1期，第85页。

胀，督抚顾惜部院考成，为求不被挑驳，各种紊乱财政的举措因之频频出台。财政紊乱的现状不可能长久持续下去，至宣统元年，随着西方预算制度东播中土，反思旧式财政制度弊端的言论日益盛行，朝野批评户部理财能力的呼声也越来越高，[1] 以预算制度取代旧式理财制度渐成共识。

西学东渐在晚清呈现不断强化的趋势。其范围甚广，包括预算制度知识在内的理财新知当属西学东移的要项。但是，这些理财新知大规模输入中国，并非直线式移植，而是经由日本加以吸纳改造，当这种新制度的优势和示范效应在日本愈加明显后，国内朝野各方才引介传播，形成一个知识迁移的中介转换，这是清季引介西方新制新知的显著特点。

一、以日本为中介

西方理财新制受到朝野追捧，并在庚子前后引发持续不断的引介，其背景与清廷财政困境加剧和日本理财制度的示范效应有密切关系。前者且不具论，后者因日本在东亚迅速强盛，也就具有值得追摹的吸引力。日本之所以很快崛起，得益于对西方政教制度的积极引入和合理效仿，更改理财观念，建立西式财政制度是其中要项。中国欲仿效西法富强，最便捷的途径，自然是取径东瀛，省时省力，易见成效。张之洞的观点尤具代表性，学习西方"我取径东

---

[1]　对于户部的理财能力，时人早已提出各种批评，例如吴保初致函汪康年称："今户部号为司农，农自为农，而所司者非农也。钩稽簿领，量较锱铢，画诺盈廷，积牍山立，直一片糊涂账而已。亦若兵部之不管兵，它皆仿此。"更严厉的批评间或有之，难以枚举。参见上海图书馆编：《汪康年师友书札》第 1 册，上海古籍出版社，1986，第 336 页。

洋，力省效速"，"日本诸事虽仿西法，然多有参酌本国情形斟酌
改易者，亦有熟察近日利病删减变通者，与中国采用尤为相宜"。[1]
国内赴日考察官员和留日学生逐渐增多，他们多渠道传回的各种资
讯强化了日本作为东亚大国的示范效应，财政改制既然是日本崛起
的关键因素，当然值得清廷模仿。随同考察政治大臣载泽周游西方
诸国的重要成员杨道霖，甚至对效仿日本以推行立宪的前途充满信
心："天佑我清得日本以为师法，十年之后，强且相埒，而富固过
之。吾知立宪之效果盖几是而始慊然可意满也。"[2]

　　检讨当日朝野掌握的预算制度知识，几乎大半来自东瀛。自庚
子年起，赴日调查财政者无不钦佩该国财政井然有序，认定日本的
财政制度非常值得中国效仿："日本自维新以来，岁有预算表，秩然
井然，巨细毕具。兹特就明治三十五年预算表译而记之，以为中国
之取法，盖亦新政所不可挡也。"[3] 及至1910年，赴日考察财政的
林志道仍感慨日本财政制度对中国的示范效应之大："今之谈士，动
色相咨，敝口舌相语，莫不言财用矣，而多举海外诸国以为说，则
莫不异日本以偏小之地独能百废俱举，养士数十万，蒙冲数百艘，
用兵弥年，飞挽供亿，国不匮病，且抗手欧美诸强国。"在林氏赴
日前夕，晚清名士郑孝胥犹谆谆嘱咐他："政亦多端，惟财用为亟，
吾子东行，愿取明治以来之财政，举其嬗革措置之大者，归语国
人。"[4] 是年十一月，鉴于清理财政亏空巨大，为了讲求预算平衡，

　　[1]　分别参见《广译第五》，《劝学篇》外篇，第14页；《遵旨筹议变法今拟采用
西法十一条折》，载《张文襄公全集》卷五四，文海出版社，1970，第4、32页。

　　[2]　杨道霖：《自序》，载《日本统计类表要论》，宣统元年三月铅印版，第2页。

　　[3]　《日本明年度支预算表》，《选报》辛丑十二月初一日第7期。

　　[4]　林志道：《序言》，载《日本财政考略》，宣统二年铅印版。

需要了解西方预算改革的直接经验，度支部派遣官员率队直赴日本取经，该部奏称："臣部业于上年十一月间奏派左丞陈宗妫等驰赴东洋，考察国家税、地方税所以划分之由，一俟考察完竣，即当督饬各员，参酌内地情形，将此项章程会同宪政编查馆及各省督抚遵行厘定。"[1]

据此推知，清季新政时期，日本俨然成为国内各类新思想、新制度的引纳中介，西方预算制度自然也较多地取法东瀛。在财政旧制之上嫁接新式预算制度的过程中，处处可以体现出"日本标准"的痕迹。

二、三层输入传播

关于西方近代预算制度在中国的输入传播，学人探论较多。一般认为，1900 年之前的传播属于常识介绍阶段，1900 年迄清亡，则属于理论译介阶段。[2] 这一判断大致揭示了西方预算制度在晚清流布的概况，但不能绝对化。庚子以前，黄遵宪所撰《日本国志》较为全面地介绍日本仿效西方而设预算制的基本架构，

---

[1] 《督院张准度支部咨本部具奏陈明办过第三年第二届筹备事宜并现在筹备情形一折奉旨缘由分行司局查照文》，《两广官报》宣统三年五月第 1-2 期。

[2] 这一观点较为典型的表述为夏国祥在其《近代中国税制改革思想研究》中的一段文字："我们可以讲清末西方财政思想在中国的传播大致以 1900 年为界，分为前后两个阶段。1900 年以前西方财政思想在中国传播的特征是：处于引进财经常识阶段，尚未深入到理论领域。这一时期，在财政思想领域还存在中国传统财政思想与西方财政思想的斗争，前者还有相当大的势力，虽然它日益削弱。1900 年以后，西方财政思想在中国的传播情况发生了很大的变化。首先，中国传统财政思想日渐被束之高阁，西方财政学说开始独霸中国经济讲坛。其次，在传播的内容上深入到财政学理论（包括税收理论）层面。"参见夏国祥：《近代中国税制改革思想研究》，上海财经大学出版社，2006，第 5 页。

即很难以所谓"常识介绍"论定。庚子以后，译介预算制度的论著陡然增多，也不能全然定位于"理论译介"。检索有关时论和译著，不妨将西方财政学理，特别是预算制度方面，分为一般常识、基本学理和实用操作知识的输入传播三个层面较为合适。[1] 当然，有所区分并不意味着割裂传播引介行为的完整性，事实上，各个层面之间的区分仅具相对意义，而且处于交互影响的过程。在此无意全面探讨西方预算制度在晚清传播的脉络，但为了描述晚清朝野对西式财政制度接引的热忱状态，有必要将三个层面的传播情形加以呈现。三个层面的传播成果中，较有代表性的文献可从下述分类表格体现出来。

首先是一般常识性引介。就晚清各类媒介内容所见，预算制度等西方财政知识的引介，大量是各类报刊的财政消息报道、社说言论、非专论性译著、各级官员奏章和条陈等。这些知识载体对西政、西学的译介，更常见的是将片断性、一鳞半爪的知识向各类受众介绍，多数受众常常是从这些零碎的、不连贯的资讯传播中，获得关于预算制度等西式理财的非系统性知识。这些关于西方财经知识的片断引介，常常还充斥着依靠本土经验体会外来学说的格义附会式解读认知。在晚清西学东渐的过程中，一般性引介预算制度知识的著述数量相当庞大，从大的分类上看，下列各类情况不容忽视：

---

[1]　这里所说的"一般常识介绍"的含义，指的是对西方预算制度做笼统或片断地介绍；"基本学理介绍"的含义，指的是对西方预算做系统而完整的介绍，这里的系统和完整仅具有相对意义，非绝对性；"实用操作知识介绍"的含义，指的是为了导入预算制度划分，而对有关学理进行程序性或实践性的介绍。提出这样的界定，旨在分析研究的方便而加以划分，若严格推敲，或不尽妥帖。

表 3.1　清季关于预算制度一般常识性引介简表

序号	分类	典型性例证
1	驻外使节的文献	张荫桓《三洲日记》（京都光绪二十二年刻印本）即有关于美国预算制度的简略介绍。其中有的较为详细，有的相对简略，有的不乏误解和比附。
2	在华外人论著	英国驻华领事哲美森著《中国度支考》，其中片段涉及预算制度。
3	财政新闻的报道	《选报》第七期（辛丑十二月初一日）《日本明年度支预算表》;《时务报》第一册（光绪二十二年七月初一日）《俄国理财权术》，介绍日俄等国实施预算的概情。同类相关报道数量庞大，不一一赘述。
4	时政丛书	邵友濂等编纂:《洋务经济通考》（上海鸿宝斋光绪戊戌石印本），专篇介绍日本等国的预算做法。
5	国内趋新时论	郑观应的《度支》（杜翰藩:《光绪财政通纂》第49卷，蓉城文伦书局，1905，第19页），就西方预算制度简略介绍。屈蟠的《屈主政上度支部论整顿财政书》（清末铅印单行本），对西方预算和财政监督等问题进行介绍。类似言论文字数量庞大，一般散见于报章、专书和条陈中。
6	国人译介的财政类书籍	黄寿衮辑:《富国新典》（清末铅印本），涉及日本和俄国预算制度，此类文献相当多。
7	外省官员的奏章	蔡乃煌的《策时末议》（光绪戊戌年石印本），简要介绍了西方国家的预算制度问题。片断涉及预算知识的官员言论，数量较多。
8	外国学者的研究评论	俄国学者铺加脱的《论中国财政论》（《光绪财政通纂》第52卷，第19页），对中国举办预算抱有希冀。这类评论数量较少。

其次，学理知识引介。预算制度等西式财政基本学理的引介形式较为简单，著述的绝对数量不如上述类型，形式上也不出财政专

著、译介专著、财政性教科书等数种情况。然而，这些基本学理的引介却呈现相对系统化、完整性特征，其中，关于预算制度的介绍更多的是以日本预算制度为蓝本。当然，所谓基本学理的引介，免不了充斥着"食洋不化"的情况。以今人眼光看，日式语言风格和术语最能表现晚清西学东渐的资讯来源，制度与知识或大多诞生于西方诸国，然国内接纳的却是经过日本人吸收、过滤、改造的新制新知。学理性引介的形式较为简单，下列著述大致反映出这一类型著述的译介水准：

表 3.2   清季关于预算制度基本学理引介著述简表

序号	著者与文献名称	内容简释
1	陈昌绅辑《分类时务通纂》（上海文澜书局，光绪壬寅春月石印本）	详细介绍各国财政预算、会计制度等。
2	孟昭常《公民必读初编》（光绪丁未八月刻本）	根据日本预算的经验，详细地介绍预算原理等。
3	阙名《财政学原理》（清末铅印本）	据日本学界关于财政学的基本理论进行编纂，内容较为广泛，大体上相当于学堂教科书性质。
4	阙名《预算要论》（清末铅印本）	对预算原理、预算组织、预算分类、学理预算与应用预算进行界定，对历史上西方各国预算类别等预算制度知识系统介绍，为典型的学理性介绍。
5	黄遵宪《日本国志》（上海图书集成印书局，光绪二十四年印本）	详细介绍日本仿效西方实行预算和决算制度的步骤，以及会计检查院、议会等辅助监督机构的运作情况。
6	孙德全《理财考镜》（十卷本，清末铅印本）	其中"赋课考"和"会计考"两卷涉及预算经费分类、预算种类、审计制度、预算程序等知识性介绍。

续表

序号	著者与文献名称	内容简释
7	土井常太郎述，蔡承焕辑译《江苏法政学堂讲义·财政学》上篇（清末铅印本）	主要介绍西方国家的财政学理论，与预算制度关系较大，属于典型的教科书性质。
8	由许珏作序的《意大利财政书五种》（驻义使署，光绪乙巳四月校印本）	其"财政汇考"主要介绍意大利财政部大臣在议会的演说。
9	英国怀尔森（A. J. Wilson）著，南洋公学师范院译《英国财政志》（南洋公学译书院，光绪二十九年铅印本）	主要介绍英国财政沿革，国家经费支出、议院考核办法等。
10	小林丑三郎著，罗普翻译《欧洲财政史》（上海广智书局，光绪二十九年前后刻印本）	较多地涉及西欧国家的预算制度知识。
11	胡子清辑《法政粹编第十三种·财政学》（东京并木活版所，光绪三十一年铅印本）	全面介绍与预算制度相关的财政知识。属于典型的教科书性质。
12	吕策辑《财政要论》（清末油印本）	大部分内容为各国预算制度等，以日本为主要背景，是日本财政书籍的翻版。
13	陈启修编《财政学总论》（清末铅印本）	系为大学法科二年级学生编纂的财政学教科书，内容相当齐备。
14	戴鸿慈、端方合辑《列国政要》（共132卷，商务印书馆，1907年铅印本）	系戴鸿慈、端方等考察宪政大臣实地考察西方诸国时，将该国财政等制度文献搜集并加以翻译编纂，这是清季中国对西方财政制度最大规模的系统性介绍。

　　再次，应用性知识引介。对于清廷与各省当局来说，最关注的是了解预算制度具体实施的程序性知识。从知识引介的主体看，此

类传播者主要是清廷遣派的各类出洋考察官员，其次是留洋海外的学生。基于清季财政改革的迫切需要，这些应用性知识引介，侧重预算制度的行政机构、预算程序、预算部门种类、预算审核和监督以及与该制度直接相关的其他制度规范。从引介知识的来源看，日本预算制度首先被确立为引介的重点，其次是西方诸国。注重实用是这些著述共有的特点。

表 3.3   清季关于预算制度应用性知识引介著述简表

序号	著者与文献名称	内容简释
1	阙名《日本岁计预算及执行之顺序》（清末稿本，大致在1909年以后撰就）	介绍日本大藏省的职责范围和地位，预算编制顺序，会计年度，经常预算与临时预算，日本岁入各款目，皇室费在预算中的地位，岁出开支顺序，经费支出的严格要求等。内容比较实用，可操作性特征明显。
2	林志道《日本财政考略》（宣统二年铅印本）	专门论述日本的预决算制度，尤其对预算程序及日本的地方财政问题论述较详。
3	杨道霖《日本统计类表要论》（宣统元年三月活版排印本）	卷三为财政类表，收录日本国库现计岁入实数列表等八个财政统计表。这些财政统计方法后来对清廷影响较大。
4	姚东木辑《日本会计录》（光绪前期石印本）	所汇内容大致为光绪六年至九年间日本的财政状况，成书较早。涉及日本明治十六年预算册内容，并有详细分类。

续表

序号	著者与文献名称	内容简释
5	何煜《日本财务行政述要》（宣统三年铅印本）	分为《预算篇》和《租税篇》两部分。关于预算制度，介绍日本预算制度概貌和流程、主要机关；预算的主要类型、编制方法；预算会计年度的确定、流程顺序；预算之成立等实用性较强的内容。
6	钱应清《会计学要论》（浙江官报兼印刷局，宣统三年七月铅印本）	该书例言提出："国家清理财政，当以整顿财政机关，划清财政权限为先决问题，故兹编于命令、现金两机关论之綦详。此外之媒介机关足以辅助其所不及者，亦论及之，以企会计之完成而图财政之整理。"并述及会计监督的宗旨。
7	阙名《日本会计检查院情形》（清末稿本）	介绍日本预算制度中会计检查机构的沿革，并附有会计检查院法条文规定。
8	考察政治大臣咨送《日本宪法说明书提要》（《政治官报》，光绪三十三年九月二十日第1号）	译介日本法学博士穗积八东的《宪法说明书》。大部分内容为德意志、英、法、荷、比诸国情形，内容较多，分门别类，也包括自治、岁计预算等。
9	考察政治大臣咨送《日本岁计预算制度考提要》（《政治官报》，光绪三十三年九月二十六日第7号）	主要介绍日本岁计预算及执行顺序、预算纲要、继续费、预备费、岁出开支顺序、岁入征收顺序、岁入岁出之变通章程、决算顺序、出纳官等实用性知识。
10	考察政治大臣咨送《日本丙午预算提要》（《政治官报》，光绪三十三年九月二十八日第9号）	侧重介绍日本的预算种类、特别会计、议会与预算之关系、预算通过等程序性问题。

序号	著者与文献名称	内容简释
11	考察政治大臣咨送《预算》（《日本宪法说明书》）（《政治官报》，光绪三十三年十一月二十六日第 66 号）	围绕预算制度，专门介绍欧洲国家和日本的预算做法等实用性知识。
12	《考察宪政大臣李家驹奏考察立宪官制录缮成书敬陈管见折》（《政治官报》，光绪三十四年五月十五日 602 号）；《前考察日本宪政大臣李家驹奏考察日本财政编译成书缮册呈览折》（《政治官报》，光绪三十四年十二月二十五日第 1167 号）等	类似考察报告，就预算制度来说，具有相当的针对性，实用性较强。

　　上述三个层面的传播情形，在庚子前后 20 余年间交互分布，1906 年以后趋于活跃，至 1910 年达到高潮。这些关于西方预算知识的传播，开启了国人观察西方的一扇窗口。工业革命以来西欧诸国的财政状态，尤其是预算制度知识，通过"取径东瀛"这一主渠道，源源接引到中土，朝野上下对西人经略财政的手法大多不再陌生。

三、 西学中源与中外比附的劝服模式

　　西式预算制度的引介者通过何种方式对当政者加以"劝服"？联系到传统观念对外来学理的习惯性抵触，以及清廷权臣自觉或不自觉维持旧制的倾向，新制新知要获得在中土安身立命的资格，并被接纳到制度转换的过程中，引介言说的方式显然至关重要。这涉

及立言者根据对传统观念的把握而选择特定的言说技巧，其中最需要考虑的是如何将中土旧法与西式新制恰当安置，方不会引起国内各方的疑惧。检讨大量的说帖、时论和专书，可以发现，时人立言的重要工具是"西学中源"论或"以泰西附会中土"，即无论西式理财制度如何高明，其源头或来自三代古法，或与上古中法暗合，国内臣民不必疑惧，更不可妄加排拒。这种调和中西、化解矛盾的言说模式具有"变学习西方为光复旧物，减少引进西学的阻力"的功效，[1] 所以尽管遇到非议甚至严厉的批评，[2] 在清季仍然非常流行，无论当政还是在野，几乎无一例外。

庚子前后，有人介绍西式预算制度时，即有如下言论：

> 古者制国用，量入以为出。泰西有预计簿，有决算簿，量出以为入，要归于足用而止。周官有逆会之法，即预计也；汉书言量吏禄、度官用，以赋于民，即量出为入。宜选明计划、识大体者为户部堂司各官，综一岁出入之数，分别留支、拨解、管收、除在，逐款开列，揭为表册，颁行天下。[3]

---

[1]　熊月之：《西学东渐与晚清社会》，上海人民出版社，1994，第 723 页。

[2]　庚子前后，有人撰文批评说："或者谓天算格致之学，皆我中国之所固有，彼特得而深思精造之，以引申我之余绪耳，如借根方之为东来法，地圆之说出于管子，重学光学出于墨子，璇玑玉衡早已创于卢廷，指南车行于姬公，木流牛马汉代有之。至于刻鸢能飞，公输之巧未尝逊于西人；祖冲之千里船，施机自运；虞允文之霹雳车，元代之法郎机，皆中国流入西土。旁征博引，无非欲攘人之美，以掩其拙。不知欲盖弥彰，益形其陋，虚骄浮伪，若出一辙，此其故坐不能平心以察之也。"这一批评着眼于输入西艺者较多，推原其本意，对输入西学的态度也大致类此。何庸：《中国宜行新政论》，载储桂山编《皇朝经世文新编续集》卷五，义记书庄光绪壬寅石印版。

[3]　佚名：《连青轩类稿六·自彊刍议》，光绪辛丑年铅印版，第 26—27 页。

这段文字中，论者以上古中法附会阐释西式近代理财制度，言下之意，即目前欧洲各国盛行的预算制度，早在数千年前，中华古人已经创制并实行，毫不稀奇。只是具言者对西方预算制度的要件多有误解而已。同一时期，报界评论户部刊报岁计出入款目表的举措时，也沿袭"以西学附会中学"之说，称这种做法合乎上古先贤遗意，并将其比附西方预算制度："（光绪二十七年）八月命户部按月刊报出入款表，案此即列国岁计表、度支清册之属。周礼司会主天下大计，汉有郡国上计簿，唐有诸州计账、元和会计录，宋有三司会计司、元祐会计录，皆同此意。"[1] 看来，这种格义比附的做法颇为常见。

官员上书言事，若倡议西法，也不能不援引中法加以例证。1907 年夏季，京官郭曾炘上书请仿照预算制度整顿财政，所使用的言说技巧仍旧跳不出"西学中源"模式：

> 前代赋税偿有上供、送使、留州名目，而泰西各国纳税，亦分国家税、地方税为两事。若非将财政大加整顿，预算、决算立表分明，酌盈剂虚，互为挹注，恐上下交困，政策终有所穷也。[2]

将国家财政与地方财政明晰化分，各自有专门税源（国家税和地方税）征储备用，并在预算中体现出来，这是西方预算制度的一个特征。郭氏立言，即将中古历朝理财之制加以比附，证明西人新制与中土古法并行不悖，值得援引借鉴。宣统元年度支部制定的清

---

[1] 《论本朝变法得失》，《北京新闻汇报》光绪二十七年五月十五日，第11页。

[2] 《奏疏便览》丁未年十月，清末铅印版，第23-25页。

理财政章程颁布后，该部一位官员从"西学中源"视角加以解读，以便向各省清理财政局官员宣讲，其调和中西之别的倾向非常明显。[1] 更明显的事例是度支部本身的观念，在编制第二次预算案的过程中，该部强调说，西方预算与中国上古制国用的思想息息相通，"窃维预算为列邦宪政最重之端，与周官制用、汉典上计隐隐相通，而我国今日则同创举"。[2] 这样看来，"以中证西"的思路不但上书言事者拥有，度支部作为掌管全国财政的专门机构也不例外，如此证明的结果是：预算制度的"合法性""合理性"均来自先人遗脉，非全然照搬西方经验，更不是"以夷变夏"，可以放心举办。

在西方预算制度和国地两税划分理论的传播过程中，使用这种言说模式能否奏效？从谕旨、军机大臣的态度来看，清季传播西方预算制度知识的效果相当巨大，直接影响了上层整顿财政的思路，这类资讯甚至成为各界人士思考整顿财政时的立论资源。早在1898年夏季变法高潮时，翰林院庶吉士丁惟鲁奏请仿照西方预算，光绪帝所颁谕旨即称：

> 翰林院奏代递庶吉士丁惟鲁请编岁入岁出表颁行天下一折。

---

[1] 其人为度支部员外郎、日本明治大学法律科专门部毕业生陆定。这位留洋者也未"免俗"，依然遵照"言说惯例"，用先贤古法和西方良法合一的标准，解释度支部制定的清理财政章程的"合法性"与"合理性"："理财之法莫善于周官……其（指度支部）逆全国之赋用，预计岁入赋税之数与岁出经用之数，曰预算，即周官职内所掌赋入之事也。既预算矣，又总计其入出之都数，参互钩考，校其赢绌而定国用，曰决算，即周官职岁所掌赋出之事也。惧其治者有赔累罗掘之忧，又定公费，革陋规，以扬激之。此皆古者国用均节公信之道也。揆诸东西各国之制，亦有符合者。"陆定：《清理财政章程解释·序》，河南清理财政局，1909。

[2] 《度支部奏试办宣统四年全国预算缮表呈览并沥陈办理情形折》，《内阁官报》宣统三年八月第50号，文海出版社，第299-300页。

户部职掌度支，近年经用浩繁，左支右绌，现在力行新政，尤须宽筹经费，以备支用。朕惟古者冢宰制国用，量入为出，以审岁计之盈亏。近来泰西各国皆有预筹用度之法。著户部将每年出款入款，分门别类，列为一表，按月刊报，俾天下咸晓然于国家出入之大计，以期节用丰财，蔚成康阜，朕实有厚望也。[1]

光绪帝决定仿照西方理财制度，推行预算制。[2] 这份谕旨拟具方式也显示出"援西入中"言说惯有的"西学中源"论模式。光绪帝这一行为未尝不是受到时政新书和康有为等对西方预算制度推介的影响。

具体到下级官员和民间人士，预算知识的广泛传播和独具特色的劝服方式，也产生了相当程度的影响。有三个不同时段的事例大致可以证明国人对预算制度及相关问题了解的程度。

其一，1898 年戊戌变法期间，有三位上书朝廷的士人分别提出仿照西法，举办预算的建议。最初的一位是翰林院庶吉士丁惟鲁，建议清廷编制预算表；[3] 其次是候选主事举人孔昭莱，提出应仿照

---

[1]　军机处《上谕档》，光绪二十四年八月初一日，载刘锦藻《清朝续文献通考》卷六九《国用考七·会计》，浙江古籍出版社，1988，第 8275 页。

[2]　茅海建：《戊戌变法史事考》，生活·读书·新知三联书店，2005，第 320—321 页。

[3]　丁惟鲁上书中称："户部将每年钱漕正供所入若干关税杂款之有定者若干，其无定者约入若干，缕析条分，按簿细核，定为岁入一表。即将每年度支，自宫廷内外，以及各省常年开支分别正项杂项，逐一开单，进呈御览，交王、大臣会同各部院详加核议，将有名无实之款，一概淘汰，定为岁出一表。俟诸臣核议详妥奏闻，均行颁布，天下周知。若所议有不尽不实，皆得指名参揭。"中国第一历史档案馆藏：《军机处录副·补遗·戊戌变法项》，档号：3-168-9450-33。参见茅海建：《戊戌变法史事考》，第 320—321 页。以下两条材料也转见该书，不另注。

西方国家的"户部清册"编制出入款表，公示于众；[1] 第三位是山东即用知县林朝圻，提议与前两位相似，不过其叙述颇有格义附会之嫌，且对西方财政制度不无误会，"尝考泰西理财之法，预算一岁之入，某物税若干，名曰'预算表'；计一岁之出，某项费若干，名曰'决算表'。此即《王制》言制国用'量入为出'之法也"。[2] 这些条陈，细究起来，皆与西方真正的预算制度相差较大。但在形式上，又与之大致符合。上书者显然受到预算学理传播的影响，只是所接触的早期资讯不能准确地传递预算制度的全貌，导致对预算制度或理解不全，或附会牵强。

其二，1901 年春，清廷令各省官员条陈新政办法，江西九江一位县令提出在全国举办预算的设想。较戊戌年间官员对预算的认知有所不同，其认识更趋近真："今请自州县以至省库、部库，各立预算表，综一县之用款胪列条目，纤细备载。县上之省，综一省之用款如之；省上之户部，综通国之用款，亦如之。均以甲年预算乙年之数，算既定，稽其所征，以此县之盈补彼县之绌；以此省之盈补彼省之绌。官禄加厚事上，以道不以贿，无中饱，无尅扣，无所谓羡余，无所谓折纳，无所谓办差摊捐，收一分之赋税，即入一分之公家，无所谓民欠，无所谓豁免。惟水旱偏灾之蠲缓则有之。公家之费，公家任之；义举之费，地方任之，不累官，不扰民。预算不敷，或筹可加之赋，或兴公家应得之利，或借国债以补之。预算之年宽筹若干，以免临时竭蹶。乙年既用之后，丙年决算，比较出入，盈则归于公积，以备不时之需。预算、决算均刊刷表册，散之民间，

[1]　中国第一历史档案馆藏：《军机处录副·补遗·戊戌变法项》，档号：3-168-9454-29。

[2]　同上引，档号：3-168-9456-14。

榜之通衢，使举国之民皆知公家无私财，无冗费。国用不足，稍议加赋，民不以为苛。"[1] 这份条陈大致反映出西方预算制度的一些雏形，其中关于追加预算、预算公布和监督等预算制度关键构件的阐释，在同时期论著中颇为领先。论者对依靠预算整理财政寄予期望。

其三，1911 年夏，广西宣化县附生雷乃煊等禀请设立理财公所，禀请书陈述的理由，完全依据立宪国家财政统一以及近代预算制度的需要，对于州县在宪政和预算中的地位，立论得当。禀请书称，"窃筹备宪政在在需财，未有财政紊乱而百事修理者。地方自治刻日成立，入手办法犹在清理财政，倘财政混淆，则一切筹办事宜无从措手。经费未定，则预算决算无从切实举办，不独一府厅州县宜然，凡立宪诸国莫不皆然"。[2] 揣摩这段文字，可见清亡前夕，包括边远省份的地方士绅在内，对于预算制度、地方财政、财政统一及其与立宪目标之间的关系诸问题，已经相当了解。其表述得当意味着他们所掌握的不仅仅是一鳞半爪的西学知识，而是基本领悟了预算制及其相关制度的精要所在。

四、诟病旧制：观念嬗变的测度

上述预算和税制知识传播的启蒙作用尚在其次，关键是对当时清廷和各省的财政困境能否显示出救急解困的价值。这是朝野各界人士关注预算制度理论时更加重视的一面。综括庚子前后 20 余年间对西式预算的传播介绍来看，有一个问题始终不可绕越：这就是

---

[1] 《九江府德化县沙令昌寿覆议新政策条陈》，《北京新闻汇报》光绪二十七年五月初五日。

[2] 《抚院沈批宣化县附生雷乃煊等禀请设立理财公所以一事权缘由文（附件一）》，《广西官报》宣统三年七月十五日第 27 期。

西方预算新制能否胜于传统的理财旧法？

这实际上是对新法与旧法理财效益进行比较。道咸同光数十年间，在内乱外患胁迫之下，户部迭次出台开源节流的办法，较早者如道光时期那斯洪阿奏陈国用计策，[1] 咸丰元年户部《会奏筹议节流各款疏》，[2] 后来如光绪十年户部提出庞大的开源节流计划，以及为部分省份筹划扩张财政的办法，[3] 连同甲午战争后各方推行扩张财政的一系列措施等，均逃不出"开源节流"这一传统模式。各省筹款有责，放手设局开厂，大量外销之款亦非户部所能掌握；各地行政开销挪东补西，先后形成了张之洞所说的"筹垫""滥支""拨抵""借动"和"隐匿"五弊。[4] 在战争赔款不断加大的压力下，各省各类搜括举措成效难著，致使各界对国内财政积弊不断批评，旧式理财办法迭遭诟病。检讨光绪中叶以来几个关键时期颇有代表性的批评意见，可以看出这些言论所遵循的脉络：即一面批评国内理财不得法，一面推崇西式理财制度。以下依据时间早晚呈现颇有代表性的批评言论，借可发现理财观念由旧趋新的转向。

---

[1]　那斯洪阿：《条陈国用事宜疏》，载王延熙、王树敏辑《皇清道咸同光奏议》第 2 册，沈云龙主编《近代中国史料丛刊》第 34 辑第 331 册，文海出版社，1969，第 1213－1221 页。

[2]　《户部会奏筹议节流各款疏》，载王延熙、王树敏辑《皇清道咸同光奏议》第 2 册，沈云龙主编《近代中国史料丛刊》第 34 辑第 331 册，第 1224－1227 页。

[3]　户部：《开源节流事宜二十四条》，载杜翰藩《光绪财政通纂》卷五三，蓉城文伦书局，清末铅印本，第 2－11 页。《户部奏为陕西省度支告匮急宜厘定章程撙节用款以裕饷源而清积弊折》，载《户部奏稿》第 6 册，全国图书馆文献缩微复制中心，2004，第 2603－2608 页。

[4]　张之洞：《晋省办理清查疏》，载王延熙、王树敏辑《皇清道咸同光奏议》第 2 册，沈云龙主编《近代中国史料丛刊》第 34 辑第 331 册，第 1273－1274 页。

批评者之一：黄遵宪在《日本国志》中说：

> 祖宗知用之不足，而安于寡取者，开创则民信未孚，承平
> 则国帑未匮，势不极，法不变故也。以今日值多事之秋，履至
> 艰之会，则不变其何待！彼不愿核出入之数明取之、实用之、
> 公布之者，不谓此为纷扰多事，即谓此为聚敛言利，殆为相沿
> 之陋规，阴便其额之无定，得以上下其手，百端侵渔；阳利其
> 用之不敷，得以推诿敷衍，无所事事，坐视政事之废弛，国家
> 之贫乏，小民之困穷而漠然不顾，如秦越人之视肥瘠焉，而天
> 下之患，将日久而日深焉。嗟夫！[1]

制度应因时而变，不可拘泥祖制，致使流弊滋生，国家危难。
这是黄氏再三致意的主旨，也印证了章学诚那句为清代中叶以来士
大夫屡屡称颂的箴言："文辞可以摹古，制度则必从时。"[2] 黄遵宪批
评国内财政积弊之前，已经详细介绍了日本实施的预算制度，其提
示国内当政者采择日本理财制度的用意相当明显。清政府随后的变
法举措印证了黄氏学说产生的直接影响。[3]

批评者之二：李提摩太在《中国度支论》中说：

> 京外各处均无年年预算之簿，使收数适合用项，但除解京
> 之款照缴外，其余收数听凭各省开支。省中各署经费虽多册报
> 可稽，而每省总造册报从未之见。不独一省出入各款并未见有

---

[1] 陈铮编：《黄遵宪全集》下册，中华书局，2005，第 1188 页。

[2] 褚成博：《坚正堂折稿》，载《坚正堂折稿汇序》，光绪三十一年铅印版，第
3 页。

[3] 吴天任：《黄公度先生传稿》，香港中文大学出版社，1972，第 366-378 页。

册报，即一省每年或若干时统共开支各数，亦无总报公文藉可
查考。总而言之，各省其实从无盈余之款，而常有额外之款结
欠未清，连年拖宕……[1]

这是李提摩太针对英国驻华领事哲美森撰写的《中国度支考》
而阐发的议论。哲美森此书意旨之一在于比较中西理财制度的差
异，认为清廷做法"其弊在于出款、入款之俱无实数可稽，不能如
西国之预定出入，每年刊行度支清单，以期有盈无绌也"。[2]哲美
森与李提摩太所得出的结论是一致的，即西方"预定岁出入"之法
较之清廷沿用的理财祖制高明甚多。

批评者之三：果尔敏编定的《理财为富国始基考》一文说：

乃自承平日久，百度浸广，故吏冗于员额之多，兵冗于坐
屯之广，费冗于赏赐之滥，故以无定之费而盖以莫大之名，久
而不治，其弊又当益甚，财安得而不耗乎？惟预先会计一年用
度之资，然后统计内外、新旧储积之数，不足则取之何地以
补数〔救〕；有财则储之何地以待用。量入为出，使上之人灼
〔酌〕知一定之数而不敢过也。[3]

论者作此文当在戊戌维新期间，果尔敏作为"时务要文"收入
丛书。推原论者意旨，批评国内耗财积弊，是为了引入理财新法
"预先会计一年用度之资"，实行财政调查和统计，并按计划使用资

[1] 李提摩太：《中国度支论》，载杜翰藩纂《光绪财政通纂》卷五二，第7页。
[2] 哲美森：《中国度支考》，林乐知译，图书集成局，1897，第2页。
[3] 果尔敏：《中外时务经济新论》卷一，上海自强斋石印版，第3页。

金。论者虽未指明这一做法就是西方的预算制度，却暗合于西式理财新法，弃旧规、改新制的意图十分明显。

批评者之四：刑部主事李希圣在《政务处开办条议明辨》中痛诋政务处大臣将搜刮视为理财，1901 年政务处提出所谓的"新政设想"令李氏大惑不解，他认定整顿财政的出路是下决心更张制度，改宗西法：

> 每年出入款皆立一预算表，定之后，布告国中，取百姓之财办百姓之事，出入井井。上之人丝毫无所私，且亦不能私。……中国则取百姓之财，供一人之欲，度支出入不惟民间不能知，即司农大臣亦若无从过问。此法之急宜变者也。[1]
>
> 中日和议成后，言变法者纷纷，天子亦思奋发自强，采其一二，既已见诸施行矣。然则户政一端仿行西法，使人人尽得而见之，亦当务之急也。[2]

李希圣是甲午以后坊间畅销书《光绪会计录》的作者。李氏编著此书时，主体架构和款目分类依据的是户部于光绪十年确定的会计黄册格式，收入和支出均分为"常例""新增""补支""预支"等名目。[3] 在编纂此书的过程中，他对国内财政旧制落后于时势、收支数字模糊不确等弊端已了如指掌，对清廷及各省依然沉浸在

---

[1] 李希圣：《政务处开办条议明辨》，《北京新闻汇报》光绪二十七年九月十一日，第 4 页。

[2] 李希圣：《光绪会计录·序》，上海时务报馆清末石印版。

[3] 《户部奏为年例汇奏出入奏明改办会计黄册今已告成折》，载《户部奏稿》第 6 册，第 2623-2628 页。李希圣在《例言》中，特别强调增加泰西岁出入会计科目，与中式科目做比较，这意味着西方财政学理对国内编纂财政书籍已产生一定的影响。

"开源节流"的旧框架之下十分不解。这种心态与张元济相似，张氏讽刺户部说："日言理财，而财终不出。犹之乞人，日乞于途，而不能自饱也。"[1]

批评者之五：时论《论中国财政之紊乱》，著者称：

> 中国财政之紊乱，千端万绪，直如一部二十四史，无从说起。其紊乱之总原因，实由无预算表之作，无报告之例。由是全国之入款几何，出款几何，每省之入款几何，出款几何，皆无人能历历言之，如数家珍。近人虽有编纂，然皆据官册为底本，不尽足据。[2]

这则时论刊于 1906 年 8 月的《中外日报》上。论者将清廷整理财政不见成效的原因，归结于未实行西式预算制度。其仿效西方新法整理财政的寓意十分明显。

上述例证分布于不同时期，批评者的身份，既有颇负时名者，亦有一般士林新进，且不乏对财政素有研究者。对比中西的结果，几乎呈现"扬西贬中"一边倒的现象。

庚子以后，西方预算制度的一般常识、学理知识和应用性介绍三个层面交互推进，呈现出规模愈来愈大的特征。引纳进来的知识和制度体系，经过传统理财观念的过滤和阐释，已经不太符合西式制度的原有格式、知识边界，相应地附加了中国本土的要素，以适

---

[1]　上海图书馆编:《汪康年师友书札》第 2 册，上海古籍出版社，1986，第 1699 页。

[2]　《论中国财政之紊乱》，载国家图书馆分馆编选《(清末) 时事采新汇选》第 17 册，北京图书馆出版社，2003，第 9122 页。

应国内政治经济环境。当它被清廷与地方落在实处时，更脱离了新制新知的生成环境。随着预算知识的大规模引介，国内局部地区率先开始主动变革旧式理财习惯，讲求新式理财制度，在形式上追摹预算做法，以挽救财政困境。

第二节　局部尝试

庚子以后，面对筹款压力和各省财政紊乱的局面，传统开源节流的做法难以显效，部分省份开始酝酿变革长期形成的理财习惯，尝试引入西式预算表做法，在本省范围内，率先迈出了制度移植的步伐。所谓"预算做法"（时人又称"预算表""预计表"等）是指形式上仿照西方预算制度，将财政分为收入和支出两个方面，对各部分细目进行统计汇总，然后根据上一年或近三年来的均数，预先确定下一年度的收支计划。其实，近代西方预算制度是一个复杂的运作系统，重要者包括预算机构、预算方针、审核与监督机构、税政制度、国债制度、国库制度以及金融货币系统等辅助体系的逐步完备。庚子前后，国内关于西式预算制度的介绍，多数关注"形式上"的做法，尤其强调"预先筹计以防止临事周章""财政公开"两个层面，而对其他"辅助制度体系"则基本忽略。这种情况既与当时关于预算知识介绍的局限性有关，也显示出部分省份对移植新制看得过于简单。

在预算制度的接引上，一些省份在未奉诏的背景下，"意外地"

走在了户部之前。[1] 这些新举措尽管声势较小，但不可忽视。就文献所见，早期酝酿引入预算做法的省份，以湖北为最早，其余依次为福建、山西、陕西、吉林等。一些地方性机构中也有较早使用预算做法的情形。

首先是湖北省的"预算做法"。1902 年下半年，为引进西式预算制度，湖广总督张之洞专门发出札文，责令布政使司、粮道衙门、盐道衙门、牙厘、善后两局、武昌、汉阳两府、宜昌关和江汉关等机构编制翌年财政预算表。张之洞在札文开端，明确将中国上古时期的"月要岁会"与泰西诸国的预算制度相提并论："度支盈缩之源为办事驰张之本，周礼月要岁会实著司徒之官，西国计事受成亦立预算之表。出纳既审，施设乃周。"[2] 由于湖北省在庚子以后承担了较多的赔款任务，新政初兴，需财尤巨，本省财政难以负重。职是之故，张之洞有意要在本省规范财政收支秩序："一切收支款项，必须先事筹计。拟略仿泰西预算办法，于上年底，即将次年用款估定数目，以凭通盘核算，庶可从容挹注，免致临事周章。"张之洞要求上述机构将光绪二十九年的收入、支出数额，财政盈亏情况详细造报，预算时要根据近三年来的收支数额"酌核比较，约估

---

[1]　戊戌变法期间，光绪帝颁下谕旨，准备仿照西方预算制度。因政变发生，有关法令被废止。赵尔巽于光绪二十九年官拜户部尚书时曾有新的理财举措，根据各省奏销编制《户部岁出入统计表》，以建立预算制度的基础（《熊观察希龄上泽公论财政书》，载国家图书馆分馆编选《(清末) 时事采新汇选》第 20 册，第 10865 页）。赵氏去职后，直到宣统年间，该举措未见实行。这一事实至少说明，户部尚书、军机大臣等，在形势大变时，更新制度的意识和能力俱成问题。

[2]　《照录湖北布政史司呈赍预计表册公文 (节要)》，光绪二十八年十二月十一日呈，载《光绪二十九年湖北全省出入财政预计表 (附注说)》，清末稿本，无页码。

数目"，并且饬令属下对收入项目必须分为正项收支和杂项收支两大类别，每个大类中，再详细划为数种款目。这一札文至少反映出两个问题。其一，庚子以后各省财政负担加重，多方搜刮亦难以应付，不得不考虑借鉴西法。湖北省因缘际会，走在了各省的前面；其二，张之洞推行的财政"预计"仅为防止临事周章的一种策略考虑，预算制度中的决算、会计审查、预算监督等均未予以注意，至于其他配套制度，更付阙如。

就该省布政使司等机构的反馈来看，这样简单的"财政预计"也存在不少困难。布政使司的呈册公文说："覆查司库所收地丁银两，历年均有水旱偏灾，蠲缓多寡不一，即税课杂项，亦各有参差，难以预定确数。"鄂省督粮道的呈文对编制预算表也表示难度较大："伏查职道粮库所收漕、南米折及随驴正耗银两，历年均有水旱偏灾，蠲缓多寡不一，即水脚、兑费、杂项亦各有参差，难以预计确数。"盐税向来是该省入款大宗，这次编制预算自然不可或缺，盐法道对这项工作却感到比较棘手，因为盐库自1898年以来"各库指拨之款，悉多无著，盐库应支应解京、满各饷无出，不得不移缓就急，因将新增之练饷加价、要政加价随时腾挪挹注，以致款项辗辘，而又亏空甚巨，头绪几如棼丝，非逐一调卷细查，不能得其梗概"。[1] 三位官员的苦衷表明，该省财政秩序已经相当紊乱，机构林立且互不隶属，款项收支混杂，互为挪借拨用，更加剧了财政紊乱的程度。在这种条件下，勉强试办"预算表"，也只能算是"概算表"或"财政说明书"一类，唯一符合预算精神的只有"预

---

[1]《盐法武昌道呈造收支数目书册（节录）》，光绪二十八年十二月十四日呈，载《光绪二十九年湖北全省出入财政预计表（附注说）》。

先核定收支数目"这一举措。[1]

移植西式预算制度是晚清财政制度变动的关键，前期与后期的差别相当大。湖北作为最早试办预算的省份，其功效虽未彰显，而开创意义不可漠视。剖析其预算格式，当会了解始作俑者对预算制度的理解和运用程度。此处仅以湖北布政使司的预算表册作为检讨对象，以显示时人对财政新制度认识的水平。兹列简表如下：

表 3.4　湖北省 1902 年的预算表（藩司衙门部分）

主要类别	款目名称及数量	收支数额（万两）	备注
收 入 部 分			
正项收数	含起运、存留、驿站等 9 项	79.5	收入类小结：款目共计 83 项，收入共计 182 万余两。
杂款收数	含文职各官缺俸、罚俸等 28 项	84.1	
杂税收数	含田房税正额、部帖牙税等 23 项	5	
耗羡收数	含起存驿耗羡等 12 项	9.9	
各税盈余	田房税盈余、商税盈余等 11 项	3.9	
支 出 部 分			
正项支数	含应解京饷、各绿营官弁薪心以及在职期满武举各俸等 46 项	115.3	支出类小结：款目共计 94 项，支出共计 199 万余两。
杂项支数	含荆州满营官兵俸饷等 48 项	71.9	
赔款		12	

[1] 从《光绪二十九年分预计表（上）》所列出的目录来看，这份预计表的内容相当简陋。藩司方面包括正项收数、杂款收数、杂税收数、耗羡收数、各税盈余、正项支数、杂项支数、收支总（数）、赔款、外销款；粮道衙门包括正杂收款、正杂支款；盐道衙门仅包括收款、支款；善后局包括正项收数、杂项收数、正项支数、杂项支数、无定各款；湖北各营数目饷乾表。参见《光绪二十九年分预计表（上）目录》，载《光绪二十九年湖北全省出入财政预计表（附注说）》。

主要类别	款目名称及数量	收支数额（万两）	备注
外销款（单列）	款目含土药钱文、清查三成2项	第一项收入3万余串；第二项收入8千串左右	用途：药土钱文，供支京饷盘费、科场经费津贴等；清查三成，供支交待局委员薪水、局用等。

该表显示，鄂省财政收支的门类设置，既非"传统"框架所能囊括，也与西法本意颇有距离：收支之外，单独列有"外销款项"，这与宣统二年的预算格式明显不同，距离西方预算门类则更远；会计款目基本上仍是旧式分类，收入和支出难以分界。例如"文官罚俸"一项，本属该省财政支出项目，此表则列在收入款项；"各税盈余"款目更远离近代税务分类，显然受到旧式奏销制度的影响。总体上看，张之洞主政之下的湖北省预算，在理财观念上，虽有开风气之先的效应，并无重大的实质性变化，实不可称之为制度方面的重大转变。况且，有关文献显示，该省这种简单的"预算做法"并未持续下去，后来者基本仍在维系旧式理财制度。当日张之洞紊乱财政的一些做法甚至遭到时人批评，视为自毁长城。[1]

湖北以外，还有数省计划采纳西式理财办法。1903年李兴锐

---

[1]　遍查鄂省宣统二年编制的财政说明书等文献，难以发现先前张之洞举办预算的事实。编纂者对本省前期的预算实践显然并不重视，原因估计有两个方面：一是张之洞的预算行事未能真正解决该省的财政危孔，成效有限；二是张氏在湖北的一些财政举措，被后来者认定为自乱财政，如大规模举借外债、滥出空票，均备受批评。汪大燮致函汪康年说："鄂中出空票事，兄亦闻之。香帅赖此支持而不顾将来，（转下页）

署理闽浙总督，为改变本省财政机构凌乱混杂的现状，设立福建全省财政局，下分四所，报销所是其中之一。该所被确定为编制本省财政预算的专门机构。李兴锐的设想是："惟报销系事后归结所用之款，而经理财政则以事前预算为尤要。嗣后每届冬令，应由该所将来年岁出入之款，逐细开列，为预算表一通，详请颁示，庶通省度支皆可晓然，与人共见。或入不敷出，出而人无疑沮，亦易预筹弥补之策。"[1] 该设想包括四个关键要素：理财观念以"事前预算"为重、预算表编制、预算表册公布及推行预算的影响。这一理财新制的来源，闽督虽未明言，以当日西方各种学说东播中土的背景论，显然受到西方预算思想的影响。至于编制预算的形式、机构、审核监督以及其他辅助条件，此文概未涉及。其认识水平与张之洞大致不分轩轾。

三年之后，外省督抚对预算制度的理解和移植情况稍有改观。山西巡抚恩寿模仿预算的举措即是一个例证。他明确提出要仿照西欧各国预算制度，改造晋省财政。在恩寿看来，上古理财旧法与西式理财制度均有值得肯定的地方，"周官之逆会，泰西之预算，皆讲求财政者不易之良法也"。由此他决定设立晋省财政处，由该处"先编定《全年度支考》，并编列递年预算表，行令各属知照，俾于财政全体之盈绌无不了然"。[2]《山西财政处章程》是 1906 年由财政处官员曹受培起草并经恩寿批准的重要文件，其总纲提出了仿照

（接上页）若塞之，则香帅窘矣。此等办法皆系将来大障窒。乱发愈多，愈难梳理。陕西亦如此。如有日真正清理财政，甚棘手也。"上海图书馆编：《汪康年师友书札》第 1 册，第 930 页。张之洞理财的弊端，也会抵消他倡办预算的成效。

[1]《署闽浙总督李奏改设财政局折》，《四川官报》光绪三十年五月下旬第 13 册。

[2]《晋抚恩寿奏裁撤筹饷清源两局专设财政处以一事权而资整顿折》，《四川官报》光绪三十二年十月上旬第 29 册。

欧洲国家预算制度改革本省财政的设想：

> 本处为财政总汇之区。所有岁出岁入各款，俟年终报销
> 时，应仿照欧西财政成法，编订全年度支考，排印成帙，通行
> 各属，俾知本省财政全体之盈绌，则遇有筹款等事，庶免隔阂
> 之虞。本处既有综核财政之任务，宜仿照欧西财政成法，编列
> 递年预算表，每于年终报销时，各属除活支不计外，所有递年
> 应收之款、应出之项，或增或减，随销册另列一表比较，以便
> 本处先事筹缪，酌盈济虚，不致临时仰屋。[1]

这一理财观念看似"中西兼顾"，实则对西方理财制度不免有
所误解。晋省编纂本省"全年度支考"的依据，居然是仿照"欧西
财政成法"。联系到驻华英领事哲美森（George Jamieson）风行一
时的《中国度支考》，不难理解恩寿以及该省财政处官员，将"度
支考"这种与西方财政制度本无联系的著述形式也视为西方独有的
财政制度，以至于加以模仿，这意味着对西方财政制度的误解实
深。晋省还要据此编制"递年预算表"，预先筹划本省次年财政收
支，并将其与报销册进行比较，避免临事周章，难以应付。值得注
意的是，恩寿调赴陕西后，依然将陕省财政局作为预算本省财政收
支的专门机构，提出该局职责首先"决算全年度支，编列递年预算
表，通行各属知照，俾了然于全体之盈绌"。[2]

几乎与此同时，吉林巡抚陈昭常也注意到"预算做法"的好处，

---

[1] 《山西财政处章程》，《东方杂志》第 2 年第 9 期。

[2] 《抚部院恩奏陕省财政支绌端绪纷歧拟裁撤善后各局归并财政局以总稽核而资整顿折》，《陕西官报》光绪三十四年五月第一册，第 2298 号。

他向各署、局、处、学堂等机构发出训令："嗣后每年所需用款，除额支外，其活支各项，亦须于每年年终将次年用款预算列表，送归度支司汇总，以便稽核而免临时仰屋。倘不预为声明，苟非临时核准，实系万不得已用项，则一律不准开报。"[1] 看来，部分省份筹划理财改制，实行预算，与督抚本人的理财趋向有着至为密切的关系。

不但部分省份有意试办预算以缓解财政困境，某些地方机构也开始引入预算做法，范围尽管较为狭小，却反映了非变不可的时趋。江苏扬州府的巡警局即属开风气者。1907 年底，新任蒿太守力主在局内开办预算，决定在年终将各项收入、支出分别编制表格，如果收支预算存在赤字，便将"常年支款内所可裁撤者，胪列事实，并叙明所以裁撤之由"，还将这些表格张贴在总局和各个分局，实行财务公开。而且，该局反对轻易更改预算，如有"应行改良事件，非依评议员举定后不能判决云"。[2] 此类预算做法在沿江沿海的某些局厂得到仿效，[3] 只是仅限于具体机构而已。这种理财思路在当时尚属前卫，可是与数年后的全国预算相比，显然仅具雏形；与欧美、日本的预算制度相比，相差更远。

事实表明，早期移植西式预算制度实践，不管是部分行省还是具体机构，均系解决财政困境的一种权宜之计。与欧洲诸国相比，这些省份的"预算制度"尚停留在雏形阶段，预算机构、编制技术、审核监督机构等制度性建制尚不具备。制度移植的意义，主要表现在开风气方面。在国家传统理财制度的整体制约下，这些自身

---

[1]　《饬造活支款预算表》，《北洋官报》宣统元年正月初八日第 1964 册。

[2]　《巡警局宣示预算表》，《北洋官报》光绪三十四年四月第 1718 册。

[3]　《东三省正监理官熊京堂详报度支部陈明清理三省财政办法情形文》，《陕西官报》宣统元年九月十一日第二十七期；金蓉镜：《痰气集》，光绪三十四年秋铅印版，第 18－21 页。

存在局限的新举措尚不能充分发挥理财新制的成效。西式预算这株新枝大规模嫁接到中土旧制这棵老树上，要到宣统年间清理财政的过程中才会出现。

第三节　老树接新枝

　　宣统年间，清廷在出现收支严重危机的背景下，终于主动引纳西式预算来挽救颓势。清廷移植预算制度的动机和目的相当复杂，虽有以新制度取代旧制度的意愿，更直接的动机，却是期望通过预算方式来弥补巨大的财政亏空（详见后文）。度支部相当看好西式预算制度，认为它既可表明理财的方针，又可体现国家行政的方向，是立宪国家财政运转的重要制度保障。这一制度"出内有定程，收支有确数，显以示理财之纲要，隐以定行政之方针，用能取信国民，重为法典，立宪国之财政所以整理得宜者，实预算确定之效也"。[1] 基于这种定位，该部将建立预算制度作为清理财政的主要目标。

　　但是，预算制度建立的条件在当时并不成熟，该部向清廷汇报说："就目前情形而论，一切财政机关尚未完备，编制既无成式，会计又少专家，款项辘辘而正事清理，条目琐碎而亟须删并。入手之始，凡百为难。"但是日本的经验表明，预算制度的建立实非一蹴而就，也有一个曲折的过程。据该部观察，日本大藏省当年面临一系列麻烦，预算制度创建的经验教训值得中国借鉴："查日本立宪之

---

[1]　《度支部奏试办预算谨陈大概情形折》，《政治官报》宣统二年二月二十日第866号。

初，即由大藏省制定岁入、岁出预算表，宏纲细目，岁有增修。至明治十四年制定会计法，始以饬令公布。盖进行有序，图始维艰，取彼前规，可资借镜。"况且，该部考诸英、法、普等西方国家的预算编制历史也发现，欧洲诸国预算制度同样经历过失误和挫折，预算发展史上出现"黑暗预算时代"并非偶然，"考英、法、普等国之有预算，皆远在百年以前，非随宪法而起。而普国国会既开之后，犹有所谓'黑暗预算时代'，近渐精审，尚逊英、法……不难取资彼法，要贵适我国情。"[1] 这一心态促使该部下决心引纳推行这一全新的理财制度，以挽救财政困境。

财政旧制嫁接西式预算，涉及的问题较多，难以一一论列，仅就移植新制过程中，各机构对西式预算的熟悉、删减传统"例案"以适应新的预算制度以及朝野各方关于西方预算方针的调整等问题展开讨论。

一、对西式预算的熟悉化

按照宪政编查馆 1908 年确定的筹备立宪清单，试办省级预算定于宣统二年实行，试办国家预算则是在宣统五年实行。[2] 1909 年秋冬，东三省已经在各署局各州县范围内编制预算册，计划于宣统二年即开始正式实施；度支部决定从宣统二年起开始试办"国家预算"。前者比筹备清单提前了一年；后者则提前三年之多。决定提前试办预算的动机，两者着眼点稍有不同。

---

[1] 刘锦藻：《清朝续文献通考》，第 8295 页。

[2] 《宪政编查馆资政院会奏宪法大纲暨议院法选举法要领及逐年筹备事宜折（附清单二）》，载故宫博物院明清档案部编《清末筹备立宪档案史料》上册，中华书局，1979，第 62~65 页。

就东三省来说，提前试办预算的主张肇始于东三省财政监理官熊希龄。宣统元年秋季，熊希龄携同吉、黑两省副监理官将整理财政的五条意见呈报东三省督抚，提出预先试办预算的建议：

> 惟预算之理，视其国家之所定政策以为消长，非仅已办之事量入为出，即一切待兴之业，关于国利民福者，亦必预为规划。款若不足，付之议会，此预算之法也。然初办预算诸多困难。希龄等前在江南办理局、厂，曾用此法。往往有应用经费为预算所不及者，乃以预算已定，不便加增，办事遂不免有所迟滞。良由中国各种行政机关不甚完全，非预算所能定也。今拟令吉、奉、江省各署、局、所，先于年内编制预算表，一面交由财政局照章汇编报部，一面即于宣统二年正月起试办预算。此后所支经费一依预算项目而行，不得溢于预算范围之外；果有事实确为必需，而预算未能及料之处，准其声报情形，由清理财政局转陈钧座暨度支部，则于宣统三年之预算编制不无裨益。[1]

这一提前试办三省预算的主张，看来多出于"以新制取代旧规"的理想。在呈报东三省督抚的同时，熊希龄等人也向度支部提出申请，均得到认可。[2] 而黑龙江巡抚周树模尽管赞成提前试办预算，却着眼于"事先练习，有所准备"，其奏称："吾国筹办预算，本以宣统三年为试办之期，但查现在情形，各种机关尚未完备，一切新政亟待举行，需款浩繁，实难预定。若非先期练习，循序进

---

[1]　《上督抚两帅整理财政书》，载《熊希龄先生遗稿》第 5 册，上海书店出版社，1998，第 4099 页。

[2]　《致吉林度支司陈仲宇司使函》，载《熊希龄先生遗稿》第 5 册，第 4109 页。

行，恐值实行预算之年，必至茫无把握。"[1] 他更强调本省财政的混乱状态需要通过预算加以整顿，本省财政收支各机构"大都自为风气，报解不时，借垫坐支，镠辖百出，事权纷杂，款目牵连"；而且省内货币不流通，财政核算尤为困难。这些弊端均对未来举办预算构成障碍。因此他认为："自非将预算提前办理，无以为历练之资，亦必将各种窒碍查明，乃能作改良之预备。"

就度支部来说，则是考虑到预备立宪清单所确定的试办预算非旦夕可以完成，必须事先准备。度支部主张，办理全国预算决算"亦非可以一举而集事也。调查出入款项以后，应办各省预算、决算……分之为各省者，合之即为全国，一岁出入，条理井然，而全国预算之案于是立"。[2] 由于将试办预算决算作为清理财政的归宿，当宣统元年底各省收支款目全部报送到京后，该部即认为试办预算的基础条件已经具备。不料，各省财政清理局造报的数据显示，大部分省份出入不敷甚巨。部臣认为创办预算的前提必须是收支平衡，"必岁入款目足供岁出之需，将来试办预算始能措手"，目前收支严重失衡，部臣一度对试办预算不无忧惧。[3] 按照西方国家预算的惯例，收入不足可以通过议会增加税负。度支部担忧的是，中国尚未创立议会，这一办法难以实行。唯一的做法是令各省自行删减，严格核实收支。这一想法只能通过试办预算这一途径来实现。另外，由于政治形势所迫，清政府决定缩短国会召集时间，"国会

----

[1] 《黑龙江巡抚周树模奏提前试办预算情形折》，《政治官报》宣统二年正月十一日第 828 号，第 18-19 页。

[2] 《度支部奏拟清理财政章程折》，载故宫博物院明清档案部编《清末筹备立宪档案史料》下册，第 1020 页。

[3] 《度支部筹办预算之困难》，《大公报》1910 年 3 月 4 日。

提前，预算尤急"。于是，为缓解财政紧张的局面，部臣决定提前
举办。[1]

　　由于西式理财制度是在财政危机严重的背景下匆匆被接纳到本
土来的，各省各部有关机构缺乏学理准备和操作训练，对新式预算
制度的熟悉过程并不顺利。

　　率先倡办预算的东三省，督抚、司道和监理官为此颇费脑筋。
黑龙江清理财政局就本省试办预算提出了具体方案："仿照各国预算
体裁，参酌江省情势，采用各国递增预算法：以上年报告之成案为
次年预算之根据，编订宣统元年出入比较表一通，宣统元年预算请
求书式一通，详加说明，酌定条例。"经督抚批准后，从三月一日
起实行。这一预算被该省命名为"试办省预算"，度支部规定的宣
统三年预算，则称之为"试办部预算"。[2] 该省对西方预算的做法
有一定的了解，认定初次试办预算可采用"递增式"办法，随后即
可采纳"推测式"办法：

　　　　预算要义本极深微，根荄于王制冢宰制用岁杪之精言，
　　递演为立宪各国确定岁计之常法。大都本积年之经验，合众
　　智以研求，于是有递增之式，有推测之式。递增式者，根据
　　上年之决算额以为请求，法国式也；推测式者，折衷三年之
　　平均数以为准据，德国式也。法式简捷而易行，德式正确而

────────────

[1]《度支部尚书载泽等奏试办全国预算拟暂行章程并主管预算各衙门事项折》，
载故宫博物院明清档案部编《清末筹备立宪档案史料》下册，第 1044 页；《拟缩短
实行预算年限》，《大公报》1909 年 12 月 14 日。

[2]《黑龙江巡抚周树模奏提前试办预算情形折》，《政治官报》宣统二年正月
十一日第 828 号，第 18 页。

可据。江省宣统二年省预算，仅以上年报告成案为根据，系用递增式。宣统三年部预算，可本三年平均额数为折衷，则宜用推测式。[1]

选择确定预算方法仅为熟悉新制度的一环，更关键的是各州县和司道局所官员按照预算格式，将原来奏销制度下五花八门的内销、外销款目改为适合预算编制的"科学"款目，依次填报，且不能错漏套搭，这是对各地官员的严峻考验。对西式预算的熟悉化，更多地体现在这些财政报表的"造册活动"中。

揆诸各类奏报以及媒体报道，可见各省官员对于实际编制预算显然存在"陌生感"，在各种新式财政分类的表格面前难以依违，无从措置。这种进退失据的心态，正如湖广总督瑞澂所称："查中国财政，无论何项征收，向只按款定名，就款支用，并无国家、地方之分，今欲划清界限，既不能仍沿习惯，以致眉目不清，然若偏重学理，拘牵性质，又恐不切事实，致与进行有碍。"[2] 这种踌躇矛盾心态导致财政造报质量一度较差。东三省总督锡良说，奉天地方官员编制预算时，处处牵强附会，款目纠结套搭，清理财政局官员对此疲于应付："奉省从前款项出入均以报销为准，地方官吏墨守成法，相沿至二百数十年之久。骤令变通旧式分类，报告牵强附会，所在皆是，甚至一册之内款目纠纷，次序舛乱，驳不胜驳。"[3] 监理官熊

---

[1]《黑龙江巡抚周树模奏江省编成宣统三年预算表册折》，《政治官报》宣统二年七月初九日第 1002 号，第 5 页。

[2]《湖广总督瑞澂奏四年预算岁入表册赶办齐全折》，《政治官报》宣统三年五月初一日第 1283 号。

[3]《锡督奏陈奉省编造册报之为难》，《申报》1910 年 9 月 17 日。

希龄也批评说:"此次各属造到预算表册,多不遵照局式,无非入不抵出。"[1] 据他观察,会计方面,奉天只有"提学使张鹤龄制定的会计章程条分缕析,深合夫东西各国会计法之宗旨,惜只限于学务一端,未能推及全省",可见大部分州县署局缺乏必要的预算会计知识。[2] 吉林财政官员由于缺少预算知识,填报册籍只知道"挪东补西"一个办法,官员素质堪忧。[3] 湖北省各署局造送的四个季度册报"体例杂沓,银钱淆列,无从凭臆归并",发回重造者占较大比例。[4] 甘肃藩司和兰州道数次发文警告各署局造册不得蒙混套搭。[5] 据载泽、绍英等度支部堂官抽查,各省预算造册质量十分堪忧,造报预算册籍"多未按照部章办事,收支数目且多浮冒虚糜之处"[6]。

从整体上看,各省各部因不熟悉预算编制导致遗漏和失误的情形更不鲜见。广西预算遗漏款项就是典型事例。桂抚沈秉堃称:"本年预算系属初办,实行之际,方知前编预算漏款尚多,或因原案未编应行增入,或因原议删节碍难办到,甚至事实发生,遂料难及,情势迁变,改革殊多","此种困难情状,皆由于事经创办,头绪纷繁,兼之上年审定预算,节经删削,又无预备金以为后援"。[7] 京师各部中,学部编制预算产生的问题更多。该部会计司由于不熟

---

[1] 《致度支部财政处电》,载《熊希龄先生遗稿》第1册,第115页。

[2] 《东三省正监理官熊京堂详报度支部陈明清理三省财政办法情形文》,《吉林官报》宣统元年九月十一日第27期。

[3] 《吉林财政之现状》,《盛京时报》1909年4月3日。

[4] 《鄂省清理财政之近况》,《申报》1910年4月6日。

[5] 《总(会)办清理财政局藩司何(兰州道彭)札各州县遵照将出入款项不实不尽姑念创始倘敢仍前欺饰决不宽贷文》,《甘肃官报》宣统二年八月第3期。

[6] 《京师近事》,《申报》1910年4月26日。

[7] 《广西巡抚沈秉堃奏军费浩繁预算不敷仍恳免解海军经费并拨款协济折》,《内阁官报》宣统三年九月初三日第63号。

悉预算做法，误将往年的报销册作为预算册，且将督学局等机构遗漏在外，导致本年财政非常紧张。学部尚书与度支部往返协商，几乎闹翻。度支部指责学部不明事理，两部的矛盾趋于尖锐。学部被迫裁撤一些机构，包括名词馆、游美学务处、图书局等，以压缩开支。[1]

各省清理财政局和监理官鉴于各处造送册籍随意填报，只得出示札文，或督催，或驳查，祈求造报不逾新规。熊希龄将过去在江南编制预算时的经验编成专册，颁发各处，将个别州县册报加以改编，作为各州县造报册籍的楷模加以宣传推广。[2]1910 年春天，奉天清理财政局还向各署局发放了一些关于财政和预算知识的书籍，例如《预算要论》《预算传习要义》等，借此向各署局所人员灌输预算编制知识。[3]吉林省有针对性地制定了十多种造报条例和规则。[4]在造送各项报表的同时，各省还开办各种形式的训练班，以培训财政会计人才。宣统二年春夏，四川咨议局内各团体发起财政讲习会，每周三次，每次四小时，以便于各界熟悉预算和统计知识。[5]直隶调查局则就西方统计知识开办专门讲座，鼓励具有西学根底的有识之士发表演说。[6]湖北财政局计划在局内附设财政讲习

---

[1]　《学部亏空经费八十万》，《申报》1911 年 7 月 4 日；《学部仍向度部索款》，《申报》1911 年 7 月 9 日。

[2]　《东三省正监理官熊京堂详报度支部陈明清理三省财政办法情形文》，《吉林官报》宣统元年九月十一日第 27 期。

[3]　《奉天财政局预算条例》，《北洋官报》1910 年 3 月 27 日第 2376 册。

[4]　甘鹏云：《吉林杂记》，载《崇雅堂丛书·潜园随笔》，甘氏崇雅堂，1934，第 23 页。

[5]　《讲习财政》，《四川官报》宣统二年三月下旬第 7 册。

[6]　《直隶调查局统计讲习所开课演说》，《北洋官报》1910 年 4 月 8 日第 2388 册。

科，"招考中等学堂毕业生入所肄业，俾毕业后派充各属财政调查员"[1]。安徽省财政部门决定从宣统二年四月初一日起，在本省开办财政研究所，延聘日本讲员，以备讨论其现行制度和预算实务；另外委任熟悉财政科学和本省财政情形者数员，分科别类，讲述制度沿革利弊及中外制度异同比较。该所将供职于各类财政性机构的官员定名为"例定研究员"；而将府厅州县官员等定名为"校外通函研究员"；除此以外，还开设听讲班，培训各类候补人员，"俾受任者咸得增进智识"。[2]

　　京师部院也不甘落后，度支部求贤若渴，到处招纳财政咨议官，为达目的，甚至表示不拘官阶，不看出身，唯需具备财政学识。[3] 该部还开办"簿记训练班"和"簿记讲习所"，加快培养财会人才。[4] 学部也积极检讨过去分科教育的不足，表示应积极提倡培养经济、财政人才，"分科旧章，正科仅分法律、政治二门，而财政、经济等学科仅为政治门所兼修，并未专设。现在中国财政亟需整理，自非专立经济一门不足以造就此项人才"。该部重新制定了"政治学门"和"经济学门"的课程体系，将财政学、预算决算学、经济统计等列为重要必修课程。[5] 虽然远水不解近渴，但试办预算提前举行，各部各省也只好临阵磨枪，希冀能对预算编制和财政统计调查有所裨益。

[1]《拟设财政讲习科》，《吉林官报》宣统元年六月上旬第 17 期。

[2]《皖省开办财政研究所》，《申报》1910 年 6 月 26 日。

[3]《度支部决设各省咨议官》，《大公报》1909 年 12 月 19 日。

[4]《京师近事》，《申报》1911 年 7 月 16 日；《划一全国官厅簿记之准备》，《申报》1911 年 7 月 19 日。

[5]《学部奏改订法政学堂章程折（并单）》，《政治官报》宣统二年十二月初七日第 1149 号。

与宣统二年相比，宣统三年开始的预算编制方法有所改进。度支部称，第一年的预算编制由于缺少经验和各省自为风气的惯性，不得不实行分省分署编制的办法，这与西方诸国的预算做法颇有距离，因而自宣统三年上半年起，实行按国家收支分类编制法，不再以行省为单位，"入款则以田赋、盐务等为纲，出款则以外交、民政、财政、军政等为纲，眉目厘然，渐合绳尺"。[1] 与此同时，特别预算制度，预备金制度等预算辅助制度也已经建立起来。[2] 如此改进，从形式上看，全国的预算编制实践开始走上正轨。度支部与宪政编查馆对预算所带来的财政新格局比较满意。度支部奏称："自上年办预算以来，京外用财，虽不敢云尽皆核实，而制节谨度已立初基。细核各册，款有定名，员有定额，冗差冗费，淘汰已多，无端超出者可执案而从删，有所追加者先电明而后动。而各库之外销、各属之规费，举百十年所未清厘者，亦多造报而无隐视〔饰〕。夫前数年之支用无□不可究诘者，盖撙节已不知凡几。"[3] 度支部尚书载泽也说："盖无论册报精确与否，而全国已有一明瞭可稽之会计书也。"[4] 宪政编查馆于 1910 年春天派考察员陆宗舆、林炳章、黄瑞麒、刘福姚四人赴各省考察宪政事宜，数月后，该员等对外省办理预算、清理财政的成效给予较高评价："各省财政纷乱无纪，自设

---

[1] 《度支部奏试办宣统四年全国预算缮表呈览并沥陈办理情形折》，《内阁官报》宣统三年九月初一日第 60 号。

[2] 《清理财政章程讲义》，清末铅印版，第 14 页。

[3] 《度支部奏试办宣统四年全国预算缮表呈览并沥陈办理情形折》，《内阁官报》宣统三年九月初一日第 60 号。

[4] 载泽等:《协议分配预算说帖》，中国第一历史档案馆藏《会议政务处全宗·财政类》第 2 卷；转见赵学军:《清末的清理财政》，载王晓秋、尚小明主编《戊戌维新与清末新政》，第 311 页。

监理官后，爬梳整理，渐有眉目……现各省预算册均经达部，用款名目各分门类，收支弊混遂渐清厘，将来统一财政，酌剂盈虚，自不难以此为基础。"[1]

然而，在财政旧制基础上衔接新式预算制度，仅有林林总总的数据造表不足以显示新式财政机制的成效，沿革数百年的"例案"奏销和拨解制度如不更张，预算制度便徒具形式，充其量属于新瓶装旧酒。清理财政和预算编制过程中，删减"例案"、改良收支制度应是理财新制对旧式制度的最大冲击。

二、删改例案与旧规

就财政而言，户部则例、赋役全书、收支拨解旧章均为维系清朝财政规制的成文规范。清季时势嬗递，收支格局亦今昔悬殊，户部墨守成规，仍以例案规约外省奏销，大量规制之外的支销变成外销。因之，朝野抨击奏销旧制，删减例案的呼声渐趋高涨。庚子国变不久，御史陈璧首倡删减六部则例。远在西安的光绪帝颁下谕旨，痛下决心，严令各部堂官，删改旧例。[2] 然而，数年间例案依旧，苛规旧习仍未剪除。

清理财政前后，删减例案，改良收支的呼声愈加高涨。熊希龄即向度支部尚书载泽建议停免奏销之举，另订新章及会计册式，

---

[1] 《宪政编查馆奏派员考察宪政事竣回京谨将各省筹备情形据实胪陈折》，《政治官报》宣统二年十一月十四日第 1126 号。

[2] 《奏请删改则例折》，《选报》辛丑年十二月初一日第 7 期，"内政纪事"，第 10 页。谕旨称："当此兵燹案件佚失之际，著即妥定章程，遴派司员将现行各例删繁就简，弃案就例，悉心筹度，详晰核定，奏明办理，以杜积弊。各该堂司官如再不振刷精神，力除积习，以期实事求是，共济时艰，定当重加惩处不贷！"

改革传统的簿记做法，尤其是四柱清册，仿照西方会计制度，建立新的核算统计和记账制度，为推行预算、决算做准备。[1] 有人说，预算是中国最新的名词，例案是中国最旧的积习，两者势如水火。该论者对某些省份新制定的预算表册中仍以旧时例案附会新式名词的现象十分不解，诸如报表栏目规定"某款为某部所管"，请拨之款、协解之款、受协之款、解部之款等传统名称，解归司库、解归道库、解归府直隶州者、协解他州等奏销名称，以及州县起运、留支、耗羡等则例名字等，批评过去悬为厉禁的款目公然列入预算表中，指责预算编制中涌现出来的"例案现象"比比皆是。[2] 更有清理财政局官员将例案财政与预算财政视为严重对立的矛盾现象，批评外省财政款目纠结不清，认定改良收支是建立预算的重要前提。[3]

清理财政、编制预算数年间，对删减例案、改良收支推动最力的是直隶财政监理官刘世珩。1910 年春天，正当各省清理财政、编制预算的关键时期，刘世珩拟具长篇说帖，上书度支部，提出删减财政例案、改良收支制度的建议。其说帖中详细列举应该删减、改革的各种则例、积习，尤其对以往奏销制度下各类名不副实的款目、收支拨解的习惯、造册成规以及会计簿记制度等方面痛切指陈，以袪除妨碍预算的制度性、习惯性障碍作为改革方向，既有利弊剖析，又提供改良的具体方案。[4] 这份说帖在《申报》

---

[1] 《熊观察希龄上泽公论财政书》，载国家图书馆分馆编选《（清末）时事采新汇选》第 20 册，第 10865 页。

[2] 《论办理预算亟应删除例案》，《大公报》1911 年 4 月 12 日。

[3] 《论清理财政先分权限》，《申报》1910 年 9 月 10 日。

[4] 《直隶监理官柳刘参议陆主政上度支部清理财政说帖》，《申报》1910 年 3 月 26 日、29 日，4 月 4 日、6 日。

《大公报》等报纸以及各省创办的官报上得以刊布、转载，影响极大。度支部尚书载泽对此表示激赏，清理财政处立即将这份条陈择要摘录，令各省清理财政局参照执行。度支部在致各省督抚的咨文中称："盖我国尚未有金库制度，财政出纳之机关分歧复杂，既不统一，又不分明，加以苛则繁碎，款项纠纷种种情形，诚于预算、决算前途均多窒碍。现值试办预算，各省自应速订收支章程，相辅而行，使预算方有着手之处。"[1] 这份文件经度支部向各省推荐，更对各省清理财政局、财政监理官、藩司等官员产生了广泛影响。舆论界也盛赞刘世珩改良财政、删减苛例的说帖。有论者认为，直隶监理官提出的说帖最紧要的是改良机关，变通旧例，断言今日清理积弊，只要整顿机关，划清权限，核其例案，省其周转，所有的弊端不除自尽。[2]

　　在这一氛围下，各省清理财政局开始对旧有成规、旧式款目以及簿记制度等进行改良。这些改良收支制度的措施，集中反映在各省于1910年下半年编辑成轶的财政说明书中。由于各地官员重视的程度不同，各省财政说明书对于删减例案、改良收支等措施和建议阐述得颇不一致，有的省份非常具体详尽，有的则失之笼统。下列省份的改良财政收支举措较为突出，这些举措或已形成条文，或已开始实施：

---

[1]　《度支部摘抄直隶正监理官改良收支条陈通行各省参照办理文（附抄）》，载《度支部清理财政处档案》下册，清末铅印版，第90页。

[2]　《直隶财政监理上度支部说帖书后》，《大公报》1910年4月3日。

表 3.5　清季部分省份删减例案改良财政旧制情况简表

省份	删减例案与财政改良内容	文献来源
山西	昔有今无之款应尽数删除，以省繁琐；命名歧出之款应祛其繁称，区别等级；性质相同之款项应以类相从，不应分款造报；继续加抽之款应附在原款造报，不应专簿存储；收数零星之款应并入各货厘金造报；随粮征解之款应并入田赋。	山西清理财政局编订《山西全省财政沿革利弊说明书》上册，清末铅印本，第 8-11 页
直隶	第一期：一律改征国币，删去本色名目；留支、再解各款等名堂一律删去；则例中按照地名、征收用途之类的款目一律删去；规范租税名称。第二期：改定征收机关；划一土地符号；改良税契方法；明定滞纳处分，删去民欠名称；裁去缓征之例；规定各种章程等。	直隶清理财政局编订《直隶清理财政说明书》，第一编《田赋》，清末铅印本，第 18-28 页
湖北	拟定收支改良章程十四条，"以省费祛弊为方法，以简便直接为宗旨"。	《监理官商定各署局收支章程》，《申报》1910 年 4 月 9 日
广东	批评扣成、减平等名目；简化税收制度；统一征税机构；删减名不副实的款目，修改数十种款目名称。	广东省清理财政局编订《广东财政说明书》，卷八《岁入门·杂收入》，宣统二年六月铅印本；《督院张批广东清理财政局详修正各款名目列折》，《两广官报》第 12 期，宣统三年七月，文海出版社影印本，第 2137-2160 页

省份	删减例案与财政改良内容	文献来源
贵州	第一，清丈田亩，增加田赋收入；第二，划一征收货币单位，去掉陋规；第三，确定租税以革混淆；第四，征税要委任地方自治团体，铲除需索、陋规等弊端；第五，暂拟随征公费，杜绝浮收之弊。	贵州省清理财政局编订《贵州省财政说明书·田赋部之一》第三节，清末铅印本
广西	"部例修改"方面：借鉴日本做法，对户部则例、大清会典中名目、做法进行改革，删除诸如征米、加闰、留存、报销耗羡、部派、减成、减平、摊闰、扣荒、扣减等过时的名堂；国家税与地方税应划分；建立完备的财务行政机关；制定税官任用及惩戒章程等；"省章兴革"方面：随征、规费应采取一条鞭法；内外库应该划一；减少专款名目；整顿币制，清理平色等。	广西清理财政局编订《广西财政沿革利弊说明书第三编·结论》，清末铅印本
江苏	拟定财政统一办法草案，其改良收支包括：司库款目应变通"某事动支某款"界限，暂定科目；司库款目名称中名不副实者应逐一查明改革，本省财政除粮关各道外，一切承转领支款项概归藩司衙门直接经管；司局合并后，司库出纳应该制定简易办法，删除繁重事项等。改革协饷制度。	《苏藩司拟财政统一办法草案》，《申报》1910年8月7日；江苏省苏属清理财政局编订《江苏苏属财政说明书·岁入部·甲篇》受协各款，清末铅印本，第3-4页

续表

省份	删减例案与财政改良内容	文献来源
奉天	清查各局所财产；实行各署局新官制；各署局收入各款必须解缴度支司支发；官商银号出入各款应仿照大清银行簿式，以便核查；划一田赋以理正供；统一盐税名称，整顿盐厘以规范加价；祛除各种税捐之弊；祛除田赋征收规费；统一征收机关；倾镕、火耗、补平、起解等名色一律删除；按照各国制度统一杂税杂捐征收种类；经费名目一律统一，编入预算；各署局公费名义更正，将津贴、公费等名称一律删除等。	《东三省正监理官熊京堂详报度支部陈明清理三省财政办法情形文》，《吉林官报》第二十七期，宣统九月十一日；奉天清理财政局编订《奉天省财政沿革利弊说明书》清末铅印本田赋、正杂各税等卷，清末铅印本；奉天清理财政局编订《奉天省划分国家地方两税说明书》，清末铅印本，第5–10页；《东三省奉天清理财政局关于编订预算之议案》，《盛京时报》1909年12月17日
浙江	清丈地亩，编造鱼鳞册；严定人民欠完处分；改统征分解为统征统解，删减耗羡等名不副实的款目；正杂各款征解一律使用银圆等。	浙江清理财政局编订《浙江财政说明书·上编·岁入门》第二类《收款》，清末铅印本
陕西	一省之内财权须统一；正款、杂款、内销、外销等名目应删；取消传统的四柱清册，并设计了详细的簿记新制。	陕西清理财政局编订《陕西清理财政局说明书·后序》，清末铅印本

三、"量入为出"与"量出为入"

宣统元年底，各省财政册报结果虽经度支部核实，入不敷出之数仍高达五千余万两。[1] 各省能否通过预算达到收支平衡，是一个更加引人关注的现实问题。与此相关，预算方针改宗"量出为入"新规，还是继续执行"量入为出"旧法，成为移植西式预算制度不得不面临的关键选择。

中国财政史上，长期存在着有关财政运营的理念，也就是如何处理岁入、岁出的关系问题。中土理财旧制一般主张通过开源节流达到"量入为出"的目的，明代甚至有人将"量入为出"与"量出为入"视为仁政、虐政之别，"夫量入以为出，是谓仁政；量出以为入，是谓虐政"；[2] 近代西方诸国与此相反，多数实行"量出为入"的做法。清季，当西方新知引介国内后，朝野各界对理财方针的态度发生明显变化，"量入为出"往往被视为消极主义理财观，而"量出为入"一般被冠名为积极主义理财观。周学熙对清季以来这两种理财观念的阐述较有代表性：

> 制国用之道约分两种：一、量出为入主义。一国用财之多寡，与其国文明程度为正比列。故东西各国其预算经议会协赞，其赋税即由人民承担，而递年增添极巨之费，恒量出以为入……所称为积极政策者，此也。一、量入为出主义。周官以九赋敛财贿，即继以九式均节财用，其节财乃其所以理财。欧洲学者亦以民力凋敝，不可量出以为入，因人民负担力自有限度，超此限度则民敝，而国亦随之。而近年法、奥学者盛唱

---

[1] 据资政院预算审查股股员长刘泽熙称，宣统三年预算赤字达5000万两。参见《资政院预算股股员长刘君泽熙审查预算演词》，载《中国预算要略》，京师门框胡同裕源石印局，宣统二年版，第1-2页。

[2] 李康惠：《定经制以裕国用疏》，载陈子龙等辑《皇明经世文编》卷一，上海古籍出版社，1996，第9页。

〔倡〕减政主义之说。其言曰：苟非关乎国家生存之政务，悉当省略，以轻人民负担，而以裁并官厅，减少官吏，节省官俸为归宿。所称为消极政策者，此也。[1]

在时人眼中，"量入为出"意味着保守、消极，属于落后、守旧的理财观念，仅适用于个人理财，而不适于国家理财；相反，"量出为入"则被视为东西各国理财的真谛，属于先进、积极的理财观念，认为西方预算制度无不以"量出为入"作为基石。[2]1907年出版的《公民必读初编》有相当广泛的影响，该书十分肯定地说："预算之法，必量出以为入。盖岁出诸费皆由人事而生者也。人事不可废，则出款不可惜。人事有遗换，即款目有变更……若不量出以为入，则必待事至而后集款。如将开河，则起河工捐；修桥则起桥工捐。临时招募，十呼九不应，而桥将圮、河将塞矣。可奈何！"[3]张謇也认定说："旧时之说主量入为出，今日之计主量出为入。"[4]朝野人士的公开言论多倾向于认定量出为入是举办预算的唯一方针。[5]浙江巡抚增韫极力推崇"量出为入"的预算编

---

[1] 《(周学熙)致黎副总统、各省都督、民政长函》，《财政部民元档案》，上海图书馆藏档，档案号：392930。

[2] "量出为入"方针始自17世纪中叶的英国："洛威尔士（cromwei）革命，改行共和政治，所有国用，悉由国民选举议员，月计支出，然后称求收入，以供给之，是为今日文明国家量出为入之起点。"自此以后，几乎所有立宪国家、共和制国家均将其作为编制预算的指针，参见陈珩伍：《中国大学讲义·中国财政史》，民国年间铅印版，第4页。

[3] 孟昭常：《公民必读初编》，预备立宪公会，光绪丁未八月版，第17页。

[4] 张謇：《预计地方自治经费厘订地方税界限应请开国会议》，宣统年间铅印版，第3页。

[5] 《国会迟开感言》，载徐东梧《痛哭疾声呼救》，宣统元年铅印本，第28—29页；《皖抚朱经帅电》，载《督抚与阁会》，清末铅印本，第80页。

制思想："夫国家财政与个人经济不同，值此宪政进行，若不通筹全局，本财政原理，量出以制入，必至财源涸竭，百举俱废，匪唯贻笑各国，且无以并立于二十世纪，可断言也。臣愚以为，处竞争时代，当用激进主义规划财政办法，然后可纾现实之困，而策宪政之行。"[1] 陕西省清理财政局官员甚至认为，庚子以后，国家为举办新政，实际上已经开始实行"量出为入"的方针，如编练新军，即有练军捐项；办理学堂，即有学堂捐等。因事筹款，实际上就是"量出为入"。若以"量入为出"作为陕省预算方针，实难办到。[2] 广西清理财政局也认为，"量入为出"古训难以在本省实行。[3] 1910 年底，会议政务处在研究度支部所奏陈的试办宣统三年预算折件时，倾向于采纳"量出为入"的预算编制方针："方今预备立宪之际，新政百端，非财莫举，按照原奏所称，京外各册不敷银数固应亟筹弥补。"[4] 可见，将"量出为入"作为举办预算方针似乎成了朝野共识。

然而，理想与现实在此出现巨大差距。1909 年秋季，度支部也有实行"量出为入"的想法，该部在筹划预算入手办法时，倾向于先计中央岁出，而定岁入之额，然后核算地方岁出，并以此确定岁入之数额。[5] 然而后来的形势大大超出该部预料，各省财政收支

---

[1]《浙江巡抚奏条理财政事宜折》（宣统二年十一月），中国第一历史档案馆藏会议政务处全宗，财政 914-8345。

[2] 陕西清理财政局编订：《陕西清理财政说明书》，"后序"，清末铅印本，第 1 页。

[3] 广西清理财政局编订：《广西财政沿革利弊说明》第一编，"总论"，清末铅印本，第 5-6 页。

[4]《会议度支部奏试办宣统三年预算请饬交资政院照章办理折》（宣统二年十二月二十八日），中国第一历史档案馆藏会议政务处档案全宗，财政 982。

[5]《筹议预算决算入手办法》，《盛京时报》1909 年 10 月 19 日第 3 版。

造报的结果令人十分惊异：出入不敷达 5000 余万两！无论如何开源节流，这一巨大的财政赤字几乎难以弥补。于是，该部的主张和态度发生较大变化。鉴于中国并不完全具备西式预算制度的基础条件，尤其是中国尚未召开国会，缺少议会协赞，不可能随意增加税负，该部表示，只能"守量入为出之义，为徐图补救之方"，"应请旨饬下各督抚将各该省出入款项严行考核，切实删减，总以出入相权，毋得稍有虚糜"，[1]"盖言理财于今日，究无以易量入为出之旧法而已"。[2] 面对朝野盲目推崇积极主义财政方针的情形，资政院预算股股长刘泽熙努力澄清这一误会，称今日"量入为出"并非消极主义，而实际上含有"积极主义精神"。[3]

其实，缺少议会协赞仅仅是借口，更深层的原因是各省财政扩张的能力已经达到极限，民间抗捐抗税风潮已经开始蔓延。度支部这一立场得到了部分省份的响应，湖北布政使王乃徵极力主张"量入为出"是试办预算的唯一可行选择，认为中国缺少西方

---

[1]　《度支部奏调查各省岁出入款项总数折（并单）》，《政治官报》第 828 号，宣统二年正月十一日，第 5—7 页。

[2]　《（度支部）又奏试办预算请饬京外各衙门通盘筹画实力裁节浮糜片》，《政治官报》宣统二年二月二十日第 866 号，第 13 页。

[3]　刘泽熙在资政院常年会演说时称："此次审查预算，消减至于如此之巨，人或疑其不揣时势，纯持消极主义，致一切新政不能举办，而不知仍是积极主义，并非消极主义也。盖政治进行必赖财力以为后盾，若不顾后盾，如何徒奋往前进？一举百举？设一旦财力竭蹶，必至已办者隳于半途，未办者不能举办，波及政治前途，危险何堪设想？是始虽持积极主义，终不免蹈于消极主义也。此次预算照股员会消减数目，果能得各主管衙门同意，吾知于一切政治毫无妨碍，而于财政则大有利益。既于财政大有利益，即可保持政治继续前进，是所谓消极主义之形式而积极主义之精神也。"佚名编：《资政院第一次常年会第三十号议场速记录》，载《宣统二年第一次常年会资政院会议速记录（第三十至三十一号）》，清末铅印版，第 49 页。

预算依存的条件。[1] 鄂省总督瑞澂表示说,鄂省财政预算遵循的是"量入为出"的方针,祈求收支适合。[2] 广东省也认同度支部"量入为出"的主张,该省清理财政局表态说:"考东西各国国家财政与个人经济不同之点,在乎量出为入与量入为出之区别,而我国当百度维新之时,仍不得不守量入为出之旧辙,是则根本之计,固又有在矣。"[3]

面对现实,清廷批准了度支部的奏请,各省为达到出入均衡,不得不大幅度删减支出规模,但由于差额巨大,难以完全做到收支平衡。各省督抚司道因而怨言丛生,指责该部一味删减,不顾实际的做法。湖南藩司致函会议政务处,批评度支部片面推行消极主义的行政经费政策。[4] 广西护理巡抚魏景桐在奏报中使用"削足适履"的说法,以讽刺该部消极财政支出政策。[5] 报界也反对度支部过分压缩各省行政经费,呼吁预算编制应该采取"量出为入"的积极主义政策。[6] 由于坚持大幅度压缩行政经费政策,度支部内而受到各部堂官的挤兑,外而遭受各省督抚的批评,舆论指责的声音也相当尖锐。

宣统三年春,当筹划试办宣统四年预算时,度支部不得不采取

---

[1]　《湖北布政使王乃徵奏筹备宪政酌分缓急等折》,《政治官报》宣统二年六月初十日第 974 号,第 7–11 页。

[2]　《湖广总督瑞澂奏湖北预算宣统三年分财政表册折》,《政治官报》宣统二年六月初六日第 970 号,第 10–12 页。

[3]　广东省清理财政局编订:《广东财政说明书》卷一,"总论",宣统二年六月铅印本,第 6 页。

[4]　《代抚院拟复政务处》,载《湘藩案牍钞存》第 4 册,清末铅印版,第 70 页。

[5]　《护院魏具奏核减修正宣统三年预算案缘由折》,《广西官报》宣统二年十二月十五日第 98 期。

[6]　《论政府核减各省行政费之非计》,《申报》1910 年 8 月 14 日。

妥协办法，既遵守"量入为出"旧章，又兼顾"量出为入"新规：预算编制分为两个部分，即正册和附册："正册取量入为出主义，以保制用之均衡；附册取量出为入主义，以图行政之敏活。此则立法之微意，用权之苦心，当为内外官民所共谅者也。"[1] 度支部尚书载泽在资政院常年会上的一段谈话，非常直白地显示出该部对于预算方针的无奈：

> 如此匮乏，在东西各国不甚为难。东西各国都是量出为入，我们中国必仿外洋办法，一时颇难做到。中国实业未经发达，税法未尽规定，一切收支亦未及改良，本部每念民力艰难，无时不加体恤……本部势处万难，但是，时艰日迫，固不能专用积极主义，置财力于不顾，又不能仅用消极主义，碍宪政之进行。本部此次预算不敷之数目极多，现在惟有就节流的办法会商各省督抚，公同筹度……[2]

这段剖白，博得了资政院议员的同情和认可，会场上响起赞许的掌声。相比宣统三年预算编制单纯追求收支适合的做法，宣统四年预算编制的方针已经发生明显变化。这种兼顾"积极"与"消极"的预算方针得到部分省份的认可，山西省清理财政局表态说："各国均以量出为入作为预算之要素。晋省调制方法虽几经核减，仍不免入少出多。故只有根据课税之说，兼采积极、消极二主义，

---

[1]　《度支部奏为试办全国预算拟定暂行章程并主管预算各衙门事项缮单折》，载《度支部试办全国预算奏稿》，清末铅印版，第 2 页。

[2]　《资政院第一次常年会第十号议场速记录》，载《宣统二年第一次常年会资政院会议速记录（第十至十一号)》，清末铅印版，第 2 页。

将消耗、奢侈等品物分别加收，补其所不足。”[1] 预算方针虽然做了较大调整，各省也遵循新章编制次年预算，但国家财政却随着革命风潮汹涌而起，堕入崩溃的边缘。

民国时期有学者评价说，清季预算编制“虽为我国预算制度之滥觞，然固当时各省督抚不遵令办理，故仅一纸空文而已”。[2] 关于晚清试办预算失败的命运，此论仅道出部分原因。更深层次的问题是，接上新枝的巨大老树排异反应极强，导致新枝难以存活，遑论生长。评估财政旧制之上接纳新式预算制度的成效，还要对旧制排异问题进行检讨。

第四节　旧制排异

早在1907年，有人即对创办全国预算的难度进行预测，认为财政旧制蕴含着排斥预算制度运行的六种障碍，分别是（一）币制紊乱，缺少国币作支撑；（二）国家财政与地方财政缺乏界限，无法厘清地方预算与国家预算的关系；（三）无着之款未删除，影响预算质量；（四）“某事动支某款”的财政旧习与各省随意挪借的现实犬牙交错，使财政更趋紊乱；（五）财政法制不健全，例案财政仍根深蒂固；（六）财政专门学科、会计技术等不发达。论者认为，要举办预算，必须从根本上扫除阻碍预算的各种障碍。[3] 直到1909年

[1]　山西清理财政局编订：《山西全省财政说明书》上册，清末铅印本，第54页。

[2]　韩闻痌：《预算制度与中国财政》，《福建财政月刊》1931年第5卷第2期，第2–4页。

[3]　《演说·论预算决算之难》，《四川官报》1907年7月第18–19册。

秋冬度支部决定提前试办预算时，仍有人对这一决策表示反对，断言各省清理财政报告册纯属官样文章；清理财政期间，官吏对本省财政实况讳莫如深，难得财政真账；清廷宣布将财政统归藩司的目标并未真正实现，各局所司道依然掌握着这些部门的实权，上至督抚，下至州县仍然有任意支配财政之权力，统一财政的目标并未达成；而且国家行政经费与地方行政经费并未划清，国家税与地方税也并未区分。在这样的条件下举办预算，成效可想而知。[1]

撰诸清季财政现状，这些担忧并非游谈无根。前述财政旧制虽经厘剔改良，根本弊端尚不能立时清除。这些旧制、旧习无不成为预算制度的排异因素。[2] 诸如协饷制度依旧存在；"某事动支某款"的奏销旧章依然反映在预算册籍和由清理财政局编订的各省财政说明书中，收支仍存在挪移弊混的现象；国地两税不但没有清晰划分，其办理程序甚至存在严重失误；国家财政与地方财政缺乏界限，导致预算难以实施；预算会计制度尚未建立，预算监督制度不成熟；国省财政矛盾在预算背景下趋于激化，等等。详细讨论这些旧制及其派生因素对预算制度的影响，非长篇专论不能厘清。限于篇幅，此处仅就协饷制度和国省财政矛盾激化这两个直接制约预算制度移植的重要方面略做申论。

一、协饷制度

协饷制度是清廷财政运作的基本制度之一，与京饷制度一起，

[1] 《论部议缩短预算决算期限》，《大公报》1909 年 10 月 30 日第 3–4 版。
[2] 周育民对清季预算准备条件的薄弱问题有过简略讨论，参见周育民：《清王朝覆灭前财政体制的改革》，《历史档案》2001 年第 1 期。

构成整个财政体系运作的基础。[1] 相对而言，清季解协饷制度中，京饷制度的维系较有成效，而协饷制度趋于式微。[2] 协饷制度式微的要因在于咸、同以后各地财政势力隐然形成，一种后来被称作"地方财政"的形态出现并得以强化。清代大一统的财政架构之中本来并不存在所谓的"地方财政"，外省财政收入与支出完全属于清朝国家财政运作的范围，外省的留存与起解完全听命于户部的指令，以丰补歉，藉裕协瘠；即便是外省留存的财赋也属于整个国家，自然要按照奏销经制来解缴和支用。正如英国驻上海领事哲美森在评述中国财政制度时称：

> 其言度支，固由户部主政，而有时军机或总署亦顾问其事。每年年终，户部将来年国中需用之款综核预估，饬令各省摊派所核数目，具奏朝廷。殆奉批准后，抄咨各直省督抚，饬令各该管官员遵照办理。所需各款，年复一年，并无十分加减，相沿既久，各省所收及国用所需尚能相抵。[3]

这一指证，用以解释清代前期解协饷制度运作的规程，大致可

---

[1]　关于解饷、协饷、奏销等问题的详细讨论，可参见彭雨新：《清末中央与各省财政关系》，《社会科学杂志》1947 年第 9 卷第 1 期，何汉威：《清季中央与各省财政关系的反思》，《"中研院"历史语言研究所集刊》2001 年第 72 本第 3 分，尤其是第 601-607 页的分析。

[2]　详细讨论晚清解协饷制度规复的成效，可参见刘增合：《光绪前期户部整顿财政中的旧制规复及其限度》，《"中研院"历史语言研究所集刊》2008 年第 79 本第 2 分。

[3]　此处引文系李提摩太转述。李提摩太：《中国度支论》，载杜翰藩纂《光绪财政通纂》卷五二，第 7 页。

行。清代经制中的解协饷制度，有赖"经制税收"与"经制支出"的完全合拍，即"常例税入供常例支出，不时之入供不时之需"。基于此，解协饷制度方可运行无碍。祖制发生改变是在太平天国时期。战争期间，户部支配的国家财政无法足额供给战争需要，经制兵力也无法完成镇压叛乱的重任，非经制兵力大量涌现，实际上具备国家军队的职能，外省督抚和领兵统帅也就按照清廷赋予的机动权限，就地筹饷。随着就地筹饷做法的推行，省与省之间形成不同的利益区域，疆臣互分畛域，固守己利。国家经制收支也逐渐改变，"新例"收入逐步扩张，所谓地方财政隐然形成。不过，按照后来户部的说法，这时各疆臣对中央政府尚存在一定的"却顾之意"和"异视之心"。[1] 这些因素对于原有经制下的解协饷制度影响至深。这也是哲美森意欲指出的问题。他认为这种制度"无事之日尚属相宜，一遇变故，则难支持矣"。[2] 所谓"变故"，在哲美森看来单指重大战争一类事件。其实，脱离朝廷控制的地方财政形态的出现这样一种"变故"更具复杂影响。

解协饷制度来源于传统的财政经验，财政出入遵循固定经制是这一制度运行的特征，大一统的财政架构是其运行的基本前提。及至光绪前期，当"地方财政"格局真正形成时，户部继续

---

[1]　"却顾之意"和"异视之心"的说法，见诸户部和财政处1905年指责部分省份在举办鸦片统捐问题上，只顾一隅之利，不管中央政府需求的倾向，"原以其（指举办八省土膏统捐一事——引者注）挈领提纲，与各省疆臣同舟共济，乃两广旋以军饷紧迫，奏请自办两年，已有却顾之意；其宜昌总局专办两湖，则以两广、苏、闽附于赣、皖，亦不无异视之心"，"若各存存疆界之私，兵糈何赖！"参见《财政处、户部奏为八省土膏统捐宜并力筹办拟将收支各数饬由总局汇核分晰开报折》1905年11月19日，中国第一历史档案馆财政处全宗档案。

[2]　铺加脱：《论中国财政》，载杜翰藩纂《光绪财政通纂》卷五二，第10页。

推行这一传统的财政调拨规制，而且苦心孤诣地欲以解协饷旧制统辖全国财政，规复昔日的解协制度反而成为一种理想。所谓"地方财政"的说法，当然是后人的一种发现，所谓"泰西各国财政经验"，也是 20 余年后国人觉察到的可资借鉴的一种制度安排。当日户部其实远未有如此高瞻远瞩的能力，更缺少超前的警觉，它所看到的是各省疆吏固守一隅之利，秦越划界，强分彼此、互分畛域的"私心"倾向。既然存在影响经制规复的"私心杂念"，如何通过行政纪律来规范这类"私心"，如何整饬因这些"私心"所造成的财政紊乱现状，就成为户部着力解决的问题。新政期间，户部改为度支部，整饬各省奏销，维系解协饷制度依然是该部行政的重点。即便是引介移植西式预算制度，协饷制度依旧没有改造、取消的安排。清理财政期间，诸多旧制规范、奏销旧习被一再提出，并在一定程度上得到修正。然而，协饷制度却被原封不动地保留下来。

1908 年清理财政开始后，围绕协饷问题，受协省份与协解省份从未中止过交涉，度支部对此几乎毫无彻底解决的办法。据不完全统计，至清亡前，短短数年间，有关协饷拨解问题的重要奏章达数十份。受协省份和地区如贵州、新疆、黑龙江、伊犁、江北、云南等不止一次奏请有关省份协拨款项，协款累计短解千万两以上者并不罕见；协解省份如山西、江宁、四川、安徽、广东、湖南、山东、河南等也数次上奏，要求或改拨，或停解，或截留协款。受协与协解双方均情辞恳切，理由充分。度支部虽两面讨好，但该制度的运作显然难有起色。以下将宣统元年前后部分受协省份和协解省份的窘迫情况各列一简表，大致可以窥见协饷制度面临的竭蹶难行情态：

表 3.6　宣统元年前后部分受协省份协饷状况简表

省区	短收协款现状	度支部处理意见	文献来源
贵州	各省积欠协饷已达 1170 余万两，要求协解省份筹拨五成。	建议各有关督抚按照欠解银数，勉力先筹五成，分批解黔济用。	《度支部奏为遵旨议奏贵州巡抚庞鸿疏奏黔省财政困竭恳拨额收税款并催各省筹解黔饷折》，一档馆，会议政务处全宗，财政 142；《贵州巡抚庞鸿书奏黔省财政奇窘恳饬催各省筹解协饷折》，《政治官报》第 1163 号，宣统二年十二月二十一日，第 13-14 页
黑龙江	计自光绪元年起至三十四年止，各省关总共积欠银 418 万余两。	各有关省份均须按照指拨数目分批迅解奉天省。如有延欠，即由该督指名严参，照贻误京饷例议处。	《度支部奏为遵拨奉天黑龙江庚戌年的饷并催各省欠饷折》，一档馆，会议政务处全宗，财政 639-5873
甘肃	截至宣统二年夏，有关省份积欠至八百数十万两。	建议各有关省份先行筹解二成协款，其余陆续依限报解。	《陕甘总督升允奏请饬催各省欠饷以应急需折》，《政治官报》第 188 号，光绪三十四年四月初八日，第 11-12 页；《度支部议覆甘督奏请催各省关解清积欠甘饷折》，《政治官报》第 182 号，光绪三十四年四月二日，第 13-14 页；《陕甘总督长庚会奏预估宣统三年分关内外协饷恳饬部照案筹拨折》，《政治官报》第 1028 号，宣统二年八月初五日，第 13-14 页

省区	短收协款现状	度支部处理意见	文献来源
广西	因各有关省份欠解，导致桂省不断要求改拨，截留京饷和中央练兵经费等。	或准或驳，答应勉力维持协饷。	《广西巡抚张鸣岐奏沥陈财政艰窘情形酌拟办法折》，《政治官报》第 912 号，宣统二年四月初七日，第 8－11 页；《度支部奏议覆桂抚奏财政艰窘酌拟办法折》，《政治官报》第 939 号，宣统二年五月五日，第 7－8 页
江北	江北财政收入，协款占十分之八、九，但协款难以如数协解。	未见议覆奏折。	《署江北提督雷震春奏江北清理财政试办预算折》，《政治官报》第 996 号，宣统二年七月初三日，第 9－10 页；《署理江北提督段祺瑞奏江北协款无著请饬由部收部拨折》，《政治官报》第 1326 号，宣统三年六月十五日，第 8－10 页
新疆	有关省份多有欠解协款，最多解至八成。	未见议覆奏折。	《甘新巡抚奏新疆财力支绌新政待举请借部款折》，一档馆，会议政务处全宗，财政 3565

表 3.7   宣统元年前后部分协解省份财政状况简表

省区	难以协出银两的情形	度支部处理意见	文献来源
山西	每年额解京饷、协饷等共 341 万余两，留供本省之用者仅占十之三。新政以来，本省需款浩繁，难以支持；新军编练更需巨款，协饷无法足额解出，甘新协饷更成为累赘。	理解晋省为难情形，但要求该省勉为筹措，仍应设法接济甘新协饷，俾免贻误。	《山西巡抚奏晋省财力奇绌筹补为难折》，一档馆，会议政务处全宗，财政 163－857；《度支部奏议覆晋抚奏晋省财政困难已甚请将甘新协饷量力拨济以纾款力折》，一档馆，会议政务处全宗，财政 627

续表

省区	难以协出银两的情形	度支部处理意见	文献来源
两江	由于新政需款浩繁，进款途径减少，要求停解云南铜本、北洋淮饷、甘新协饷等。	基本否定两江总督的申请。	《度支部议覆两江总督奏云南铜本无从筹解请另改拨片》，一档馆，会议政务处全宗，财政376；《度支部奏议覆江督奏请将南洋应协北洋淮饷尽数截留碍难照准折》，一档馆，会议政务处全宗，财政6923；《度支部咨行两江等省督抚补解历年欠解甘肃新饷并依限筹解本年协饷文》，《内阁官报》第50号，第191-192页
四川	岁入约计1030万两，赔款、京饷、协饷共银730余万，所余不过300万，本省实感不足。要求减免甘饷，变通滇饷解款等。	否决川督的请求。要求勉力筹解各项协饷。	《度支部奏议覆川省库储奇绌恳减免协饷等均难照准折》，一档馆，会议政务处全宗，财政422-3075
安徽	每年认解北洋练兵经费、东三省俸饷、南河协饷银、云南铜本银四款共计24万两。请求一并截留，凑充各项新政之用。	建议该省将协解、拨补各款仍设法接济，避免贻误。	《安徽巡抚奏皖省库款支绌请暂停各款协饷折》，一档馆，会议政务处全宗，财政612-5370；《度支部奏议覆皖省库款支绌恳暂停各项协饷碍难照准折》，一档馆，会议政务处全宗，财政618-5205

省区	难以协出银两的情形	度支部处理意见	文献来源
广东	近年粤省负累已达1300万两左右。请求"嗣后如有京外用款暂免派拨，俾得稍纾喘息，以免贻误"。	该省奉拨各款应依限报解。至于暂免派拨要求，部中可以权宜斟酌，不应预为陈请，免予派拨，致臣部拨款有所窒碍。	《度支部奏议覆粤督度支短绌嗣后请暂免派拨折》，一档馆，会议政务处全宗，财政 630-5335
湖南	本省承担协饷，除云南、贵州等省久已无力协济外，每年尚需协解甘肃、新疆、广西、云南等，无非腾挪牵补，左支右绌。请求停解广西、甘新、云南铜本等20万两。	要求该省"无论如何为难，此项协款务须勉为筹解，以济要需"。	《度支部奏议覆署湖南巡抚杨奏请将奉拨甘新广西各省协饷云南铜本银两暂停解碍难照准折》，一档馆，会议政务处全宗，财政 767-6922；《度支部奏议覆湘抚奏湘省财困请暂停奉拨各协饷暨铜本银两碍难照准折》，一档馆，会议政务处全宗，财政 8375
湖北	鄂省编练新军，需款甚巨，铜元余利减少，禁烟导致膏捐锐减，请求改拨广西协饷。	否决鄂省的请求。	《度支部奏议覆鄂督奏广西协饷另行改拨碍难照准折》，《政治官报》第481号，宣统元年二月十二日，第5-6页
福建	闽海关自光绪二十五年起欠解甘饷106万两。该省要求缓解。	准许该省光绪三十三年前的欠款可以缓解，但此后的协饷必须依时解清。	《度支部奏议覆闽督奏闽关税收支绌应协甘饷请予缓解折》，《政治官报》第499号，宣统元年二月三十日，第5-6页

省区	难以协出银两的情形	度支部处理意见	文献来源
河南	该省预算不敷甚巨，练兵需款难以筹措，请求免除江北协款。	否决该省的请求。	《度支部会奏遵议豫抚奏请将江北协饷免其协拨碍难照准折》，《政治官报》第1197号，宣统三年二月初三日，第8-9页

由上述两表可知，受协省份与协出省份在新政期间均遇到前所未有的财政困扰。受协省份嗷嗷待哺，盼协急切；协出省份则自顾不暇，难有余力接济同侪。身处其间的度支部，彷徨于请协和截留之间，捉襟见肘，动辄为难。

宣统元年底，各省开始进入预算编制阶段，迟至次年夏季，度支部仍未就预算编制中如何变通协饷制度做出决定，这一捉襟见肘的制度被继续纳入预算编制中，没有加以改革的计划。宣统二年编制的预算内，协解省份为平衡预算，在支出款目中，纷纷将协款剔出，而受协省份则依然按照历年协款原额列入预算。资政院负责审查预算的预算股股员长刘泽熙为此深感意外，在审查预算的演说中，他剖析了这种旧制与新规衔接时出现的"怪现象"：

> 查预算册内，此等款项，往往受协省份则照原额列收，或照近年实解列收；而应协省份则或竟不列支，即列支矣，而其数目与受协省份列收数目相差甚远；且或有应协省份列支数目，超过受协省份列收数目者，互相抵牾，其难究诘。推其意，在受协者无非欲照原额以争收入之多；在应协者无非欲以浮报故露其亏窘之象也。转瞬明年即须照预算册收支，在受协省份，

则以此数为收入的款，而在应协省份或解不足数，或竟全不一
解，是受协省份应收之款一旦落空，其亏空又何待言！[1]

其实，在预算编制过程中，有部分受协省份提出协款可先由度
支部部库代为收存，再由部库转拨给有关省份，或对协饷制度进行
改革。度支部却表示，仍按旧章办理，不准越轨紊乱，一旦清理
财政结束，再斟酌改良。[2] 对江西、陕西、湖南、山东、河南等在
预算中减免协饷的请求坚决回绝："倘以预算不敷之数，骤准停缓，
恐效尤踵至，将应协者争邀免解，受协者亟待补筹，财政因之愈
棘……经济艰窘，各省各同一，苟原协之省不勉任其难，则改拨之
省亦恐终成无著，徒繁文牍，有误要需。"[3]

宣统三年夏季，为从根本上解决协饷困难，云贵总督李经羲联
合甘肃、贵州、广西等受协省份督抚一起，电奏清廷，要求取消协
饷名目，协出省份将应协款目报部代收，由受协省份直接派员赴部
领款。度支部坚决驳回这一建议。该部解释说：该督抚"不知协解
各款全视乎各省之财力。不能如数解至边防，岂能如数解交臣部？
无论款项未曾解到，部库不能垫支。即已经解到，而由甘、新、滇、
桂等省派员赴部请领，程途往返，远者数月，近亦月余，守候需时，
转运有费。较之现在办法由各省径自解交者，徒增周折，而并无利
便之可言"。至于云贵总督等电奏中提出统一财政，由度支部统收

---

[1]《中国预算要略》，第 4-5 页；亦可参见佚名编：《资政院第一次常年会第
三十号议场速记录》，载《宣统二年第一次常年会资政院会议速记录（第三十至
三十一号）》，清末铅印版，第 43 页。

[2]《度支部率由旧章》，《大公报》1910 年 3 月 7 日。

[3]《度支部奏议覆湘抚奏湘省财困请暂停奉拨各协饷暨铜本银两碍难照准折》
（宣统二年十一月十八日），中国第一历史档案馆藏会议政务处全宗，编号 8375。

分配的建议，该部答复说，这要等到国库统一制度实行，全国预算决算收支适合后才可设法办到。[1] 言下之意，协饷制度的彻底解决，要等到预算制度完全建立起来，而且运转正常后，才可能获得解决。在此之前，协饷制度将会与预算制度并存并行一段时间。可是，新制旧规彼此冲突，财政机体形同割裂，建立在这一基础之上的预算新制又焉能有效运作？则停废协饷，岂非遥遥无期？财政体制的左右为难，是清政府统治进退维谷，难以继续的最好写照。

二、国省财政矛盾

国省财政矛盾是清季财政制度改革之际出现的新问题。此事在事实上与太平天国运动以后所谓地方财政的形成存在联系，时人以及后来的研究者遂将二者牵扯，如此，庞大的外销财政既是地方财政形成的标志，又是国省矛盾的焦点。[2] 1908 年清廷清理财政针对的主要问题，就是解决外省掌控的外销财政，这一点清廷与各省督抚均心知肚明。清廷编制预算，并非如常人以为的那样，单纯为引进西方先进的理财制度以改良中式理财旧制，很大程度上是迫于时势，将预算编制作为融解消化巨额财政亏空的一种堂而皇之的手段。[3] "政治正确"之下，真实的动机反而被掩盖

---

[1]　《度支部奏议覆滇督等电奏拟请撤销协饷名目饬协出省份将协款解部等折》，《内阁官报》宣统三年九月初三日第 62 号。

[2]　关于国省财政矛盾及其与清理财政关系问题的深入分析，可参见陈锋：《清代中央财政与地方财政的调整》，《历史研究》1997 年第 5 期等。

[3]　度支部试办预算的真实心态，实际上有一个变化。福建提学使司姚文焯答复该省咨议局议员时说："清理财政，在部意，盖欲就各省提款应用；至清理后，乃知各省皆有绌无赢。于是，大形失意。故本年所谓试办预算者，意欲各省大加节省，求其收支适合耳。"《第二次福建咨议局议事速记录第十四号》，载《福建咨议局第二次会议速记录》，清末铅印版，第 4 页。

起来。清廷推行试办预算，已预含了削弱督抚财权的意图。这一意图，在预算制度推行之初，各省督抚虽有消极对待心理，并未彻底察觉后果的严重性。[1] 各省清理财政轰轰烈烈，财政家底和盘托出，陋规、融销、内销、外销、正杂各款等财政内情几乎全部呈现在朝廷部院面前。外省财政暴露的程度，尤其是外销之款被清查的事实，可以从督抚争取盐款的一则报道中看出端倪："各省督抚以现在清理财政，动无外销之款，适〔击〕有缓急，惟盐款项下尚得挪移。今若照盐政处章程，须先行请示核准，方准并用，必致贻误，故迭次由锡良领衔电争。"[2] 外销之款全被曝光，由清理财政局造表上报，必然使各省隐秘的财政家底充分暴露，督抚们失去自己掌控的小金库，规制外用款没有出处，只好极力电争盐款。[3]

根据新调查的内外销财政信息，编制完成初步的预算，各省自然会涌现出大量的财政赤字。度支部此时奉行"量入为出"的预算方针，咨请各省大幅度核减公费支出数额。这一举措令督抚茅塞顿开：直省的财政利益已经不能如往常那样固守，预算制度将会"丰歉兼顾""以盈补绌"，督抚往常的财政机动权限将被刚

---

[1]   关于清季各省清理财政问题，前人已有相当研究，如何汉威："A Final Attempt at Financial in the Late Qing Period,1909–1911", *Papers on Far Eastern History* 32 (1985);Paul Christopher Hickey, *Bureaucratic Centralization and Public Finance in the Late Qing China* (Ph.D. Dissertation, Harvard University, 1990), esp. chs. 2,4。赵学军：《清末的清理财政》，载王晓秋、尚小明主编《戊戌维新与清末新政》，第 286-313 页。唯该问题尚有研究空间，另文讨论。

[2]   《泽公战胜前之蹀躞》，《申报》1910 年 5 月 24 日。

[3]   参见刘增合：《清末禁烟时期的盐斤加价与督抚干政》，《清史研究》2004 年第 3 期，第 16-19 页。

性的预算制度约束起来。更为严重的问题是，宪政筹备四面出击将会导致各省财政崩溃，新的预算如果得到执行，各省将被拖入一个疲于应付新政的轨道内，督抚也就重新被送上宪政筹备的火堆炙烤。部分督抚往返电商，对清廷欲以中央集权消解各省势力深表忧虑。[1] 度支部虽表示："各省查出之款，仍可存留"，[2] 后来却传出要提取河南陋规之款 200 余万两内用的消息 [3]；又有各省外销之款清理后，将被提出归正款使用的说法。[4]1909 年秋冬之后，随着外销款项被册报上去，如何支配这笔款项，成为各省更加关注的问题。

　　鼎力清理财政，结果却暴露出巨大亏空，这与朝野各方原来的期望相差太大。清廷本希望借此推行财政集权，建立预算基础，现在却陷入"救急"的陷阱。[5] 度支部采取量入为出的预算方针，挟上谕以责令各省删减庞大的行政经费，以求预算成立。三令五申之下，各省屡屡删减浮款，增加收入规模。可惜，预算仍旧难以成立。这一局面，迫使国省财政矛盾趋于激化，各省督抚几乎众口同

---

[1]　《粤督张人骏致各省督抚电》《浙抚增韫致粤督电》《两江总督端方致各省督抚电》等，均见《各省清理财政问题》，《申报》1909 年 2 月 25 日。

[2]　《度支部奏拟清理财政章程折》，载故宫博物院明清档案部编《清末筹备立宪档案史料》下册，1021 页。

[3]　林志钧:《蹇季常先生墓表》，载卞孝萱、唐文权主编《辛亥人物碑传集》，团结出版社，1991，第 547 页。

[4]　《清理各省财政之布置》，《申报》1909 年 2 月 5 日；《京师近事》，《申报》1909 年 2 月 9 日。

[5]　吕策:《财政要论》，清末油印本。论者称:"今当清理财政，能令彻底澄清，于预备立宪九年内，先期公布预算，以取信于民，筹巨款而兴庶务不难矣。"表达了对清理财政行动的期望。另参见《论财政清理后之希望》，《申报》1910 年 4 月 12 日。

声，批评新政事业齐头并进，导致支出增加，万难核减。[1] 正如浙江巡抚奏报说："未经清理以前，病在紊乱；及既清理以后，又病在困乏。部臣纡筹于内，疆臣勉应于外，于各项行政费一再裁减，而不敷仍巨，于是就款办事之议起焉。"[2] 资政院审核预算时，将各省支出再进行大幅度删减，而将收入部分增加甚多。这一举动更加激化了本已尖锐的国省矛盾，导致大部分省份先后抗议，酿成声势甚大的预算风潮，[3] 以至于各省督抚产生这样的感觉："财务行政为目

---

[1]　《广西巡抚张鸣岐奏广西省试办宣统三年预算告竣并沥陈艰窘情形折》，中国第一历史档案馆藏会议政务处全宗（下同），财政 802；《河南巡抚奏为民困财绌时局日危敬陈变通筹备新政管见折》（宣统二年八月初九日），财政 821-7675；《山东巡抚奏为遵旨详议山东行政经费分别筹计折》（宣统二年七月二十七日），财政 828-7454；《庞鸿书片》（宣统二年九月初二），财政 840-7704；《江西巡抚奏遵旨筹拟确定行政经费折》（宣统二年八月十二日），财政 840-7708；《吉林巡抚陈昭常遵议行政经费分别筹计折》（宣统二年九月十一日），财政 7807；《闽浙总督具奏闽省预算案成立并沥陈财政艰窘情形折》（宣统二年八月二十七日），财政 8078；《山西巡抚奏遵旨详议行政经费并敬陈管见折》（宣统二年九月十九日），财政 864-7913；《江苏巡抚奏遵议行政经费折》（宣统二年九月十四日），财政 8048；《革职留任署理两广总督兼管广东巡抚事袁树勋奏为遵旨筹议逐年行政经费并酌份缓急详晰胪陈折》（宣统二年九月二十四日），财政 896-7894；《闽浙总督松寿奏为遵旨详议闽省递年行政经费谨陈管见折》（宣统二年九月二十四日），财政 896-7894；《湖广总督瑞澂奏并案详议行政经费并分别缓急办法折》（宣统二年九月二十四日），财政 896-7894；《黑龙江巡抚遵旨详议行政经费敬陈管见折》（宣统二年十一月二十七日），财政 924-8528；《湖南巡抚奏并案详议行政经费敬陈管见折》（宣统二年十二月十七日），财政 968-8817。

[2]　《浙江巡抚奏条理财政事宜折》（宣统二年十一月），中国第一历史档案馆藏会议政务处全宗，财政 914-8345。

[3]　这一风潮牵扯问题较多，情况复杂，容另文专论。

今内外交争最烈之事。"[1] 资政院审议预算的奏折呈上不久，摄政王颁下谕旨，称道资政院审议"尚属核实"。然而这份谕旨的后面又加上这样一段话："若实有窒碍难行之处，准由京外各衙门将实用不敷各款缮呈详细表册，叙明确当理由，径行具奏，候旨办理。"[2] 报界探知，这是由于预算案奏上后，枢臣将担忧烦难一并呈述载沣，载沣不得已，才亲自附上这几句至关重要的话。[3]

这份谕旨颁布以后，焦躁不安的外省督抚恰如吃下定心丸，"京外督抚其反对预算更较京内为甚。当会议此案时，已纷纷致电反对，后见谕旨，无不喜出望外"。[4] 预算制度的严谨周详，已经在谕旨、督抚函电奏折中慢慢消解，政府诸公对此"殆无一不弁髦视之"。[5] 舆论认为谕旨最后一段可以导致各省随意处理，核减冗员冗费的目标难以实现；裁汰绿营、防营的决议失去效力；核减公费的计划也归于无效。[6] 这一猜测，由五月份东三省总督锡良、两江总督张人骏、两广总督张鸣岐、直隶总督陈夔龙、陕西巡抚恩寿、山东巡抚孙宝琦、安徽巡抚朱家宝、江苏巡抚程德全、江西巡

---

[1]　《两广张制台来电》，载《各省督抚对于地方税应分三级往来电》，宣统二年朱丝栏钞本版。

[2]　刘锦藻：《清朝续文献通考》，第 8247 页。

[3]　《大公报》访事员透露："预算案入奏后，枢府诸公曾于监国前，沥陈此次资政院对于行政费核减过巨，一经颁布，恐各项要政必难切实兴办等语。监国凝思许久，随饬枢臣拟旨颁布。至拟定进呈后，监国特将原稿增加数语，闻自'若实有窒碍难行之处'至'候旨办理'等语，皆系监国之所亲加者。"《监国亲增预算谕旨》，《大公报》1911 年 2 月 5 日。

[4]　《预算案变更之影响》，《申报》1911 年 2 月 15 日。

[5]　黄鸿寿：《开设资政院（节录）》，载中国史学会主编《辛亥革命》（四），上海人民出版社，1957，第 56 页。

[6]　《论资政院预算案之无效》，《大公报》1911 年 2 月 10 日。

抚冯汝骙、浙江巡抚增韫、湖广总督瑞澂等人的函电商讨意见中完全得到证实。这些督抚基本上主张按照谕旨精神办理,对资政院审议的预算案不加理会。[1] 实际上,议员们在审核预算时,已经隐约感到,中央各部或各省督抚不断传出反对的声音,政府轻视议员,不得不迁就各方,这部预算可能会失效。[2] 随后的事实表明这些议员的担忧并非杞人忧天。

国省财政矛盾激化以后,不但预算能否成立变成一个虚悬问题,更重要的是,大部分省份或明或暗地抵制这一被大幅度核减的预算。川、鄂两省督抚指责资政院随意删减预算经费,对新预算不予认可。[3] 两广总督张鸣岐甚至奏称:"若事则有加无已,款则有减无增。事后强人以所难,他日庶政废弛,疆臣实不能任其咎。此尤不敢不预为声明者也。"[4] 督抚们的言论并非单纯对上言辞要挟,事实上,各省的确对新的预算案不甚重视,各省监理官不断抱怨:"各省用款糜烂仍复如前,预算之案置之不顾,节省之款鲜有所闻。似此情形,窃恐将来删减无多,追加不已。财有穷而用无穷,必至束手坐困而后已。"[5] 负责通盘筹划全国预算的度支部对此十分不满,公开指责各省出尔反尔,破坏预算:

---

[1] 《各省筹商核减督抚公费之电文》,《大公报》1911 年 5 月 8 日,第 9、11 版。

[2] 《资政院第一次常年会第三十二号议场速记录》(宣统二年十一月二十八日下午),载《(宣统二年第一次常年会)资政院会议速记录(第三十二至三十三号)》,清末铅印版,第 13-14 页。

[3] 《川鄂两督亦不认预算案》,《申报》1911 年 1 月 25 日。

[4] 《两广总督张鸣岐奏办理四年分预算告竣情形折》,《内阁官报》宣统三年八月初九日第 38 号。

[5] 《度支部奏请饬各省督抚切实遵照前奏维持预算办法折》,《政治官报》宣统三年三月初一日第 1224 号。

　　上年试办预算，臣部因各省岁入册内有可议增加，岁出册内有可议删减者，叠经电商各省自行认定，为数颇巨，均于预算分册摘要内详切声明；或随后经各督抚认增认减，奏咨有案。是皆各省认为能行，并非臣部强定。今则各省于前次认定之案又多借词翻异。试问已定预算案内不敷之款尚苦无可筹挪，若再将原认者复行翻异，又将何以应付？总之，各省近年结习，以挥霍为固然，视公帑若私物，稍为限制，则百计相尝，必令破坏；偶从宽大，则觊觎投隙，甘弃成言。非独有碍财权，抑亦贻误大局！[1]

　　在度支部眼中，各省督抚成为维系预算的最大障碍。尽管度支部制定了维持预算的一系列措施，[2] 但各省久已心存芥蒂，难有回转余地；新政事业齐头并进的安排，又导致中央和各省财政陷入更加捉襟见肘的窘境。[3] 这种局面，对于跌入低谷的国省财政关系来说，更是雪上加霜。财政旧制上衍生出来的国省财政矛盾最终演成"有碍财权""贻误大局"的死结。西式预算移植到旧制上，本欲为财政机体填充活力，结果却走向反面。

结　语

　　试办预算是清季宪政改革的头等大事，度支部曾经雄心勃勃，

---

[1]　《度支部奏维持预算实行办法折稿》，集成图书公司，清末铅印版，第2-3页。
[2]　《度支部奏维持预算实行办法折稿》，第4-5页。
[3]　刘增合：《清末"急务"与"本源"的失调——以鸦片禁政期间的财政窘况为背景》，《学术月刊》2006年第9期。

制定了试办预算的通盘计划。该部清理财政处总办杨寿枏对这一计划及其前景有一清晰的勾画："余继任清理财政处总办，预定程序，期以六年竣事。第一年调查全国财政，令各省造送财政说明书；第二年试办各省预算，令财政统一于藩司；第三年试办全国预算，划分国家税、地方税；第四年实行预算，办理决算；第五年施行会计法，金库制度；第六年各省设立财政司。自此事权统一，法治严明，使全国财政如辐在毂，如网在纲，度支部通盘筹划，调剂盈虚，而清理之事毕矣。"[1] 计划相当周密，前景亦可预期，但推行过程却纠葛不断，难具成效。检讨制度移植兴废的内因，发掘历史变动的真相，自然可以就财政论财政，由经济史迹变动看经济制度荣衰；而转换视角，历史变动的图像可能会更加丰富，折射的影像或更能显现整体本色。

　　预算制度产生于 18 世纪的英国，它与该国财税的收支分配有关，却受到不同阶层的人的讽议，出台与运作皆不那么顺利。[2] 晚清预算制度移自外洋，其实际情形虽与英国不同，但也遭遇到层层波折。这不仅仅表现在经济或财政税收方面——这一方面的分析已由大量的财政史类著述所揭示，更应注意的是各种利益阶层通过筹备预算这一"财政平台"，表达着不同的政治倾向，展示着迥异的观念形态，营造着西方预算移植中土过程中复杂变动的制度环境。在这个制度环境里，上到摄政王、枢府大臣，度支部堂官，资政院总裁、议员，下到各省督抚，咨议局议员，士绅阶层以至于底层民众，构成了牵制制度生成的复杂要素体系。诸类要素在财政窘困的

---

　　[1]　杨寿枏：《觉花寮杂记》，转引自苏同炳《中国近代史上的关键人物》下册，百花文艺出版社，2000，第 859 页。

　　[2]　A. E. Buck：《各国预算制度》，彭子明译，商务印书馆，1936，第 5 页。

年代里，面对立宪筹备和预算制度更张，从不同的途径诉说着自身的观点，做出趋向不同的举动，以一种历史合力，对新的政治制度和财政制度产生总体影响。

何烈研究清咸同时期的财政后认为，制度是因社会需要而产生的。世界上没有一个静止不前而可以生存的社会，也没有一套无须改革而永远有效的制度；产生制度的知识和观念，更是时时在变，日新月异。[1] 清季是一个变动不居的时代，何烈所述制度、社会、观念与知识桴鼓相随的变动规律在这一巨变时代得到相当程度的印证。但是，观念嬗递与制度更替显然不能一一对应，知识引纳与社会变动也非如影随形。清季预算制度嫁接的曲折历程更证明了这一判断并非虚论。

清季新知识与新观念的导向能力存在不小的局限。移植预算制度，虽然事先做了不少知识接引与观念变嬗的先导工夫，在理解的当否与操作的实用方面仍然诸多欠缺。况且，东西各国社会文化和体制不同，适于彼未必能行于此。非经观念与制度各层面的磨合调适，再优良的制度，嫁接过来也可能因为排异而无法成活，或虽然成活却难逃橘逾淮化为枳的命运。受制于旧制土壤的约束，制度变动过程看似轰轰烈烈，结果与成效却令人扼腕。道光中叶以降趋于式微的旧制，光宣时已经病入骨髓，[2] 但在理财新制嫁接之际，仍然具有顽强的排异力度，最终只能形成"旧制未

---

[1]　何烈：《清咸、同时期的财政》，编译馆中华丛书编审委员会，1981，第471页。

[2]　论者认为中国旧制"道光、咸丰病犹膝理，后则由膝理而入血脉，由血脉而入肠胃，今已由肠胃而渐入骨髓"。《闻东吴大学堂聘美国柏乐文君教授医学有感》，载《清季时事闲评》，民初铅印版，第10-11页。

废，新制初立"这样犬牙交错的格局。这一现象昭示人们：制度变迁中新旧两种制度的因革兴替绝非凯歌行进那样顺利，即便新知识、新观念万般皆好，拥有至强的生命力，能否促成制度转承，决定的因素不仅限于知识和观念变动本身。以外在的解释体系一味关注变动的结果，有意无意之间，制度变动过程的复杂面相被忽视消解；简约概括之下，无形之中导致网漏吞舟，不免堕入"以事实就理论"的窠臼。

预算制度引介的实态显示，制度变嬗的常态恰好是不新不旧或亦新亦旧的中间地带。新制初立与旧制并存，或者旧制支离而新制未立，往往是中间表现形式。研究近代制度变动，不仅不能漠视"中间地带"的惯性存在，而且要综合考虑政治、经济和文化等各种因素，从政治层面对利益纠葛和权势变迁进行探究。在实际生活中，究竟新制的影响力度如何，旧制的牵制作用多大，必须顾及具体事实，由言论层面深入实际运作，比勘两者的差异及肇因。

面向错综复杂的史事，制度变动的人事纠结不可小视。甲午之后，李希圣编纂《光绪会计录》，对引纳西法感慨良多，尤其注重人事对制度的影响力，"今日言理财者，莫不曰仿行西法，固也；然法待人而行，但知西之有法，而不知西之有人"。[1] 清季移植预算制度，朝野内外，社会上下，各色人等，均对制度嫁接产生程度不同、取向各异的影响，左右着新制度移植的成效。对此，美国麻省理工学院经济学教授阿西莫格鲁（Daron Acemoglu）提出的制度

---

[1]　李希圣:《光绪会计录·序》，时务报馆清末石印版。

变迁的冲突论，部分地暗合于清季财政制度变动的事实。[1]"徒法不能自行"是清季奏章条陈中习见的用语，可见，人事与派分是制度变动不容忽视的决定因素。时人尝言："财"与"政"截然两事，而互相依赖，质言之，"财有待于政，政非有待于财也"。[2]从这一角度看，理财新制嫁接的成败最终仍取决于政治的行事。

---

[1]　阿西莫格鲁提出，制度变迁理论的出发点是社会冲突论。他认为，制度选择是利益冲突的团体间互相斗争的结果。各社会团体间的冲突是制度分析的基本要素，冲突性质上的差异导致不同的制度集。而权力及其分配是利益冲突中的决定变量。这里的政治权力分为法定政治权力和实际政治权力，决定了政策和制度的最终均衡结果。政治制度帮助调节政治权力的大小，并决定政治权力如何变更。见 Acemoglu, Doron, Simon and James A.Robinson, "Reversal of Fortune:Geography and Institutions in the Making of the Modern World Income Distrbution", *Quarterly Journal of Economics*, 2002, 118, pp.1231-1294. 对阿氏观点的概括，参见孙圣民、徐晓曼：《经济史中制度变迁研究三种范式的比较分析》，《文史哲》2008 年第 5 期，第 152 页。

[2]　《上沈提学论国家理财书》，南洋官报局清末铅印版，第 11 页。

第四章　从"置邮传命"到"裕国便民"：晚清邮驿与邮政

今人耳熟能详的"邮政"，在清代随时势和社会变迁而产生重要变化，古今含义形似而实异，制度嬗变过程滞重而艰难。清代"邮政"之设，原以"置邮传命"为根本宗旨，同时具有传递政令舆情、维系朝政运转、宣上德以敦教化、整饬吏治等多种重要的政治功能，曾为清朝统一广阔疆域和管理逾亿人口发挥过重要作用。通过对"邮政"的强调，朝廷不仅训谕官员如何不逾规制地使用资源紧缺的驿站，更使其成为肃清吏治、培养能员的重要途径。故传统"邮政"的含义，重心在"政"，唯有政通人和，方能国泰民安。因民间商业来往而兴盛的民间信局，虽可为平民传书带信，但在费用与带运区域方面均有局限，故使用人群亦有所限制。不过，相较于公文传递由邮驿统管的单一途径，经由邮驿的私信带运方式则五花八门，从官员的私信入驿，到专差带信、托客代寄，并不统一，信件的安全、速率与寄达范围缺乏统一的管理标准与保障体系。

以"裕国便民"为号召的新式邮政，不仅迎合深受赔款之累的清廷的"开源"需要，亦适应逐渐"开眼看世界"的国人追寻新知的渴求及维护利权的期待。不过，尽管"裁驿置邮"的建议在时人议论与报刊评论中出现已久，新式邮政的开办却举步维艰，从提议到开办历时 30 余年，其间受到诸种因素的制约：

一是不同观念之间的冲突。传统邮驿制度与民信制度分立，官民的递信渠道不一，官府秉承"不与民争利"的原则，由民间自办各种递信机构。而在新的邮政制度之下，官民递信机构合一，其制度内涵与朝廷官府对"邮政"的传统认知有较大冲突，成为清廷官吏反对开办新式邮政的理由之一。另外，驿传与军报安全息息相关，一旦官民邮递机构合为一体，如何保证各类机密文书安全快捷地递运，不仅成为"裁驿置邮"中官员最为关注与最具争议的问题，也是新式邮政难以两全的现实障碍；

二是不同利益的矛盾。清末递信机构众多，除官方的驿传体系及民间的信局机构外，鸦片战争后出现的商埠邮局及客邮机构，亦拥有相当庞大的客源及各自的利益追求。而在新式邮政开办之后，所有的邮递机构势必统一在大清邮政的管理之下，机构被撤、人员被裁、原有利源被截流，自然引发彼此间的明争暗斗。而这种复杂纠葛的利益争夺，明显减缓了新式邮政推广的速度；

三是不同系统的整合。以置邮传命为目的的驿传、以营商递信为宗旨的民信局、以及主要为在华洋人服务的商埠邮局和客邮机构，其设立宗旨各有不同，递信方法、邮路设计及交通工具亦各有差别，对于局所员役的培训、规则约束更是差异甚大。在大清邮政建立以后，通过降低信资、兼并局所、加入邮联等办法，以期统机构而专职权。因此涉及诸多人事、利益纷争，其间错综交织的矛盾纠葛，充分体现制度转型中的复杂面相。

随着新式邮政制度的确立，不仅影响了清末官制改革的职能安排，亦对社会风气产生潜移默化的作用。1906 年设立的邮传部是第一个以管理新式邮政为专职之一的中央部院，在收回邮政及裁驿置邮中，其与海关、陆军部的互动及反复角力，充分体现了制度转型中的人事、利益纠葛。而普罗大众逐渐熟悉使用新式邮政后，虽然寄递书信更为便利，但也引发匿名信控等新问题，并在清末革命风起云涌之际，为进步信息的传递提供了一条可供利用的渠道，随着革命宣传的深入，又改变了民众的国家、民族、权利等观念。清末民初的知识与制度转型，就在相互影响之中推动深入。

第一节　官民两分的清代邮递体系

在以欧美邮政体系为蓝本的新式邮政制度传入以前，清朝的传书递信体系主要分为官、民两途。以"传书递命"为宗旨的传统"邮政"，主要依托邮驿网络，除传递政令和沟通政情外，更成为朝廷训谕官员与整顿吏治的重要手段，故这一体系对使用人群及使用方法均有严格限制。而对于普通民众的传信递物需求，则主要由民信局、信客及其他相关机构完成。这种官民两分的递信体制，不仅符合清代政治运转与商业来往的需要，也是"邮政关系甚重"及"官不与民争利"等观念在实践上的具体体现。

传达政令与沟通政情，对于清朝统治辽阔疆域与庞大人口至关重要。同治年间任职兵部的黄云鹄，即在公文中称："伏思朝廷之驿站，如人身之血脉，血脉不通则身病，血脉杂则血脉亦病。"[1] 足证

---

[1]　黄云鹄：《兵部公牍》，载沈云龙主编《近代中国史料丛刊》初编，第580册，文海出版社，1970，第78页。

时人对邮驿通畅与朝政流转之辩证关系的认识[1]。故"置邮传命",乃传统皇朝体制在交通传输技术条件限制下的制度用意。在大一统帝国内,既要保证朝廷政令的上传下达,又要保证在省府厅州县各级行政机构上的政情流动,更要时刻留意边疆地区的军情民意,加上身携朝命的官员,通过驿站驰至各地,本身即是皇权朝令的象征。因此"马上飞递"的驿传制度,对朝廷及时了解各地情状,迅速做出反应,关系甚重[2]。

在交通条件与交通工具均受限制的年代,必须对邮驿组织及递运方式进行有效的设置与严格的管理,才能保证紧要消息的传递在有限的时间内及时传入朝廷中枢。按《钦定大清会典》所载:

> 凡置邮,曰驿:各省腹地所设为驿,盛京所设亦为驿。各省之驿隶于厅州县,间有专设驿丞以司驿务者。其钱粮夫马仍归印

---

[1] 考诸已出各种邮驿史的研究著作,可见其对于清代邮驿管理体制的认识,多由《清史稿》《清朝续文献通考》《大清会典》《大清会典则例》《中华民国十年邮政事务总论》及《交通史·邮政编》中有关驿站的记录整理得来,如谢彬的《中国邮电航空史》关于清代驿传的叙述,即据《嘉庆会典》所载(谢彬:《中国邮电航空史》,《民国丛书》第三编第35册,上海书店出版社,1991,第9-14页);楼祖诒撰《中国邮驿发达史》,其关于清代驿站的组织一节自注"转录《民国十年邮政事务总论》及译述《光绪三十年邮政总论》第七号附件"(楼祖诒:《中国邮驿发达史》,载《民国丛书》第三编第35册,上海书店出版社,1991,第312-313页;其《中国邮驿史料》一书关于清代邮驿的组织制度的叙述亦基本沿前书,唯叙述更为简洁);而晏星编著的《中华邮政发展史》(台湾商务印书馆,1994,第196-199页)及张翊著《中华邮政史》(东大图书公司,1996,第45-51页),则多依《交通史·邮政编》及《清朝续文献通考》的叙述。其内容基本是清代邮驿组织及主要路线的大致描述,尚未注意到邮驿体系的政治意味、以及其与皇朝政治运转的密切关系。

[2] 梁元生指出:"官府交通运输网络,举邮路即驿道作为例证,它不是按横向联系,而是按连接中央政府与各省的辐射状模式建立的。……邮传网络的设计(转下页)

官管理，均以道府稽察。复以按察使兼驿传事务总核一切。盛京之驿不隶州县，专设驿丞管理。又设正副监督二人专司稽察，统于盛京兵部。曰站：军报所设为站。其常设者自京城北回龙观站起，迤逦而西。分两道，一达张家口接阿尔泰军台，以达北路文报；[1] 一沿边城踰山西、山西、甘肃出嘉峪关，以达新疆驿传。每站各拨千把总外，委以司接递。其夫马钱粮，仍归所在厅州县管理。吉林、黑龙江所设亦曰站，每站设笔帖式管理，统于将军。又直隶喜峰口、古北口、独石口、山西杀虎口外所设亦曰站，并接设蒙古站以达六盟四十九旗，设理藩院章京管理。其口外各站夫马钱粮，归直隶、山西督抚奏销。蒙古站每站各设蒙古章京、骁骑校、毕齐克齐佐领兵丁以司接递，统于理藩院章京。曰塘：甘肃之安西州，新疆之哈密厅、镇西厅三属，除安西、镇西各本属公文差务仍设驿外，三属旧特设军塘，以达出入文报。自新疆

_____

（接上页）也是为了保证中央权力的安全，阻止横向的结盟。"（梁元生：《津沪联系：李鸿章对上海的政治控制》，载刘广京、朱昌凌合编《李鸿章评传》，上海古籍出版社，1995，第130页）此言甚具启发意义，只是对驿道的解读或有偏颇。清朝历代皇帝对驿站之管理极为重视，盖因经驿道传递之文书常为加急要件，为朝政处理之重点，故无论是《大清律》中对骚扰驿站之行为予以重罚，抑或圣谕对官员不当用驿的三令五申，均可看出在政情流通上，腹地所设的驿传网络乃是朝廷控制的主要手段，亦因如此，自康熙朝以降，无不对驿弊加以限制及加强管理，其目的依然是保证朝廷能以最快的速度获知各地的紧情要事。刘广生认为驿递网与步递（铺递）网构成清代传文的"两网制"格局，"两网独立存在，自成体系，均以'传命'为主旨"，其言过于绝对，而且两网的主要功能有所混淆。而其认为二者区别在于"传递方式、内容与要求、程与限各有不同"，判断大致不差，唯论述太简，未能深入探讨驿传与铺递所承载的政治含义及对实际政治运转的影响（刘广生：《试论中国古代邮驿的特点及发展规律》，载刘广生、赵俊起、宋大可编著《河西驿写真》，北京燕山出版社，1996年，第209页）。

改设行省后，裁哈密、镇西两属军塘，惟安西属军塘仍旧。每塘设有军塘夫以司接递，都司一人督率稽察。夫马钱粮，归文员奏销。曰台：西北两路所设为台。北路张家口外各台，每台派蒙古章京、骁骑校兵丁以司接递，于张家口、赛尔乌尔各派理藩院章京一人分管，统于阿尔泰军台都统。迤逦而西达乌里雅苏台城，每台派喀尔喀台吉一人，督率稽察。由乌里雅苏台分道而北，达近吉里克卡伦设台，并派喀尔喀官兵亦如之，统于定边左副将军。由乌里雅苏台迤逦而西达科布多，由科布多分道而北达卡伦亦设台，派喀尔喀官兵管理。由科布多分道而南达古城设台，派札哈泌官兵管理，均统于科布多参赞大臣，由赛尔乌苏迤逦而北达库伦，再北达恰克图亦设台，派喀尔喀官兵管理，皆统于库伦办事大臣。西路今归新疆巡抚统辖，设有府厅州县，概改为驿。曰所：直省旧设递运所运送官物，后裁并归驿。曰铺：各省腹地厅州县皆设铺司，由京至各省者亦曰京塘，各以铺夫铺兵走递公文。工食入户部钱粮奏销。[1]

可见其邮驿体系，乃根据不同区域的环境及驿递体系所应涵盖之职能而设置。在六种具体部门中，站、塘、台三项为边区军报而设，驿与铺为公文传递而置，递运所则为运递官物而用。但在实际政务之中，各组织的职能并无泾渭分明的区别。以驿递体系中较为重要的驿站与铺司为例[2]，传递要件的驿站，同时肩负运输要物及

[1] 《钦定大清会典》卷五十一，光绪二十五年重修本。
[2] 虽然驿铺同为传递文书的机构，但在紧要程度及铺设路线上均有较大差别，故其对皇朝政治的影响意味亦有差别。在清代有关"邮政"的谕令之中，多为指代驿传制度。故本章讨论清代"邮政"的含义，主要以驿传制度为主。而铺递与州县行政的关系，另文专论。

接待官员的功能；而铺司虽负责州县公文往来，但铺兵常被额外加增各类业务，包括扛抬病犯、挑送行李、甚至为官府衙门准备火把。故尽管驿铺职有专责，在实际运转中，多被州县官员加增逾职之功能，因此驿站铺司的负担大为加重。若其员役不想方设法额外敛财，则致兵员多有逃亡。其制度设计之初虽颇见美意良法，至清中后期却常生陋弊，根源即在此处。

清朝定鼎中原之初，即吸取明代驿制弊端及明末驿卒起义的教训[1]，对驿传的管理体制及经费结构做出了较大的调整：在管驿官制上，逐渐将驿卒管驿转为州县管驿，并逐步提高监察驿务官员的级别；在驿站经费方面，"自顺治贰年即改归官当"，亦即后世所谓"官养官应"之法[2]。由此不难发现，清代驿传体系较之明代的最大变化，即将原来独立运转的驿站，纳入州县官员的日常政务之中。在夫马钱粮等权利收归州县后，驿站逐渐变成了州县的派出机构，而驿丞亦成为州县官的属吏之一，驿站的职能只是承办各类传递和应差事务，而不再具有佥收钱粮、应派民间的职权。因此由州县管理驿务，在制度上无异更加明确了其"置邮传命"的重要地位，不仅有利于对驿站费用的有效利用，保证驿递系统的政情畅通，约束过往官员的滥驿情况，还可对京师以外的吏治情形有所训谕。

---

[1]　关于明代驿传体系的弊端、明中后期的邮驿改革及明末裁驿与农民起义的内容与过程，可参看刘广生主编：《中国古代邮驿史》，人民邮电出版社，1986，第297-314页。

[2]　顺治八年七月二十五日《户部和硕端重亲王波洛等题真定府属各驿马缺差繁困累难支事本》，载中国第一历史档案馆编《清代档案史料丛编》第七辑，中华书局，1981，第12页。今翻查史籍及诸论著，知顺治二年"驿马官养"之变均引自该题本，但未见有上谕或实录关于此事的翔实记载。

随着州县管驿体制的逐渐确立，原驿丞专职管驿的职能，渐为州县官的属官员役所取代。雍乾年间，各地大行裁撤驿丞，各省总督、巡抚依各地政情，将部分驿站的驿丞裁撤，收归由县丞、巡检[1]管理。距县治较远、主官难以远涉分神管理的驿站，其夫马钱粮收归州县管理，而保留驿丞"承应差使，照料喂养"。这一举措，本是划清驿丞与州县官之间的关系，驿丞不再以"职末小员"的身份经手驿站的钱粮，而专以喂养官马和应付差使为职；而州县官负责驿站钱粮的奏销核算，承担起治区驿递事务的核心部分，以保证各项差事的顺利完结。但这一制度性改变，并没有对官员滥驿的情况产生有效的约束，而岁耗 300 万两的驿费，逐渐成为各地官员中饱私囊的利薮。清末的《裁驿站议》[2]，形象地刻画出这些官员的嘴脸：

> 国家岁耗银三百余万两，夫所以不惜巨资而设此驿站者，原以奏牍公文俱归递送，欲使之从速而不至失误也。乃日久弊生，而竟为地方官之利薮。每州县冲繁者，其驿费多或万余金，其次五六千金，其僻静无驿州县，亦有千余金及六七百金不等。此项费用归入留支项下，州县官得缺时必先探询驿费之多少，其多者则为之欣然色喜焉。

---

[1]　所裁驿丞之驿站事务，多归由各地巡检之管理，实际上亦体现管理品级的提高。盖驿丞为未入流之官，而巡检为从九品、县丞为七品，均为县官属官、地方职官，"遇有刁猾之夫，原可随时惩革"（闽浙总督喀尔吉善奏，载《宫中档乾隆朝奏折》第 10 辑，台北故宫博物院，1982，第 885 页），多少亦弥补原因驿丞品秩不高而造成驿弊的影响。

[2]　刘锦藻：《清朝续文献通考》卷三百七十五，《邮传十六考》一一二一〇，载王云五编纂《万有文库》第二集，"十通"第十种，商务印书馆，1935。

　　这一制度变化的关键，在于州县管驿之后，夫马钱粮均归入地丁项下管理，而实际驿站的日常运转，仍是由属官、驿丞乃至幕吏经手，故驿站不仅"既饱州县官私囊，复递无足重轻之例信"，逐渐变为所属州县官之私器，且造成清朝财政极大的缺口，裁驿之议，遂兴起不绝。但终清一代，"裁驿"之举难行，关键在于清代"邮政"之事，重心在"政"，其与邮传驿递制度相系，既指代上述具体业务，又常超乎其上，而作为维系朝政运转、训谕直省督抚及肃清州县吏治的政举，出现于各朝奏折上谕之中。

　　明亡之后，王夫之曾对前朝驿递之盛衰变迁，及引发明末驿弊的原因，有过简明扼要的分析，认为主要原因，一是管理日益松疏，一是官员扰驿严重，一是裁驿过于匆忙。这一说法，对清代驿递设置及布置产生过深刻的影响，清人亦因此将驿站之裁留，与皇朝的稳定相联系，视为"皇政"之一部分及朝廷统治在州县的一种体现。而置邮传命之根本，还是在如何平衡官民利益，驿传虽为朝令传输渠道，而在州县又与民政息息相关，若驿弊扰民，不仅民怨难平，更损害朝廷形象与地方稳定。清人称"驿传之设，国家为征发期会，军书宾使，备缓急，均劳逸也。……至铺递所以连邮传，文命以之敷系，綦重矣"。[1] 而"驿递，所以传命也。大事给驿，小事人递，君子端拱堂署之上，而令行于环海无阻者，职驿递为之也，其所系岂小哉！"[2] 为了保证"军国命脉"的流通，则必须训谕各地官员"戒虚冒，禁骚扰，惩滥应"，以期"整饬与体恤备至，

---

　　[1] 刘道著修，钱邦芑纂：(康熙)《永州府志》，《驿传·序》，转引自仇润喜、刘广生主编《中国邮驿史料》，北京航空航天大学出版社，1999，第383页。

　　[2] 沈藻修，朱槿等纂：(康熙)《永康县志》，《驿递·序》，转引自《中国邮驿史料》，第395页。

固其马腾而卒健也"，并使得民众"可知国家声教之讫，威名之行，其不疾而速有如此者"。[1] 盖清代诸朝对驿政建设相当重视，不仅是为了文报渠道的通顺，更重要的是驿传与朝野内外的人事、政治运转联系相当紧密。由于交通工具和递寄条件的限制，以及朝廷中枢对快速获取信息的需求，清代历朝统治者均将驿传铺递视为皇朝政治的一部分，官员因违规用驿而导致信息堵塞、政令不通，从未被视为简单的违制，而是上升到影响皇朝长治久安的角度来认识。因此通过驿递事件的训斥来警醒官员，肃清吏治，更是"邮政"的另一层关键的意义。

清代"邮政"之政，一是对朝廷而言，其政情军报的流传通畅及文报内容的轻重缓急，关系皇朝的长治久安；一是对州县百姓而言，如何在保障文报安全流畅的同时，减轻州县百姓负担，避免因不堪重负而引发骚乱。总体而言，传统朝廷的"邮政"，乃与其他政令一般，是为维护皇朝稳定运转的政治举措，而其顺利运转又依赖于州县的钱粮人马，若供需得当则舒缓民力，若滥索无度必致民不堪负。故清代历朝三令五申，旨在减轻民间负担与约束官员劣举，进而尝试肃清吏治，以固政基。不过，由于用驿标准实难划一，何为合理用驿，何为滥用驿力，经常出现皇帝与官员的理解不相符合的情况。皇帝对官员进行训谕与驳斥，同时亦是教训官员如何去做一个皇帝心目中标准的官吏。所以"邮政"之重心，不在邮递的具体运转，而在于驿传的政治含义，亦即其与朝政国命之间的密切联系：驿传铺递固是朝廷血脉，而管驿用驿之人事，更是直接关系州县吏治好坏与民众负担的轻重。尤其对于清代而言，前明因

---

[1] 陈宏谋修，范咸、欧阳正焕纂：(乾隆)《湖南通志》，《驿传志·序》，转引自《中国邮驿史料》，第 371 页。

驿卒起事而导致灭朝亡国的教训最为鲜明，故对邮政的警惕与监管纠正亦较多。

即使清代对"邮政"的重视程度与整治力度，都较历代有过之而无不及，驿弊扰民的行为仍屡禁不止，此中缘由更值得深思和探讨。从前述清代管驿制度的变化即可看出，由驿丞管驿到州县管驿，由巡道兼管到臬司督察，清廷在完善邮驿制度的过程中不断地提高管驿官员的等级，但扰驿累民之风却始终未能遏止，重要原因在于监察滥驿之员，往往亦是扰驿甚重之人，州县官纵有管驿之责，也不敢轻易开罪上级，只能默许滥驿之事，此其一；州县官员职责繁多而属员不足，管境之内驿站与县治甚有距离 [1]，故驿站日常管理事务常由幕友、长随负责，而克扣摊派之事往往由此辈而起，公帑落入私囊，驿事自然衰微，此其二；直省官员之间逐渐形成一种默认的利益集团，上下交相瓜分驿站的相关利益已成公开事实，而各省官员亦可能因往日异时之升迁调配而互通便利，故对用驿的违规滥给得过且过，以免开罪上级同僚，以致形成一种"上下分肥"的局面，此其三；随着乾隆末年吏治的逐步松懈，道咸年间的外敌入侵与内乱频起，造成邮驿管理进一步混乱，驿差积压折件、私拆夹板、畏惧驿路堵塞的情况屡见不鲜，不仅朝廷公文传递深受影响，亦反映吏治败坏至深，此其四。由此不难看出，清代传统文献中的"邮政"与皇朝政治的联系甚

---

[1]   以顺天府武清县河西驿为例，光绪十三年八月廿七（1887 年 10 月 13 日），武清县驿幕沈侨如从县城到河西驿，"午饭后稍谈，登车于酉刻到驿"。（刘广生、赵俊起、宋大可编著：《河西驿写真》，北京燕山出版社，1996，第 9 页）按时辰推算，大概需 4-6 个小时，方能从县治到河西驿，一旦当日往返，所费时间约需 10 小时以上。所以即便"州县管驿"，县官亦多任命驿幕代为管理。

深,作为反映清代政治信息运转与官场吏治情况的一面镜子,不仅当日由皇帝及中枢操纵影响直省的政治人事,亦有助于更全面地理解清代的驿传铺递及其政治内涵。

邮驿体系与清代政治运转密切相关,而民间书信往来及商情流通,除依托同乡、信客、钱庄、票号、镖客、会馆等非正式组织外,主要由组织化的信局进行寄递。尽管民信局的确切出现时间尚待深入考究,但其出现原因,应与民间商业的繁荣发展有关。[1] 尤其晚清以来,驿传铺递体系日渐败落,官场往来传消递息,不能不借助传递快速、保密性强的民信体系。直至新式邮政建立之前,民信局应民众需求而发,从免费带递到收费寄发,开设至交通要衢的路线进行信件、货物交换。因地区经济情势的不同,或专营或兼营,虽达寄书通邮之效,亦是商业往来之举。

不过,民间虽有寄书通邮之需,如果仅凭此项业务收入,很难维持信局的生存。故信局业务的大宗,还是货物运送与银钱汇兑,同时进行民信的寄送。各地区经济活跃程度的不同,也就决定其信局机构功能的轻重分配。总体而言,大部分信局以带运货物与汇兑银钱为主,在运送过程中带运信件,实现其寄书通邮的功能。未专设信局的区域,则由具有运输功能的机构实现带信功能。

自清代中后期,民局在全国渐趋普及。由于是时设立信局手续简单,而民局规模"多不甚求形式之宏伟,每就陬巷小街,僦屋一廛设之。铺面高悬招牌,大书某某轮船信局,或仅某某信局。投送地点,即详列下方。店门以内,或于左右、或一隅,设有账房。店

---

[1] 徐建国认为:"商业信息沟通和亲情友情联系的共同需要促进了民信业的产生。"徐建国:《从兴盛到衰败:近代中国民信局(1866—1934)》,中国社会科学出版社,2017,第 30 页。

员人数，视信局之大小、营业区域之广狭以为等差，多者至数十人，少或仅二三人"。[1] 其收发信件及结账付款的方法亦十分灵活方便："信局信资，不必先交，可于年终、三节或四季结账。此最便于小商店经济之运用。"而对于经常光临的主顾，"收取信资，恒视邮局低廉，其招徕方法，或打折扣，或按季节交纳"。为了方便主顾寄信，"每当适当时候，派人临门收信。旧式商店惯例，办理信件，恒在夜间。信局对各大市镇，必俟夜深始往收信，又于发寄班期常依主顾便利，稍为延长时间，商店极为满意"。[2] 当带信轮船抵埠之际，"尚未停轮之前，（信局带寄之信）即先投入预来接货小艇之中。小艇划回码头之际，信局经理即在艇中分拣信函。故其交到收件人之手，非常迅速"。[3]

信局乃应社会需求而生，自然与各地的环境条件息息相关。不同的地区，因不同的社会经济、生态环境，而对信局的组织、人员、功能产生各异的要求。其最初的业务，集中于传递商业信报与货品，基于运营成本的考虑，一般书信的传递并未占据主要位置。商业繁荣的江浙地区，信局众多，路线交错，而西北、西南等边疆地区，信局稀少，或是由其他组织兼带书信，甚至并无专设局所，而由流动人员随机带送。相较于边疆地区，水陆横错的江南及中原，信局往来及业务寄递都相对活跃许多。由于江南地区水道发达，信局可利用此便利通道，以船只往来商埠与城乡之间。但道咸之后，民间生计维艰，流徒甚多，更有"垦荒者，不得已而冒作绿

---

[1] 沈阳市邮政局邮政志办公室编：《民信局沿革》，载《中国邮电史料》（第二辑），沈阳市邮政局邮政志办公室，1986，第 47 页。

[2] 《民信局沿革》，载《中国邮电史料》（第二辑），第 46 页。

[3] 同上引，第 45 页。

林"[1]之辈。江南地区水道纵横，十分便于逃逸，而信局为"贪图快捷，未免黑夜遄征"，因此"劫盗之风遂层见而叠出"[2]，劫掠来往信船、杀害随船局伙之事，常有发生，不绝于书。对于此类劫掠案件，官府往往难有作为，在一定程度上也损害了民间信业的发展。光绪五年后，浙宁八家信局建立起信业公会，以期建立行业规范，杜绝内部弊端。但大清邮政已经开办，面对国家（朝廷）力量介入民间商业领域，民信局在新式邮局低价高效的竞争面前渐处下风，最后不得不接受被大清邮政兼并的现实。

受驿递交通条件的局限和服务朝政的需要，清廷在用驿人员和用驿条件上都加以规限，对文书种类和接发人员均有明确条例，非达到一定品级不能使用。虽然违规滥驿的情况屡见不鲜，但多系官员家人、随从狐假虎威所致，一般官员并不能轻易将信件入驿递寄。不过，对于直省官员而言，了解京师政治动态和人事变化，并将所管辖区的相关政情与京师枢臣交流，是除日常政务之外的另一重要政事。由于驿递不能代递私信，而专差带信费用太高，故以保障客户的信物安全为宗旨的民信局，其服务在一定程度上成为解决直省各级官员受限驿规、而不便递送一般信件的有效办法。通过民信系统传递政情，有利于身处直省的官员及时了解京都人事政情变化。当然，对于信局在这一过程中的具体作用，亦应恰当评估。由于其管理规范的缺乏及收寄人员素质的参差不齐，此类禀稿信件及相关器物的带运不时出现遗漏及损失的情况。随着大清国家邮政及电报事业的兴起，利用民局带运政治信息的做法，伴随着民信局的逐步衰落而消失。

---

[1]　《盗劫信船》，《申报》1885 年 1 月 24 日第 2 版。
[2]　《信局船改用小火轮议》，《申报》1886 年 6 月 25 日第 1 版。

在新式邮政制度及其传递方式未传入中国前，清代的传信体系分为官民两个相对独立的系统，这样的体制设计不仅基于交通工具及路线的制约，亦是对传统邮驿与朝政运转之间关系认知的重要体现。清初设立的邮驿制度虽为传送朝令文书而起，但其内涵深远，除本来职能之外，邮事更上升至"为政"层面，朝廷通过对官员训谕乃至惩戒，意图制止日渐严重的滥驿索驿现象，以期达至肃清吏治、巩固根基的目的。耐人寻味的是，越是强调肃清"邮政"之时，正是驿弊情况越发严重之际，朝廷虽有意革清旧弊，但驿弊、驿害的产生，由清代官制结构及其衍生的官场"潜规则"所决定，缺乏专业人才进行管理，又要在官场的人情世故中维持左右上下的良好关系，既有体制之下，无法达至"肃清邮政"的实际效果。

作为民间递信的主要组织机构，民间信局承担起了商业信息流传和家书传递的功能。在传统"不与民争利"的背景下，民信局无论在行业规模还是递运网络上都获得较快的发展。鸦片战争之后，新式邮政知识的传入，开始从利益获取及国家利权的层面改变清人的知识结构，从而奠定了之后 70 余年间邮政制度变迁的基础。

第二节　欧美新式邮政知识的传入

欧美新式邮政知识在中国的传播，一是欧美新式邮政机构在中国的设立与运作，一是清朝游洋官绅的见闻介绍。欧洲新式邮政制度的改革，自 1840 年罗兰·希尔的"黑便士改革"始。而中国人在本土最早接触到欧洲邮政制度，应是 1843 年英国驻华商务监督律劳卑（Lord W. J. Napler）在广州设立的、隶属大英邮政的新式邮局[1]。不过,这一机构仅在广州口岸开设,示范意义不大,真正造成知识更新与制度示范的,应是 1863 年 6 月 24 日上海工部局设立的工部书信馆。虽然工部书信馆服务的对象,主要是外国在华机构的洋人,但开办之后上海工部局即发现,"书信馆收发华人的信件数量很大,主要是外国人寄给华人的,因此值得考虑这些信件是否可不付邮资就享受书信馆的全部方便"。[2] 其时带运邮件的轮船,亦将华人信件,交由工部书信馆分发[3]。由此,同治年间,沪上华人突然发现,除民信局及驿站之外,尚有另一种递信机构,可以通过黄浦江上呼啸而过的火轮船,把家书商情带至门口,而这种直观的感觉,逐渐成为新式邮政机构在华夏大地落地生根的启蒙。工部书信馆在开办的三十四年间,建立起以上海为中心、覆盖沿海主要城市的递信网络,其完善的邮件收取及递运制度、以及吸取了中国民间信局递信经验而修改的递运规条,都为后来的大清邮政提供了

---

[1] "POST OFFICE REGULATIONS", *The Canton Register*, Aug 26, 1834. 本章以"新式邮政"概括在欧风美雨影响下、采用英国"黑便士"邮政制度为蓝本、以服务全体民众为主旨的邮政制度。但"新式邮政"同时也是一个随时间递进而易新内容的制度,如 1834 年在广州设立的英国邮局,其制度则与 1840 年后实施的"黑便士"邮政制度不尽相同。而由赫德等外籍税务司试办的新式邮政,其开始虽借鉴英国邮政制度,但又根据清廷递信状况及惯例而做出不少调整,吸取了不少民信局的递信经验,故"新式邮政"一词,实指一开放并不断演进的体系,方便贴近历史本身。

[2] 1865 年 6 月 7 日"财政、捐税及上诉委员会的报告",载上海市档案馆编《工部局董事会会议录》第 2 册,上海古籍出版社,2001,第 505 页。

[3] "邮票发行得相当多,但是仍由轮船代理商向书信馆收费。如果轮船抵岸后即由代理商照例将中国人的信件送往书信馆,而不让他们的买办分送,将大大有助于使书信馆成为一个自立的机构。"1865 年 8 月 7 日"财政、捐税及上诉委员会的报告",载上海市档案馆编《工部局董事会会议录》第 2 册,第 511 页。

宝贵的经验。

如上所述，中国传统"邮政"，以置邮传命为主旨，并无服务民众的职能。在清朝官员心目中，为民递信乃民间自发的商业行为，官府只应监管而不宜涉足，避免"与民争利"的尴尬与指责。而中国传统的民信体系，以商业网络带动信件、货物的传递，恰好与"不与民争利"的想法相适应。故二者在百余年间相安无事，不少官员的家信私物，亦多交民信局带运。盖交驿私递，难免驿夫途中私拆、卷物潜逃，而民信局以商业诚信为保证，城乡大邑的带运，多能及时安全递及，故为时人所接受与信任。

鸦片战争之后，外制新知由入华洋人及游历官绅介绍，逐步传入中国，为国人所接触、了解与熟知。以"裕国便民"为主旨的邮政制度，在时人看来不仅便利民众，更可为因赔款而财政拮据的清廷，带来巨额的收入，从而间接减少对民众的剥削，减轻他们的负担。因此自同治年间起，对外国（尤其是英国）邮政制度的介绍及在清朝建立新式邮政的建议，不绝于书。另外，新式邮政制度在欧美各国的完善亦自 1840 年始，清廷讨论发展新式邮政的过程，也是该制度在其发源地逐渐健全发展的过程，是时清人所了解和认知的，正是在逐渐发展完善的新式邮政制度。然而，新制虽经热议，关注重点却局限在新式邮政的递信方式，尚未考虑在清朝体制内如何调整职官，尤其在传统的兵部管驿、州县管理的体制下，官信与民信如何合二为一的问题。而甲午战争之前，清廷中枢亦未认识到开办邮政与国家利权相系，故将开办事宜交由海关兼办，结果形成官驿、民信、客邮与海关邮政并行的局面，成为后来收回邮政及裁驿置邮的纠葛起源。

自同治年间起，报纸舆论即不停宣传新式邮政的利处，其论调一是宣传新式信局的方便、安全与快捷，一是鼓吹泰西诸国的巨额邮政收入。《申报》《万国公报》等媒体先后刊登了《信局论》《论英国发信法》《驿使寄信考》及有关英国税赋收入的文章，大力鼓吹新式邮政的裕国便民之效。值得注意的是，光绪十二年（1886年）以前，媒体较少用"邮局"一词来指称新式邮递机构，行文之间，还是惯用清人熟悉的"信局""书信馆"来比附欧美新式邮递机构。但无论是"信局"或是"书信馆"，都难以体现新式邮递机构由国家主办的意味，而更易突出其作为商业操作而获利的形象，极易为清人误解。某些较早接触泰西制度与思想的官员文士，开始使用"邮局""邮政局"等名词，呼吁朝廷尽早借鉴新式制度，裁汰驿站，节省靡费，并为国库增加收入来源。唯一旦改制，即嚣声四起，先行者们的观察与呼吁，在争论阻挠之间，几经浮沉。

报纸舆论的鼓吹，毕竟多来自洋人的经验，而清人对新式邮政制度的观察和体会，则多见诸同光年间游历外洋的官绅笔墨。[1] 同治五年（1866年）随赫德等游历欧洲英、法、比、俄等国的张德彝，对欧洲各国的邮递制度及其相关的事物进行了记载。他第一次出洋，就在法国感受到了新式邮政借助现代交通工具的便利，而在巴黎信局看到堆积如山的信件及繁忙的递送场面，恐怕也是与其往昔记忆相当不同的经验。同治七年（1868年），张德彝再次随同蒲安臣使团出使日本、美国、英国和法国。在英国，他留下了中国人最早关于外国集邮的记录。

---

[1] 早在道光二十七年（1847年）受美商聘请前往美国教授中文的林鍼，就在所著《西海纪游草》的自序中记道："巧驿传密事急邮，支联脉络。暗用廿六文字，隔省俄通（每百步竖两木，木上横架铁线，以胆矾、磁石、水银等物，兼用活轨，将廿六字母为暗号，首尾各有人以任其职。如首一动，尾即知之，不论政务，顷刻可通万里。予知其法之详）。"此为记载电报传信的神速，而当时林鍼尚不知该如何记述，便以驿传密邮以比附（林鍼：《西海纪游草》，岳麓书社，1985，第36-37页）。

　　是时出洋官吏，多以信局比附新式邮政制度下的邮局。光绪二年随众海关税务司 [1] 前往美国参加费城赛会的海关文案李圭，则首次以新名词"邮政局"来描述新机构。面对邮政新制，他除了详记所见所知外，还以其与中国的驿站制度做了比较。他发现"西国往昔，亦若我中国驿站之制，专递公文，不递民间书信"。后西人发现："以民为邦本，国无民不立，此制虽便于国，未便于民。"故对寄递制度进行改革，"各于通国地方，遍设邮局，派员经理，辖以大臣。无论公文、书信，一体传递，民大称便"。经过多年的积累，办法已归尽善，"信资既廉，递送又速而无错误，人皆乐从之"，所得信资甚多，可用作各项经费，"年终计算，颇有盈余解部，从无入不敷出之虞"。加上世界各国邮政事务联为一体，"凡邮政一切办法，举地球各国，同为一制，互相驰递。东瀛日本，亦在列焉"。故其反思道："夫邮政为政治大端，历来讲求损益，代不胜数。独泰西于百年来，竟合公私而一之。其一切经制，有欲采而施诸中国，以为裕国便民计。或以为未可，而不知是诚可为也。"之所以可行于中国，乃因为官民合一"本是省费而未尝省人，故夫役仍有所倚赖也"。而且递寄公文的费用，可由"民间信资以补之也"，因为是时中国"私信一函，由信局汇寄，路仅百余里，费必数十文。是上下糜费，不亦太甚乎？"所以公私合一的递寄体系，不仅无"糜费"之病，"则裕国便民，已在其中"。[2]

　　通过比较，李圭已发现中国邮驿与欧美邮政之间的差异，即在

---

　　[1]　出席美国赛会的海关人员包括东海关税务司德璀琳（G. Detring），闽海关税务司杜德维（E. B. Drew），粤海关税务司赫政（J. H. Hart），前津海关税务司吴秉文（A. Huber）等。

　　[2]　李圭:《环游地球新录》，岳麓书社，1985，第 260-262 页。

是否"裕国便民"。虽其未在书中详列美国邮政岁入收益情况，但那种遍设邮局邮筒、信件杂多的局面，已经为其留下了深刻的印象。因此回国之后，李圭还继续对介绍外国邮政制度的工作很感兴趣，1885年，他翻译了香港邮政指南并详加注释，并由道台薛福成转呈南北洋通商大臣，一度形成了创办邮政的热议局面。[1] 不过，张德彝作为同文馆学生，李圭作为海关文案，两人均系职位低下的随员，加之是时清廷士民对洋务的敌视或漠视态度，他们早期对西洋制度的记载，一般不易引起士民的广泛争论与思考[2]。而光绪二年以"谢过"特使身份出使英国的郭嵩焘[3]，则相对更有目的、也更有系统地对这一制度进行了解和揣摩，他不仅向近邻日本的官员请教邮政制度改革的相关事宜，收集相关制度条文，还仔细追究其间的差异，以探求新式邮政在清国推行的可行性。另外，郭嵩焘先后多次参观伦敦信局的场所及发信过程。可惜其欣赏洋务、主张采纳西制的想法做法，不能见容于士林官场，最终其包括采纳新式邮政在内的构思，未能为朝野所接纳。

---

　　[1]　1885年7月14日浙海关税务司葛显礼呈赫德文第78号，载中国近代史资料丛刊编辑委员会编《中国海关与邮政》，中华书局，1983，第32—37页。是事与葛显礼积极推动海关邮政与上海工部书信馆的合并有关，下节详议。

　　[2]　据薛英、鲍国强《张德彝和他的八种〈述奇〉》记，张德彝所撰多种航海述奇，在其生前只出过三种，分别为《航海述奇》（清末石印本）、《四述奇》（清光绪九年同文馆铅印本和清光绪年间著易堂铅印本）和《八述奇》（清宣统年间石印本）（张德彝：《稿本航海述奇汇编》（一），北京图书馆出版社，1997，第5页）。在同治末年到光绪初年，张德彝对泰西诸事物的记载，并未在坊间流传，自然未能引起足够的重视和讨论。

　　[3]　总理衙门最初任命郭嵩焘是"谢过"特使，为"马嘉理案件"向英国致歉，直到伦敦之后方获新的国书，被任命为首任驻英公使。此事过程，可参阅汪荣祖：《走向世界的挫折：郭嵩焘与道咸同光时代》，岳麓书社，2000，第174页。

虽然主张借鉴泰西制度，建立新式邮政的建议一时未能成事，但时人根据自身所处情势，越发觉得驿站虚耗国帑，而邮政裕国便民，是宜裁驿置邮，以便官民。光绪七年冬天，马建忠在《上李相伯复议何学士如璋奏设水师书》中，即认为"中国各省，驿站之费，一巨款也"。如果改用"外洋邮政局之法"，"不惟可以省经费，亦且可以便官商。"虽然预计邮政收入未必如英法之多，"然于国帑亦可少补矣"。面对反对声音"哄然起矣，不曰殊乖政体，即曰有碍成例，哗者一人，和者百人矣"。甚至有人指责此乃"亡国所为，今若立地创行，日后流弊滋甚，于是倡者一人，挠者千人矣"。马建忠以为，"今际此生民未有之创局，徒为一二钻研故纸浮议所阻，断断然以往事可鉴，不齐其本徒循其末，不求其治徒忧其弊，是无异惩色荒而禁昏姻，恶禽荒而废蒐狩也。则天下尚有何事可为，又岂特包鸦片烟税征水旱烟税、铸银钱、设邮政四事也哉？又岂能筹饷项以经理海防也哉？"指责当道"非不能也，是不为也"。[1]

马建忠的感言，反映了晚清接受外洋新知的官员进策未果后的复杂心态，亦揭示出阻碍新政的最大原因，即在"体制成例"之中。此事并非泛泛而论，乃清朝 200 余年之政统延续所必需的制度承载。趋新者未必尽然有理，而阻挠者并非全然守旧，盖双方均只见己长彼短，未曾虑及制度的良否，全以具体情势为转移。马建忠所诟病的"不知天下无有利无弊之事，知有利而循坐误，则利源日消；知有弊而立法预防，则弊实自绝"。若放在对清代改革驿政

---

[1]　马建忠：《适可斋记言记行》，载中国史学会主编《中国近代史资料丛刊·洋务运动》（一），上海人民出版社，1959，第451页。

的行为上亦同样适用。"上下之情通，而君民一体之道得焉"[1] 的理想，是清代办"邮政"思路的终极追求。围绕制度变动新旧知识体系之间一旦发生冲突，双方难免各执一词，各走极端，水火不容，无法平情而论，难见彼此主张的合理与可取之处。至于朝野上下对使外官员的敌视态度，以及传统驿制所牵涉的大量实际利益与人事关系，更非几部著作、数篇上言即可改变理顺的制度整体规划与管理人员安排。新式邮政要在中国落地生根，尚须时日和实践的考验与证明。

第三节　大清邮政的试办与正式开办

传统邮驿制度，乃为契合皇朝统治的体制而设，民间商业信局，则主要为商民信息流通服务，这种官民两分的体制实际运行起来并非泾渭分明。[2] 然而，第二次鸦片战争后，在清廷与各国签订的《天津条约》及《北京条约》当中，均列有清国须为签约国代递信件的条款。此举不仅使清廷逐渐接触现代国家义务观念，亦促使其开始在体制内增设新的功能，甚至催生新的体制以应付困境。

自第一次鸦片战争签订《南京条约》后，列强为打开中国市

---

[1]　马建忠：《适可斋记言记行》，载中国史学会主编《中国近代史资料丛刊·洋务运动》（一），第 451 页。

[2]　虽然清代明令禁止私信入驿，但并不能完全禁止清代官员附驿寄递私信的行为。故"官民两分"的邮递体制，只是从大体上进行概括，并不意味着二者截然两分。

场及公使驻京等问题，不断与清廷发生摩擦，最终酿成自 1856
年开始的第二次鸦片战争。战后清廷与各国签订的《天津条约》
中，明确将外国公使及其随员眷属长期驻京写入条约之中，随之
而来的，即是各国公使与其国家书信往来的安排问题。咸丰八年
五月初三（1858 年 6 月 13 日），俄国最先与清廷签订了《天津
条约》，其中第十、第十一条与通信有关："第十条　俄国人习学中
国汉、满文义居住京城者，酌改先时定限，不拘年份，如有事
故，立即呈明行文本国核准后，随办事官员径回本国，再派人来
京接替。所有驻京俄国之人一切费用，统由俄国付给，中国毋庸
出此项费用。驻京之人及恰克图或各海口往来京城送递公文各项
人等路费，亦由俄国付给。中国地方官于伊等往来之时，程途一
切事务，要妥速办理；第十一条　为整理俄国与中国往来行文及京
城驻居俄国人之事宜，京城、恰克图二处遇有来往公文，均由台
站迅速行走，以半月为限，不得迟延耽误，信函一并附寄。再运
送应用物件，每届三个月一次，一年之内分为四次，照指明地方
投递，勿致舛错。所有驿站费用，由俄国同中国各出一半，以免
偏枯。"[1]

继俄国之后，咸丰八年五月初八（1858 年 6 月 18 日），美国亦
与清廷签订了《天津条约》，其中第四款即有关书信寄递："因欲坚
立友谊，嗣后大合众国驻扎中华之大臣任听以平行之礼、信义之道
与大清内阁大学士文移交往，并得与两广、闽浙、两江督抚一体公
文往来；至照会京师内阁文件，或叫以上各督抚照例代送，或交提
塘驿站赍递，均无不可；其照会公文如有印者，必须谨慎赍递。遇

---

　　[1]　《咸丰条约》第 3 卷，载沈云龙主编《近代中国史料丛刊》续编第 76 册，文
海出版社，1974，第 119-120 页。

有咨照等件，内阁暨各督抚当酌量迅速照覆。"[1] 而联手发动第二次鸦片战争的英国与法国，则先后在咸丰八年五月十六日（1858 年 6 月 26 日）与五月十七日（6 月 27 日）与清廷签订《天津条约》。中英《天津条约》第四款规定："大英钦差大臣并各随员等，皆可任便往来，收发文件，行装囊箱不得有人擅行启拆，由沿海无论何处皆可。送文专差，同大清驿站差使一律保安照料；凡有大英钦差大臣各式费用，皆由英国支理，与中国无涉；总之，泰西各国于此等大臣向为合宜例准应有优待之处，皆一律行办。"[2] 中法《天津条约》第二款规定："兹两国幸然复旧太平，欲垂之永久，因此两国钦差大臣议定，凡有大法国特派钦差大臣公使等予以诏敕前来中国者，或有本国重务办理，皆准进京侨居，按照泰西各国无异。又议定，将来假如凡与中国有立章程之国，或派本国钦差公使等进京长住者，大法国亦能照办。凡进京之钦差大臣公使等，当其暂居京师之时，无不按照情理全获施恩，其施恩者乃所有身家、公所与各来往公文、书信等件皆不得擅动，如在本国无异；凡欲招致人通事、服役人等可以延募，毫无阻挡。所有费用，均由本国自备。大清国大皇帝欲派钦差大臣前往大法国京师侨居，无不各按品级延接，全获恩施，俱照泰西各国所派者无异。"[3] 细读条文，比中俄《天津条约》的规定更进一步：俄国寄送文书人员，尚须经台站行走，而英法二国信差则可于"沿海任何地方"带信走递，清廷必须如对待驿站差

[1]　《咸丰条约》第 4 卷，载沈云龙主编《近代中国史料丛刊》续编第 76 册，第 165—166 页。

[2]　《咸丰条约》第 6 卷，载沈云龙主编《近代中国史料丛刊》续编第 76 册，第 256 页。

[3]　同上引，第 345—346 页。

使一样加以保护。也就是说，英法二国之信差或其他人员，可以不
受通商口岸的限制，随时深入中国内地，而清廷还要对其活动加以
保护。这一条款，为日后内地民众与入境洋人持续不断的冲突，埋
下了法理的隐患。

《天津条约》签订以后，英法各国又因进京换约一事，与清廷
再度燃起战火，最后落得文宗西狩、由恭亲王奕䜣签订《北京条
约》的结局。双方近四年的交涉与战争，以清廷继续开放口岸及
出让更多权利而告终。[1] 为了方便办理涉外事务，清廷于咸丰十年
十二月初十（1861 年 1 月 20 日）在京设立总理各国通商事务衙
门，是年十二月二十四日（1861 年 2 月 3 日），由奕䜣、桂良、文
祥奏《总理衙门未尽事宜、拟章程十条呈览折》，定制开府办公，
其中第二条"司员分办公事，以专责成"，由各部抽调司员，根据
职能办理相关事务，其中"台站驿递事件，则由兵部司员经理"。[2]
可见，总理衙门虽为办理洋务的新机构，其构成人员仍以六部司员
为骨干，以旧管职责应付新生事务。

以兵部司员为例，原本主管台驿事务，负责朝廷文报、官员招
待及货物转运事宜，如今洋人传书递信亦纳入其职权范围，势必引
起一番不适与争论。时任兵部郎中、充马馆监督的黄云鹄，就洋人
以《天津条约》为凭、借用驿站车辆马匹传递文书一事上奏，力争
不可："驿站车马，查无应付洋人之例，所称递送各国文报及运解
各国什物车辆，仿照中国定例一律办理之处，诸多窒碍。职既司此
事，生死以之，不敢从同，以上误朝廷，下毒百姓。事若果行，中

---

[1] 关于此事经过始末，可参阅茅海建《公使驻京本末》一文（见茅海建：《近
代的尺度：两次鸦片战争的军事与外交》，上海三联书店，1998，第 166-254 页）。

[2] 《筹办夷务始末》（咸丰朝），中华书局，1979，第 2716 页。

外衅端，必从此肇。"他认为"朝廷之驿站，如人身之血脉，血脉不通则身病，血脉杂则血脉亦病。与其为难于异日，莫若熟酌于目前。且驿站情形苦累已极，如此办理，苦累岂有穷期耶？所议决不可行"。[1] 按黄云鹄所言，驿站关系朝政通畅，目前州县办理已苦累民甚，若洋人再用车马，无异再加重负，民何以堪。而且洋人使用驿站车马，拖累运转速度尚在其次，一旦影响文报安全，更为得不偿失，故其以"上误朝廷，下毒百姓"括之，力陈该事不可行。因此总理衙门希望借用驿站传递外国书信的做法，始终受到黄云鹄的抵制。

同治五年十二月初四（1867 年 1 月 9 日）兵部出示《申严驿禁谕》，声明"嗣后总理各国事务衙门来文，除官纸封套通行文件仍照常发递外，其布包、皮包、夹板、钉封及另纸包封紧要事件，均由该衙门自行填票拨递，本司概不准接递"。若总理衙门"不汇齐印总，擅自封发，本具官职守所在，舍命不渝，决不能为尔等宽宥也。言出惟行，决无后悔"。[2] 态度之坚决与言词之强硬，为晚清官场所少见，亦可知总理衙门虽迫于条约不能不做出体制调整，所受阻力，未必全然来自反对洋务的官员，体制本身的可容纳性，亦限制了司职者的见识与行事。

在这样的状况下，总理衙门不得不另觅良法，1865 年 8 月，自上海迁至北京的总税务司署，以其地位的特殊，进入了总理衙门诸大臣的视野，以此为凭借，开始了试办新式邮政的漫长路程。早期的海关试办邮政，主要还是在带运使馆文书的范围内展开，直至 1877 年 5 月，赫德方授意津海关税务司德璀琳准备开办新

[1] 黄云鹄：《兵部公牍》，第 78 页。

[2] 同上引，第 169 页。

式邮政的相关工作，次年 3 月 26 日，德璀琳呈文赫德，表示北方三口岸与北京、上海的邮路联系已经准备就绪。[1] 不过，此邮路仅限于在华洋人的信件往来，至于是否办理及如何办理华人信件业务，尚未纳入正式日程。究其原因，乃是因为中国官员提示开办条件有限，[2] 而众税务司又担心新式邮政侵及民信局的利益，故建议德璀琳慎重行事。[3] 1878 年 7 月，德璀琳与天津的大昌商行订立协定，由其作为海关的代理人，在北京、上海和芝罘代海关收集递运华人信件。[4] 此法后进一步发展，成为由华人收寄、海关代运的华洋书信馆，一时间颇受舆论瞩目，被视为国家邮政开办之曙光。但由于是时清廷并无开办国家邮政的计划，试办亦交由外籍税务司总管，以致新式邮政在很长一段时间内都被认为是

---

[1]　《中国海关与邮政》，第 3—5 页；德璀琳致休士文第 1 号，载天津市档案馆编《清末天津海关邮政档案选编》，中国集邮出版社，1988，第 71 页。北方三口岸指天津、牛庄与芝罘（烟台）。

[2]　赫德 1876 年 12 月 4 日记："二点告辞了李（鸿章）。……他对邮政事务感兴趣，但认为德璀琳的局面太大——不能这样拿去给总理衙门——我们必须悄悄地干，不能指望太多，因为既缺乏轮船交通，（通信）活动又比欧洲少，邮政不可能马上就这样广泛的铺开，或者成为一项付费事务。"转引自中华人民共和国信息产业部、《中国邮票史》编审委员会编著：《中国邮票史·第一卷（1878—1896）》，商务印书馆，1999，第 100 页。

[3]　详见 1877 年 1 月 31 日九江关税务司葛显礼呈赫德文第 10 号，载《中国海关与邮政》，第 2 页；1877 年 3 月杜德维拟写的邮政备忘录，载《清末天津海关邮政档案选编》，第 4—9 页；1877 年 5 月 8 日汉南拟写的汕头港邮务（民信局）备忘录，载《清末天津海关邮政档案选编》，第 51—53 页。

[4]　1878 年 7 月 20 日德璀琳致休士函，载《清末天津海关邮政档案选编》，第 88 页。

"外人之事"。[1] 因此，在德璀琳指示下开办的华洋书信馆，只能以民信局的方式，试图取代民信局而统一民间书信的收寄传递。如此一来，华洋书信馆不仅颇受民信局排挤，更因其规制与清代体制多有不符，以致酿成 1878 年底在山东的信件被扣、信差被逐的事故。此事本为海关举办新式邮政中一普通事件，然而华洋书信馆开办初期即遭遇扣压风波，当事官员虽以邮件承包者身负罪责为借口，其背后所牵涉的，却是新旧制度关联的利益冲突、理念差异及人事纠纷。利益冲突，为新式邮政与民信局的竞争；理念差异，表现为口岸与内陆官员对待新式制度的理解行事；而人事纠纷，则为李鸿章、文格、德璀琳、佟在田等人之间的错综复杂关系。无论是对递运过程中违反规制行为的指责辩护，还是牵扯的个人恩怨，都不难觉察事件背后，口岸城市与内陆区域在对待新政，尤其是由供职清廷的洋人开办的洋务的不同态度。自清廷与列强签订不平等条约及逐步开放口岸之后的 30 多年里，伴随着外来制度对传统体制的逐步渗透以及双方的拒斥容纳，新式邮政在传统体制的束缚与妥协下，缓慢成长。

华洋书信馆经历此番风波后，在组织上亦有一番大变动。1879 年返华的赫德在了解了相关开办情况后，一改德璀琳的急进作风，主张以稳妥的方式逐渐推进新式邮政的建设。而华洋书信馆因主办者吴焕越权操作，被海关勒令停止合作关系。这一立意与民信局竞争的机构，最后反而逐步沦为民信局群体的一员，在 1896 年清廷

---

[1] 光绪四年八月二十五日李鸿章《复陈华洋信局》："该税司（指德璀琳）自以承办中国税务，即系中国委员。"（《李鸿章全集·译署函稿》卷八，海南出版社，1997，第 4383 页）如此强调税务司的"中国委员"身份，恰可反证时人心目中对税务司身份归属的疑惑。

正式宣布开办国家邮政后，成为被管理和吸纳的民间递信部分，逐步消失于历史舞台。

　　海关独立试办新式邮政遭受挫折，使其意识到在个体力量尚难独自发展的时期，最好的办法莫过于寻找实力较强的伙伴进行合作或合并。上海工部书信馆就是这样一家邮递机构，其虽由外国人把持，但又与母国的利益有别，且多赖口岸轮船带信的特点，使之具备了与海关邮政合作的可能。而其成熟的带递体系与路线，又成为海关通过兼并来增强实力的首选对象。海关兼并工部书信馆，先后经历三次交涉，基本由外籍税务司出面与工部局董事会进行，清朝官吏少有牵涉其中，可见外籍身份在机构与利益归属上合作冲突的纠结。工部书信馆的运作，多借鉴民局经验，海关邮政从中获益良多。从某种意义上来讲，这也是近代西制入华，在制度与行事上几番周折的转型。

　　华洋书信馆发生信件被扣事故后，德璀琳已逐步剥离海关邮政与华洋书信馆的联系。[1] 与此同时，德璀琳也在检视和修正原有的"以华人递华信"的策略，更强调海关开办邮政的主体性和独立性，并通过兼并已有的邮递机构作为海关邮政的基础，实现"使邮递业务能在经济上自给并能向前发展"的目标。1880 年 1 月 17 日，德璀琳在呈赫德文中提出了几项建议，作为 1880 年度的邮政工作计划，其中第二条即是"指示并授权江海关税务司同公共租界的工部局谈判，于本年 4 月 1 日或者最迟于 7 月 1 日接收上海公共租界的工部局邮局，包括人员和必要的设备，如果谈

---

　　[1]　1879 年 11 月 15 日，德璀琳将海关邮政处对外改称"海关拨驷达局"（Customs Post Office），开始收发中国公众的信件。关于华洋书信馆关闭的过程，详参麦国培：《华洋书信馆邮史新探》，《中国邮史》2001 年第 4、5 期。

判不妥，则在江海关内开办一个邮务机构"。[1] 这个建议看来获得了赫德的首肯，是年 3 月 15 日，工部局董事会"收到海关税务司来函，要求把工部书信馆营业方面的详细情况及按什么条件将该馆移交给海关告诉他"。但商议之后，董事会"决定答复如下：工部书信馆移交问题一定要提交纳税人会议决定"。[2] 实则婉拒了海关兼并的要求。到了 11 月，海关再次提出类似的建议，并在人事、设备、办公场所等方面，开列了更加具体的条件，再度被租界纳税人会议否决。其缘由未见直接记录，大概一是工部书信馆已有稳定的收入利益，自然不能轻易交出；二是海关邮政立足未稳，即想"蛇吞大象"，毕竟实力不足。

几年后的 1884—1886 年，浙海关税务司葛显礼就兼并工部书信馆以增强大清邮政开办的问题，多次与总税务司赫德书信往还。尽管赫德未直接同意葛显礼的计划，在长期目标上却与其看法一致。加上 1886 年葛显礼向李鸿章呈递邮政开办计划时，李曾批示"所禀甚为有见"[3]，更坚定了葛显礼对自己邮政计划的信心，为了实施该方案与各方面的接触，遂于是年逐渐展开。葛显礼透过私人交谈以及正式致信等方式，询问工部局董事会对海关接管工部书信馆的看法，并于 8 月正式致函工部局董事会，"来信称，中国政府

---

[1]　1880 年 1 月 17 日津海关税务司德璀琳呈赫德文第 10 号，载《中国海关与邮政》，第 20 页。其余诸条，包括提高海关书信馆的收寄能力、在天津和北京设立书信分馆、断绝与华洋书信馆的关系、定名海关拨驷达书信馆、与设立于中国的外国邮局谈判、与轮船公司谈判、定制邮票和准备邮政经费等（《中国海关与邮政》，第 20-22 页）。

[2]　上海市档案馆编：《工部局董事会会议录》第 7 册，第 702 页。

[3]　北洋大臣李鸿章关于浙海关税务司葛显礼邮政建议的通札（1886 年初由海关道转知税务司），载《中国海关与邮政》，第 55 页。

决定将海关业务扩展至条约规定的各开放港口，此举作为建立中国邮政的第一步。他被任命为全国邮政局邮务司，着手进行筹建。因此他询问，若此项计划付诸实施，工部局是否会撤销工部书信馆及其代理处，把邮政业务移交给中国政府领导的全国邮政局来办理？同时何时能撤销？何时由全国邮政局来接管？"他同时在信中附来"香港邮政局长致殖民地国务大臣关于建议采用此种方案的信件的副本"，以表示"香港和日本的邮政局是赞同拟议中的体制的，准备撤销在中国的分支机构"，从而希望工部书信馆亦能做出相同的表态，以为大清邮政之基础。

　　面对上述要求，工部局董事会暂未形成统一的意见，"有人提出，此事应征询领事团的意见。会议对此没有同意。有人接着建议将葛显礼先生的来信副本送交外商总会，并要求总董就工部书信馆撤销一事征求各位董事的意见。会议最后决定，在答复葛显礼先生之前，先将其来信及其附件交各董事传阅"。[1] 由于工部局董事多为洋行大班、或上海滩腰缠万贯的富商，其利益考量往往与领事团有相抵之处，随着工部局势力的日益强大，违背领事团意愿、或与其决定相冲突的情况时有发生。所以工部局董事会关于此事不愿征求领事团的意见，以免得到与其愿望相悖的指示。相较于领事团，工部局董事会更重视外商侨民及纳税人会议的决定，故董事会在一周以后，致信外商总会会长，请他"就中国政府决定建立邮政总局这样一个对西人具有及其重要性的问题"征求外商的意见 [2]。商会态度坚决，表示反对将工部书信馆交由海关接管。尽管葛显礼又去信详析接办计划，商会在召开公众会议后，仍做出"一本埠外国邮

---

[1]　上海市档案馆编：《工部局董事会会议录》第 8 册，第 693 页。

[2]　同上引，第 695 页。

局不应撤消；二书信馆仍由工部局管理"的决定，[1] 事情就此搁浅。

　　1886 年尝试接管工部书信馆失败之后，海关在开办邮政上没有太多的新动作，只是维持已有的口岸邮件接递服务，而与工部书信馆之间，亦保持原有的合作关系。1896 年 3 月 20 日大清邮政正式开办后，接管工部书信馆的议题再次提上日程。1896 年 6 月 30 日，工部书信馆将汕头书信馆的业务，移交给海关。[2] 这是目前所见首个工部书信馆移交海关邮递机构和业务的记录。不过，仅将上海以外的书信馆或代办交由海关管理是远远不够的。大清国家邮政的开办，一是体现其利权归属，二是体现其垄断经营。作为中国境内规模最大的商埠书信馆，与一众轮船公司有着密切的合作关系，如果继续允许其保留经营，则无法体现大清邮政建立开办的意义。另外，赫德在早期的开办邮政构想中，上海是全国邮递事务管理的枢纽，邮政总局最初即希望建立于此。虽然在大清邮政正式开办之后，出于全局性的考虑，将邮政总局与海关总署同设于北京城中，上海作为新式邮政试办多年的枢纽，亦不能容许势力庞大的商埠邮政继续发展。接管工部书信馆，不仅在场所、寄递及经费资源上有所保证，更能获得一群富有经验的邮政人员及固定客户，因此第三次尝试接管工部书信馆的工作，即在大清邮政建立后不久展开。

　　1896 年 11 月，赫德决定，通过争取航行在中国沿海及内地江河的轮船公司的合作，来切断商埠书信馆的传递渠道，进而迫使其接受兼并的建议。通过用减免"礼拜关单、夜工关单"一半关费的

　　[1]　蒯世勋：《上海公共租界史稿》，上海人民出版社，1980，第 441 页。
　　[2]　"会上宣读了德记洋行来函，称当地海关已同意接管汕头书信馆，自 7 月 1 日起该洋行即将一切书信馆事务移交给海关。"上海市档案馆编：《工部局董事会会议录》第 12 册，第 546 页。

代价，海关与各轮船公司签订垄断性的带运合同，从而导致工部书信馆的经营成本上涨。在无利可图的情况下，工部局董事们不得不考虑如何摆脱工部书信馆的负累。经过 1897 年 6 月底至 8 月初的谈判，双方最终达成接管的共识，并于随后的两月间落实转让细节，在 10 月 14 日最终签署移交协议。1897 年 10 月 31 日，上海工部书信馆正式停止营业，其员工改组为上海大清邮政官局的本地业务部门（俗称"工部间"，英文名称仍为"Local Post Office"），从 1897 年 11 月 1 日起开始工作。其他口岸的商埠邮政机构，也大致在 1897 年前后停止营业。[1]

举办新式邮政、兼并取缔外邮局所，本为清朝固有权利及应行操办之事，由于官员对新式事业的漠视及国家利权知识的匮乏，这一事业只能由外籍海关税务司代为完成。凭借外人身份和对邮政业务及国家利权的熟悉，以及茁壮发展的海关实力对运输工具的控制，代表清朝职官的外籍税务司与代表商埠外人的工部局和工部书信馆对新式邮政机构的合并争夺，体现出新旧体制转型过程中被相对忽视的一面：交涉双方均为外人客卿身份，其间罕有本应作为主体的清朝官员的过问和参与，某种意义上说，这是一场"外国对外国"的较量。大清邮政最后兼并工部书信馆，无疑大大增强了其寄递书信的实力及扩张了范围，却没能改变清人对新式邮政为"外人之事"的印象，随着大清邮政业务的持续扩大，对社会生活乃至军国大事的影响不断增强，以及清人对国家"利权"的渐为关注，外籍税务司的开办之功逐渐褪色，而侵夺把持利权的恶名日益凸显，加上"革命"话语的兴起，更加强化其作为列强帮凶的外国"侵略

---

[1]　中华人民共和国信息产业部、《中国邮票史》编审委员会编：《中国邮票史·第二卷（1896—1911）》，商务印书馆，2004，第 26 页及其注 2。

者"形象,并对后世的历史叙述产生深远的影响。

　　大清邮政从试办到正式开办的过程,也是清人逐渐接受近代"利权"概念、萌发邮政"利权"意识的过程。光绪年间,媒体多有呼吁开办国家邮政、维护邮政利权的文字。光绪十一年《申报》刊载《论中国无书信馆之可惜》[1]一文,论及沪地已有英、美、法、日四国书信馆,而近来德国商务蒸蒸日上,最近拟开行公司轮船,想必日后亦将设书信馆于上海:"然则上海一隅□地,将有五国书信馆矣"。作者随即指出,"查外洋之例,凡书信馆必归本国办理,他国之人寓居其国者,其书信必由所居之国经手,而他国之人不得自开书信馆。今上海为中国之地,而所开之书信馆则皆由各国自行开设,中国不过而问焉。中国于此实大失利权"。希望"有怀兴利者奋袂而起也",以保存中国利权,富裕国库,便利民众。由此可见,举办邮政为国家本来权利、且信资积少成多构成巨额财富的观念,已逐渐形成于上下朝野。至光绪十三年的《邮政客谈》[2]一文,这种意识更为明显。是文开章明义回答"中国之所以必欲自设邮局,□何为乎"的疑问,是为"惟自收其利权而已"。作者以外国为例,指出"外洋各国皆有邮政局,皆由本国国家自设,他国之人不能问鼎,为今中国之地,外国皆有书信馆之设,中国听其开设而不之问,是失其权也。书信馆既为外国所设,则往来信资亦皆归之,是失其利也"。按照万国公法,举办邮政本为一国应有之权利,亦是该国之内政,故"中国自行设立,以收其权而裕其利,他国亦不得而阻之"。虽然"中国自设邮政局,所谓收其权而有之利,则未必确收也,且不特不能收而已,并恐不免折耗",但是邮政可为国家

---

[1] 《论中国无书信馆之可惜》,《申报》1885 年 9 月 3 日第 1 版。

[2] 《邮政客谈》,《申报》1887 年 2 月 8 日第 1 版。

创造利源，"中国值此库款不能盈裕之时，凡有举动，必当统盘筹画，果其有利则行之，未必有利则不如止之，其行止之宜，全赖乎审慎于几先"。因此"邮政一事，固系自收利权，名目正大，但利权之果可收得与否，当瞻顾运回而后出之，此则善全之要道也"。可见收回邮政利权，时人已有相当坚定的信念，至于如何妥当处理，虽有原则，尚无具体行事的计划。

　　尽管外界对开办大清邮政态度积极，总税务司赫德领导下的海关也为此积累了经验、做好了准备，作为海关的管理机构和举办洋务的决策机关，总理衙门在对待开办邮政的态度与行事上并没有统一规划，常常是见步行步，得过且过。赫德对清朝官员拖沓的办事作风习以为常，无可奈何地抱怨"这些中国人办事从不利落，但我迄今并未听说他们因拖拉而受到任何损失"。因为中国人的工作方式，是"根据情况的发展，自然、轻松和及时地滑到一个安全的地位顺序，对于一个国家的政策来说，可能比一个不断进行试验的政策要稳妥一些，尽管终究不是那么崇高！"[1] 在他的感觉中，总理衙门只有在形势迫使其不得不做出改变的时候，邮政事业的开办才会有动力和资源。[2] 而这一个机会，因 1892 年"上海要以'自由城'身份加入万国邮政联盟"这一谣言而触发，总理衙门开始意识到开办邮政的迫切性，使赫德获得了正式开办的承诺。[3] 不过，由于总理衙门内部的人事分歧，以及驿站体系的利益冲突，使得海关风风火

---

[1]　1891 年 4 月 26 日赫德致金登干，载中国第二历史档案馆、中国社会科学院近代史研究所合编《中国海关密档》第 5 卷，中华书局，1994，第 367-368 页。

[2]　1892 年 3 月 20 日赫德致金登干，载《中国海关密档》第 5 卷，第 511 页。

[3]　《中国海关密档》第 5 卷，第 642 页。1893 年 1 月 8 日赫德就在信中说道："我现在忙着邮政和帕米尔事件。"

火的筹办工作，因总理衙门的一再拖沓而又开始变得遥遥无期起来。

这一次经历，使赫德对开办的许多具体细节更加慎重，并且知道"中国对于欧洲的任何制度都不会原封不动地接受，因此必须改头换面，才能适合中国人的眼光。改头换面以后，内部的骨架子必须是坚固有力的，五官四肢仍然是完备的，全体的职能当然还是可以实现；不过正如普通的内地人看一个穿大礼服的中国人觉得奇怪一样，一个严格的西方专家看见这种改头换面的制度也会觉得不顺眼的"。要解决这些问题，应避免直接的制度移植造成水土不服，除了要根据中国国情加以改造外，还必须"缓步稳进，开始时只做一些必须做而且可能做到的事"。因此赫德计划，要对外对内都建立邮政官局的威信：对外方面，"官局将先在各通商口岸间办理业务，一方面同收发往来外国的邮件的各国邮局进行合作"。"同万国邮政公会发生联系，以便在全世界取得适当的地位"。对内方面，"开办时还需要有朝廷的上谕，以便在中国推广"。[1] 根据内外建立威信的两套方略，赫德本人在北京撰就邮政报告，准备上交总理衙门，同时指示金登干收集关于邮政联盟的各种条约、规章和通告，[2] 为与万国邮联谈判相关事宜做准备。虽然未得到总理衙门方面的积极回应，至少为后来的开办打下初步的基础。

大清邮政的开办，因中日甲午战争而匆忙地提上正式日程。1894 年 7 月 25 日爆发的中日甲午战争及 1895 年 4 月 17 日签订的《马关条约》，不仅使清廷深受割地之辱，还背上了沉重的赔款负担。按照条约，清廷须赔款 2.315 亿两，为了偿付巨额赔款，清廷"先后向俄、法、英、德四国三次大借款，总计 3 亿两，连本带利

[1]　《中国海关与邮政》，第 59—60 页。

[2]　1893 年 10 月 13 日金登干致赫德，载《中国海关密档》第 5 卷，第 775 页。

共6亿多两"[1]，这令本来捉襟见肘的清朝财政雪上加霜。在收入增加不多而支出逐年猛涨的情况下，清朝除了大举外债，还须开拓国内新的税源，以尽可能筹措银两，应付赔款。随着国际环境的进一步恶化，清廷发现通过传统途径筹措赔款已经越发艰难，[2] 导致财政拮据，税源枯竭，不得不另觅出路。1896 年 1 月 5 日，刚刚过新一年元旦的赫德不无惊奇地发现，"总理衙门突然注意起我们的邮政事业，使我怎么样工作也腾不出手来处理你的报告"。这多少又激发了赫德的热情，于是当天他致电询问加入万国邮联"最简便的办法"[3]。不过赫德很快发现，这只是"总理衙门到处设法找利息较低的借款"，在处处碰壁的情况下，临急抱佛脚，"又在到处打听邮政制度，指望从邮政来增加税收"。所以赫德感叹，"总理衙门只要是认真地按照我要求的去做，我可以使他们朝着新方向真正起步，但是情况却始终是'恢复原样'！"[4] 颇有"哀其不幸，怒其不争"的意味。

---

[1]　戚其章:《甲午战争史》，上海人民出版社，2005，第 501、504 页。

[2]　金登干曾向赫德报告说:"公众对于中国已开始很少兴趣或没有兴趣，中国借款不再受欢迎了。中国除非自己奋发图强，从根本上引进改良措施，否则它将发现要想再借钱是难乎其难的。"(1895 年 11 月 15 日金登干致赫德，载中国第二历史档案馆、中国社会科学院近代史研究所合编《中国海关密档》第 6 卷，中华书局，1995，第 380 页)

[3]　《中国海关密档》第六卷，第 403 页。这份电报于 1 月 5 日上午 11 时 50 分发出，金登干于次日上午 8 时 10 分收到后 (中国第二历史档案馆、中国社会科学院近代史研究所合编:《中国海关密档》第 9 卷，中华书局，1996，第 1 页)，隔日即向赫德答复。1 月 10 日在写给赫德的信中，金登干再次简述加入的办法，即通过中国驻巴黎公使庆常办理，"如果邮政业务现在在您的指导下，我就能够亲自同公使联系，无需借助于马格里爵士或通译了"。(《中国海关密档》第 6 卷，第 405 页)

[4]　1896 年 1 月 12 日赫德致金登干，载《中国海关密档》第 6 卷，第 408 页。

　　光绪二十二年二月初七（1896 年 3 月 20 日），光绪皇帝在总理衙门所上的《议办邮政折附总税务司开办邮政章程》朱批依议后，大清邮政正式获得了开办的权力。[1] 这份《议办邮政折》主要由赫德起草，其主旨即赫德对大清邮政的发展构思："遵旨议办邮政，请由海关现设邮政推广，并与各国联会，以便商民，而收利权。"其主要方法，是借助海关试办邮政的成果，建立起国家邮政的体系，这就意味着大清邮政的推广，是从口岸城市往内陆延伸。而开办邮政的目的，一言而概之，是收回属于现代国家经营范围与权利、而为民间信局及客邮所掠夺的部分。"与各国联会"，是加入万国邮政联盟，保证中国邮政利权不因条约所租让的口岸城市而分裂；"以便商民"，是将原"不与小民争利"的民信局收归国家邮政体系，以消泯过往任商业自由发展，而给民间书信往来造成的制约；"而收利权"则针对商埠书信馆与"客邮"而言，逐步取缔外国在华设置的各种递信机构，将利权归于大清邮政。

　　不过，此折并未提及如何处理驿站问题，朝廷公文传递的责任归属，亦未纳入大清邮政的范畴。可以说，正式开办的大清邮政，在制度立意上只是处理"民"的文书往来，官方的公文与信件是否亦由邮政处理，在没有彻底理清邮政与驿站的权属之前，还是依例交驿站带递。但该折亦未明确否决官员将公文信件交邮政寄递的做法，于是不同区域对邮递与驿递认识不同的官员，可根据自身的需要偏好进行选择，朝廷没有明确的训示限制，至少是默认了这类做

　　[1] 次日的《泰晤士报》即以 "Chinese Postal Reform"（中国邮政改革）为题发布了消息，虽然仅是一则简讯，却使得欧美人士在第一时间收到了中国邮政改革的信息（《泰晤士报》的报道全文如下："Imperial Edict issued extending the Customs Post Office Department and establishing a National Postal Service under Sir Robert Hart as Customs and Posts Inspector General."（1896 年 3 月 28 日，转引自《中国邮票史》第 2 卷，第 17 页）

法。因此，该折反映出朝廷对邮政的认识，基本还是在商业行为的范畴之中。朝廷从张之洞拟请开办邮政的奏折中，读出的是"取资甚微，获利甚巨"的意味，臣下由谕旨称"邮政一节，业经总署筹议，粗有头绪矣"，体味的是"仰见圣主周恤商旅、通志类情之至意"，至于新式邮政制度可能带来朝廷信息沟通与政治控制方式的改变、以及潜在的巨大财政收益，尚未能体会认识。

《议办邮政折》所附《邮政开办章程》，是赫德依靠制度完备的新关，逐步健全邮政网络的方案，也是赫德"稳扎稳打"举办思想的体现。他认为"邮政开创之初，订立章程无须过繁甚细"，只要能"俾外人易于知晓，并使在事员役得所遵循，俟行之既熟，体察情形，再为因时制宜，酌力详章，分归各类登记奉行"。因此他将寄递方法，按海关邮局办区域进行设置，分为"通商口岸互相往来寄递""通商口岸往来内地寄递""通商口岸往来外国寄递"三种，由此不难看出，海关之前试办邮政的成果，基本集中在通商口岸，要拓展新式邮政的网络，不能急于取缔民信局及客邮，反而须先与其合作无间，方能建立起新式邮政的网点、使用人群与信用。

按赫德的构思，"京都总税务司署中寄信局，应改为邮政总局，管辖各口邮局"，而"上海通商口岸为中国寄递适中之区，分赴南北暨入长江并往外埠，较为事繁任重"，因此拟委已设之造册处税务司"兼管邮政事宜，各口分局均应报由兼管邮政税务司转呈总税务司核办"，再由总税务司"转呈总理衙门核办"。这就确立了新式邮政开办初期的三层管理模式：兼管邮政税务司—总税务司—总理衙门。其他"各新关已设之寄信局，现拟改为邮政局"，"仍归税务司等管理，照他项关务会同监督商办"。由此可见，具体口岸的邮政管理，由于开办主体（海关）的缘故，并未列为独立事业操办，而是看作"关务"的一部分，由中外海关官员共同管理。虽然海关监督未必可以涉足此项业务,却与海关税务司在其他关务上所要遵循的原则相同。这也表明虽然朝廷正式开办邮政,制度上却未作为独立的事业,只是附庸于海关以图发展。

在邮政设局上,"凡设有邮政局之处,应谓之联约处所,其未设有邮政局之处,应谓为不联约处所",因此大清邮政正式开办之处,"京都、天津、牛庄、烟台、重庆、宜昌、沙市、汉口、九江、芜湖、镇江、上海、苏州、杭州、宁波、温州、福州、厦门、汕头、广州、琼州、北海、蒙自、龙州等处所设之寄信局,统作为邮政局"。在这些地方所设邮局工作略有起色后,"即在附近处所随设分局,即如天津之唐沽、大沽,并铁路电线沿途各站,上海之吴淞,宁波之镇海,福州之罗星塔,广州之黄埔,沙市之陆溪口,九江之武穴、湖口,芜湖之安庆、大通,镇江之南京等处,所有各该处分局应由该税务司会同监督派人管理"。

是时大清邮政可寄送之信件,"分为封口信及明信片,与贸易册并刊印各件共四项","其信资亦当分晰为三,一为岸资,一为内资,一为外资"。通商口岸联约处所来往信件信资,可参下表:

大清邮政初期信件信资表

类型	数量	重量	价格	备注
明信片	每张		洋银一分	
封口信	每件	二钱五分	洋银二分	余以此类推
	每件	五钱	洋银四分	
	每件	一两以下	洋银八分	
新闻纸	每张(华)		洋银一分	
	每张(洋)		洋银二分	
贸易册并刊印件		二两	洋银二分	

　　由于大清邮政各邮政局服务范围暂仅限于口岸城市，故其所收信资亦仅限于所收递范围的服务费用，"若外国信件送到本局转寄不联约之处，其内地运送之资应由收信之人付给，若由不联约之处将信件送到本局转寄外国，其内地运送之资应由交信之人付给，所有民局运送之资（即内资）听民局自行酌订收取"。为了控制和吞并民信局，大清邮政一是要求民局赴邮局挂号，"凡民局开设联约处所，应赴邮政局挂号领取执据为凭，无须另纳规费，倘该民局领有执据后不愿复行承办此项事件，应先赴邮政局呈明将执据缴销"。二是民局信包不准交轮船寄送，"凡民局之信件途径通商口岸交轮船寄送者，均须由该局将信件封固装成总包，交由邮政局转寄，不得径交轮船寄送，并应按往来通商口岸之意完纳岸资"。两项措施之中，以后者对民局生意影响较重，盖挂号之事，以当时邮政之力度难以强使民局就范，即使规定"凡有邮政局之处，除挂号之民局外，所有商民人等不得擅自代寄信件，违者每件罚银五十两"，亦缺乏足够的监管力量。倒是民局信包不准交轮船寄送，几乎断绝民局的经济命脉，因是时民局基本借托轮船员役寄递信包，此禁施行，民局的经营成本剧增。故大清邮政施行未几，各地即有反对之事，细察情形，以民局集中的区域为多，即与此条规定有关。

　　除做好合并控制民信局的准备外，大清邮政有不少借鉴欧美邮政制度的规定，如"邮政局须制造信票，以便粘贴信面，作为寄送外国暨通商各口之信资"，而交付邮局寄送的信件，可在"各处邮政局并邮政局托售之铺店等处"购买信票，粘贴于信面作为信资。若有伪造信票者，"应按伪造银钱票据之罪惩办"[1]。吸取信局局伙

---

[1]　虽然光绪二十二年（1896年）的邮政章程已经规定伪造邮票的惩治措施，但直至十年之后的光绪三十二年（1906年），方由刑部奏定《严定伪造邮票，并冒用旧票等治罪章程》。

缺乏监管的教训，《邮政开办章程》规定"凡邮政局之员役等，若有私行拆动信封及传扬泄露等事，除照局中定章罚办外，犹须按其本国律例治罪"。如果轮船之行主、船主、水手、搭客等携带应属邮局寄递之信函，"违者每次罚银五百两"。

《议办邮政折》所附《邮政开办章程》，只是大清邮政正式开办的粗略框架，赫德的本意，就是要制订一"简单的制度"先行开办，他在章程的每一节后，都附有一句"(××) 等款，俟嗣后有同类应载事宜，即添注于此"。可见此章程绝非完备，须待开办时日稍长，方能发觉其中漏弊。[1] 作为初办时期的临时法则，《邮政开办章程》中借鉴欧美制度的成分较多，未必尽合中国人传书递信的习惯，付诸实践之后，海关陆续修改条例，以求完全达至"裕国便民"的目标。

新政乍行，引起朝野热议。因新式邮政的开办，一是可能改变传统驿传传书带信、维持皇朝统治的功用；二是与"小民争利"，将遍布各地、大小不一的民局收归大清邮政之下；三是影响商埠邮政与客邮的运转，对在华外人的书信传递习惯造成冲击。在引起一片赞誉之声的同时，也招致客邮及民信局的明挡暗阻。大清邮政开办不久，法、俄、日诸国或试图从人事上插手控制大清邮政，或公然漠视中国邮政开办的事实，在各地加速设置邮局的步伐。甲午之后，清朝与列强博弈的资本大大减少，即如设局撤所此等小事，清

廷亦难以保护自身的权利。作为朝廷新政的大清邮政,最后目标是将驿传、民信局、客邮及其他非正式邮递局所(如文报局)统一在自己的管辖范围之内,开办初期的尴尬地位,使其无法将由兵部主管的驿传体系加以合并(驿传本身的存在就是朝政运转的体现)。而甲午之后客邮的扩张态势,反映了列强与清廷实力的消长,海关在此方面亦难有作为。可以下手逐步取缔的,只有遍布各地的商业带信机构——民信局。所以海关在大清邮政开办初期,工作重心主要是针对民信局而展开。

大清邮政对民信局的控制取替,随着其实力的逐步增强与设邮地区的增加,采取由宽松到严紧的控制措施。相对于驿传体系与客邮局所背后所依靠的强势,民信局显得势单力薄。但在具体的地域内,民信局可以利用当地商业组织的声势,给直省官员带来一定的压力,从而使其对总理衙门及海关进行抨击与交涉。随着大清邮政的逐渐壮大,各地官员的态度亦逐步由反对、观望转为支持,故民信局的生存空间,日趋狭窄,最后不得不面临消亡的境地。大清邮政取缔民信局的过程,既是清廷从"不与民争利"到接受邮政"裕国便民"观念的过程,亦是从皇朝统治到开始接受现代国家职能意识的过程。邮政事业逐步开展,民众寄信递物更为快速便利,同时也要面对清廷的邮件检查与控制。新政犹如双刃剑,利害相间,至少也要付出不小的代价。

《议办邮政折附总税务司开办邮政章程》中,列有"专款"阐明大清邮政与民信局的关系,包括民局的信包交递方式,邮局的信包交付方式,民局领取执照事宜等。可见大清邮政开办初期,先从确定民局地位与双方的合作方式入手,尚未论及取替控制之事。由于海关控制了轮船的运输权,又降低信资招揽顾客,这种潜移默

化的竞争，对民信局的生意产生影响，[1] 进而诱发双方的矛盾。从
1897 年开始，双方竞争日趋白热化，甚至出现了民信局信差殴打
邮局信差，以及信业行会向官府施加压力，要求彻底取缔新式邮
政，恢复官民信邮两分的旧貌等事件。如果说前者尚是纯商业利益
的争夺，后者则反映出直省官员对待邮务新政的态度：未必尽然反
对，但出于安抚商会的情绪及维护地方稳定的理由，以奏请禁止的
姿态，给商会一个交代。

　　虽然御史徐道焜、两广总督谭钟麟、闽浙总督边宝泉等向朝廷
递呈关于邮政滋扰的奏折，但在总理衙门看来，海关试办邮政的措
施并无太多不当之处，而商民意觉烦扰，在于对新式邮政的章程缺
乏了解。当然，令总理衙门态度坚决的重要原因，是新式邮政可为
国家增添收入的前景。失去官府支持的民信局，一方面无力抵制大
清邮政的蓬勃发展而流失客源，另一方面则受制于民局长久以来无
法解决的痼疾：安全传递。因此在大清邮政"初时章程未能周知，
居民亦多疑阻。嗣后知其寄资甚廉，而又能速而无误也，于是咸乐
就之"[2] 的情况下，民信局的生意日见减少。庚子之后，各项朝政
逐渐重上轨道，海关主持的新式邮政，在各口岸税务司的管理下逐
渐获得国人认同，尤其是邮资与服务和民信局相比，更显便利和优

---

　　[1]　工部书信馆在1897年1月5日的董事会会议上，"收到了招商局来函，称从
下月2日中国新年那一天起开始办理大清邮政官局业务，并自该日起，除了由大清
邮政官局托运的邮件外，他们的轮船拒绝将其他邮件运往各中国港口"。"会议随即
讨论了这一措施对工部书信馆今后收入的影响，会议认为有必要提高本埠邮件的邮
资。"（《工部局董事会会议录》第12册，第474页）有外国背景的工部书信馆在此
措施下尚有此等顾虑，则民信局之拮据则更可想而知。

　　[2]　《论中国通商各口宜多开小汇划庄以辅邮政之不逮》，《申报》1897年8月28
日第1版。

势，各直省大员支持新式邮政的态度因而益加明确。自光绪二十八年三月初一始，大清邮政官局降低各类信件、包裹的递寄邮资，同时努力提高服务质量，积极深入内地拓展局所和邮政线路，使得普通民众对邮局的认知从陌生渐至熟悉，民信局益发陷入困境，最后不得不接受被大清邮政兼并入国家体制的命运。

光绪二十二年二月初七（1896年4月9日），清廷颁布《邮政开办章程》，以通商口岸为据点，与内地的民信局及外国邮政机构建立起互寄互递的关系。是时"外洋各国办理邮政，早经知有裕国便民之效，而中国政府中尚多犹豫不决，未及公认赞襄"。[1] 尽管光绪二十四年朝廷有"推广邮政内地设局之旨"[2]，因海关暂无足够经费投入新式邮政的建设，大清邮政只能立足于口岸城市，对于广阔的内陆地区，不得不借助于民信局进行寄递。新式邮政虽然冠以"大清"之名，却暂无"大清"之实。1896年后，清廷政局几番动荡，海关固然能够独善其身，却无力对新式邮政大加拓展，直至庚子之后，才开始大力实施布置安设内陆邮线的计划。由于中国幅员辽阔，在邮政总办的设计中，邮路按中、北、南三大方向设置，"长江附近等省为中向，直隶、山东、山西、河南、山西、甘肃等省为北向，云南、广西、贵州、湖南、广东、江西、福建等省为南向"。

---

[1] "由于驿站与民局'二者所用差役、火夫甚众，通国需其办理者亦属甚繁，既不能遽行裁撤更张，亦不能一旦以他项相代。'朝廷虽然立意'准增一新设之极大邮政，而并未别有剔除，势须以抵制之策，奋力支持，务使通国邮政之根蒂节节发扬，则旧时邮递两项不妨暂听其便。'"《大清邮政光绪三十年事务通报总论》，载北京市邮政管理局文史中心编《中国邮政事务总论》（上），北京燕山出版社，1995，第2页。

[2] 赫德致外务部申呈第696号，光绪三十年正月廿九（1904年3月15日），载《中国海关与邮政》，第120页。

在中向省份中,以"上海为各埠往来之枢纽",形成纵横两道藉借海江的漫长邮路,海路"由最南之广东廉州府之北海沿海各埠,直达海路最北之盛京之营口","江路由江口之吴淞沿江各埠,直达四川之叙州",至于与江海连接的大小河路,"可直达苏常等郡"。不难看出,该线依靠的交通工具主要是轮舟,通过水运将信件带递到沿海、沿江、沿河地区,个别地区如用轮船、沙船不便,则由旱路寄带来往邮件。北向省份,以北京、天津为中心,主要以旱路带运为主,部分线路可以借助铁路快速寄带[1]。至于南向邮路,主要以广州为中心,"迳达各省口岸",另沿西江到达南宁。此条邮路多至西南省份,所到仍以口岸或较大城市为主,形成的网络远较中向邮路为疏。[2]

清末十年,大清邮政在邮递网络建设方面卓有成效,由总局、分局、代办为据点连接起来的邮路日益增长,包裹、快递、汇票等服务逐步增设,并且通过借鉴民信局经验,努力贴近中国人的递信习惯,而日益为国人所接受。即在战乱年间,新式邮政依旧继续推进邮政网络的建设,逐渐将服务局所推进至乡村城镇之中。新式邮政将官民合二为一,形成制度转型后新的邮递制度与方式,为官商民众继续服务。

第四节　官制改革下的大清邮政

清代的驿传体系虽历有更改,但不出中枢与直省两套管理系统

---

[1]　如北京至正定、天津至牛庄等等。

[2]　赫德致外务部申呈第274号,光绪二十八年五月廿八(1902年7月3日),附件:邮政总分各局绘具全图并拟节略,载《中国海关与邮政》,第107-109页。

之外。为应对条约体制下代递信件责任而出现的海关邮政，成为新的制度萌芽，"裁驿置邮"、官民递信体制合一的构想同时产生。唯新式邮政始终由外籍税务司所操办，虽然亦隶属清朝职官体系，起因却是中外战争，无论是从"夷夏之辨"、胜负优劣抑或逐渐萌发的民族主义的角度，都很难被官场所认同。庚子之后，张之洞、刘坤一于《江楚会奏三折》中，提出以"驿政局"取代"邮政局"之名、而行邮政局之实的做法。这一设计，在具体寄递方法和业务安排上，多参考海关邮政。但体制上州县进一步扩大管理"驿政"的权力，尤其是经费上拥有更灵活的自主权，原来具体管理"驿政"的机构与人员，正式成为州县官署的下属，与以往州县官聘请幕府师爷管理驿站的惯例明显有别。如此一来，管理邮政的人员更趋专业化。不过，该方案依然与新式邮政的要求迥异，尤其是将相关非正式机构纳入州县衙署，仍然着重于政务一面，故所拟推广计划，与往日的"按需设驿"做法类似，并非新式邮政以人群聚散为设立局点的准则。这种新旧掺杂的体制设计，正是庚子之后清廷思变，又困于财力、碍于保守的妥协心理写照：既确保祖宗基业千秋万代永固不摇，又增加新的职能以应变局。就邮政而言，其更有层一关键用意，即建立比海关邮政更为"正统"的新式邮递机构，将被外籍税务司控制的邮政利权收归国人管辖。

　　《江楚会奏三折》所建言的各项改革措施，清末新政多有采用，但"推行邮政"一节的建立"驿政局"与海关邮政分庭抗礼的构想，却没有得到清廷的认同。该计划无法推动的缘故，除了实属多此一举外，不仅要从海关的管辖内将邮政利权收回，还要改革现有的管驿体系，把原属兵部的管理职能更多地下放到州县一级。如此一来，不仅削弱了兵部的职权，减少所管巨额驿费，邮传业务也未见得会有起色。张之洞、刘坤一的建策，意义不在具体的措施，而是明确提出邮政为国家的重要利权，必须从外籍管邮人员手中收回的观点，开启了之后十年清廷为收回邮政利权而努力的序幕。

《江楚会奏三折》之后，多有直省官员呼吁设立邮政专管部门，以便收回邮政自办及安排裁驿置邮事宜。光绪三十一年后，清廷逐步推动各项新政，有官员建议改革官制，设立专部管理邮政："闻日前有某大臣呈递封奏，略谓现值朝廷振兴庶务之际，所有商务事宜已经设立专部，议设官职。而农务邮电事宜亦为国家要政，宜增设专部以资整顿而一事权。"[1] 不过，设官立制，牵一发而动全身，此事议而未决。直至 1905 年 9 月学部的成立，突破了清朝部院行政体制改革的瓶颈，设立专部管邮方现曙光。但新设专部，首先要妥善处理原来兵部对驿站的管理权限，因事关涉厚利，并非轻言裁撤即可成事。兵部经费不足，历年事务积压太多，不仅清理不易，而且形成不停吸钱的黑洞，以致陷入运转的困境。又不同于外务部、商部等"另有津贴"，一旦停止而无良法改革，容易引发部务动荡。有鉴于此，兵部更不愿轻易将驿站的职能轻易交出，对裁驿或移交之事，坚持反对的态度。

体制转变的开端始于海关管理体制的变化。光绪三十二年（1906 年），清廷为逐步收回海关利权而设立税务处，将原属总理衙门（后改外务部）管辖的海关改归新设的税务处管理，该处下设"第四股管理邮政事务"[2]。虽然税务处事务繁多，未能分力管邮，两位新任税务大臣铁良、唐绍仪，"因税务头绪纷繁，故拟另添邮

---

[1]　《请设农邮电专部》，《申报》1905 年 3 月 6 日第 3 版。

[2]　刘锦藻：《清朝续文献通考》卷一百十八《"职官"四考》，载王云五编纂《万有文库》第二集，"十通"第十种。

政大臣，以专职任而重邮政云"。[1] 这使得管邮专部的设立日显重要，各种设置方案亦纷纷登台。光绪三十二年七月初六（1906 年 8 月 25 日），戴鸿慈等呈递《奏请改定全国官制以为立宪预备折》，其第四条"中央各官宜酌量增置、裁撤、归并"，建议"因交通之利大开，析铁路、轮船、邮政、电报诸行政而为邮部者"。《盛京时报》九月十五日（11 月 1 日）刊登《定各堂部司各官额缺职掌述汇》的京师要闻，其中透露朝廷将设立交通部，专管交通事务："第九交通部。管理全国交通工事（以工部改设，兼有商部、外务部、兵部之职掌），设四司，一曰路政司，二曰邮电司，三曰航业司，四曰都水稽察各省交通司、河道及铁路局、电报局。"可见开始方案相当粗略，其思路基本从原有六部入手，将相近的职能进行重组整合。所谓兼有"商部、外务部、兵部"的职掌，当即指邮政与驿递而言，因为二者职能与交通事务重合。对交通部的职能构思，涵盖了后来邮传部"路电邮航"四项职责。九月十六（11 月 2 日），奕劻等进呈《厘定中央各衙门官制缮单》，在《附阁部院官制节略清单》中，设计方案与《盛京时报》的消息多相符合，其中"兵部掌绿营兵籍，徒拥虚名，近日时局非有陆、海两军不能立国，而马政应隶陆军，故分兵部为陆军部，以太仆寺并入，而海军暂隶之，以次于学部"。至于邮传事务，"轮电、交通、邮递络绎，非设专部则运转不灵，故变工部为邮传部，以次于农工商部"。[2]

　　不过，清廷最后确定的方案略有不同。光绪三十二年九月二十

————————

　　[1]　《拟设邮政大臣之消息》，《北京五日报》光绪三十二年七月二十六日，载北京市邮政管理局史志办公室编《京版报刊上的北京邮政》（中华人民共和国成立前部分），北京燕山出版社，1992，第 5 页。

　　[2]　故宫博物院明清档案部编：《清末筹备立宪档案史料》（上册），中华书局，1979，第 470 页。

（1906 年 11 月 6 日），清廷发布厘定官制上谕，其中管驿的兵部"著改为陆军部，以练兵处、太仆寺并入。应行设立之海军部及军咨府，未设以前，均暂归陆军部办理"。之前传闻改为交通部的工部，则"着并入商部，改为农工商部"。而"轮船、铁路、电线、邮政，应设专司，着名为邮传部"。[1] 原先讨论以工部改交通部的方案基本放弃，而易"交通部"为"邮传部"，出自总司核定官制方案的奕劻、孙家鼐和瞿鸿禨的决定 [2]。厘定官制中，管驿权依然归属陆军部，未考虑裁驿置邮的问题。上谕颁布后，陆军部拟定《陆军部各厅司处应办事宜》，仍照兵部，设置捷报处与马馆管理驿站、驿马。[3] 陆军部军咨处第四司（此司缓设，归第二司兼办）的应办事宜，即包括与推广邮政相关的各个主要方面："一考查全国邮政现在情形事宜；一收集全国邮政各项章程规则图表事宜；一核议全国邮政推广办法事宜；一规定军用邮政章程事宜；一规定平战两时邮政与军队联系章程事宜；一筹拟添设邮局以利军事计画事宜；一研究现在全国驿递台站利弊筹拟改良事宜。"[4] 则陆军部不仅未将驿递

---

[1]　中国第一历史档案馆编：《光绪宣统两朝上谕档》第 32 册，广西师范大学出版社，1996，第 196 页。

[2]　韦庆远、高放、刘文源著：《清末宪政史》，中国人民大学出版社，1993，第 152 页。

[3]　捷报处的职责，包括："一接递各省折报事件；一承领军机处交发京外各省廷寄折报皮包事件；一承领政治馆交发事件；一收发转行新疆等处及新疆转行公文事件；一每日进内呈送印花；一办理效力差官当差期满及各项事故；一接递折行查驿站迟延等项事故；一支领夹板、黄袱、油布、油纸、粗细黄绳、纸张、朱墨等项。"而马馆则负责"一捷报处递送折报马匹；一本部递送五路公文马匹；一外务部听差马匹；一政务处听差马匹；一德胜门睡门听差马匹"等等。

[4]　全国图书馆文献缩微复制中心编：《清陆军部档案资料汇编》，全国图书馆文献缩微复制中心，2004，第 211 页。

的职责归并入邮传部，反而多方涉及全国邮政的相关事宜。由于官制初定，各部交叉职能尚未明确划分。稍后陆军部上《核议陆军部官制并酌拟办法折》，附有《拟定陆军部章制敬缮清单》，其中军乘司"掌军台、驿站、牌票、贡马、军马各项事宜。凡旧隶兵部车驾司所掌，除各牧场事宜划归军牧司外，其余各项及由武库司内画出遣配等事件皆属焉。区为驿传、销算、配戍三科分理司务。其捷报处、马馆仍旧设立，一切事宜隶属该司"。该司"设司长一员，承发官一员，驿传、销算、配戍三科各设科长一员，共设一二三等科员十八员，录事十二员。另设捷报处总办一员，办事官六员，录事二员。又马馆监督一员，录事二员"。[1] 可见新官制的厘定，并未如之前的方案将邮政相关职能调整重组，以驿传事务而言，其主管部门未变，依然交由兵部改制的陆军部管理。形成对比的是，光绪三十三年六月颁布的邮传部新官制，原设计的邮电司被分为电政司与邮政司，邮政司"司掌全国邮政，凡邮政应行考核调查及筹划扩充，并审议邮律各项事件"。[2] 亦不涉及驿务，显示陆军部对此项职权依然牢牢控制，不愿放手。

　　邮传部的成立，名义上新式邮政有了中央一级的主管部门 [3]，首任邮传部尚书张百熙针对各地管邮体系及邮权问题提出几项计划："邮传部设立布置停妥后，即拟将邮政收回自办；邮传部拟奏于各行省，设邮传使，所需经费，即以各省向有驿站支项拨

---

[1]　《清陆军部档案资料汇编》，第 211 页。

[2]　《奕劻等邮传部官制奏》光绪三十三年六月二十三日，载汪熙、陈绛编《轮船招商局——盛宣怀档案资料选辑之八》，上海人民出版社，2002，第 844 页。

[3]　刘锦藻按语："我国交通行政，向无专辖长官，如邮政之招商局附属北洋大臣，内地商轮附属旧时之工部，邮政附属总税务司。……盖至是设部，始有总汇之区焉。"《清朝续文献通考》卷三六〇《邮传一》，第一一〇三七。

充；……闻张尚书议拟将来派员入万国邮政公会、及万国路政公会，以资讲求，而期联络。"[1] 可见邮部主官已将邮政及驿站事务纳入部务，不过二者仍有分别，在其看来，收回邮政自办更为重要，宜先举行。只是张百熙仅任职五月即离世，而邮传部在收回邮政自办及裁驿置邮等事务上，因人事与利益蒌辖，纠缠直至清亡。

邮传部建立后，在邮务上的两项大事，一是收回邮政自办，一是实现裁驿置邮。收回邮政自办的思路，起于清末日益觉醒的"利权"意识，各类官员对待此类新式事业更加谨慎小心，即使未能真正收回主办，公开表态却不能退缩。光绪二十八年（1902年），"闻袁宫保拟请政府极力整顿邮政，简派大臣督办其事。旧例驿传事务概行归并邮政办理，以归划一。一切办法查照日本递信省章程参酌而行，所有经费则以驿站经费充之。所加有几即可另设专部，或归南北洋督办均可，收效无穷云"。[2] 袁世凯时任直隶总督，此议将收邮权与裁驿站并举，无论设专部抑或归南北洋督办，均是疆吏插手收回邮政自办的措施，这与张之洞、刘坤一建议设"驿政局"的思路异曲同工。光绪二十九年三月初八日（1903年4月5日），南洋大臣魏光焘咨文海关，称："邮政一事，按照公例应由本国自行设局办理，前因中国未曾自设，以致各国借口设立。……可否饬令总税司速筹联约公会之计，以期早日入会，商撤各国邮局，亦为扼要办法。"[3] 此议与袁世凯不同之处，则以撤客局入邮联为手段，而设立专部、收回邮权，与袁世凯殊途同归，足见封疆大吏对此事的一

[1]　《清国近事：邮传部之计划》，《台湾日日新报》1906年12月1日。

[2]　《湖南官报》第282号，第21页，载全国图书馆文献缩微复制中心编《清末官报汇编》第34册，全国图书馆文献缩微复制中心，2007，第16962页。

[3]　赫德致外务部申呈第492号，载《中国海关与邮政》，第117页。

致立场。

　　面对清廷上下对收回邮权的压力，主管新式邮政的总税务司赫德以土耳其加入万国邮联却仍不能撤去客局及邮政收归自办存在经济困难为由，力图浇灭清廷君臣收回邮政自办的迫切热情，始终将邮政的举办和管理权操纵于海关税务司的手中。虽然赫德所说的经济困难未必失实，光绪三十年正月廿九（1904 年 3 月 15日）他在致外务部第 696 号申呈中，发现光绪二十九年的邮政收入入不敷出，即使"每月津海、江汉、江海、闽海、潮海、粤海等六关各拨银一万两，计共六万两，作为协济邮政之费"，邮政官局依然"进退维谷，若不设法力为救正，将恐已成之举，一旦涣散而不可收拾矣。且邮政随复奉有推广之旨，而各省地方官，大半仍视为外人之事，其实若不由总税务司经理，则各国必将在中国自办矣"。[1] 希望用大清邮政的实际困难，打消清朝官员收回自办的念头。

　　另一方面，虽然舆论对"收回邮政"一事反应积极，朝廷的态度却十分暧昧。时值官制改革的紧要关头，朝廷设税务处的用意，要在掌控税关的收支命脉，对海关麾下的各类新政暂时无暇顾及。因此直至邮传部真正将邮政收归部管之前，所有邮政的管理、人事及推广，仍是由赫德等一众海关税务司兼理。所以传媒虽报道"袁督处华员相告，谓中国邮政未曾载入中国向英德借债合同之内，今为欲集中央之权于北京，中国拟乘目前之机会，将赫德所管之邮政收归自办"，但当赫德申呈外务部如何办理时，"外务部尚未批复，

―――――――――

[1]　赫德致外务部申呈京字第 51 号，光绪三十一年二月初一，载《中国海关与邮政》，第 128 页。

因中国政府对于此事之政策，现尚未决定也"。[1] 无论清廷或是海关，都明白对方政策的重点不在"收回邮政"，双方的言行，无非是试探性的作态，甚至是心有灵犀的表演：一方表明收回，而无具体时间步骤；一方愿意交出，却被动等待对方的安排。大家心照不宣，照旧行事，各取所需。不过，海关的顶头上司由外务部改为邮传部，体制上可以说迈出了邮政收归部办的第一步。

时人深谙推广邮政的关键，在于将外籍税务司兼办的邮政收归国有，设立专部办理，以免权利在各机构间辗转相属，以致延误，损害中国利权。但舆情高涨，政情却未必尽如人愿。收回邮政之举迟迟未决，一是邮传部人事变动频繁，派系林立，几同晚清政坛权争的缩影；二是外籍税务司及其背后的列强势力与清朝职官相互争斗。表面不过两个部门的职权交接，却暗潮汹涌，收回邮政归属部办一事，一直悬而未决。自光绪三十二年九月设部，至宣统三年五月初三日正式接管邮政，邮传部共经历了九任尚书、九任左侍郎和八任右侍郎。尚书（大臣）之中，仅有陈璧与徐世昌任职超过一年，左右侍郎之中，亦只有吴重熹、汪大燮与沈云沛任职超过一年。频繁的人员调迁，政策的持续性与部员的积极性难以保证，收回邮政自办一事，也就一拖再拖了。

考究任职邮部官员的履历，均与庆王奕劻及北洋大臣袁世凯有极亲密的关系："盖全国之权寄于奕劻，奕劻之权又寄于载振，载振又转寄权于商部二三宵小之手。京朝议论纷纷，皆称商部为'小政府'。其时任丞、参者，左丞徐世昌、唐绍仪、陈璧不一年即升侍郎，先后为本部尚书。右丞杨士琦、唐文治旋升本部侍郎，参议沈云沛旋升吏部侍郎，其余候补丞参、司员起家至大官者不可缕

---

[1]　《邮政归中国自行管理之近闻》，《申报》1906 年 12 月 6 日第 2 版。

数。"[1] 另外，"吴重熹为世凯府试受知师，遂擢河南巡抚。唐绍仪旧从世凯驻朝鲜，甲午之变，出死力护之以归，故遇之加厚，既夺盛宣怀路政界之，邮传部开，又用为侍郎，一手把持部务，案卷、合同尽为所匿，尚书张百熙虽属世凯姻娅，不能与之抗也。绍仪既得志，复引用其同乡梁如浩、梁士诒、陈昭常等皆列要位。……徐世昌久参世凯戎幕，铁良亦尝从之练兵，既入军机，始稍稍携贰。世凯时，不由科目出身，遇投帖称'门生'者，大喜，必力援之。定成晚入其门，遂长大理院。方其势盛时，端方、陈夔龙、陈璧、袁树勋无不附之"。[2]

　　明了个中关系，可知收回邮政一事，与邮部人事变动及主官对新式邮政在交通事务中的地位认识密切相关。张百熙、林绍年及岑春煊主政期间，或因健康欠佳不足任事，或是政争失势匆匆离京[3]，未能就邮政及其他交通事业大展拳脚。而管部时间最长的陈璧，热衷于敛财聚富，主张缓办邮政。继任的徐世昌虽然重视收回邮政事业，却不能久任，纵有雄心壮志，也来不及付诸实施，袁世凯的失势下野，对其邮务计划打击甚大。宣统二年正月十五日（1910 年 2 月 24 日），《盛京时报》接专电"邮传部徐尚书奏将邮政改归该部管辖"。新任代理总税务司安格联则认为"邮政与新关分离一事，似应悉心周密，筹备万全，现拟设法由邮传部与邮政局联络，可否使总税务司与邮传部直接来往，作为筹备之第一步，由邮

[1]　《商部捷径》，载胡思敬《国闻备乘》，上海书店出版社，1997，第 52 页。

[2]　《北洋捷径》，载胡思敬《国闻备乘》，第 57 页。

[3]　岑春煊任职未足一月即改授两广总督，匆匆离京，即为清末之重要史事——"丁未政潮"。其失势离京，即为奕劻、袁世凯一派于政争中之胜利。事件经过，可参看侯宜杰：《20 世纪初中国政治改革风潮——清末立宪运动史》，人民出版社，1993，第 91-95 页。

传部实行管理邮政事宜，惟不改现行之办事法则，并设法免致邮政之质点感触众人之视线，仍借新关之势力，以助邮政之推行，俾与客局办事顺手，其一切筹备分离事宜，即由总税务司相助为理。"[1] 之后他更提出"现欲遵旨由邮传部接管邮政，不必将邮政之现在地步最要质点改变，不必与新关分离，似可照前陈节略之意将邮政移归邮传部管理，使与新关联络仍旧办理而已"。[2] 试图继续将邮政的控制权抓在海关的手中。

盛宣怀接管邮部之后，在之前协商的基础上妥善处理了税务处与邮传部的权力交接，使得海关再无理由拦阻邮部接管邮政，邮传部遂定于宣统三年五月初一日，正式接管邮政。海关虽将邮政利权交出，依然设法在管理职位上安插人手，以保证邮政的主要权利继续控制于洋人手中，其中最要之事有两项："一、总税务司奉旨开办、管理邮政，按新关办法另行拣用人员，并与各国签定邮约，一切责成甚重，如将其事交卸，必接手之洋员仍有相同之职务，俾足以下绾所属，外洽联邮。一、邮政总办帛黎继续其后，即负总税务司担荷之责成，该员开去底缺之先，必其职位权限已定，确与所当之重任相符，该员始能放怀接手，并其辖下始能信仰无疑。"移交邮政之后，总邮政司"上承邮传部管理邮政事务"，"交替后所有邮政各局事务及所用各项人员，统归该总邮政司处置，似应照总税务司管理税务之法参酌施行。至关于邮政一切事宜，则由该员申请堂宪候示遵办，遇事亦应与正堂直接来往"。"在事之华洋邮政人员，

---

[1] 《代理总税务司安格联关于邮政、新关分立节略》，载《中国海关与邮政》，第 192-193 页。

[2] 《代理总税务司安格联面交税务大臣胡维德节略》，宣统二年八月十七日，载《中国海关与邮政》，第 193-194 页。

凡经总税务司准定者，现在均仍定用，即按现行之邮政章程，所有长久留用及薪水、升阶、请假、养老等事，均照在总税务司辖下时无异。"[1] 既然人事、管理等仍然照旧，邮部管部大员还是难以插手其间。这一安排或许换得海关交权，却为收回邮政自办后的各种冲突埋下隐患。所谓利权之争，最终仍是人事利益的交涉而已。

自邮传部设立到建议邮政收归部办，再到最后终于成事，外人管理邮政的局面始终没有改变。历任邮部堂官尤其是尚侍中，不乏真心实意革新改进的官员，受困于各方利益与人事斗争，只能尽力做到有所为，而不一定有所获。而依仗列强的外籍管邮官员，未必都是处心积虑地以侵略中国利权为事，中国的邮政设施从无到有，毕竟是海关经营数年的成果。晚清官场衙门腐败拖沓，难保卓有成效的邮政运作受到拖累乃至破坏。延续数年的收回邮政之争，可是视为清末政治与社会的缩影，要在中西新旧之间做截然的分别取舍，诚非易事。

收回邮政之举，虽然涉及中外人士的互动争夺，实则仍在清朝新政的范围内完成交接。尽管邮传部还不能真正操控新式邮政，毕竟归属该部职能，至少名义上实现了新式邮政管理权的统一。而将驿传体系改归邮传部管理、并由其负责裁改一事，则相对复杂许多。邮传部企望将驿站管理亦纳入其职能范围，再与收回邮政相结合，进而重新整合邮政事务。但裁驿之举，一是涉及兵部及后继的陆军部职权；二是驿站关乎数百万经费，在没有新的利源替代下，陆军部不肯轻易放弃；三是驿站关系军报秘密，尽管电报传消递息便捷已深入人心，然而因费用高昂，又为其他势力所控制，反不如

---

[1] 《代理总税务司安格联致税务处申呈关字第1424号》，宣统三年四月廿七日，载《中国海关与邮政》，第195-196页。

驿站方便操纵，尤其是西北等边远地区，新式邮政及电报设置鞭长莫及，驿站的存在显得更有必要。在此状况下，裁驿置邮一事反复纠结，始终无法妥善解决。

清季驿传体制已经破败，陋弊甚多，主要表现为经费被严重侵蚀、递送速度缓慢、信件安全无法保障等方面。而新式邮政已在个别部院机构担任起寄递职责，何以推行以邮政办理政事在朝野仍多阻力？除因其主办机构为洋人掌控之外，新式邮政所带来的相关问题也是引起顾虑的缘由。驿传系统本身即为一套等级体系，与密折制度相辅相成，形成直省高层官员之间互相监督的集权体制[1]，而州县官员又在道台、两司、提督、巡抚、总督等监督之内，各类政务信息、人事变迁均须经铺递、驿传体系层层上报，以便朝廷对信息来源进行登记、查核及反馈，因此成本相对高昂，不能对民间开放。而新式邮政的便利，在于以低廉价格快速传递信件，若有特定目的，寄信者可以匿名方式投寄，如此一来，易对朝廷体制造成冲击：若因来源不明而置之不理，难免遗漏重要信息，若不加分别地予以重视，势必鼓励匿名指控之风日益猖獗，且难以甄别。无论何种方法，均会对清廷惯行的政治造成一定影响。因此，驿传体系虽然耗费较大，毕竟具有高度的负责性与封闭性，使得朝廷既可掌握政治信息，又免于费力追查大量纷繁头绪，明确官员的权责，有其不可取代的功能价值。就连主办新式邮政的海关税务司，也意识到驿传体系在清朝政治中难以取代的重要地位。海关税务司兼邮政总办阿理嗣（J. A. van Aalst）于光绪二十七年六月初六（1901 年 7 月 21 日）申呈总税务司赫德，认为"自有轮船以来，驾驶可到之处，

---

[1]　参看杨启樵：《雍正帝及其密折制度研究》，上海古籍出版社，2003，第171-175 页。

地方官业已不用驿站，将来铁路遍通各处，则驿站自然一律无用"。即便如此，由于邮局的职能与驿站不同，故"官员由驿站供应一层，邮政局固属无能为力"。对于邮局取代驿站传递公文，官员多有疑虑，虽然阿理嗣指为"成见"，但也觉得必须健全逐渐深入省府州县的邮局体系，避免成为动摇朝廷统治的祸源，"刻因邮政将欲在各直省省城、府、厅、州、县推广设立分局，或由火车，或由轮船，或由马匹，或由人役，均按一定时刻往来寄送，凡官文书暨应登簿之要件，邮政局自必加意慎重，逐细记载，以免失踪而捷寄投"。如此，各省官员才会对新式邮政开方便之门，"饬令地方官加意保卫邮政局，并随时予以房屋车马或铁路轮船各项免票"。[1]

　　光绪三十二年九月二十（1906 年 11 月 6 日）清廷厘定新官制后，改由陆军部继承兵部的管驿功能，而邮传部专管"轮船、铁路、电线、邮政"。因裁驿置邮之议由来已久，朝野均期望中央官制确定管邮机构，裁撤虚糜国帑的驿站，最后的结果居然是传统驿传与新式邮政两套系统并存分管，令鼓吹多时的媒体相当意外。不过，上任不久的张百熙希望通过大力发展邮政来逐渐式微驿站的力量，设置邮传使管理各省邮政，管理经费却从陆军部的驿站经费中支出，显然是有意借助直省官制的改革，削弱陆军部对驿传乃至邮政事业的控制。

　　内廷对裁驿一事亦表赞同，但如何确保信息传递的安全，则须各机构慎重安排。陆军部阻挠的最大理由，即军报的安全问题，一旦驿站、台站、铺递全然裁撤，如何保证军事文报可以在短时间内安全送抵京师，以供朝廷做出及时反应？虽然裁驿置邮呼声甚高，邮政局所的覆盖区域毕竟有限，不少边疆地区依然依靠驿站甚至信

---

[1]　《中国海关与邮政》，第 102 页。

局传递文书，而清末边疆常有战事，保全驿站系统，有一定的现实考虑。从实际利益考量，每年 300 万两的驿费，对任何一个职官部门都是相当丰厚，加上一旦裁撤驿站，大量人员如何安置，也是陆军部必须面对的难题。

邮传部对邮政及驿站事宜久拖不决，似乎坚定了陆军部保全驿递的信心。光绪三十三年五月初七（1907 年 6 月 17 日），陆军部上《各省驿站拟请仍由陆军部经理》片，其中明言驿递不可轻裁的理由，在于军报安全："各省驿站、边防台站，向由兵部掌管。上年厘定官制，原订清单内以兵部车驾司所掌之驿站划归邮传部管理，意在裁改归并，俾成画一之规。惟驿站之设，平时转递文件，而以军报为重。现在轮船铁路未尽交通，且军事秘密遇有紧要文报，仍须由驿递送，方昭慎重。拟请仍照旧例，由陆军经理，以一事权。"当然，陆军部并未否决厘定官制上谕中对邮传部职能设计的方案，该部表示："俟将来航路铁路一律通达，操纵自如，其各处驿站应裁应并，再当会同邮传部详察情形，奏明办理。"[1] 此种论调与邮传部如出一辙，只要邮传部条件准备不充分，陆军部就可以将驿递继续保持下去，双方在心照不宣之下互不侵犯，各保平安。

既然驿递暂不裁撤，邮政又不能有所进展，之前构思裁驿置邮的寄递改变，如今均不能实现了。在陆军部看来职权所在不容侵涉，而邮传部方面则认为准备不足无从下手。随着政体改革的深入，对文报传递的要求越发提高，在交通条件尚未进一步改善的情况下，文报系统若不能保证及时安全的传递，势必影响新政的推行及政体的改革。于是，裁驿的呼声越发强烈，只有陆军部仍以邮政

---

[1] 全国图书馆文献缩微复制中心编：《中国近代邮政史料》，全国图书馆文献缩微复制中心，2005，第 123-124 页。

属于商业为由，拒绝裁撤驿站。徐世昌的上任，给改革带来转机。他不仅赴任前继续筹备吉林省裁驿站设文报局的事宜，而且到部之初，即着手裁驿的筹画和推行，与陆军部商定裁撤驿站的时间表，并由陆军部着手调查相关的驿站局所，以为裁撤做准备。后来陆军部主官换人，新任尚书荫昌对裁驿一事较前任铁良更为开明，在盛宣怀主邮部后，双方最终于宣统二年八月商定，计划年内完成裁驿事宜。因各种具体条件限制，未能如期实现，最后由陆军部在宣统二年十二月二十（1911 年 1 月 20 日）上《现管驿站事宜请交邮传部，并在事各员改归录用》折，明确表示"拟即将所管驿台各站一切事项，并捷报马馆处所，一并移交邮传部接收经理"，并与邮传部达成"驿站事宜准期（宣统三年）七月初一日接收"[1] 的协议。不过，此时的形势已不容邮传部按部就班地实行裁撤驿站的计划，在东三省、江南、江西等地，出现了直省督抚自行裁撤驿站、改行邮政的举动，邮传部只能默认这些越权之举。在政局的剧烈动荡之中，裁撤驿站一事，直至民国二年方裁撤殆尽。

结　语

在新式邮政制度及其传递方式未传入中国前，清代的传信体系分为官民两个相对独立的系统，这样的体制设计不仅基于交通工具及路线的制约，亦是对传统邮驿与朝政运转之间关系认知的重要体现。清初设立的邮驿制度虽为传送朝令文书而起，但其内涵深远，除本来职能之外，邮事更上升至"为政"层面，朝廷通过对官员训

---

[1]　《京师近事》，《申报》1911 年 7 月 12 日第 6 版。

谕乃至惩戒，意图制止日渐严重的滥驿索驿现象，以期达至肃清吏治、巩固根基的目的。耐人寻味的是，越是强调肃清"邮政"之时，即驿弊情况越发严重之际。朝廷有意革清旧弊，可是驿弊、驿害即由清代官制结构及其衍生的官场"潜规则"所产生，驿站管理缺乏专业人才，又要在官场上下兼顾，左右逢源，在既有体制下，无法达至"肃清邮政"的实际效果。

随着外国新式邮政机构在中国口岸城市的建立运营示范、清廷游历外洋官绅的耳闻目睹及媒体的极力鼓吹，有关新式邮政的知识渐为清人所认识和熟悉。不过，知识体系的更新并未即时导致制度的相应变化，现实条件的制约，包括朝野官员对驿站利益的争夺、对试办邮政的外籍税务司的顾虑、以及对既存体制的维护和改行新制的担忧，海关试办新式邮政多年，迟迟未获朝廷准许正式开办。即使在正式开办后，大清邮政仍须面对官员的质疑、以及其他邮递机构（驿传、民信局及客邮）的竞争。尽管依靠海关的势力与财政支持，通过兼并机构、调整邮资等方法取得竞争的优势，亦因此背负不小的债务，并给国人留下"邮政为外人之事"的印象，明显偏离维护利权、裕国便民的初衷。

由于朝野对新式邮政的认识不尽相同，清末新政期间"裁驿置邮"的争夺持续了很长时间，其中既有原来制度知识对新制的约束，也有各部基于现实利益的考虑。陆军部一直以"军报安全"为由，要求保全驿站并继续经营，这多少存有旧时"驿传为皇朝血脉"的考虑，担心"官民合一"的新式邮政体系，既无法保证军情文书的快捷与安全保密，也难以履行邮驿担负的接待官员、押运囚犯等政治功能。此外，朝廷驿费为该部的重要财源，裁驿之后站夫员役如何安置，为裁驿置邮必须面对的实际问题[1]。在驿传本身已不适应政情流通的需求、某些省份开始裁撤驿站的情况下，最后接管驿站的邮传部仍须保全旧制，拨出经费使其继续运转。鉴于北洋政府成立之后无须大费周章，即将余留的驿站全行裁撤[2]，可见清代保全驿站的努力，其政治象征意义大于实际价值。

如何在旧体制内安置新制度，并在既有人事格局中平衡各方的利益，成为新政官制改革中现实考量的要项。从《江楚会奏三折》提出的"驿政局"，以及官制讨论时设置"邮电部"的动议，到邮传部的正式成立，机构设置的立意和具体职能均各有差别。邮传部成立之初，既无权力管辖原有驿站，亦无法控制新式邮政，其收回邮政自办及接管、裁撤驿站事宜，要等到邮传部主官变更之后方能着力进行，足见人事与政情在制度转型中的举足轻重。海关虽然最终将邮政管辖权交归邮传部，在新设立的邮政总局中，重要职位仍

---

[1]　因明代由驿卒暴动而引致改朝换代，故清代官员对驿站事务更为谨慎，即使驿站效率低下、虚耗公帑，亦不敢轻言裁撤，唯恐重蹈覆辙。其实时过境迁，清末所面对的社会境况大异于明末，始终以此为由，在当时已有议论为所裁驿卒寻找出路，而在今日看来亦未免易发"刻舟求剑"的感慨。但若深入考虑，或许并不能用"保守"或"愚昧"来概况此类思想，其另有实际需要的考虑，方会使相关的官员一再强调这一缘由。

[2]　1912年"数行省之驿站，全行撤裁，当将邮务推广若干处，并将原有衔接之处重新改组，以便各省官文书之通行无阻。"(《中华民国元年邮政事务情形总论》，载《中国邮政事务总论》（上），第269页）至于军队邮报事宜，则于1913年开办军事邮递，"即为散处蒙边之中国军队，获有邮政便利起见，特于乌兰花、归化、公沟大、余太后、公中、林西、开鲁等地方，分设军事邮递所七处，并于邮政普通路线范围内之隆盛庄、绥远、赤峰、包头镇等处，均各设有军事承接邮局，各该局所均由邮政特拣人员派往办理"。(《中华民国二年邮政事务情形总论》，载《中国邮政事务总论》[上]，第289页)

由留任的洋员把持。即使清廷在京师设邮政总局局长、在直省设劝业道主管邮政事务,还是不能实际掌控新式邮政。在清末民初政局大幅变动的情况下,这种矛盾交织、利益缠绕的局面,反而使得新式邮政可以保持其独立性而继续为社会提供服务,历史的吊诡真是令人匪夷所思。

辛亥革命爆发前,大清邮政已从组织形态与制度建置上完成了转型[1],而在功能整合与人事安排上,还有未尽事宜[2]。大清邮政面对的三大邮递组织:驿站、民信局与客邮,在民国代清之后,相继获得解决,1912 年北洋政府将所余驿站全行裁撤,1914 年 3 月 1 日中国加入万国邮政联盟,从法理上取得了裁撤客邮的依据。至于民信局与客邮机构最终归于中华邮政统一管理的任务,则要留待 20 世纪 30 年代的国民政府去完成了。

---

[1] 收回邮政自办及裁驿置邮的逐步完成,推动新式邮政制度的职责更趋统一化与专业化,从根本上改变了清代官民传书机构不一、邮递组织纷杂林立的局面。尽管清末民初战事频仍,政权频繁更迭,各地暴乱抢掠情事层出不穷,甚至有意欲更动邮政组织、操纵邮政职权的企图,但"邮局坚守其地,不为少移",得以保全自立(《中华邮政前清宣统三年事务总论》,载《中国邮政事务总论》[上],第 221 页)。时人追究缘由,认为新式邮政"实以统有人员所施之严纪律,并练成华员任事之心,加以各邮政局暨分局,与夫邮政总局、总办管理严明,故能臻此进境"。渐趋完善的新式邮政,不仅在动荡之世为民众提供独立安全的递信服务,更进而形成"不独确为本国人民所仰信,且为各国邮政共相尊敬之国政"的良好口碑(《中华邮政前清宣统三年事务总论》,载《中国邮政事务总论》[上],第 222—223、245 页),在制度及心理上均为国人所认同和接受。

[2] 在人事上,虽然由留洋归来的邮政员工及本地培养的邮政员役开始承担起中华邮政的主要业务,但在关键的邮政总管等位置上,仍由洋人把持固守。民国时期,华洋邮员的冲突持续,人事斗争不断。为此,华人邮员成立了员工协会,以保利权而抗洋员,继续为恢复中国人自己的邮政事业而努力。

重新审视晚清传统邮驿到新式邮政的转型过程，可见在官、民的层面均出现了意义深刻的变化。从职官体制来看，原本在京师部院为军报政情服务、在省府州县归于日常政务的邮递，受到中外交涉的现实约束、欧美传入的国家利权观念的鼓荡，乃至新政官制改革的推动，变为建置专管邮递事务的独立机构，实现职能的专业化与管理的规范化。尽管官制改革的整体成效不尽如人意，新式邮政的推进却颇具成果，通过借鉴中国传统的递信惯例，不仅成功地吸引大量客源转用新式邮政，也推动了将分立的邮递机构统一管理的进程，在近代中国社会转型之中有着重要的示范意义。

对于民众而言，从思想观念到寄递行为均发生了明显的变化。一是逐渐熟悉和适应了新式邮政制度的收寄方式；二是逐步接受和理解民族国家的"利权"观念，并伴随着近代中国国民意识的觉醒与民族国家的形成，进一步形成对内要求收回邮政自办、对外要求裁撤客邮、加入万国邮政联盟的诉求；三是形成新的社会风气，包括集邮活动的兴起、匿名指控方式的出现、以及革命党人利用邮政网络寄递革命书刊、传播革命观念等等。这些转变伴随着新式邮政制度的进一步巩固，深化到普通社会成员的生活之中，并对他们的行为方式和思维方法产生潜移默化的影响。

在新式邮政确立主体地位，并成为学术叙述的主要对象后，以新式邮政的职能反溯清代邮驿的作用，极易忽视传统制度原本的政治意涵。制度变化改变人们的行为，而行为的惯常化又左右着人们对"邮政"及其制度的认识。对寄书递信的"邮政"熟视无睹，自然对关系皇朝血脉的"邮政"颇感陌生。有鉴于此，应对现行研究视角取径加以调整，由源头入手，审视今昔制度的转型衔接及其作用异同，以求接近复杂的历史本相，对国情现实与近现代制度兴革的曲折艰难，有一份深切的"理解之同情"。

第五章　典礼与宪政：清季丙午改制有关礼部裁改之争

　　1906 年 9 月 1 日，清廷宣布预备立宪，认为变革政体当以更张官制为先导 [1]，由此在朝堂之上引发了一场时达两月之久、主要以内官改制为对象的大讨论。在这一过程中，围绕礼部是否应改设为典礼院的问题出现不同意见，改制方案亦几经调整。表面上看，争议主要就部、院名称以及典礼是否关乎行政等问题展开，实际上反映出对典礼在王朝体制变革之际应有的位置及作用的不同理解和认知。

　　中国号称礼仪之邦，设置礼官管理典礼事宜，可谓渊源甚早。[2] 自隋唐设立六部以来，礼部在历代王朝的官制建构中始终占有一席之地，反映了统治者对于礼制的重视。明太祖朱元璋就认为："礼者，国之防范，人道之纪纲，朝廷所当先务，不可一日无也。" [3] 可以说，礼制在维护统治、治平天下方面所具有的重要作用，决定了礼部在王朝体制中的特殊地位，从某种意义上讲，礼部

　　[1]　中国第一历史档案馆编：《光绪宣统两朝上谕档》第 32 册，广西师范大学出版社，1996，第 128 页。

　　[2]　唐虞时期，即有"秩宗掌三礼"。杜佑：《通典》卷二十三，浙江古籍出版社，1988，第 137 页。

　　[3]　（明）俞汝楫：《礼部志稿》卷一，载《文渊阁四库全书》第 597 册，商务印书馆，1986，第 14 页。

的存在即是所谓"以礼治天下"的制度标签和保障。

但在"仿行宪政"的大背景下，清廷改革官制自然以立宪国为重要参照。虽然上谕为厘定官制定下了"上稽本朝法度之精，旁参列邦规制之善"的基调[1]，但在实际运作中，后者才是基本取向。因此，一般宪政国家并无与中国礼部相对应的类似机构[2]，就成了主张改设礼部为典礼院的主要根据。

如谓礼部可裁，但属于礼部职能范围内的典礼事宜必非朝廷所能轻弃。如前所述，典礼与王朝体制密不可分，所谓"君权神授"需要大量的礼仪活动来强化其象征意义，推崇礼制不但可以显示皇权的至高无上，又可整齐人伦，进一步规范天下秩序，从而达到巩固统治的目的。因此，如何在以"三权分立"为基本特征的宪政官制体系中安排典礼事宜的位置，维系专制政体的礼制如何嵌入立宪政体下的行政体制，是参与讨论者所不能回避的难题。而这一难题的解决与否，在很大程度上也制约着政体变革的走向和深度。梳理这一争论过程，探讨其变化原委，不但有助于了解时人对于中西政治本原的认识差异，更能反映出清末政体变革所面临的历史困境。[3]

---

[1]　中国第一历史档案馆编：《光绪宣统两朝上谕档》第 32 册，第 129 页。

[2]　即以东邻日本而论，中国礼部的相关职能多分属于内务省、文部省及宫内省等机构。

[3]　关于清末礼部的裁改问题，前人已有关注。其基本线索参见关晓红：《晚清学部研究》，广东教育出版社，2000，第 65－87 页。还有学者注意到："在号称'以礼治国'的封建时代，礼部既是负责礼乐教化的最高行政机构，又是礼教传统在政治体制层面上的一个重要表征。取消礼部，动摇的将不仅是旧的行政机构，还有旧机构所赖以存在的整个政治体制和文化信念。"见杨志刚：《中国礼仪制度研究》，华东师范大学出版社，2001，第 246 页。

第一节　典礼院的酝酿

预备立宪之前，清末有关礼部裁改问题所产生的意见，大致可从四个方面加以说明。（一）建言设立文部或学部者，多主张裁撤礼部；（二）戊戌前后王照、康有为等人的教部之议亦于礼部前途密切相关，虽未明言裁撤，确有以教部代礼部之意 [1]；（三）因同掌礼仪事务的关系，礼部与太常寺、光禄寺、鸿胪寺的相关职能在时人看来难免多有交互重叠之处，故多有归并之说；（四）掌管科举事宜原是礼部职能的重要组成部分，1905 年立停科举，导致礼部职能大为清简，这一点也成为主张裁撤礼部者的重要依据。

值得注意的是，无论将礼部裁或改，各方主张均无废弃典礼之意，区别只在于将典礼事宜归属于不同机构管理。如上所言，在礼部和三寺的归并问题上，不论是载振主张以三寺归并礼部 [2]，还是宝熙主张将礼部裁撤、由太常寺、鸿胪寺管理礼仪事务 [3]，从简化机构、统合礼仪功能的角度看，二者的趋势是一致的。但同样显而易见的是，部衙和寺署在传统政治体制中的地位毕竟不同，典礼在王朝体制的天平上已然出现了轻重之间的摇摆。[4] 在同样承认"典

---

[1]　关于（一）、（二）两方面，参见关晓红：《晚清学部研究》，第 65-87 页。

[2]　《载振致瞿鸿禨》，《瞿鸿禨朋僚书牍选》（下），载社会科学院近代史研究所《近代史资料》编辑部编《近代史资料》总 109 号，中国社会科学出版社，2004，第 60 页。

[3]　（清）朱寿朋编，张静庐等校点：《光绪朝东华录》第 5 册，中华书局，1958，第 5409 页。

[4]　礼部尚侍和太常寺寺卿在职掌、官品等方面均有显著差异，典礼事宜归何署掌管，本身已能反映礼制在王朝政治中的地位。参见张德泽：《清代国家机关考略》（修订本），学苑出版社，2001，第 56-78 页。

礼攸关"的前提下，礼部的命运将取决于如何在轻重摇摆之间求得一种新的平衡，而典礼院的酝酿正是这一努力的产物。

　　1906 年 8 月 25 日，戴鸿慈、端方上折奏请改定全国官制，应是首次提出将礼部改设为典礼院的问题。该折云："礼部职司典礼，兼掌贡举事务，今科举既停，礼部职权已裁其半，所存者惟典礼一项，请改名为典礼院，而以太常、光禄、鸿胪三寺并入焉。"至于礼部"旧制有奉职内廷者"，则建议"别立为司而统于宫内部"[1]。

　　相对戴折较为折衷的观点，下面两种意见则显得相映成趣。8 月 29 日，《时报》上登载一篇标题为《论立宪改官制之方针》的来稿。作者主张"太常、鸿胪可归于礼部"，并强调"中国礼仪为数千年尊重之典，未可一旦而废也"。时报馆在此处加按语指出："科举既废，礼部无大事，祠祭典礼之事，似可分归内部及宫内部管理，礼部即可与太常、鸿胪并裁，不必虚存滥冗之缺也。"[2] 前者推崇礼仪为"尊重之典"，后者则显然认为"典礼之事"并非"大事"，二者对于典礼重要性的认识泾渭分明。因此一主保存礼部，而一主礼部以及太常寺等都可裁。"典礼院"的创议看似能对二者意见进行调和，但如前所引，其改革的依据仅仅是礼部职权已大为清简。而这一制度设计背后究竟对"典礼"如何认识，戴折中并未明确阐述，这就为后来取径相异的阐释留下了空间。

　　在戴折中，典礼院是属于"内阁之外增置而别为独立机关者"，

---

　　[1]　《出使各国考察政治大臣戴鸿慈等奏请改定全国官制以为立宪预备折》，载故宫博物院明清档案部编《清末筹备立宪档案史料》上册，中华书局，1979，第 375 页。（按：以下略称戴折，其他折片类推。）
　　[2]　《论立宪先改官制之方针》，《时报》1906 年 8 月 29 日，"论说"。

而内阁下属九部则属于"一国最高行政官署"[1]。换言之，典礼院在戴鸿慈等人的设计中，已不属于行政官署。9月16日，出使德国大臣杨晟上奏，就官制大纲发表意见，在其所设定的行政十二部中，也没有礼部或类似衙署。其主张"有应特立于行政十二部之外、不入行政范围者，别制定之"，而"太庙陵寝之官，供奉侍从之职，似宜仿古者宫伯之制，总众职为专司，以昭郑重，以便稽核，其职制非臣下所敢擅拟"[2]。杨的谨慎既反映出其对典礼重要性的认识，又表明在不设礼部的情况下，其对如何管理典礼事亦有一定困惑，只好借词回避。相对明确的是，礼官职制不论如何"别制定之"，都已不在行政范围之列。在这一点上，杨折与戴折并无二致。

对于官署性质是否属于行政范围的关注，表明时人试图按照宪政原则重新规范官制。当时的舆论亦有注意官制改革中调查各官厅性质一事。《时报》报道，闻军机处日前"片交吏部速将历来官制例案检查齐备，以供参订"，又闻"此次改定官制，略有成议，不惟酌古准今，尚须参仿外洋制度，俾得悉臻完善"。报馆在按语中强调："此事为最要。如不调查，终日言改官制，而各官厅之性质、各官厅之权限、并各官厅职员之多寡皆如在五里雾中，虽欲实行归并裁撤而无从。窃以为调查之法，莫先于会典。会典之性质，略如外国之行政法。其次为则例，则例之性质略如外国之行政法规。"这里所说的性质就是要将各官厅"分别何者为行政官（如各部是），何者为司法官（如大理、刑部等是），何者为宫内省官（如光禄、

[1]《出使各国考察政治大臣戴鸿慈等奏请改定全国官制以为立宪预备折》，载故宫博物院明清档案部编《清末筹备立宪档案史料》上册，第 373 页。

[2]《出使德国大臣杨晟条陈官制大纲折》，载故宫博物院明清档案部编《清末筹备立宪档案史料》上册，第 396、401 页。

太仆暨銮仪卫司、上驷院等是）。性质既分，然后各明权限（如著作版权等归学部而不归商部等是）。权限既明，然后斟酌用人之多寡”[1]。

　　根据按语的解读，调查各官厅性质的文本依据在于会典和则例，但是通过将会典、则例比附为行政法、行政法规，所谓“最要”之事，明显偏转于“参仿外洋制度”。强调判明官厅性质本身，就是为了按照行政官、司法官分立的原则对原有官厅进行区分，从而使改订出来的官制符合宪政的立意。前引戴、杨二折正是这一思路下的产物，即宪政国家的行政官制内既无与礼部相类似的机构，则礼部可裁；其所掌典礼虽不可废，但将要设立的典礼之官只能退居行政官之外。

　　既然是按照“三权分立”的原则区分官制，那么主持改制者对于三权的理解就显得至关重要，而这一认识充分反映在奕劻等人于9月18日所上的厘定官制宗旨折中。该折指出，“立宪国通例，俱分立法、行政、司法为三权”，其中“行政者，阁部按法律命令而施行之国家政务也”[2]。所谓“阁部”，自然无“院”在内，而编制局拟定的《官制大纲》也是延续了戴折的主张[3]。这表明，典礼之官在三权“通例”中已经无从安排。

　　在《光绪朝朱批奏折》所收该折后，另有一份《谨拟厘定官制

　　　[1]　《实行调查官制例案》，《时报》1906年9月11日，“政界纪闻”。
　　　[2]　中国第一历史档案馆编：《光绪朝朱批奏折》第1辑，中华书局，1995，第539-540页。（按：这里所讲的“行政”与中国传统政治所常讲的“用人行政”的概念并不相同。至于王朝政治体制下的行政及其范围的扩展，参见关晓红：《清末官制改革与行政经费》，《学术研究》2009年第11期。）
　　　[3]　“典礼院，以礼部改设，太常、光禄、鸿胪三寺皆并入，凡关涉典礼之事照例预备。”《拟定官制大纲》，《时报》1906年9月12日，“代论”。

宗旨大略》，与原折内容略有差异，似属底稿。其中有如下表述："此外如内务府、宗人府、八旗暨一切内廷供奉人员，凡与行政、司法无甚关系者，一律照旧，即典礼、服制之类亦概不提议，以清界限。"[1] 这里所列举的在行政、司法之外而又"一律照旧"的衙署，并不包括礼部，则其仍在改设之列。至于"典礼"本身，"以清界限"四字显然将其归在了行政、司法事务之外。这一点与典礼之官不在"行政官"范围之内，可谓两相对应。

宗旨一折虽然奉旨留中 [2]，但相关内容已为报界所探悉："其重要之条目即八旗、内务府等无关于行政之衙门决不裁汰（无关行政之衙门，在学理上无此名称，姑仍其原语），及一切制度典礼，决不丝毫更易也。"有意思的是，报馆按语从学理上否定了政府有关行政衙门的提法，说明时人对于三权分立的理解存在着不小的差异。由于"自立宪宣布，官制议改，无识者相顾错愕，反对立宪者又从而利用之，以是讹言四起"，因此报章推测，政府"深恐酿成变故，拟于日内宣告数条，以安人心"[3]。从根本上说，该折立意还是想消除反对借立宪而大改官制的阻力，同时亦有迎合上意的嫌疑。9月22日，余肇康在致瞿鸿机信中说："侧闻慈圣谆谆垂谕有四：一曰君权不可侵损；二曰服制不准更改；三曰辫发不准薙；四曰典礼不可废。"并言"即欲立宪以公天下，亦全不在变更此四端"[4]。服制、典礼既有"垂谕"，则上引宗旨大略底稿中所谓"概不提议"者，当有所本。

[1]　中国第一历史档案馆编：《光绪朝朱批奏折》第1辑，第542页。

[2]　《时报》1906年9月20日，"电报一"。

[3]　《改官制以前之宣告》，《大公报》1906年9月20日，"要闻"。

[4]　《余肇康致瞿鸿机》，《瞿鸿机朋僚书牍选（上）》，载《近代史资料》编辑部编《近代史资料》总108号，中国社会科学出版社，2004，第21页。

典礼既不可废，若无专官管理，则不足以显隆重，"典礼院"之设看似已是大势所趋。至迟在 10 月 5 日前，典礼院的具体改制办法已有成议 [1]，其职掌及官缺设计已登载于报端。"典礼院不预政事，专管关于国家典礼一切事宜，设丞一缺，秩正二品，设左、右卿各一缺，秩从四品"。在列举下设四寺后，报道还指出："礼部旧管铸印之事，应归内部管理。关于学务事宜已归学部管理。"最后强调"以上办法礼部各堂官均已画诺，不久即将实行" [2]。

这里有几点信息值得注意：（一）相对于戴折、杨折以及宗旨折中的语焉不详，该方案明确提出典礼院专管"国家典礼"，并且"不预政事"，言下之意，"国家典礼"已不属于行政事务范围，而在反对改设典礼院的意见当中，这一点引起了强烈争议；（二）院丞、院卿、寺正的品级相对于礼部尚、侍及三寺寺卿而言均有所降低，但若以院丞正二品对比太常寺卿正三品，则又高出两级 [3]，一降一升之间，正是试图在典礼的轻重摇摆中寻找新的平衡；（三）礼部在与学部划分权限之后，通过改制典礼院，再一次面临原有权限的重新调整，当然所需调整者并不仅仅限于铸印一事；（四）礼部各堂官对于改制典礼院的态度，虽云"均已画诺"，但是否全然赞同戴折主张仍需检讨。

[1] 《本馆接礼部改定官制专电》，《申报》1906 年 10 月 5 日第 2 版。

[2] 分设四寺的具体内容为"典仪寺，礼部改，专司年中应行奏报国家典仪事宜；典乐寺，太常寺改，专司祭礼、乐部及读祝等；少府寺，专司关于国家庆典、筵宴及祭祀酒胙等事；奉常寺，专司关于国家典礼鸣赞事宜。以上每寺，设寺正四缺，秩从六品，寺副四缺，秩正七品，司务一缺，正八品，录事若干缺，正九品。其典乐、奉常二寺，八九品赞礼乐工人员缺额最多，尚未定准"。《详志典礼院改制办法》，《申报》1906 年 10 月 13 日第 2 版。

[3] 参见张德泽：《清代国家机关考略》（修订本），第 315-323 页。

第二节　保存礼部之议

认为典礼院改制方案"不久即将实行"，反映了舆论对于官制改革的乐观态度，但实际上"政府新旧党相战之烈"的情形屡见报端[1]，官制迟迟未决自是意料中事。

御史王步瀛于 9 月 18 日上奏请妥订官制折[2]，大致内容是说，"议改官制事体重大，请仿照日前会议江淮分省故事，饬令各京官条陈利弊，限十日内封送考察政治馆以备采择"[3]。这一建议扩大了参与讨论官制人员的范围，在客观效果上为官制改革方案不得不参考更多官员的意见疏通了渠道。此后议改官制的条陈在涉及礼部问题时，一反改设典礼院的主张，多有保留礼部之说，从而在法部和大理院诞生之前，预先展开了一场"部""院"之争。

对于典礼院的改制方案，除归并三寺一点未引起争议外，大多数各种保存礼部的意见分别从部院名称、典礼是否关乎行政以及礼制礼教关乎立国本原等角度对改制依据提出反驳意见，并在礼部下设属官及其应行要务等方面有所建言。

在上引余肇康的信中，余已向瞿鸿禨指出："大经大法，不出六官；今即时移势易，但可酌增以附益之，万不可意为裁并"[4]，实已包含留存礼部之意。但此见于私人信函，若以见之章奏而论，自公布预备立宪上谕以来，保存礼部之议似以户部员外郎闵荷生为最早。

9 月 20 日，闵荷生建言官制不必多所更张，主张六部仍旧的意

---

[1]　《时报》1906 年 9 月 27 日，"电报一"。

[2]　中国第一历史档案馆编：《光绪宣统两朝上谕档》第 32 册，第 145 页。

[3]　《时报》1906 年 9 月 27 日，"电报一"。

[4]　《余肇康致瞿鸿禨》，《瞿鸿禨朋僚书牍选（上）》，载《近代史资料》编辑部编《近代史资料》总 108 号，第 21 页。

见大体同余肇康一致，只需"略增事任"，便可"存古制宜今时"。
具体到礼部而言，因其"原管学校、祭祀"，故"学部可并，太常、
光禄、鸿胪三寺可裁"，并建议"翰林文学可隶宗伯，冀使神人治、
上下和"[1]。闵在折中并未直接将典礼院作为反驳对象，主要是从礼
部原有职能出发，在保存礼部的同时，进而归并学部和翰林院。以
之与改设典礼院的意见相比，明显分属两极。这一思路在保存礼部
之议中虽非主流，但也并非全无唱和。御史胡思敬在其后不久也曾
表示："论先王之政，学部、外部且当统于春官。"[2]

　　在闵折之后，保存礼部之议更多是直接针对典礼院而言。下面
试从三方面加以论述：

一、部院之名与礼制轻重

　　9月30日，翰林院侍读学士周克宽上奏，指出"礼部之改为
院"，"职掌如旧，名称取新，辞不雅训，事同儿戏，徒滋扰乱"[3]。
所谓"职掌如旧"，是指礼部改设典礼院毫无实际内容，而且新名
称并不"雅训"，言下之意，自然是要保存礼部。

　　10月7日，御史王步瀛"奏礼制宜仍旧设专部片"[4]，相对上
引闵、周统论官制而言，王专片上呈，虽然言辞无多，却反映了
对此问题的重视。他认为"中国历代赖礼维持"，若"礼制不设专

---

[1]　《户部员外郎闵荷生建言官制不必多所更张呈》，载故宫博物院明清档案部编
《清末筹备立宪档案史料》上册，第406页。

[2]　胡思敬：《退庐全集·丙午厘定官制刍论》，载沈云龙主编《近代中国史料丛
刊》第445册，文海出版社，1970，第1438页。

[3]　《翰林院侍读学士周克宽奏更改官制只各易新名实不如旧制折》，载故宫博物
院明清档案部编《清末筹备立宪档案史料》上册，第421页。

[4]　中国第一历史档案馆编：《光绪宣统两朝上谕档》第32册，第159页。

部"，将"使天下群竞于齐俗、功利、夸诈之习"，"三纲渐堕，九法倏亡，殊为非计"[1]。不难发现，其主张保存礼部的目的在于维系礼制，因为礼制是王朝统治赖以维持的根本。

礼制问题的提出，为反对由部改院之说提供了新的依据，明确将二者联系起来的是御史叶芾棠。与前引周折略带调侃的口吻不同，叶在论述部、院改名问题时意味严肃。10 月 16 日，叶芾棠"敬陈官制事宜"，认为："安上治民，莫善于礼，中外皆同。今改部为院，命意原无轻重，而天下之揣摩者，以为朝廷有轻视礼制之意，况以太常、光禄、鸿胪三寺并入，其繁重更甚于往昔，礼部之名可不必改也。"[2] 改名之说，在周折当中尚且只是"辞不雅训"，而叶或是受到前引王片的提示，明确将"部""院"之名与礼制的地位联系起来加以考虑。所谓"命意原无轻重"只是预作转圜，为朝廷摆脱"轻视礼制"的责任留下余地，同时借天下揣摩者之口，变相指出"改部为院"，实有"轻视礼制之意"。相对于叶在"轻重"问题上的隐晦，胡思敬则说的直截了当，认为"黜礼部为院，进理藩院为部"，实属"轻重倒置"。当然，叶是公开上奏，故用辞曲折，而胡则是送呈孙家鼐审阅[3]，自可明论。

叶、胡二人的意见并非无的放矢。主张改院者在论证之所以要改"部"为"院"时，提出了两条根据，其中一条即认为"宋初礼

---

[1]　《掌浙江道监察御史王步瀛奏为礼制不设专部有碍礼教请旨饬下厘定官制王大臣议办事》（光绪三十二年八月二十日），中国第一历史档案馆藏军机处录副奏折，档号：03-9282-019，缩微号：667-0242。

[2]　《御史叶芾棠奏官制不宜多所更张折》，载故宫博物院明清档案部编《清末筹备立宪档案史料》上册，第 444、446 页。

[3]　（清）胡思敬：《退庐全集·丙午厘定官制刍论》，载沈云龙主编《近代中国史料丛刊》第 445 册，第 1401、1485-1486 页。

仪之事，悉归太常礼院，贡举之政，领于知贡举，分析最精。礼院不称部而称院，尤足保尊严而示夐绝"（另一条根据涉及行政问题，详后），并在表述上特意指出，"礼部宜尊为典礼院"[1]。这里的逻辑在于，称"院"之说于古有征，改设典礼院不但没有轻视礼制，反而有推尊典礼之意。

刑部郎中陈毅显然并不认同这样的解释。在 10 月 20 日所上的《亟应保存礼部呈》中，他认为"今礼部若更名为院，又所掌仪朝仪等事，臣民之礼，不复过问，将臣民无所纲纪，而君礼亦同虚悬"，"则礼之不得立部"，适足以造成轻礼的局面。"国家去一礼部不足惜，窃恐海内以为朝廷轻礼，相率以趋于乱，是乃大可惧也。"[2] 陈毅的思路同叶蒂棠如出一辙，只是相对于叶折"轻视礼制"的忧虑，陈的警示之意接续前引王片，更为显豁。

部院之名的争执，轻重之间的衡量，说到底是如何认识礼制地位的问题。如果说名称之争尚停留于表面，那么在预备立宪已是大势所趋的情况下，典礼之官在立宪政体职官体系中的定位，就关系到如何认识并确立维系王朝体制的典礼在宪政体制中的位置，礼制地位在政体变革之际的波动由此可窥一斑。

二、不预政事与礼政合一

如前所述，典礼院"不预政事"，"国家典礼"显然已不属于政务范围，而这一主张的根据在《尊礼部为典礼院说帖》（以下简称《说帖》）中有所阐明。

---

[1]　《典礼院官制草案（先列说帖）》，《时报》1906 年 11 月 2 日，"代论"。

[2]　《刑部郎中陈毅建言亟应保存礼部呈》，载故宫博物院明清档案部编《清末筹备立宪档案史料》上册，第 456、455 页。

《说帖》指出："典礼之职，唐虞掌自秩宗，周官辖于宗伯。自后世以学校、贡举混入典礼之中，使礼官与行政官合而为一，不足以昭郑重。"[1] 按照今天的理解，所谓"礼官与行政官"的提法实有偷换概念的嫌疑，以宪政体制关于职官性质的认识去判断古代的情形，无形中已将"典礼之职"排除在"行政官"之外。这与其说是《说帖》作者认识有误，不如说是其高明之处，即在没有"宪政"字眼的情况下贯彻了宪政原则。至于"不足以昭郑重"一句，潜台词自然是使礼官与行政官分而为二，则足以昭郑重，仍是说明其重视典礼之意[2]。

对于分而为二即足昭郑重之说，胡思敬以为："十一部尚书大臣皆得入参枢务，而六院不与，其疏外可知，何乃云尊崇也？"[3] 胡在这里显然是以能否"入参枢务"作为考量"尊崇"的标准，也就是说，若礼官被排除在行政官之外，根本谈不上"尊崇"的问题。相对于胡对"枢务"的重视，《说帖》的郑重之说未免标准不明，显得一厢情愿。

《说帖》既主张将礼官与行政官分列，则改名在所难免。其依据除前引宋初旧制外，另一根据则在本朝故事。"盖部院之名，各有所当。国初设内三院，曰宏文院、国史院、秘书院，俱简大学

---

[1] 《典礼院官制草案（先列说帖）》，《时报》1906 年 11 月 2 日，"代论"。

[2] 与之相应，《说帖》后所列的《典礼院官制草案》中指出典礼院设尚书、侍郎，而且下设四司在名称上也大体与礼部原有四司相同。这些都与前引报章所载典礼院官制方案不同，应是为避免阻力太大所作的调整，最高职官从"院丞"改为"尚书"，也是对典礼院地位的提高。《典礼院官制草案》，《时报》1906 年 11 月 2 日，"代论"；1906 年 11 月 3 日至 5 日，"要件"。

[3] （清）胡思敬：《退庐全集·丙午厘定官制刍论》，载沈云龙主编《近代中国史料丛刊》第 445 册，第 1438 页。

士。今之翰林院、都察院，皆立于各部行政官之外。现学校、贡举之事既划归学部，礼部所掌之事专系礼乐、祭祀、朝会、宴飨等类，既为王者上仪之专署，并无内阁政务之责成，若仍称部名，似未安洽"，故应"尊其名曰典礼院"[1]。繁征博引之后，典礼院被定性为"王者上仪之专署"，"立于各部行政官之外"，其所掌管的典礼事宜自然也不属于"内阁政务"。

需要指出的是，由于清廷立停科举并设置学部，礼部原有职掌已大为清简，从戴折到《说帖》，都暗示行政职能的弱化是礼部由部改院、并退出行政体系的主要缘由。但问题在于，即使只是掌管典礼事宜，何以不在行政范围之内。这就涉及时人关于"礼"和"政"关系的认识。

关于礼官所事是否属于"行政"范围，陈毅借用欧阳修之言指出："三代而上，朝聘、射乡、师田、学校，下至凡民之事，一出乎礼，是谓治出于一"，而三代之下，"礼""政"所指称的事务方有分别[2]。胡思敬也认为："三代合政教为一，舍礼无所谓政，更无所谓教。苍姬六典，本属政书而列之三礼，周因于殷、殷因于夏，不曰政而曰礼，礼即政也。……浅陋者不解圣人制作之精，乃昌言礼官不得与行政官并列。"[3] 可见在三代时期礼政合一的问题上，胡、陈二人的论调同出一辙。只是"浅陋者"或有意曲解"圣人制作之精"，未必不高明。

于古有征的同时，如同《说帖》引用本朝故事一样，陈毅也试

---

[1]　《典礼院官制草案（先列说帖）》，《时报》1906 年 11 月 2 日，"代论"。

[2]　《刑部郎中陈毅建言亟应保存礼部呈》，载故宫博物院明清档案部编《清末筹备立宪档案史料》上册，第 456 页。

[3]　胡思敬：《退庐全集·丙午厘定官制刍论》，载沈云龙主编《近代中国史料丛刊》第 445 册，第 1437-1438 页。

图从这一角度说明自己的观点。"本朝法度刑律，一原于服制，服制者，礼也。无礼则刑无所丽，无刑则法无所施。盖立官之初，诸部所司皆以劝事为主，独礼、刑二部所司以齐俗为主，俗为政本，齐俗即所以行政也"。[1] 以"齐俗"为媒介，陈毅将"礼"和"政"联系在一起，礼官职掌自然也就属于"行政"范围。

与陈、胡二人从古时礼政合一的角度论证礼部事务属于行政范围不同，翰林院庶吉士郭立山则从典礼事宜在官制草案中的分划归属所具有的矛盾性入手，说明"礼部关系行政，不宜轻改"。按照官制草案，朝廷典礼归于典礼院职掌，直省官民之礼归于民政部管辖，郭的疑问在于，"何以行于直省者有关于行政，于朝廷者无关于政？"并进而指出："朝廷典礼既以虚文视之，则直省官民之行礼者自不能责以实意"。再者，礼部所掌"朝廷之礼、官民之礼、上下通行之礼，总于一部统系，乃明等差"，今若分属典礼院和民政部，则"顾此失彼，必多窒碍之处"。"夫礼之用一也"，强行将其分割于不同性质的衙署，只会造成"虚文"不能责以"实意"以及其他"窒碍之处"等弊端[2]。这意味着在立宪政体的官制体系中，典礼事宜的安置与其在通上下、明等差等方面所起的作用格格不入，而这种矛盾冲突只能从中外体制的差异中寻求解释。

三、立国本原与宪法礼意

前引王步瀛片已明确指出："中国历代赖礼维持"，而且"本朝

---

[1]　《刑部郎中陈毅建言亟应保存礼部呈》，载故宫博物院明清档案部编《清末筹备立宪档案史料》上册，第 455—456 页。

[2]　《翰林院庶吉士郭立山为礼部不宜轻改事呈文》（光绪三十二年九月初六日），中国第一历史档案馆藏军机处录副奏折，档号：03-5618-054，缩微：423-2633。

入关最重礼教"，若"礼制不设专部"，将使天下"厌弃鲁国礼教信义之风"。通过礼部维系礼制、发扬礼教，正是中国王朝体制得以长期维持和运作的突出特点。王片的巧妙之处在于，"本朝入关"一句不但将"最重礼教"推为祖制，更使得其"议将礼部仍旧，以为告朔饩羊之寄，而益励臣民罔敢越礼犯分之心"的主张，暗合"上稽本朝法度之精"的谕旨 [1]，实可谓师出有名 [2]。

　　有意思的是，前引《说帖》在论述将礼部改设为典礼院的依据时，并未提及宗旨一折所说的君主立宪国官制，而是尽量做到于古有征，并引本朝故事为例，力图在表面上将改设问题限制在传统体制变革之内，其目的自是为了避免反对者以中外体制不同为借口而加以阻挠，从而为改设减少阻力，铺平道路。

　　但如前所述，《说帖》实际上是以偷换概念的方式贯彻了宪政官制的立意，以前代本朝均有故事为标志的"上稽本朝法度之精"掩藏着"旁参列邦规制之善"的基本取向。主持改制者力图使所订官制既"合各国官制庶无礼部之名"，又"不贻废礼之诮"的良苦用心，时人已有认识 [3]。因此在反对改院、主张保存礼部时，也会从中外体制的不同之处加以论证。

　　针对"各国无礼部，我国何必独设"的主张，陈毅认为："中外立国本不同"，即外国之间亦不相同，故行新法不必"泥乎日

　　[1]　《掌浙江道监察御史王步瀛奏为礼制不设专部有碍礼教请旨饬下厘定官制王大臣议办事》（光绪三十二年八月二十日），中国第一历史档案馆藏军机处录副奏折，档号：03-9282-019，缩微号：667-0242。

　　[2]　报载王步瀛于改官制事有五条意见，第一条就是"请仍存礼部"。《各台谏政见汇录》，《时报》1906年11月1日，"政界纪闻"。

　　[3]　《翰林院庶吉士郭立山为礼部不宜轻改事呈文》（光绪三十二年九月初六日），中国第一历史档案馆藏军机处录副奏折，档号：03-5618-054，缩微号：423-2633。

本"，况且"中邦以礼立国，礼亡，斯国亦必随之俱亡"，不能"因日本无礼部专官，并我立国本原而废之"。这里实际上强调裁撤礼部，就有导致"礼亡"的危险，而"本原"一去，则国"必随之俱亡"，通过这种链条效应从反面证明礼部对于立国的重要性。再者，"礼于我国所以为教，犹各国之有宗教"，并以波斯为例，指出其"新制文部之外，实特立一教部"。"我国既以礼教治天下"，自不必"奉各国文教合部为定章"，亦不必"援俄国文部及教院之旧规，而改礼部以为院"[1]。陈毅在上引王步瀛片的基础上继续深入探讨了中国何以特重"礼教"这一问题，正是为了说明礼部的存在体现了中国王朝体制的立国之本与外国不同，不能仿照外国官制而将此裁撤。事后证明，将"礼教"与礼部挂钩，确实为礼部的保存提供了重要依据。

前引郭立山折在说明改制所可能造成的弊端之后，认为之所以"生此纷纭"，原因就在于改制者"徒以迁就各国无礼部之说"。针对此论，郭首先强调"一国有一国政体，不能强同"，进而对中外体制做了对比说明。"中国自唐虞之世，礼乐已有专官，至周而天与人相通之故、伦常与国家相关之理，灿然大明，以宗伯一官典国之礼与其祭祀，数千年来莫之或易。各国祭祀，伦纪未备，然法制明晰，亦多暗合礼意。近且渐知宗教之非，察其文化，终有日进而设礼官之日"。按照郭的理解，中国政体之特点在于礼乐之官千年莫易，伦常与国家密切相关，所谓"中国之治本以礼为统宗，岂可无部以总会之"。而各国政体胜在法制明晰，关键之处乃在于"暗合礼意"四字。推郭之意，政体即使趋同，亦是各国趋同于中，即

[1]　《刑部郎中陈毅建言亟应保存礼部呈》，载故宫博物院明清档案部编《清末筹备立宪档案史料》上册，第 454、455 页。

"终有日进而设礼官之日"也[1]。

　　强调各国法制暗合中国礼意，表明时人在认识到中外体制有所差异的同时，也关注到二者的共通之处。

　　陈毅在《亟应保存礼部呈》中解释了什么是"礼"，认为"治平之术，舍礼末由，自积身成家，积家成国，讫积国以成天下，是为大学絜矩之道，是为东西各国宪法之精意，即所谓礼也"。这一说法最值得注意的地方无疑在于将"礼"等同于"东西各国宪法之精意"。如果说"户、兵等部虽重，犹衣食也"，属于"可变者"，那么"礼部则犹衣衣食食之精神也"，属于"不可变者"。[2]"精神"一词的提出，与所谓"宪法之精意"可谓前后相照，都暗示着陈毅试图在比制度更高的层面上寻找保存礼部的根据。

　　与其说中国礼意与各国宪法本有相通之处，不如说是陈毅有意将二者加以联系沟通，其目的应是表明礼制与宪政并不相背，而实可相通。这就为典礼存在于宪政体制之中找到了根据，从而达到在立宪政体下通过保存礼部维系礼制、并由此确保王朝统治稳定的目的。

　　如果说将礼部问题置于以礼制、礼教为特征的中国王朝体制这一视野下加以讨论是以王步瀛片为发端，那么陈毅呈和郭立山折通过对比中外体制的差异以及寻找其共通处，将保存礼部的讨论引向全面和深入，就突出反映了礼制定位与政体变革相互制约的复杂

----

　　[1]　《翰林院庶吉士郭立山为礼部不宜轻改事呈文》（光绪三十二年九月初六日），中国第一历史档案馆藏军机处录副奏折，档号：03-5618-054，缩微号：423-2633。

　　[2]　《刑部郎中陈毅建言亟应保存礼部呈》，载故宫博物院明清档案部编《清末筹备立宪档案史料》上册，第454、456页。

关系。

陈、郭二人的长篇大论，从多方面论证了保存礼部的重要性，并在时间上如此紧凑（代奏日期前者为 10 月 20 日，后者为 10 月 24 日），或与当时以兵部右侍郎兼署礼部右侍郎的张亨嘉有一定关系。[1]

陈毅，字诒重，湖南湘乡人，进士。[2] 郭立山，字复初，湖南湘阴人，"张文厚公亨嘉督学湖南，特伟视君"，光绪癸卯（1903）进士[3]。陈、郭二人"皆亨嘉视学时所取拔"[4]。光绪三十一年（1905）四月，郭立山"经前大学堂总监督张亨嘉调充大学预备科国文教习"，三十三年（1907）十一月授职编修。[5] 郭在任职教习数年间，"兢兢以卫道扶俗为任"[6]，其上礼部不宜轻改折也就在这段时间。

陈、郭二人与张的关系略如上述，虽没有证据表明二人保存礼部之呈、折出自张的授意，但作为兼署礼部右侍郎的卿贰大员，张或不便自己出面要求保存礼部。其或与之相关的另一旁证在于，

---

[1]　1906 年 8 月 22 日，"礼部右侍郎胡燏棻因病续假，以兵部右侍郎张亨嘉兼署礼部右侍郎"。《德宗实录（八）》，见《清实录》第 59 册，中华书局，1987，第 433 页。

[2]　敷文社编：《最近官绅履历汇编》，载沈云龙主编《近代中国史料丛刊》第 450 册，文海出版社，1970，第 248 页。

[3]　《翰林院编修郭立山传》，载（清）赵启霖著，施明、刘志盛整理《赵瀞园集》，湖南出版社，1992，第 105 页。

[4]　（清）胡思敬：《国闻备乘》，中华书局，2007，第 142 页。

[5]　秦国经等编：《清代官员履历档案全编》第 8 册，华东师范大学出版社，1997，第 133 页。

[6]　《翰林院编修郭立山传》，载（清）赵启霖著，施明、刘志盛整理《赵瀞园集》，第 105 页。

1906 年 11 月，丙午内官改制方案暂定之后，张亨嘉被正式实授为礼部左侍郎。[1]

至于礼部各司官，对于改设典礼院之议多不赞同。"各司官之说帖，咸主保留礼部，措词最厉者为郎中刘果、员外郎吴国镛，有'《周礼六官》，统名曰《礼》，盖天经地义，莫能出此范围。若变政之始，灭天之经，废地之义，流弊不堪设想'等语，礼部改院之议随罢。"[2]

不论如何作为都好，礼部的前途显然并不是礼部堂司各官所能决定的。主张保存礼部的各类折件从"部""院"名称与礼制轻重之关系、典礼事宜是否属于行政之范围、礼教关系国本而与各国政体有所不同等多个方面论证了保存礼部的必要性。与之相应，改制主事者就典礼院官制草案，在官员品级、各司架构等方面亦做出调整，以显示其重礼之意。甚且为说明改制的合理性，主事者有意转换论证思路，试图在引证"本朝法度"的情况下使得典礼院的设计符合宪政官制之立意。在综合各方意见后，厘定官制诸王大臣亦不得不给出一个最后的方案。

第三节　折衷与遗患

11 月 2 日，奕劻等上奏厘定官制折，就礼部问题言，已然放弃了改设典礼院的主张，在保存礼部的同时，以"太常、光禄、鸿

---

[1]　《德宗实录（八）》，载《清实录》第 59 册，470 页。

[2]　徐凌霄、徐一士：《凌霄一士随笔》第 4 册，山西古籍出版社，1997，第1527 页。

胪三寺，同为执礼之官"，故"拟并入礼部"。值得注意的是，该折在检讨原有官制名实不副时，特意指出"名为礼部，但司典礼之事，并无礼教之权"，这样的表述实际上承认了或者说重新确认了礼部职能包括"礼教之权"。不难发现，这是对王步瀛、陈毅所上片、呈的回应。总之，承认"礼教之权"为礼部所有，也就为保存礼部提供了一份重要依据。此外，在该折后附带呈上的《阁部院官制节略清单》中，礼部次于度支部之后、学部之前[1]，表明礼部仍在行政体制之中。换言之，在改名和不预政事这两个相互联系的问题上，"礼部"在与"典礼院"的对垒中可谓取得完胜。

但另一方面，在同样随折附上的《谨拟礼部官制清单》中，则基本继承了《典礼院官制草案》的内容，除未再提及应归入民政部的事宜外，在与其他各部调整职权方面，二者大体一致，拟设的四司及其职掌亦大体相同[2]，并未采纳陈毅在呈稿中提出的五司构想[3]。这不能不说是对两方意见的一种折衷。

无论如何，随着11月6日裁定官制谕的颁布[4]，在为时两月有余的官制讨论中，礼部最终得以保存，所谓"部""院"之争总算暂时告一段落。

礼部之所以得到保存，自然与上引诸人的意见有关，但在报界舆论看来，能起决定作用的当是身为总司核定大臣的孙家鼐。"台

---

[1]　《庆亲王奕劻等奏厘定中央各衙门官制缮单进呈折（附清单二）》，载故宫博物院明清档案部编《清末筹备立宪档案史料》上册，第465、464、470页。

[2]　宪政编查馆编：《厘订官制参考折件汇存》，编印时间不详，第27—35页。

[3]　《刑部郎中陈毅建言亟应保存礼部呈》，载故宫博物院明清档案部编《清末筹备立宪档案史料》上册，第456—457页。

[4]　《裁定奕劻等核拟中央各衙门官制谕》，载故宫博物院明清档案部编《清末筹备立宪档案史料》上册，第471—472页。

谏请存礼部，谓礼为中国所以立国之道。若弃礼蔑义，用夷变夏，必召乱萌。朝贵赞成极多，孙中堂主仍存礼部"。[1] 甚至有消息称，"孙中堂谓，中国以礼立国，一议改制，遂欲废礼，何以示天下？若必欲废礼部，断不画押。礼部之获存，孙中堂之独断也。"[2]

前引胡思敬向孙家鼐呈阅《刍论》一书，自是希望后者在讨论官制改革时采择其意见，当然也包括反对改设典礼院的主张。虽不能说孙家鼐是听取了胡的意见才力保礼部，但二人在此问题上意见大致相同，当可意料。胡后来也指出："孙家鼐历事四朝，拘谨无过失。屡次变法皆身在事中，外虽委蛇而心实不怿。观其戊戌谋出康有为办上海官报，丙午总核官制草案，力言礼部、翰林院不可裁，亦未尝无一二补救。"[3] 虽在推重上似有保留，但无疑肯定了孙在保存礼部一事上所起的作用。[4]

孙家鼐并非军机大臣，而能身为总司核定大臣，或与另一位总司核定大臣瞿鸿禨有关。报界传闻："此次总核官制之中，有孙中堂者，亦彼（指瞿，引者注）之主意。彼最畏清议，而又能貌饰文明。此次举孙，盖欲以孙为傀儡，若有与新党为难之事，彼尽推诿之于孙，而己仍可置身事外。"[5] 相比舆论而言，深谙当时局势者的记述应更近实情。

---

[1]　《京师近信》，《时报》1906 年 11 月 1 日，"要闻"。

[2]　《京师近信》，《时报》1906 年 11 月 8 日，"要闻"。

[3]　（清）胡思敬：《国闻备乘》，第 98 页。

[4]　孙的年谱上也说，"时议将裁礼部，公以礼为国本，大典所在，不可轻废，遂止。"孙传栺编：《寿州孙文正公年谱》，载北京图书馆编《北京图书馆藏珍本年谱丛刊》第 169 册，书目文献出版社，1999，第 262 页。（按：年谱将此事系于光绪三十三年丁未 [1907]，应误。）

[5]　《京师近事之里面》，《时报》1906 年 11 月 24 日，"通信"。

在内官改制后不久，张之洞曾致电鹿传霖，指出"此次内官改制，全赖止老默运挽回，功在社稷"[1]。盛宣怀亦记："议改官制，领袖暨寿阳、九公为督理。寿阳本守旧，领袖则向来无可无不可，故一切均九公专主。"[2] 止老、九公均指瞿。在既有总司核定大臣身份，又能"专主"的情况下，官制之所以未能大改，瞿的作用显而易见。在其《复核官制说帖》中，瞿主张"礼部宜仍旧称，而以太常、光禄、鸿胪并入"，"巡警部可名民政部，惟冠服、仪制、从祀、庙廷等事，仍应隶礼部"[3]。礼部之所以能够保存，瞿鸿禨的意见自是要因。

礼部虽然得以保留，但问题同样存在。如前所述，《谨拟礼部官制清单》和《典礼院官制草案》在关于分权于民政部的问题上存在差异，相对《草案》而言，《清单》中仪制司所管事务多了三项，分别是"管理臣民婚姻、丧祭、冠服等仪制事项"；"核议崇祀、旌表等事项"；"管理僧道等录牒事项"。这应是根据瞿的意见对《草案》做了调整，亦可对应"礼教之权"，以便礼部名实相副。但是在《谨拟民政部官制清单》中，民治司事务有"稽查人民礼俗风教事项一项"，方舆司有"调查神祠、佛事、道观等事项"一项[4]。这两项虽不能说同上引礼部仪制司所管事务一样，但显然密切相关，

[1]　《张之洞致鹿传霖两电》，《瞿鸿禨朋僚书牍选（上）》，载《近代史资料》编辑部编《近代史资料》总 108 号，第 33 页。

[2]　陈旭麓等主编：《辛亥革命前后——盛宣怀档案资料选辑之一》，上海人民出版社，1979，第 30 页。

[3]　《复核官制说贴》，《瞿鸿禨奏稿选录》，载中国社会科学院近代史研究所近代史资料编辑部编《近代史资料》总 83 号，中国社会科学出版社，1993，第 35 页。

[4]　宪政编查馆编：《厘订官制参考折件汇存》，第 30、18 页。

这就为两部之间的权限纠葛埋下了伏笔。

再者，"礼教"问题的提出，使得礼学馆的创设可以打着"修明礼教"的旗号[1]，修纂礼书活动也顺理成章地展开。郭立山就礼部当前要务提出的实行民间通礼、齐冠服器用之制、修礼律、兴乐学等四条意见[2]，后来也在不同程度上得到关注。而清末修律过程中热闹一时的"礼法之争"，也继续延续着有关"礼教"的话题。

由于改制未能按照宪政原则成立责任内阁，"三权分立"在官制整体上并未贯彻，礼部虽仍在行政体制之中，但并没有解决典礼与行政的关系问题。日本法学博士织田万在与改制约略同时成书的《清国行政法》中指出："中国自古尤重礼乐，以为政务之一要件，历朝一揆，故特为行政之一部，亦不足怪。"[3]耐人寻味的是，在官制改革基本取法日本的情况下，日本学者关于中国"礼乐"为政务要件的认识似乎被改制者完全忽视，反而借尊重为名将典礼排除在行政事务之外。虽然礼部仍能位列诸部之中，但这一问题并未在观念上得到解决，礼部此后对行政职能的申明与强调[4]，正反映了其在行政体系中已经边缘化的尴尬地位。

没有厘清典礼与行政的关系，即意味着"典礼"在宪政体制中仍无法得到合适的安置，这一问题在随后的立宪政体改革中同样存

[1]　《云贵总督岑春煊奏请修明礼教折》，载故宫博物院明清档案部编《清末筹备立宪档案史料》下册，第974-978页。

[2]　《翰林院庶吉士郭立山为礼部不宜轻改事呈文》（光绪三十二年九月初六日），中国第一历史档案馆藏军机处录副奏折，档号：03-5618-054，缩微号：423-2633。

[3]　织田万著，李秀清等点校：《清国行政法》，中国政法大学出版社，2003，第182页。（按：成书时间据该书附录二判断，另可参见《点校前言》，第6-7页。）

[4]　《礼部奏礼学开馆酌拟凡例进呈等折》，《政治官报》1909年3月27日第505号，"折奏类一"。

在。在胡思敬看来，泰西各国的立宪"由无法之国渐趋于法，去礼尚远"，而中国的立宪"由礼法大备之国渐趋于无法，礼亦随之而亡"[1]，二者完全是逆向而动。立宪可能导致中国礼法皆亡，暗示着不能仅从维护皇权的角度去解读时人保存礼部的主张。中国社会以儒家伦理关系为基本结构，以强调自律的道德规范相与维持，而详密系统的礼制正是伦理道德观念的制度表征。在陈、郭等人的逻辑中，保住礼部才能维系礼制，通过礼制推行礼教，这样才能维持中国社会的稳定，而所谓维护皇权的统治也只有在此基础上方有实现的可能。由此出发，或许可以理解陈毅所说的"礼亡，斯国亦必随之俱亡"的深刻含义。

结　语

1906年，清廷下诏仿行宪政，以君主立宪国官制为参照对象，开始在新政以来的基础上，对内官制重做调整。在此过程中，礼部因为职能清简，且与立宪国官制无从对应，故朝野多有裁撤之议。只是部虽可以裁，礼却不能废，如何在符合宪政原则的情况下，安排典礼事宜的管理就成为改制者所面临的问题。拟议改设中的典礼院被定性为"王者上仪之专署"，不预国家政事。这一设计弱化了传统礼制在维护王朝统治、治平天下方面所具有的重要功能，由此引发保存礼部的争议。尽管陈毅、郭立山等人已经意识到中外体制不能强同，但在无力扭转立宪趋势的情况下，只能刻意在"典礼"

---

[1]　（清）胡思敬：《退庐全集·审国病书》，载沈云龙主编《近代中国史料丛刊》第445册，第1312页。

与"宪政"之间寻求共通之处，试图通过保存礼部来维系礼制，再以礼部关系行政为名，将礼部、礼制嵌入立宪政体下的行政架构和职能设计。问题在于，礼制的作用及其管理机构的地位高下，不论在时人观念还是具体运作中，都会有所差异。对于"以礼立国"的中国来说，典礼事宜的安排和职能机构的设计无形中也制约着政体变革的走向与深度。

随着责任内阁的设立，1911 年 7 月，礼部最终改设为典礼院，标志着"典礼"退出"行政"的完成，也表明陈、郭等人试图融合"典礼"与"宪政"的努力归于失败，而这一结局其实在丙午改制中已露端倪。让人唏嘘不已的是，陈毅的警示竟然在短短数年之后就变成了现实，可谓一语成谶。

第六章 "风宪"与"立宪"：清末都察院改制

风宪制度，是清末预备立宪[1]过程中最具争议、最难改变部分之一，亦是民国政府屈指可数主动继承的重要遗产之一。其在清末民国裁改演化，充分展示近代中国知识与制度转型的复杂面相。

"风宪"一词，含义颇丰。狭义而言，约有两端：其一，风纪、法度；《后汉书》有记："爰逮战国，风宪逾薄，适情任欲，颠倒衣裳，以至破国亡身，不可胜数。"[2]其二，指御史台或御史；前者如唐朝韩愈的《顺宗实录》记，王叔文以武元衡"在风宪，欲使附己，使其党诱以权利。元衡不为之动"。[3]后者如宋朝司马光的《初除中丞上殿札子》自叙："臣蒙陛下圣恩，拔于众臣之中，委以风宪，天下细小之事，皆未足为陛下言之。"[4]

---

[1] 本文所谓"立宪"，除史料原有表述外，主要作为清末"预备立宪"或"筹备立宪"的简称，下同。

[2] 范晔撰，李贤等注：《后汉书》，中华书局，1965，第397页。

[3] 韩愈：《顺宗实录》，载韩愈著，马其昶校注，马茂元整理《韩昌黎文集校注》，上海古籍出版社，2014，第784页。

[4] 司马光：《初除中丞上殿札子》，载《司马温公文集》，中华书局，1985，第138页。

历代君主高度重视风宪制度，汉唐即设立御史台。元世祖曾说："中书朕左手，枢密朕右手，御史台是朕医两手的。"此其立台之旨，后世基本遵其道不变。[1] 明太祖认为："国家立三大府，中书总政事，都督掌军旅，御史掌纠察。朝廷纪纲尽系于此，而台察之任尤清要。"[2]

自朱元璋改御史台为都察院并命名风宪衙门以来，都察院与皇权紧密联系，并在整个皇朝职官体系中占据重要位置。清袭明制，设立都察院，赋予左都御史整饬官常以秉国宪的重要职责，并将六科纳入风宪衙门管理。有清一代，都御史、六科给事中、各道监察御史同为风宪官，共同维系皇权尊严，巩固王朝统治。清代鼎盛时期，坐拥近1300万平方公里"王土"和4亿多"王臣"。[3]《清会典》记载，清朝内外文武官员约2.7万人，其中，都察院堂官和科道合计86人。[4] 协助君王管理超过自己数量314倍的文武职官，将不同地域、超过自身数量465万倍人口的重要民情曲隐风闻奏事，上达天听。风宪官员的成效，据学者抽样分析结果显示，清代科道奏疏从数量和质量看，成绩显著。[5]

---

[1]　叶子奇：《草木子》，中华书局，1959，第61-62页。

[2]　张廷玉等：《明史》，中华书局，1974，第1771页。

[3]　何炳棣：《明初以降人口及其相关问题（1368-1953）》，葛剑雄译，生活·读书·新知三联书店，2000，第330页。

[4]　人数前者据冯桂芬考稽《会典》所得，排除翰林编修、检讨、庶吉士、侍卫以及准部、回部等"官无定员者"，见冯桂芬《汰冗员议》，载《校邠庐抗议》，上海书店出版社，2002，第5页。后者据《光绪会典》，载《大清五朝会典》第17册，线装书局，2006，第633-637页。

[5]　汤吉禾：《清代科道之成绩》，《中山文化教育馆季刊》1935年4月第2卷第2期。

甲午以降,为应对大变局,晚清社会各界屡次讨论都察院改制。预备立宪期间,各种改革方案经历激烈争论甚至冲突,均未实质性改变都察院的风宪定位。最接近裁改成功的丙午、丁未年,主政者以"中国制度之特色,亦为各国所交称。风宪所关,无可裁并",以及"都察院系独立之衙门,为国家广开言路,亦不可轻议更张"中止讨论。[1] 作为清王朝的对手方,革命党人孙中山不因彼奉之为圭臬,而吾弃之如敝屣。他指出,御史台主持风宪,纠察制是中国固有的优良制度,只是长期埋没而不得所用,期望在五权分立的共和政治中予以复活。[2]

清季体制转型,都察院与其他分掌国政部院的境遇明显有别,他者或改或裁,都察院则保留原名,作为清朝皇权体制内外相维 276 年之久的风宪衙门,伴清而来,随清而去。而风宪制度的内在精神蕴涵强大的生命力,成为孙中山参酌古今中外进行本土制度创新的内核,孙中山的监察思想以及随之建立的监察院,至今对华人世界仍有相当影响。

与监察二字耳熟能详相比,学术界对于风宪二字甚为隔膜,关注不多。先行研究虽多有援引孙中山语录,但未能探究所言"主持风宪"的深刻含义。在体认近代中国知识与制度转型的大背景下,

---

[1] 《宪政初纲·官制草案·都察院官制草案》,《东方杂志临时增刊》光绪三十二年十二月。《会议政务处议奏都察院不可轻议更张折》(光绪三十三年九月十六日),载朱寿朋编,张静庐等校点《光绪朝东华录》第 5 册,中华书局,1958,第 5755 页。

[2] 孙中山:《与该鲁学尼等的谈话(一九〇六年十一月十五日)》,《在东京〈民报〉创刊周年庆祝大会的演说(一九〇六年十二月二日)》,载广东省社会科学院历史研究室、中国社会科学院近代史研究所中华民国史研究室、中山大学历史系孙中山研究室合编《孙中山全集》第 1 卷,中华书局,1981,第 319—320、331 页。

讨论"风宪"与"立宪"的纠葛，对于清季都察院改制意义的认识，可以深入一层。[1]

第一节　重新定位：丙午前的都察院议改

丙午改制前，朝野借助西方视角为都察院重新定位，中体西用色彩浓厚。为主动适应新形势，都察院新官上任即提出裁减员缺等改革设想，遭到强烈反对，反映议改面临来自内部的巨大阻力。

一、清末新政前的都察院议改

道光以降，外患渐重。鸦片战争后，中国人开始观察议论西方政治和宪政制度，注意点"比较多的集中在西方的议院上面"。[2]并逐渐引起朝廷的注意。早在光绪元年（1875），军机大臣文祥密陈大计疏曰："中国天泽分严，外国上议院、下议院之设，势有难行，而义可采取。"所要采取的"义"，即"纳谏诤以开言路，下情藉以上通"。[3]虽然中外政体迥异，议院与都察院疏通上下之情等

---

[1]　以言路、言官、言谏制度和法制史视野考察都察院改革之著述有杨雄威：《日暮途穷——清末预备立宪时期的言路》，硕士学位论文，河北师范大学，2006；郑云波：《言官与光绪朝政研究》，博士学位论文，吉林大学，2012；李启成：《清末民初关于设立行政裁判所的争议》，《现代法学》2005年第5期；梁娟娟：《清代谏议制度研究》，博士学位论文，山东大学，2009；刘涛：《从都察院到检察厅》，博士学位论文，中国人民大学，2008。

[2]　迟云飞：《清末预备立宪研究》，中国社会科学出版社，2013，第20页。

[3]　"国史馆"校注：《清史稿校注》第12册，台湾商务印书馆，1999，第9901-9902页。

职掌有相似之处，给时人留下中西比附的空间。

清季新政以前提及都察院裁改的代表性言论，大体分以下三类：

甲类是主留。办法亦分三种。一曰"做减法"。冯桂芬《校邠庐抗议》主张科道人员减半，且扩大上书群体范围，允许科甲出身的中书以上及外任司道言事，不只收到 80 人功效。[1] 军机章京陈炽《庸书》（1893—1894）论中外古今得失利病，以都察院而言，"巡按既散，给谏、侍御，十分之六可裁"，[2] 即减员之义。刑部候补主事王者馨（1898）戊戌变法期间上书指出议院之改必不可行，都察院当如其旧，科道人员太多，考虑压缩归并。[3] 王者馨观点看似守旧，相当程度上反映当时中高层官员的看法，而与丙午都察院议改的结果基本吻合。

二曰"做加法"。户部候补主事蔡镇藩的《奏请审官定职以成新政折》（1898），得到同侪"体大思精"的评价，军机章京谭嗣同亦叹赏勿绝，[4]《申报》全文照录，以广流布。该折共 18 条，4 条与都察院直接相关（前 8 条分述军机处、总理衙门和六部）。蔡意识到中西体制有别，"西国之官，人自行权，无大小相维之意。中国以上使下，内制外，国体异，则官制难同"，并根据都察院官员

---

[1] 冯桂芬：《校邠庐抗议（选录）》，载中国史学会主编《中国近代史资料丛刊·戊戌变法》第 1 册，上海人民出版社，1957，第 6 页。

[2] 赵树贵、曾丽雅编：《陈炽集》，中华书局，1997，第 17 页。

[3] 王者馨条陈见《军机处录副·补遗·戊戌变法项》，3/168/9456/20，八月初六日刑部代奏。转引自茅海建：《戊戌变法期间司员士民上书研究》，载朱诚如、王天有主编《明清论丛》第 5 辑，紫禁城出版社，2004，第 35-36 页。

[4] 胡思敬：《退庐全集》，载沈云龙主编《近代中国史料丛刊》初编第四十五辑之 446 册，文海出版社，1970，第 1648 页。

本职（都御史分莅行省，监察道职在巡按，六科给事内廷，分察六部），提出一揽子调整充实方案。[1] 无论是规复"拾遗""巡按"旧制，还是新设"议事之官""考言院""采风馆"，旨在维护都察院的既有格局之下，通过各种举措，扩充人员机构，增加内外职能，以适应变法需要。撇开操作层面，其设想如付诸实施，都察院的功能作用将远胜历代。光绪帝详加披阅，大体予以肯定。[2]

　　三曰整体变而具体不变。《经世报》主笔宋恕的《六字课斋卑议》（1897），主张变通构建新"枢部阁院"，其中，都察院与宗务院（宗人府改）、交邻院（总理各国事务衙门改）、理藩院合称"四院"。[3] 由是观之，都察院地位与总理衙门相仿，实可保留。

　　乙类是改设。内阁汉中书汤震《危言·议院》（1890）主张仿照西法变通设置上下议院。其中，下议院由都察院主导，成员来自"堂官四品以下人员，无问正途，任子誉郎及翰林院四品以下者"，与上议院同时讨论"大利之当兴，大害之当替，大制度之当沿革"，讨论结果请旨执行。[4] 此为最早主张下议院由都察院改设的建议，其观点中体西用色彩浓厚。举人陈虬在《治平通议·经世博议》（1892）中提出，裁去各寺科道，"京师另设都察院衙门，主

---

　　[1]　蔡镇藩：《奏请审官定职以成新政折》，载中国史学会主编《中国近代史资料丛刊·戊戌变法》第 2 册，第 386-389 页。《审官定职折》，《申报》1898 年 10 月第 1-2 版。（按：《申报》所录该折较全。）

　　[2]　《清德宗景皇帝实录》卷四百二十六，光绪二十四年八月壬午，载《清实录》第 57 册，中华书局，1987，第 591 页。

　　[3]　宋恕：《六字课斋卑议》（印本），载胡珠生编《宋恕集》，中华书局，1993，第 138 页。

　　[4]　汤震：《危言（选录）》，载中国史学会主编《中国近代史资料丛刊·戊戌变法》第 1 册，第 177 页。

以三公，中设议员三十六人，每部各六，不拘品级，任官公举练
达公正者，国有大事，议定始行，试办有效，视大小加恩赏赉"。[1]
意为用都察院的"旧瓶"装议院的"新酒"。

相比清朝人士或保存或变通的提法，外人的设想因为没有中国
传统体制的牵扯，较为决绝。英国报章《中国不能维新论》（1896）
称："中国欲求维新之道，必自裁撤都察院及翰林馆始"，下一步则
削总督之权。至于为何如此，并未说明理由。[2]《皇朝经世文统编》
（1901）收录《中国变法宜审所先论》一文，引"十年前"日本首
相伊藤博文之言，规劝中国"设议院废都察院"，慨叹"其未遽亡
者，清议之力居多"。[3]

二、新政初期的都察院议改

康有为海外避祸期间，1903 年于《新民丛报》刊发"当时中国
讨论政府官制的论著中，最有系统的一部"《官制议》。[4] 在"存旧
官"卷，他认为，"都察院六科为古之御史台，职风宪弹劾，亦中
国之议院。又中国之行政裁判所也"，议院未开，自应保存。议院
开后，简其曹司员数，专为行政裁判所。[5] 如其所言，都察院既具

---

[1] 陈虬：《治平通议（选录）》，载中国史学会主编《中国近代史资料丛刊·戊戌
变法》第 1 册，第 219 页。

[2] 桐乡张坤德译：《中国不能维新论》（译伦敦东方报西七月初十日），《时务
报》1896 年 8 月 29 日。

[3] 邵之棠辑：《皇朝经世文统编》卷一百二，《通论部三》，载沈云龙主编《近
代中国史料丛刊续编》第 72 辑之 720 册，文海出版社，1980，第 4259 页。

[4] 萧公权：《康有为思想研究》，汪荣祖译，新星出版社，2005，第 191 页。

[5] 康有为：《官制议卷十·存旧官》，载姜义华、张荣华编校《康有为全集》第
7 集，中国人民大学出版社，2007，第 297 页。

有改设议院或行政裁判所的可能性，又隐含议院与都察院并存的可能性，但《官制议》未论及议院与都察院、都察院与行政裁判所之间的内在冲突及解决方案，而这实为预备立宪困扰都察院改制方案设计者的大问题，后文详述。

与此同时，外国学者出于认识和影响中国的需要，用西方观念对清国的行政制度进行研究，其成果直接对清季知识与制度转型起到推动作用。最早以"近世法理"解读都察院体制的著述，出自日本学者之手。1903 年，织田万受台湾总督府民政长官后藤新平的委托，调查清朝制度，他主编《清国行政法》将都察院归为"中央官厅"之列，专节阐述其组织与职权和六科十五道，并引用会典及会典事例，佐证"检阅行政事务之权，检查会计之权，弹劾官吏之权，伸张冤枉之权，封驳之权，给发敕书之权，考核官吏之权，干与终审裁判之权，监察朝仪之权"等九项职权范围与运作。[1] 该书1906 年部分译成中文，并引起国人注意。此外，由服部宇之吉牵头调查而形成的《北京志》一书，介绍"清国行政组织"时，将"科道"与九卿翰林并列入"议政机关"，都察院列入"监督机关"；阐述"清国的司法制度"，都察院作为"三法司"之一"列席刑部之审判，参与刑法之实施"。该书指出，都察院官制与各部院迥异，"此为职务之自然结果"。[2] 日本专家对中国传统政治制度的重估，

[1]　织田万撰，李秀清、王沛点校：《清国行政法》，中国政法大学出版社，2003，第 206-214、502 页。关晓红梳理外官改制先行研究脉络时指出，日本学者的"相关研究已经开始对历史进程产生不可低估的影响"。参见关晓红：《从幕府到职官——清季外官制的转型与困扰》，生活·读书·新知三联书店，2014，第 6 页。

[2]　服部宇之吉编纂：《清末北京志资料》，张宗平、吕永和译，北京燕山出版社，1994，第 78、116 页。

时人相当关注。[1]

出使法国大臣孙宝琦"痛心祸切，曾合电上陈，吁恳颁行新政以救危局"，并单独上书政务处王大臣，主张仿英德日本之制，定为立宪政体之国，开上下议院。其中，政务处为上议院，"都察院为朝廷耳目所寄，各科道原有批驳之权，应即定为下议院"。[2] 下议院成员"请特简通达时务有才智者为院长，不拘官阶之大小，其现在翰林院及科道人员，择其才学兼优品望相孚者，由钦派大员会同院长严密挑选"。议事规则为"凡所兴革之事分股职掌，而又合众详参，下议院议妥送上议院覆议，议定奏明请旨颁行"。[3] 该书为多家报馆转载，影响颇大。关于议院的建置内容丰富具体，上下议院各有对接方式，都察院转型下议院，人员组织和议事规则亦有安排。

舆论认为，"中国立宪，以改官制为第一着手。京师各部之制，实不完全，急宜改革，建置裁并"。[4] 1905 年下半年，皇室载振专折奏请改官制，"为今之计，亟宜仿各国专任之例，将中央官制改弦而更张之"，涉及部院改革变化处甚多，考虑到都察院系建言论事之地，与翰林院、理藩院、銮仪卫等各司均未可轻议裁撤。而职掌当有所削减，"如刑部宜改为法部，仿日本司法省之例，考核天

---

[1] 据时任商部侍郎唐文治观察，1905 年，日本"乘全胜之势，益逞其囊括席卷之心，近闻迭次派员详细调查中国内政，其用意甚为深远"，见唐文治：《茹经堂奏疏》，载沈云龙主编《近代中国史料丛刊》初编第 6 辑之 56 册，文海出版社，1967，第 229 页。

[2] 《内务·出使法国大臣孙上政务处书》，《东方杂志》光绪三十年七月二十五日第 1 年第 7 期，第 80、83 页。

[3] 《紧要公文·驻法孙钦使上政处王大臣书（再续前稿）》，《大公报》1904 年 8 月 10 日第 2 版。

[4] 《论说·论立宪先改官制之方针》，《时报》1906 年 8 月 28 日第 1 版。

下讼狱，而不自理裁判；大理寺宜改为大审院，仍隶属于法部，所有都察院审判事宜，亦改归大审院办理"。[1] 如是改革，刑部、大理寺更名，都察院移交"审判"职掌，皇权之下的"三法司"体制将不复存在。此折留中，[2] 其具体内容及高层态度被媒体跟踪报道，为人所知。

　　除流亡者和外国人，上述建议与意见，基本坚持中体西用。都察院作为天子耳目，设官之意重在下情上达，内部监督及纠偏防弊，服从服务于皇权。各种方案的初衷不是使之走向皇权的对立面，而是新陈代谢后功能回归。因为若采用三权分立推进改制，议会终将监督皇权。以通上下之情比附代议职能，则并未突破皇权体制的内在监督模式。时论认为，都察院与议院不可相提并论，但可比附，这究竟是认识局限抑或刻意含糊，还是二者兼而有之，值得深究。[3]

三、预备立宪前都察院主动改革的尝试

　　1905 年 7 月 16 日，清政府发布大臣分赴东西洋各国考求一切政治上谕。[4] 20 天后，即以实力推行工巡局为由，裁撤与之职能交叉重复的巡视五城及街道厅御史。[5] 是为新设机构蚕食都察院既有

---

　　[1]　《奏为官制窳败事权不一亟宜仿专任之法一律改定以维政体折》，载中国第一历史档案馆编《光绪朝朱批奏折》第 33 辑，中华书局，1995，第 49−51 页。

　　[2]　唐文治著，唐庆诒补：《茹经先生自订年谱》，载沈云龙主编《近代中国史料丛刊三编》第 9 辑之 90 册，文海出版社，1986，第 53 页。

　　[3]　《本馆论说·论裁减科道之不宜》，《时报》1906 年 3 月 23 日第 1 版。

　　[4]　光绪三十一年六月十四日上谕，载《光绪宣统两朝上谕档》第 31 册，广西师范大学出版社，1996，第 90 页。

　　[5]　光绪三十一年七月初五日上谕，载《光绪宣统两朝上谕档》第 31 册，第 98 页。

地盘的信号。不久，户部奏请将查仓御史裁撤，奉旨俞允。[1] 此次自上而下裁定"御史又少一差"，无声无息，而来年自下而上地奏请裁缺，却引起了轩然大波。

1906 年初，都察院人事密集调整。1 月 6 日，兵部右侍郎陆宝忠补授汉左都御史。同日，都察院据实参劾三位满御史"声名平常"，上谕著"勒令休致"。次月，适逢三年京察，满左副都御史"才具平庸"，原品休致。[2] 动作之大，实属少见。

都察院最受诟病的就是人浮于事，冯桂芬、陈炽、王者馨等局外之人开出"减员增效"的方子，试图解决问题，陆宝忠履新后"见都察院积弊日深，因与臣寿耆熟商整顿之法，斟酌再四"[3]，于 1906 年 2 月 18 日，会衔奏请裁缺，设法疏通升阶，赏给津贴银两等事。裁撤方案中争议最大的部分如下表：

表 6.1　寿耆等请裁科道员缺方案 [4]

科道	定制	方案	理由
六科	满汉掌印给事中各一员，给事中各一员	裁撤满汉给事中十二缺	无封驳之权，亦乏稽查之责

[1] 《政界纪闻·奏裁查仓御史（京师）》，《时报》1905 年 9 月 8 日第 2 张第 6 页。

[2] 光绪三十一年十二月十二日上谕，载《光绪宣统两朝上谕档》第 31 册，第 218、220 页。光绪三十二年正月二十四日上谕，载《光绪宣统两朝上谕档》第 32 册，第 18 页。

[3] 《都察院左都御史陆宝忠奏披沥下忱都察院积弊日深请派重臣考察事》，光绪三十三年正月初六日，中国第一历史档案馆藏宫中档朱批奏折，档号：04-01-30-0004-011。

[4] 《都察院左都御史宗室寿耆奏科道缺多事简请设法疏通折》，光绪三十二年正月二十五日，中国第一历史档案馆藏军机处录副奏折，档号：03-5454-112。

续表

科道	定制	方案	理由
京畿道	满汉掌道各一员，协道各一员	请仍其旧	职任最为繁重
河南道	满汉掌道各一员，协道各一员	请仍其旧	较他道稍繁
江南道	满汉掌道各一员，协道各三员	裁撤满汉协道各二缺	现已归并
山东道	满汉掌道各一员，协道各二员	裁撤满汉协道各一缺	今城防已裁
山西、陕西、浙江、江西、湖广、福建	满汉掌道各一员，协道各一员	满汉协道各一缺裁撤	稽查事务较简
广东、广西、四川、云南、贵州	满汉掌道各一员	请仍其旧	

　　由上表，满汉科道 80 缺中，六科止留一半，十五道裁撤三分之一强，力度不小。陆宝忠还提出两条利好措施，建议援照翰林院、宗人府保送之例，"如此量为疏通，各科道登进有阶，台中自有澄清之望"。同时，"京官向称清苦，近今尤甚"，"朝廷既寄以耳目，似不得不恤其身家"，每年增加拨款，专为科道养廉。[1]

　　都察院堂官此奏，朝中似有奥援。掌户科给事中陈田自承婉拒袁世凯收买，"科道为风宪官，不可因衙门清苦为之折节。而袁世凯之怏怏于言官者，自此起矣。徐世昌一入军机，即倡议欲裁减言

---

　　[1]　《都察院左都御史宗室寿耆奏科道缺多事简请设法疏通折》，光绪三十二年正月二十五日，中国第一历史档案馆藏军机处录副奏折，档号：03–5454–112。

官，仰承袁世凯之意旨"。[1] 另一位给事中左绍佐认为，陆宝忠上任即以裁减科道入奏，意图迎合忌惮言官的军机大臣瞿鸿禨等枢臣。[2] 言官为重臣侧目，是必欲取之而后快却又不可明言的潜因。

政务处会奏期间，言官讲官接连上折反对裁员。3月4日，翰林院编修刘廷琛由掌院中堂孙家鼐、荣庆查核代奏，条陈言路通塞关乎国势盛衰，主张旧章不改额缺不减。[3] 与反对裁员的意见遥相呼应，也有舆论深表同情。《时报》论说认为，"都察院与议院，诚不可相提并论。第天下事有精神不同，而形式尚可比附者。存其形式，即可预为改易精神之地"，肯定"今都察院之职，上以启沃君心，中以纠劾官邪，下以舒表民志。虽权力远非议院之比，而所为之事则与议院不甚相远"。[4]《新闻报》论说指出："在专制最严之国，犹幸有言官可以直言，在上者尚有所忌惮，在下者尚有所冀望。"故"欲去台谏，必在立宪之后，而非今日所宜"。[5]

御史黄昌年事后追记："编修刘廷琛、御史王步瀛起而反对，而全台遂成意见。"[6] 在言官心目中，刘折作用较大，"极言裁减言官

---

[1] 《掌户科给事中陈田奏疆臣跋扈庸臣误国将酿成藩镇之祸折》（光绪三十二年八月初二日），载《光绪朝朱批奏折》第22辑，第779页。

[2] 《左绍佐片奏都御史陆宝忠奏请裁减给事中御史与天下公议相背闭塞言路有害于国家事》，光绪三十二年，中国第一历史档案馆藏军机处录副奏折，档号：03-5473-079。

[3] 《清德宗景皇帝实录》卷五百五十五，光绪三十二年二月丁未，载《清实录》第59册，第363页。

[4] 《本馆论说·论裁减科道之不宜》，《时报》1906年3月23日第1版。

[5] 《论说·论裁并言官》，《新闻报》1906年4月18日第1张。

[6] 《御史黄昌年条陈维持政本筹画言路两端折》（光绪三十二年十二月初十日），载故宫博物院明清档案部编《清末筹备立宪档案史料》上册，中华书局，1979，第486页。

之弊，事以中辍"。[1] 然而，都察院堂官的主张得到部分采纳，7 月
19 日，稽查值年旗事务、稽查左右翼前锋统领、护军统领、稽查火
器营各御史均奉旨裁撤。[2]

第二节　无可裁并：丙午都察院议改冲突

　　清末预备立宪，京内官改制首当其冲，各部院或更名或裁并。
风宪衙门都察院何去何从，朝臣和舆论纷纷建言献策，裁改意见分
歧明显。一方面，内有因势而变的动力，外有分化组合的压力；另
一方面，科道鼓噪而鸣，高层矛盾重重，上下难以和衷共济，争执
乃至冲突始终存在。激烈交锋之后，主政者权衡利弊，保存名目、
整顿变通成为都察院维系皇权体制与进入宪政政体的折衷选择，既
影响了 1906 年丙午改制的成效，又为日后再议裁改埋下伏笔。

一、改设之议

　　五大臣出洋考察回国后，仿行立宪渐成朝野共识，而预备立宪
以改官制为前提，官制改革进入倒计时。由于清朝皇权体制和外国
宪政体制的主旨和架构大为不同，内官制牵一发而动全身，各部院

---

　　[1]　《左绍佐片奏都御史陆宝忠奏请裁减给事中御史与天下公议相背闭塞言路
有害于国家事》，光绪三十二年，中国第一历史档案馆藏军机处录副奏折，档号：
03-5473-079。
　　[2]　光绪三十二年五月二十八日上谕，载《光绪宣统两朝上谕档》第 32 册，
第 109 页。

依照三权分立的原则进行调整，[1] 势必牵动都察院的重新定位。

1906 年 8 月 25 日，出使各国考察政治大臣、礼部尚书戴鸿慈与闽浙总督端方奏请改定全国官制以为立宪预备，建议共八条，三条与都察院密切相关：一是仿行设置责任内阁，统一中央行政。二是内外各重要衙门堂官明确主辅，避免推诿牵制。三是"中央各官宜酌量增置、裁撤、归并也"。就都察院而言，最后一条至为关键。在中央官制的总体设计中，新内阁总领九部，之外增置集议院等独立机关。该折认为，各国于司法行政之外设立行政裁判院，上图国家公益，下保人民权利，制度虽各有不同，而"公开裁判许众庶旁听，扶助私益许吏民对质"，立意与都察院大略相等。[2]

若按中西官制对应的思路，刑部改法部，大理寺改都裁判厅，都察院改行政裁判院似乎顺理成章。然而，该折主张单独设立行政裁判院，专门受理官民不公之诉讼及官员惩戒处分。因国会不能骤然开办，权宜之计是仿照日本做法，将都察院改为集议院，作为国会"练习之区"。其主要职能和选举办法是，负责审议财政预算、建议条陈、疏通舆情等，"选额既已平均，意见自无畛域，而本省利病亦可因此研究，以补中央耳目所不逮矣"。将来成立国会，自可赋予立法权。[3]

戴鸿慈与端方在制度设计上煞费苦心：（一）总体框架效仿日本二元君主制，与虚君共和的英国相比，皇权尤重；选择"练习之区"

[1] "三权"之说舶来之物，新概念与旧制度差异甚大，以"行政"为例，其范围内容不断扩展，参见关晓红：《清末官制改革与行政经费》，《学术研究》2009 年第 11 期。

[2] 《出使各国考察政治大臣戴鸿慈等奏请改定全国官制以为立宪预备折》（光绪三十二年七月初六日），载《清末筹备立宪档案史料》上册，第 371-374 页。

[3] 同上引，第 374 页。

过渡，不采取一步到位的方式，且将弹劾权划给行政裁判院，立法权留待将来的国会，可弱化对皇权的冲击。（二）集议院通上下之情，有言事之权、耳目功能，似与都察院职掌相同，改设师出有名，可以减少阻力。（三）全国按省划定选区，除王公、勋爵、京员额公推，绅商、士子参选议员，有别于以往将都察院与议院、御史与议员直接或间接画等号的主张，议员公推公选而非钦定，意味着官民开放式监督有望取代封闭的监督机制。设计者如此安排，"在由旧的君主专制国家体制向新的议会民主制的国家体制过渡的过程中"，或有意让新旧势力分享政权，"并形成暂时的平衡"。[1]

需要注意的是，戴折以中央与地方官制对应清朝原有的内外官制，套用外来概念观照清代的部院与直省，与清朝集历代王朝体制之大成的设置用意形似而实异，且对改制造成很大困扰。[2] 就都察院而言，外官的督抚例兼都察院右都御史、右副都御史名衔，与"内外相维"的格局符合。倘若改为中央机关，则难以安置妥当，这也是后来论者争辩不休的关结。

同样拥有直接观察外国政体的经验，出使德国大臣杨晟意识到立宪前后应分阶段处理，暂存整肃风宪之官极其重要。他建言疏通监察，都察院职官视情形决定去留。具体言之，国会未开之前，裁撤长官，改革行取之法，废除科道名目，比照立宪国"三大委员"重新条理职能，分设三职：一司谏诤，一司监察，一司代达。限制条款为不得议论法律、敕令，防止阻碍行政运作。国会成立之后，裁撤与宪法规定权限相抵触之职，分别并入应管之官。[3]

---

[1] 迟云飞：《清末预备立宪研究》，第 69 页。

[2] 关晓红：《清季外官改制的"地方"困扰》，《近代史研究》2010 年第 5 期。

[3] 《出使德国大臣杨晟条陈官制大纲折》（光绪三十二年七月二十八日），载《清末筹备立宪档案史料》上册，第 393-394 页。

杨折虽未明言裁撤都察院，然所议科道更名转型的出路，仍仰赖宪法规定确认进退，近乎渐进式裁撤。在其官制大纲中，讨论顺序以官员为先，机构为后。例如，法制撰定之官协赞立法，各级裁判之官郑重司法，整肃风宪之官疏通监察，等等。与戴鸿慈、端方注重将中西机构对应改革的构想不同，杨晟注意到中国地域广阔人民众多，设官数量将十倍于外国，百倍于前代，应顾及本土实情，侧重为既有体制和旧官员找到新官制新位置，并不拘泥于衙门的裁撤并转，欲借此建立一条平缓坡道，让皇权体制逐渐淡出，宪政体制逐渐兴起，实现对接中西的目的。

二、争论冲突

在接纳戴鸿慈、端方所奏之后，1906 年 9 月 1 日，清廷宣布预备仿行立宪政体，强调"大权统于朝廷，庶政公诸舆论"，决定"先将官制分别议定，次第更张"。[1] 随后，报刊披露编制官制大臣拟定的官制大纲，其中，集议院以都察院改设，为议院基础，其制度大要八条，与戴鸿慈、端方等原奏大致相同，[2] 说明改设意见进入朝廷的编纂程序。

9 月 18 日，御史王步瀛奏陈妥定官制宜"兼采众议"，奉旨考察政治馆王大臣知照各衙门各抒所见。[3] 其后，被誉为风宪官的御

[1] 光绪三十二年七月十三日上谕，载《光绪宣统两朝上谕档》第 32 册，第 128 页。

[2] 《代论·拟定官制大纲（续）》，《时报》1906 年 9 月 12 日第 1 版。另，官报披露都察院改为集议院消息，御史闻之颇为疑虑。见《御史王步瀛奏新定官制多有未妥应饬认真厘定折》（光绪三十二年八月二十日），载《清末筹备立宪档案史料》上册，第 428 页。

[3] 《清德宗景皇帝实录》卷五百六十三，光绪三十二年八月乙丑，载《清实录》第 59 册，第 447 页。

史们合力协同大小官员将讨论引向全面深入，将言责作用发挥得淋漓尽致，以彰显自身价值，并维护自身利益。

关于改设议院，一些御史基于维护风宪官的既有职能，提出不同意见。给事中陈田认为改设之后，只得议论政事，不得单衔具奏，使得朝廷耳目闭塞，进而警告道："万一不幸有如康有为之谋为不轨者，言官不得直达，朝廷欲闻文悌之忠言，杨崇伊之告变，何可再得也。"[1] 陈田以弹劾疆臣跋扈、庸臣误国以及乱臣贼子为名，维护其特殊地位，博得部分朝中大臣的赞同。恽毓鼎在日记中记载，慈禧太后把陈疏"持示枢臣，旋即收回。闻疏辞甚切，直可谓朝阳鸣凤矣"。[2] 太后又向枢臣询问陈田的人品。[3] 军机大臣荣庆力保，"系奴才同年，人极忠诚，名誉极好"。另一位军机大臣铁良附和，"现在他们拟裁御史，若使裁去，老佛爷安能知此事"。[4] 都支持陈田保存言路之意。

御史叶芾棠亦指陈都察院改为集议院将阻塞言路，"官制既改，僚属俱由长官荐辟，万一有窃权植党，如严嵩当国，台谏尽置私人，凡有爱憎授之论刺，是朝廷之耳目悉为权要之爪牙，国是尚堪问乎。此都察院之万不容轻改者也"，要求"纠弹不法，下通民隐，剔弊锄奸，宜仍归都察院"，又以民众尚无议员资格，主张缓设集

---

[1]　《掌户科给事中陈田奏疆臣跋扈庸臣误国将酿成藩镇之祸折》（光绪三十二年八月初二日），载《光绪朝朱批奏折》第 22 辑，第 779 页。按：荣庆在陈田呈奏当日记载，"陈田封事，上留"，见谢兴尧整理点校注释：《荣庆日记》，1906 年 9 月 19日，西北大学出版社，1986，第 105 页。

[2]　恽毓鼎著，史晓风整理：《恽毓鼎澄斋日记》第 1 册，1906 年 9 月 21 日，浙江古籍出版社，2004，第 324 页。

[3]　《本馆专电·太后注察言官人品》，《新闻报》1906 年 10 月 13 日第 1 张。

[4]　《要闻·京师近信》，《时报》1906 年 10 月 29 日第 2 版。

议院。[1] 御史赵炳麟瞩目新设机构责任内阁与集议院的关系，认为内阁官制草案授权总理大臣自行交议、自行议决、自作议长，明里仅有行政名义，暗地里掌握立法、司法之权，"集议院徒作赘疣，甚或资为政府之傀儡"。[2] 言下之意，对集议院无都察院之权不以为然。

值得一提的是，赵炳麟还发现新内阁制侵损上奏权，动摇都察院地位，危及皇权。雍正以来，清朝有上奏权官员人数相当固定，对于上奏权的使用极为慎重，各衙门堂官上奏一般都联衔，以机构的名义出奏。[3] 相形之下，都察院别具一格，除了满汉六堂官以外，80 名科道官员均可单独直递封奏，并许风闻奏事，权力很大。而按新内阁制条目规定，一是原有上奏权内外官员数百名锐减为内阁及各部大臣共 14 人，"言路隘之又隘"。二是例行事件方许该部尚书单衔具奏，有名无实。三是阁议破坏祖制召见独对之法。赵氏直言，"臣不知此次该大臣等所拟官制，将置朝廷于何地也"。一言以蔽之，新编官制权归内阁，"大权久假不归，君上将拥虚位"。[4] 此言刚好切中慈禧心事。[5]

一些官员延续前述都察院比附议院的思路，试图阐明"风宪"

---

[1] 《御史叶芾棠奏官制不宜多所更张折》（光绪三十二年八月二十九日），载《清末筹备立宪档案史料》上册，第 445、447 页。

[2] 《福建道监察御史赵炳麟奏新编官制流弊太多折》（光绪三十二年八月二十五日），载《光绪朝朱批奏折》第 33 辑，第 46 页。

[3] 茅海建：《戊戌变法期间司员士民上书研究》，载朱诚如、王天有主编《明清论丛》第 5 辑，第 5 页。

[4] 《福建道监察御史赵炳麟奏新编官制流弊太多折》（光绪三十二年八月二十五日），载《光绪朝朱批奏折》第 33 辑，第 41—46 页。

[5] 慈禧首要关注"君权不可侵损"，参见《余肇康致瞿鸿禨》（光绪三十二年八月初五日），《瞿鸿禨朋僚书牍选》（上），载中国社会科学院近代史研究所近代史资料编辑部编《近代史资料》总 108 号，中国社会科学出版社，2004，第 21 页。

与"立宪"能够相通相助。员外郎闵荷生认为,朝廷爱惜言官,讨论庶政部议再三,实兼专制、立宪之美意。"方今指陈政事得失,不可无人,遵守朝章推行尽利,尤不可无人,人多则言杂",主张以都察院为会议之地,精选进言之官,不必裁员。[1] 赵炳麟进一步申论,议院尚未设置,立法权无所归属,建议遵从祖制,以有直接上奏权的御史、讲官及四品以上京堂,分任立法职务,畅通民意表达渠道。[2] 所谓立法之职务,应指议员。对于御史等官充当议员,大臣们看法不同,"殊恐程度不及,难胜其任"。[3]

朝臣们反复申辩,意见不一,有报刊则从根本上质疑改设之举。《宪政杂志》发表题为《庶政公诸舆论释义》社论,解读 9 月 1 日上谕,指出国家机关分为执行机关及监督机关,监督机关即舆论之所寄也,在中央则为国会,在地方则为地方议会;舆论机关由人民选举组织,代表民意,注重于监督政府。并一针见血地指出:"集议院之性质与都察院截然不同。都察院拾遗补阙,为君主之私属。集议院代表舆论,为国家一独立机关。"风宪衙门属于皇权体制,集议院属于立宪体制,泾渭分明。如果以旧改新,将导致名实相混,精神湮灭。社论还分析朝臣未曾提及而现实存在的困难,譬如,旧衙门习气问题,都察院人员如何位置问题,全部更新还是妥协仍旧问题,其最后结论是:"此院必宜新置也"。[4]

---

[1] 《户部员外郎闵荷生建言官制不必多所更张呈》(光绪三十二年八月初三日),载《清末筹备立宪档案史料》上册,第 406~407 页。

[2] 《福建道监察御史赵炳麟奏新编官制流弊太多折》(光绪三十二年八月二十五日),载《光绪朝朱批奏折》第 33 辑,第 47 页。

[3] 《条陈议员不宜以御史改充(京师)》,《申报》1906 年 10 月 4 日第 3 版。

[4] 罗普:《庶政公诸舆论释义》,《宪政杂志》第 1 卷第 1 号,光绪三十二年十一月朔日,载张玉法主编《清末民初期刊汇编》第 4 册,经世书局,1985,第 54~63 页。

坊间消息，自裁撤都察院之议起，台谏人人自危。[1] 王宝田、周克宽、胡思敬等官员纷纷上折提醒当道：六部以外，都察院最为重要，"诚以风宪之臣，固国家耳目所寄也"，历代忠清骨鲠之臣弹劾权奸，使远近震悚，豪贵敛迹，言官突然全部裁撤，会引发下情壅塞、深宫孤立、臣民惊惧的后果，故"闲散或有可裁，而都察院断无可裁之理"。[2]

舆论披露政府新旧党相战激烈，[3] 在官制讨论期间，都察院总宪陆宝忠授意御史交章攻击官制改革，其背后又有军机大臣铁良、荣庆，而幕后指挥则是军机大臣中位高权重的瞿鸿禨。[4] 因反对声音众多，阻力太大，厘定官制有"五不议"之说，都察院名列其中。[5] 报纸进一步探悉，内官制草案大致敲定，"惟都察院议论不一。"起初，袁世凯、端方倡议将都察院并入集议院，消灭其名目。载泽则主张存留，并设法改良。嗣后，"两宫圣意亦欲保存此衙门，故决议不提议。袁宫保召见时亦奏明不改都察院。"[6] 袁世凯何以改变主意，有两种说法，一是当事人杨寿枏回忆，源于自己力争，"台谏之职，总司风宪，纠察官邪，实为汉唐以来之善制，似宜保

---

[1] 《要闻·京师近信》，《时报》1906 年 11 月 8 日第 2 版。此条事后追记。

[2] 分别见《内阁中书王宝田等条陈立宪更改官制之弊呈》（光绪三十二年八月二十八日）、《翰林院侍读学士周克宽奏更改官制只各易新名实不如旧制折》（光绪三十二年八月十三日）、《吏部主事胡思敬陈言不可轻易改革官制呈》（光绪三十二年八月二十五日），载《清末筹备立宪档案史料》上册，第 159、420、433 页。

[3] 《电报一》，《时报》1906 年 9 月 27 日第 2 版。

[4] 李细珠：《论清末预备立宪时期的责任内阁制——侧重清廷高层政治权力运作的探讨》，载朱诚如、王天有主编《明清论丛》第 8 辑，紫禁城出版社，2008，第 7 页。

[5] 《中国要事·改定官制有五不议》，《新闻报》1906 年 10 月 12 日第 1 张。

[6] 《要闻·京师近信》，《时报》1906 年 10 月 22 日第 2 版。

存"，以及载泽相劝，"台官弹劾不避权贵，我辈不宜轻"。[1] 另一是孙家鼐反对。第一次会议袁主裁都察院，与孙争执甚烈，不欢而散。第二次会议，孙缺席，提交书面意见，中有"都察院之制，最不利于雄奸臣慝，亦惟雄奸臣慝，最不乐有都察院"数语，举座为之失色，都察院遂得保存。[2]

显而易见，主张立宪的官员和保守的官员异口同声风宪官利于皇权，不利于权臣。由于风宪官竭力抗争，本来拟以都察院改为立法部，以刑部改为司法省，"嗣因察院御史不肯听裁，遂罢议立法一部"。[3]

三、风宪所关

保留主张既定，如何符合厘定要旨安置都察院，考验厘定官制大臣们的政治智慧。坊间传闻，针对都察院与新定各部官制有所抵触的质疑，大臣们以圣意所在，又恐开罪言官，均不愿意更张。《都察院官制草案》直言："所有内阁部院官制业经陆续拟呈，粗有端绪。惟都察院未经议及，似于厘定要旨尚欠吻合。"[4] 载泽等迎难而上，主张官制草案将其纳入直属朝廷监督内阁的五院序列，"有集贤院以备咨询，有资政院以持公论，有都察院以任弹劾，有审计

[1] 芩泉居士辑：《觉花寮杂记》卷一，载《云在山房类稿》第4册，广东省立中山图书馆藏，1930年刻本第4页。

[2] 徐一士著，徐禾选编：《言官小议》，载《亦佳庐小品》，中华书局，2009年，第284页。

[3] 戴鸿慈：《致任公先生书》（光绪三十三年二月卅日），载丁文江、赵丰田编《梁启超年谱长编》，上海人民出版社，1983，第380页。

[4] 《宪政初纲·官制草案·都察院官制草案》，《东方杂志临时增刊》光绪三十二年十二月，第77页。

院以查滥费，有行政裁判院以待控诉"。[1] 不言而喻，作为中央独立机关，四院皆仿宪政体制新设，唯独都察院为皇权体制旧有，于此，立宪与风宪看似可以兼容并蓄。

《都察院官制草案》解释"存古"之义，

> 查都察院掌纠察官邪、条陈治理，匡正之力可及于朝廷，弹劾之权不慑于选贵，特立行政各官之外，而有监督行政之权。汉唐以来悉重此职，实中国制度之特色，亦为各国所交称。风宪所关，无可裁并。[2]

唯需变通厘定三事：各部院新官制一长官、二次官，均不分满汉，都察院沿用旧制，与之相歧。六部变更，六科仍存旧目，名实不符。旧制都察院兼掌伸理冤抑，稽核报销，职务太繁，遂难尽举；既仿司法独立之制，应专掌监察非违，条陈利弊。[3]

11月2日，奕劻、孙家鼐、瞿鸿禨等奏陈厘定官制，所附《阁部院官制节略清单》强调都察院纠劾官邪，条陈利弊，关系至重，"惟原缺职掌与新拟部院官制参差重复者，当略加厘正，以归画一"。[4] 都察院官制更正之意，或可从盛宣怀"坐京"密报找到答案，"议改官制，领袖暨寿阳、九公为督理。寿阳本守旧，领袖则

[1]《宪政初纲·官制草案·厘定阁部院官制总说帖》,《东方杂志临时增刊》光绪三十二年十二月，第2页。

[2]《宪政初纲·官制草案·都察院官制草案》,《东方杂志临时增刊》光绪三十二年十二月，第77页。

[3] 同上引，第78页。

[4]《庆亲王奕劻等奏厘定中央各衙门官制缮单进呈折（附清单二）》（光绪三十二年九月十六日），载《清末筹备立宪档案史料》上册，第468—470页。

向来无可无不可，故一切均九公专主"。"善化朝夕持《会典》详核，稍事更动。"[1] 可见瞿鸿禨的角色至关重要。其奏稿《复核官制说帖》阐述"清积弊、定责成"，"上稽成法、酌古准今、折衷至当"为厘定官制、立政任人之本，主张因时变通，循序渐进，不在一切纷更。他既不赞成责任内阁，又不同意大改部院。且都察院仍旧，但裁六科之名。[2]

11 月 6 日，清廷公布新官制上谕，责任内阁制遭到否决，以都察院本纠察行政之官，职在指陈阙失，伸理冤滞，著改为都御史一员、副都御史二员；六科给事中著改为给事中，与御史各员缺，均暂如旧。[3] 如此，慈禧太后最大限度地保留了旧制。除了瞿鸿禨默运挽回，[4] 还有科道的因素。《申报》称，太后览阅关于新内阁之总理大臣权势太重等奏折，大为动容，故内阁、军机处均未更动。[5]《盛京时报》传闻，赵炳麟、王步瀛、刘汝骥等科道前后所上改定官制条陈语多中肯，颇蒙两宫采择嘉许，特许都察院衙门维持现状，并将科道各官优加倚任。[6] 据当事人记述，慈禧太后曾对刘汝

---

[1]　《齐东野语》（光绪三十二年十月初七日），载陈旭麓、顾廷龙、汪熙主编《辛亥革命前后·盛宣怀档案资料选辑之一》，上海人民出版社，1979，第 30 页。注：领袖，奕劻；寿阳，孙家鼐；九公、善化，瞿鸿禨。

[2]　《复核官制说帖》，周育民整理《瞿鸿禨奏稿选录》，载中国社会科学院近代史研究所近代史资料编辑部编《近代史资料》总 83 号，中国社会科学出版社，1993，第 34-35 页。

[3]　光绪三十二年九月二十日上谕，载《光绪宣统两朝上谕档》第 32 册，第196-197 页。

[4]　《张之洞致鹿传霖两电》（光绪三十二年），《瞿鸿禨朋僚书牍选》（上），载《近代史资料》总 108 号，第 33 页。

[5]　《新官制事宜三志（京师）》，《申报》1906 年 11 月 18 日第 2 版。

[6]　《京师要闻·两宫嘉许科道员之条陈》，《盛京时报》1906 年 11 月 16 日第 2 版。

骥说："所谓预备立宪者，无非通下情就是了，那不是空空立宪两个字，祖宗法度就全不用了。就是各国宪法，亦自不同。我自然有主意，不至失了大权，你只管放心。"[1] 主政者激扬风宪的用心和对立宪的认识偏差，于此可见一斑。

细绎新官制关于都察院 17 个字的定位，与前引《清朝文献通考》的表述大同小异。"纠察行政之官"似为趋新说法，实质仍为风宪官；"指陈阙失"与《都察院官制草案》"条陈利弊"相符。至于"伸理冤滞"，通达下情，原系都察院专有职责，故京控案件向归办理。[2] 奕劻等核定方案时，曾据司法独立原则予以删除，最终裁定方案却得到恢复。可见，涉及皇权体制的关键职掌不容有失。但是，三法司之制渐废，[3] 与审判紧密相关的都察院权限尚未切割，留下日后部院争议的空间。若以行政裁判者视之，[4] 鉴于行政裁判院已被剔除出新官制，则又为重议都察院改设行政裁判机构留有伏笔。时论已察觉行政裁判缺位的情形，并对都察院寄予厚望，"可以补行政裁判所之穷"。[5] 此外，上谕决定渐次增设审计院、资政院，两院职掌与都察院的会计检查、疏通舆情、通达民意等职掌互有交叉，亦隐含冲突的可能。

[1]　刘汝骥:《陶甓公牍》，载官箴书集成编纂委员会编《官箴书集成》第 10 册，黄山书社，1997，第 464 页。

[2]　按清代主要负责受理上控案件的衙门为:都察院、步军统领衙门、通政使司、理藩院。参见李典蓉:《清朝京控制度研究》，上海古籍出版社，2011，第 71 页。

[3]　"国史馆"校注:《清史稿校注》第 5 册，第 3993 页。

[4]　织田万认为都察院具有伸张冤枉、检查会计等九项职权，是"实质上之行政裁判者""兼我会计检查院者"，见织田万撰，李秀清、王沛点校:《清国行政法》，第 210-211 页。

[5]　天池:《社论·论时局危险之象》，《时报》1907 年 2 月 6 日第 1 版。

综合而言，丙午官制改革方案中，都察院大体如旧，显示其不似其他部院，通过裁改并转逐渐成为宪政体制的中央机构一员，仍属于皇权体制的风宪衙门。可是风宪与立宪难以兼容，其性质职能边界模糊，军机大臣未明新学，"故颁谕之始，即已含混不分疆界"[1]，给都察院的未来走向增添了诸多不确定因素。

有意思的是，新官制尘埃落定之际，革命党人孙中山从共和政治的角度，给都察院指出一条的出路。他说："中国从古以来，本有御史台主持风宪，然亦不过是君主的奴仆"，"现在立宪各国，没有不是立法机关兼有监督的权限，那权限虽然有强有弱，总是不能独立，因此生出无数弊病"。纠察制是中国固有优良制度，长期埋没而不为所用，期望在共和政治中复活。除了监督议会外，还要专门监督国家政治，以纠正其所犯错误，并解决共和政治的不足之处。[2] 只是孙中山理念真正付诸实践，已到南京临时政府时期。

第三节　难以转型：丁未不可轻议更张

丙午改制前即有驻外使节倡言都察院改为下议院，但未正式纳入朝廷议事日程。丁未年间，内外大臣在都察院改为下议院的问题

---

[1]　新官制关于法部和大理院权属并未清晰界定，后来引发争执，史称"部院之争"，法部尚书戴鸿慈跨洋去信求教梁启超解决之道，参见戴鸿慈：《致任公先生书》（光绪三十三年二月卅日），载丁文江、赵丰田编《梁启超年谱长编》，第 380 页。

[2]　孙中山：《与该鲁学尼等的谈话（一九〇六年十一月十五日）》，《在东京〈民报〉创刊周年庆祝大会的演说（一九〇六年十二月二日）》，载广东省社会科学院历史研究室、中国社会科学院近代史研究所中华民国史研究室、中山大学历史系孙中山研究室合编《孙中山全集》第 1 卷，第 319-320、331 页。

上达成共识，在外以岑春煊为代表的督抚，在京以陆宝忠为代表的部院堂官，先后奏请改设都察院，引起朝中热议，尤其是后者引发科道反对浪潮，都察院上下离心，改设之议胎死腹中。

一、整顿变通

丙午改制之后，各部院堂官奉旨自行核议本衙门职掌及员司各缺等事宜。在悉心妥筹具体方案过程中，都察院与各部院相同的是，堂官意见非常重要；差异在于，科道议驳章疏直达御前，对清廷决策的影响作用不容忽视。

11月9日，清廷以都察院有献替之责，"该堂官及所属各官均应量予津贴，用示体恤"，着每年赏银四万两。同日上谕宣称："兹当新定官制、预备宪法之时，该衙门纠察行政，责任綦重"，嗣后"应如何激扬风宪、整饬台纲，以及保送御史应如何慎加遴选、严定考成，俾无滥列之处，著军机大臣、大学士、各部参预政务大臣，会同都察院堂官，一并妥议具奏"。[1] 由是观之，慈禧太后部分认可1906年初都察院堂官的改革主张，而将当时争议最大的裁缺方案留由大臣们会议讨论。

由于"两宫每向军机大臣言，称赞御史条奏之善"，[2] 枢府覆奏会议都察院官制，自然认真考虑反对意见。原打算裁去科道30余缺，因担心窒碍难行，经堂官与各科道详商，议定酌裁科道20缺。[3]

---

[1]　光绪三十二年九月二十三日上谕，载《光绪宣统两朝上谕档》第32册，第208—209页。

[2]　《会议拟将御史统归内用（北京）》，《申报》1906年12月20日第3版。

[3]　《要闻·都察院仍裁科道》，《大公报》1907年1月7日第3版。

1907 年 1 月 11 日，奕劻等提交折中方案，主要包括严格保送程序，调整职位人数，明确科道职掌。《军机大臣奕劻等覆奏会议都察院官制折》（以下简称《覆奏折》）中"悉心斟酌、略从、酌裁、缓裁"等字眼，似为照顾科道感受的写照。而从数量上看，所谓"增设"是"道"名，额缺总数减少。[1] 主政者认可《覆奏折》，强调："该给事中、御史等即著照此次奏定章程，统司纠察。凡内外各衙门，如有用人不当、办事不实，均准奏参。"[2] 从改正到奏定章程，变化之处甚多，兹列简表如下，可资比对。

表 6 2 　都察院官制重大变化简表（1906.10—1907.01）[3]

序号	改正都察院官制	1906 年 11 月裁定方案	1907 年 1 月奏定章程
1	都察院掌稽察京外行政各衙门办事成绩，纠劾非违，条陈得失。	都察院本纠察行政之官，职在指陈阙失、伸理冤滞	同左
2	置左都御史 1 人，左副都御史 2 人。（满汉不分，裁 3 人）	改为都御史 1 员、副都御史 2 员（裁 3 人）	同左

---

[1] 《军机大臣奕劻等覆奏会议都察院官制折》（光绪三十二年十一月二十七日），载《清末筹备立宪档案史料》上册，第 476—477 页。

[2] 光绪三十二年十一月二十七日上谕，载《光绪宣统两朝上谕档》第 32 册，第 257 页。

[3] 资料来源:《都察院官制清单》，光绪三十二年九月十六日，中国第一历史档案馆藏，军机处录副奏折，档号: 03-9284-028。光绪三十二年九月二十日上谕，载《光绪宣统两朝上谕档》第 32 册，第 196—197 页。《军机大臣奕劻等覆奏会议都察院官制折》（光绪三十二年十一月二十七日），载《清末筹备立宪档案史料》上册，第 476—477 页。按: 1907 年 4 月，清政府应赵炳麟奏请改给事中为殿中侍御史折所请，新设掌印给事中二员，秩正四品。

序号	改正都察院官制	1906 年 11 月裁定方案	1907 年 1 月奏定章程
3	佥都御史 2 人。（增 2 人）	未提及	毋庸再设
4	给事中分 11 科。每科掌印给事中、给事中各 1 人。（裁 2 人）	六科给事中著改为给事中，各缺均暂如旧（维持 24 缺）	酌裁 4 缺
5	监察御史分 15 道。每道掌印监察御史监察御史各 1 人。（裁 26 人）	均暂如旧（维持 56 缺）	按二十二行省增设御史（实际裁 12 缺）

都察院新设各道御史分别遴员奏补允准后，《呈都察院整顿变通章程清单》（以下简称《整顿变通章程》）于 1907 年 1 月 25 日获批。综观《整顿变通章程》，根据《覆奏折》制定实施细则，亦有若干发挥之处：

其一，科道更趋合一。"六科既经归并"，分科治事转化为"给事中公同办理，不分畛域"，"不必拘定何衙门归何科何道稽察"。其二，都察院堂官考核给事中、御史权力增加。旧例给事中、御史及正副都御史"与其他衙门分为堂官、司官有所不同，仅为前辈、后辈之关系"。[1] 给事中职位空缺，由正副都御史"精加甄择，拟定正陪，开单请旨擢用"，意味着都察院堂官有人事建议权，而《覆奏折》并未提及此项内容。其三，满缺给事中、御史保送道府放宽条件；各衙门保送御史满松汉紧，体现优待满人政策。其四，稽查范围及空间压缩。无论是主动裁撤"稽察宗人府、内务府等差"，删除"注销月折""年终刷卷"，还是新设外务部等衙门办理

---

[1]　服部宇之吉编纂:《清末北京志资料》，第 80 页。

事件并不关报，[1] 或多或少道出都察院的尴尬局面，《覆奏折》说法是"新设各部亦本无稽查专责"。

陆宝忠自称，《整顿变通章程》等诸举措"皆通筹全局，绝无丝毫私意于其间"，"只以积弊太深，不得不严行整顿"。可谓用心良苦。事前征求意见程序似属完善，然而来自科道反对声音强烈，"乃闻或者不察，撖拾浮言以为口实"，"应请特派重臣，将臣任内所用之人，所办之事，逐一考察。如果有任性徇私之举，即请立予罢斥以谢同僚"。[2]

报刊指出，都察院各道御史与陆宝忠积不相能，时有互相弹劾之意。[3] 又"因改定台章，不惬众意，诸御史结约轮流劾之。自正月以来已有四五折，惟奏上皆留中不发"。都察院值日，太后再三慰勉说："都察院改订新章赖尔不避嫌怨，予甚嘉许。言官弹劾，皆不知大体之言，予断不为所动。即报章议论时有刺讥，亦局外坐观成败之言，尔可毋庸畏顾。"[4] 圣眷犹在，积毁未必销骨。

二、初议中辍

6月10日，太子少保、头品顶戴、两广总督岑春煊（兼都察院都御史）呈递《奏请速设资政院代上院以都察院代下院并设省谘议局暨府州县议事会折》，阐述其施行预备立宪阶级，构筑在京以资

---

[1] 《呈都察院整顿变通章程清单》，光绪三十二年十二月十二日，中国第一历史档案馆藏军机处录副奏折，档号：03-5471-098。

[2] 《都察院都御史陆宝忠奏披沥下忱都察院积弊日深请派重臣考察事》，光绪三十三年正月初六日，中国第一历史档案馆藏宫中档朱批奏折，档号：04-01-30-0004-011。

[3] 《中央新闻·京师近信》，《时报》1907年3月10日第2版。

[4] 《陆都宪慈眷之优（北京）》，《申报》1907年4月21日第4版。

政院、都察院为双核，在外以谘议局、议事会为载体的多层级的议会组织，以沟通内外官制的设想。[1]

关于都察院在预备立宪阶级的定位和作用，特别是外官制与两院关系上，岑春煊强调，督抚是外省最高行政官，即政府代表。"故今日扼要之图，不患不能齐一天下之命令，而患不能齐一天下之心志。欲先齐一督抚之心志，则宜寓下议院之制于都察院，以考核督抚，而令各督抚于年终派员来京会议于资政院、都察院，以讲求实政，而渐谋画一之法。"[2]

虽然岑春煊为政敌排挤到京外，并未失宠，奏折呈递当日，朝廷即著内阁各部院会议具奏，其外省设谘议局各节，著各省督抚妥议具奏。[3]

各衙门陆续有说帖覆奏，都御史陆宝忠、副都御史伊克坦、陈名侃，公同具奏会议说帖："无论君主立宪、民主立宪，恃以监督政府、通达下情者，皆以议院为关键，其意正同"，"今该督拟扩充都察院以代国会，令督抚年终报告，分道稽核，按时会议，诚可立监督行政之初基，为代达民瘼之要著。应请如该督所请，使民隐可以上绅〔伸〕，而政权不致旁落"。[4] 都察院堂官虽以速行、试行等区分岑折办法，大体上赞同其观点。

---

[1] 《两广总督岑春煊奏请速设资政院代上院以都察院代下院并设省谘议局暨府州县议事会折》（光绪三十三年四月三十日），载《清末筹备立宪档案史料》上册，第 497—503 页。

[2] 同上引，第 500 页。

[3] 光绪三十三年四月三十日上谕，载《光绪宣统两朝上谕档》第 33 册，第 68 页。

[4] 《紧要新闻·都察院各堂会议岑春煊预备立宪阶级说帖（北京）》，《申报》1907 年 10 月 14 日第 4 版。

相比之下，法部尚书戴鸿慈领衔批评其办法简略，且有四不便，如"中国向以度支部兼司其事，今又以委之都察院，会议权限不分，名实不副"；[1]"御史为弹劾之机关，议员为人民之代表，性质大相悬异。以此代彼，纵御史中不无熟悉本省情形之人，然欲令制定预算，深悉国民负担程度而代为承诺，势必有所不能"。说帖专门提及："上年（1906）提定官制草案，以都察院改为集议院，于事实不合，卒罢前议。今欲考核督抚所报之虚实，莫如另立会计检查院以综核出入。"[2] 如前文所述，奏改集议院的正是戴鸿慈等人，说帖此言至少两重意思：（一）改集议院与"事实不合"，改下议院理所亦然。（二）坚持《奏请改定全国官制以为立宪预备折》关于"内阁之外增置而别为独立机关者"的观点，即单独设立会计检查院。

与法部多处批驳岑折的主要观点不同，度支部说帖肯定"原奏所称考核督抚及年终派员会议各节，洵可讲求实政，以渐谋统一之规"，但对都察院改制设想不以为然，"都察院职司风宪，纠劾官邪，风采所系，不问尊卑，言论自由而无责任，实为汉唐之善制，欧美所交推"。既然"资政院办法已寓上下两院之规制，事宜画一，无取骈枝"，都察院会议一节，尚需再议变通。[3] 时任度支部尚书载泽，曾任厘定官制大臣，该说帖与其丙午年保存风宪衙门的观点高度一致。

无独有偶，农工商部说帖持保存都察院观点。理由是"都察院

---

[1] 《专件·法部会议立宪阶级说帖》，《大公报》1907 年 9 月 11 日第 6 版。

[2] 《专件·法部会议立宪阶级说帖》（续前稿），《大公报》1907 年 9 月 16 日第 7 版。

[3] 《专件·度支部谨拟会议两广总督岑奏预备立宪阶级说帖》，《大公报》1907 年 9 月 19 日第 7 版。

为汉唐以来相沿之良法,五洲万国所交推,寔与议院相为表里","都察院则上匡君德,下纠官邪,言事例得风闻,朝列号为独坐,考其性质略与议院不同,似难合并"。"保存都察院旧制,俾与资政院相辅而行,藉收兼听并观之用"。一言以蔽之,"都察院有总司风宪之权,不宜轻议更张,以存中国数千年之善制"。[1]

舆论注意到各部院意见相殊,"度支部尤为力驳,闻已决意缓办矣"。[2] 岑春煊在《乐斋漫笔》记赏假十日屡上封事,"尔后虽时亦采纳其言,如设礼学馆,擢用新进,注意蒙、藏等事,悉发端于此。然皆枝节为之,于本源未能稍有更张,固徒然也"。[3] 似对国会一折未蒙俞允多有遗憾。

三、再议再挫

会议岑折之时,都察院堂官仅是从旁声援,清廷颁布"中国上下议院一时未能成立,亟宜设资政院以立议院基础"的懿旨之后五天,[4] 陆宝忠等主动奏请"改都察院为国议会,以立下议院基础",将东西各国的上下议院对应中国新设的资政院和旧有的都察院,"现在资政院既经设立,是上议院已有基础,似应将都察院改为国议会,以立下议院基础"。按照各国通例,下议院议员皆由全国人民公选,鉴于"现在中国省县各议会尚未设立,章程既均未定,程度亦属不齐",提出当前斟酌变通办法:一是请旨录用都察院中才

---

[1] 《专件·农工商部谨拟会议两广总督岑奏预备立宪阶级说帖》,《大公报》1907 年 9 月 27 日第 7 版。

[2] 《要闻·都察院缓改议院》,《大公报》1907 年 10 月 10 日第 3 版。

[3] 岑春煊:《乐斋漫笔》,中华书局,2007,第 33 页。

[4] 光绪三十三年八月十三日上谕,载《光绪宣统两朝上谕档》第 33 册,第 192 页。

识明通、宅心公正的给事中、御史，直接充任议员，无须通过选举程序；且由吏部定期考试各部院大臣保送的御史，慎加选择以备录用。二是次第设立各省的省、县、市议会，"俾与资政院、国议会，声息相通，情志相洽，庶天下臣民，咸知与国家同休共戚，确有切己之关系，斯有当尽之义务"。既立足当前，又着眼长远，"三四年后，各省议会办有成效，再将资政院、国议会改作上下议院，而下议院议员即可实行选举之制"。[1]

陆折和岑折的核心观点一致，均是改都察院为国议会下议院，资政院为上议院，考虑到他们一是部院大臣，一是封疆大吏，分别从内、外官制的角度谈改制，叙述有所差别也在情理之中。

陆折明发上谕，著会议政务处议奏。都察院堂官于 9 月 29 日都察院堂期时宣言："立宪必设议院，议院立则本院应裁，业已奏请改作下议院基础，以为保存地步。奉旨交议，阁臣意亦谓然。"[2]

然而事态的后续发展说明，都察院堂官只是一厢情愿。10 月 3 日，掌新疆道监察御史江春霖奏"立宪宜组织议院，不宜轻改都察院"[3]。而都察院 64 位给事中、御史中，四分之三集会声明反对改制，"属麟（赵炳麟）起草，自掌印给事中忠廉、陈田以次 48 人，联名赴颐和园呈递"，[4] 奏请"下议院亟须特别设立，断不可以都察

---

[1]　《御史陆宝忠等奏请改都察院为国议会以立下议院基础折》（光绪三十三年八月十八日），载《清末筹备立宪档案史料》下册，第 607—608 页。

[2]　《御史江春霖奏不宜轻改都察院折》（光绪三十三年八月二十六日），载《清末筹备立宪档案史料》上册，第 518 页。

[3]　《掌新疆道御史江春霖奏组织议院不宜改都察院折》，《政治官报》1907 年 11 月 4 日第 10 号，第 10 页。

[4]　赵炳麟著，黄南津等点校：《赵柏岩集》（上），广西人民出版社，2001，第 459 页。

院更改，致失立宪之精意"。他们建议："亟应请旨饬令会议王大臣详议组织国会之法，酌定召集国会之期，扫除一切以察院代国会以保荐代投票之谬说，务使下议院特别设立，不失民选之义。""国会各种权利逐渐巩固，都察院应否归并裁撤，届时开国会议决之。"[1]

言官们显然刻意强调风宪与立宪的差异，理据固然不错，用心却未必正当，目的在一"拖"字。报刊总结各御史观点："国会未开，权力未固，都察院改，言官失职，势必上下隔阂，新政未行，旧制先坏。"[2] 有消息称，其言颇有至理，"疏入，两宫为之动容，大约此举将作罢论矣"。[3]

丙午改制的经验表明，都察院改革不仅需要莫大的勇气和决心，而且必须得到两宫的支持，枢府、朝臣的理解以及科道的拥护。这一次，陆宝忠遇到大阻力。据《齐东野语》记："南皮到京后即对雪公云：'下议院急宜先设'。雪云：'似乎太早'。南皮唯唯。"[4] 张之洞主张速行立宪，开设"民选议院"或"下议院"，[5] 但"庆、袁反对甚力，志不得遂"。[6]

---

[1] 《掌印给事中忠廉等奏请特别设立下议院折》，《政治官报》1907 年 11 月 4 日第 10 号，第 6-8 页。

[2] 《国内紧要新闻·改都察院为下议院之阻力》，《大同报》（上海）1907 年第 9 期，第 29 页。

[3] 《紧要新闻·京师近信》，《时报》1907 年 10 月 16 日第 2 版。

[4] 《齐东野语》（光绪三十三年八月至九月），载陈旭麓、顾廷龙、汪熙主编《辛亥革命前后·盛宣怀档案资料选辑之一》，第 69 页。南皮，新任军机大臣张之洞；雪公，新任军机大臣袁世凯。

[5] 李细珠：《张之洞与清末新政研究》（增订版），中国社会科学出版社，2015，第 304 页。

[6] 彭渊恂：《与任公先生书》（光绪三十四年），载丁文江、赵丰田编《梁启超年谱长编》，第 452 页。

10 月 22 日，会议政务处奏复陆折时提及，军机处先后片交御史江春霖、给事中忠廉等"陈奏各节，与臣等意见大致相同"。该折重申都察院职司风宪，关系至重，其改为国议会，"虽为推广舆论起见，不知谏官之与议员体制不同，万难合混"。会议政务处强调："斯署之设，上承列圣倚任之重，下系臣民是非之公，即异时上下议院规模完备，议员皆有合格之人，而都察院系独立之衙门，为国家广开言路，亦不可轻议更张"，[1] 说明主政者心目中，风宪衙门即使在立宪体制下，依然有存在的合理性。

需要指出的是，丁未政潮对光宣政局影响极大且深远，都察院深度卷入权斗之中。政潮导致一众军机大臣、尚书和督抚等大员更换，6 月，与都御史陆宝忠交往甚密的军机大臣瞿鸿禨开缺；8 月，在都察院改制方向上所见略同的两广总督岑春煊开缺；10 月，都御史陆宝忠开缺。清流派接连遭受重大挫折，对都察院议改产生了严重的消极作用。

第四节　因变而变：仿行立宪后都察院内外关系的调适

随着改制的深入推进，特别是与言路相关的新机构设立和新章程实施，看似保留不动的都察院的权力逐渐被蚕食，"言路枢纽"的地位受到实质性冲击。都察院努力协调各方关系，多方尝试纠察行政触角外伸，缓慢让渡划转权力，避免被边缘化的命运。

---

[1]　《会议政务处议奏都察院不可轻议更张折》（光绪三十三年九月十六日），载朱寿朋编，张静庐等校点《光绪朝东华录》第 5 册，第 5755 页。

一、定制维护与新章调和

言官与权臣之间，历来充满利害冲突。袁世凯迭被言官参劾，"更疑系宝忠指使。而世凯等用以缓和言路攻击之一法，为奏调言官，施以笼络"[1]。御史张瑞荫经东三省总督徐世昌奏调赴东三省差遣，陆宝忠闻之上奏："近日督抚竟有奏调言官者，实与祖制不合"，"请旨申明旧章"。[2] 1907 年 6 月 14 日诏曰："科道人员，向例不准奏调等语。科道为朝廷耳目之官，奏调差委与体制不合。嗣后台谏各员，各省督抚不得率行奏调。"[3] 对比文本，上谕将"祖制"改为"向例"和"体制"，似为回避原奏"有违制者必加严饬"的字眼，以维护徐世昌的颜面。

非但"祖制"必须维护，"定制"与"新章"亦要调和。10 月 14 日，掌印给事中忠廉署理都察院副都御史。都察院遵照政治馆议定新章，公同拣选给事中六员御史六员缮具说帖清单，"恭请皇太后、皇上简派一员署理掌印给事中事务"，10 月 20 日，奉朱笔圈出给事中陈恒庆署。[4] 同样遵照新章，奏补满御史却遇到麻烦，宗室荣凯奉旨补授给事中，空出掌云南道监察御史一缺，都察院拟遵

---

[1] 徐凌霄、徐一士著：《凌霄一士随笔》第 2 册，山西古籍出版社，1997，第 585 页。

[2] 《都察院都御史陆宝忠片奏各省督抚不得率行奏调科道人员请旨申明旧章办理事》，光绪三十三年五月初四日，中国第一历史档案馆藏军机处录副奏折，档号：03-5095-025。

[3] 光绪三十三年五月初四日上谕，载《光绪宣统两朝上谕档》第 33 册，第 73 页。

[4] 《都察院奏请旨简员署理掌印给事中折》，《政治官报》1907 年 11 月 2 日第 8 号，第 10-11 页。

照新章请旨补授裁缺御史名次在前的俾寿。正在奏折将呈递期间，宗人府来文称："荣凯系宗室人员，该御史升任之缺，应由宗人府拟定正陪带领引见。"[1] 此文让都察院感觉委屈，宗人府"固属遵守定例，而臣等亦系恪遵奏定新章办理，且臣等具奏在先，奉旨允准在案"。照章办事竟然出现两难，都察院的态度是："当此整顿言路之际，尤非所以励群才而昭大信"，"应俟裁缺御史宗室常徽照章收缺后，再有满洲御史缺出，还补宗室人员，以符定制"。奉旨依议。[2]

值得一提的是，御史俾寿 1908 年 4 月 30 日奏折对于满汉一律之事有实质性推进："汉给事中御史准其截取道府，选班亦优满员，虽新章可以保送，只可分省候补"，建议升阶似应一律通行，以为实行融化之计，请饬定章程。[3] 如上意见，吏部议覆时一并考虑，且有更进一步举措。吏部认为："仅就都察院衙门言也，夫同一满员科道，既概准截取，则各部郎中，势且不得而独异。"经吏部堂官公同商酌，"臣部有综核各官之责，未便顾此遗彼。其满蒙郎中保送知府，亦应一并请旨，准其改照现定办法"。9 月 12 日奉旨依议，由吏部通令各衙门一体遵照执行。[4]

---

[1]　嘉庆十九年定：都察院额设宗室御史四缺。部院宗室郎中员外郎一体保送，由宗人府与应升各员带领引见补授。参见昆岗等修、刘启端等纂：《钦定大清会典事例》卷十七《吏部·官制·满洲官员品级》，载《续修四库全书》编纂委员会编《续修四库全书》史部·政书类第 798 册，上海古籍出版社，2002 年，第 330 页。

[2]　《都察院奏遵照新章请补裁缺满御史折》，《政治官报》1907 年 11 月 25 日第 31 号，第 4-5 页。

[3]　《吏部议覆御史俾寿奏满汉给事中御史升阶一律妥定章程折》，载上海商务印书馆编译所编纂《大清新法令（1901—1911）》第 2 卷，商务印书馆，2011，第 271 页。

[4]　《吏部奏议覆御史俾寿奏满汉给事中御史升阶一律妥定章程折》，《政治官报》1908 年 9 月 16 日第 320 号，第 5-6 页。

二、都察院与京内新设衙门

按照预备立宪安排，大理院、资政院等陆续开展运作，都察院与京内新设衙门和京外各省的关系随之变化，简要梳理如下：

（一）都察院与资政院

1909 年 8 月 23 日，《资政院院章》颁行，关注点有：第一，资政院"以取决公论预立上、下议院基础为宗旨"。第二，制定资政院议员选举办法。"宗室王公世爵、满汉世爵、外藩王公世爵、宗室觉罗、各部院衙门官、硕学通儒及纳税多额者，钦选"，定额一百人，"各省谘议局议员互选"，亦一百人。人员产生打破了旧衙门全由皇帝钦定的惯例，为日后会议冲突、脱离管控埋下伏笔。第三，明确资政院权限及其与谘议局的关系：一则，"军机大臣或各部行政大臣，如有侵夺资政院权限或违背法律等事，得由总裁、副总裁据实奏陈，请旨裁夺"，乃后来议员援引弹劾军机的法律依据，与同具"弹劾权"的都察院隐含冲突，而"请旨裁夺"体现清廷对资政院弹劾权的掌控，即从法律上明确皇权最终裁判权的地位。二则，"资政院于各省政治得失、人民利病，有所咨询，得由总裁、副总裁札行该省谘议局申覆"，"各省人民于关系全国利害事件有所陈请，得拟具说帖，并取具同乡议员保结，送呈资政院核办"，意味着资政院既与谘议局有上下级关系，又负责"核办"人民上书，似较旧制代递上书的都察院权力为大。[1] 以上三点，体现清廷推动各省谘议局和京师资政院构筑"上下贯注"的民意机构的努力，而

---

[1]　《资政院会奏续拟院章并将前奏各章改订开单呈览折并清单》，载上海商务印书馆编译所编纂《大清新法令（1901—1911）》第 6 卷，第 89-94 页。

给"内外相维"的皇权机构都察院带来冲击。

具体实施时，都察院充当了资政院议员互选监督的角色。1910年1月8日，都察院奏酌拟各部院衙门官互选资政院议员详细规则23条，明确"各部院衙门官互选资政院议员在都察院举行，以本院堂官为监督"。[1]

有报道称，资政院开院后，枢垣关于都察院与资政院分权的意见不一，有军机大臣认为："该两院虽同具弹劾权，然资政院系公众意见，都察院乃个人意见，资政院有定期，都察院无定期，有此不同，故分权一事应请暂行从缓。"[2]

然而，对于处理与新设机构的关系，都察院摆正自己的位置。如京师热议资政院请开党禁议案时，陆军部郎中黄孝觉等30余人赴都察院呈请代奏速开党禁并请起用遣臣，由副都御史伊克坦出接公呈。《申报》对于御史与代奏人员交手有十分生动的报道：

> 黄侍御瑞麒传述台长意见，谓："本院对于此事本极赞成，惟须稍迟数日，看资政院意向如何，乃能代奏。"黄郎中答谓："资政院与都察院同是言论机关，彼此各有独立性质，台长既许代奏，何必更待资政院意向。"黄侍御谓："资政院为全国言论代表，其势力较大于本院，且此事不特台长赞成，即全台亦无不赞成，但求事实上有济，不能不出以慎重。"时俨侍御忠接言，"此时若遽代奏，恐于资政院一方面，倒不好办"。

---

[1]　《宣统政纪》卷二十六，宣统元年十一月癸酉，载《清实录》第60册，第488页。

[2]　《中外要闻·都察院与资政院分权之从缓》，《盛京时报》1910年10月14日第2版。

黄郎中询以何故，俨侍御未及答，黄侍御复言："台长必待资
政院云云，乃是好意，望勿误会。"[1]

从以上对话可以看出都察院内外对于资政院的认识与态度：首
先，两者有同有异，皆为独立"言论机关"，但资政院代表全国，
势力更大。其次，都察院全台赞成，亦不能径行代奏，实则暗示此
事的代奏之权应归资政院负责，都察院不能越俎代庖。

都察院认识到位，并不代表资政院开议顺利，其中尤以"弹劾
权"的运用最具争议。资政院因湖南公债事件具奏湘抚侵权违法，
议员易宗夔说："就是一个御史参一个督抚，亦不至如此无效。资政
院全体议决之件如此无效，何必设立资政院？"[2] 由此可见，势力
更大的资政院进行弹劾的效果有可能反而不如都察院。

对于旧制新制弹劾权的区别，议员陆宗舆的认识还算清醒，
"《院章》二十一条只有请旨裁夺，而今日之对待者，又是乾隆
以来旧制相沿之军机大臣，并非责任内阁，是决不能有外国国
会对于政府的效力。照本议员看来，还是不要轻用这个弹劾权
的好"。[3]

陆宗舆或许道出了摄政王载沣的心声。他硃笔批道："朕维设官
制禄，及黜陟百官之权，为朝廷大权，载在先朝钦定宪法大纲，是

---

[1] 《紧要新闻一·何请起用康梁者之多耶（北京）》，《申报》1911 年 1 月 8 日第
1 张第 5—6 版。

[2] 《资政院第一次常年会第十五号议场速记录》1910 年 11 月 9 日，载李启成
点校《资政院议场会议速记录——晚清预备国会论辩实录》，上海三联书店，2011，
第 156 页。

[3] 《资政院第一次常年会第二十一号议场速记录》1910 年 11 月 25 日，载李
启成点校《资政院议场会议速记录——晚清预备国会论辩实录》，第 266 页。

军机大臣负责任与不负责任，暨设立责任内阁事宜，朝廷自有权衡，非该院总裁等所得擅预，所请著毋庸议。"[1]

议员郑际平对此并不服气："本员以为既有这个硃谕，本院亦不必再行弹劾"，但是，"向来都察院弹劾是弹劾个人，举其事实。我们资政院是代表全国，当有全国的眼光，是不必历举军机大臣琐碎事实以为弹劾"。[2] 言下之意，资政院与都察院行事就是有所不同。

时人时论以及后来学人对弹劾案多持肯定态度，亦有研究指出："在清廷模仿德日建立二元君主立宪制的前提下，弹劾军机案本身（包括弹劾主体与对象）在法律上是站不住脚的。"[3] 无论如何，"合法"或"非法"使用弹劾权的资政院，业已对传统纠弹机构都察院乃至皇权体制构成实质威胁。

（二）都察院与大理院

京师各衙门划清司法权限，涉及旧"三法司"关系调整。一方面，都察院奏请按旧制对接新规，力图让御史参预司法。如1907年，法部、大理院新定审判章程出台之后，御史俾寿主张遵照旧制酌情派遣御史陪审监督，"果有不公不法之事，准其秉公指摘。如裁判官执迷不悟，即行据实纠参，庶裁判各官皆知守法怀刑"。[4]

---

[1] 《宣统政纪》卷四十五，宣统二年十一月丁巳，载《清实录》第60册，第802页。

[2] 《资政院第一次常年会第二十七号议场速记录》1910年12月19日，载李启成点校《资政院议场会议速记录——晚清预备国会论辩实录》，第390页。

[3] 聂鑫：《资政院弹劾军机案的宪法学解读》，《法学研究》2013年第6期。

[4] 《花翎掌云南道监察御史俾寿奏法律为民命所关拟请仍遵旧制添派御史陪审以资监督而昭慎重事》，光绪三十三年十一月二十日，中国第一历史档案馆藏军机处录副奏折，档号：03–5095–057。

报纸刊发论说表示支持："亦不过于法庭上多设一席，究无碍于司法独立之权。"[1] 法部议驳，理据是："揆诸司法独立之意，殊有未符。"[2] 然而，各道御史并不放弃，认为"御史例得抽查判案，如遇有重大案件法廷〔庭〕裁判失平者，御史即可据实纠参，以期无枉无纵。"[3] 都察院堂宪与各侍御会议，"因三法司会法一举，向由法部定案后与都察院、大理院会审一次。如供招不符者，则仍由部再行究讯，虽属会审，并无参预之权。现拟会同法部、大理院各定办法，以昭核实"。[4]

另一方面，都察院对于保留的"京控"职能，则积极参与。京控案件受理之后，"有三种处置方式：（1）专折奏闻，（2）咨回各省督抚或将军审办，（3）径行驳斥"。[5] 1909 年初，负责办理京控事宜的掌京畿道监察御史崇兴等奏请整顿京控办法，奉旨"凡由都察院奏交咨交各案件，著各督抚恪遵旧例办理。倘有逾限不结，或该督抚不将承审衔名送院等情，即由都察院奏参惩处，以警疲玩而恤民瘼"。[6] 都察院将崇兴等奏准整顿京控办法原折及两次谕旨通饬各省切实遵行，"各省于此项案件奏报审结者寥寥无几"。[7] 虽然没有收到预期效果，都察院继续与各省沟通，如"遇有上控案件关涉

---

[1] 《论说·论御史陪审与报馆旁听之性质》，《盛京时报》1908 年 1 月 11 日第 2 版。

[2] 《法部议奏御史俾寿请派御史陪审以资监督折》，《政治官报》1908 年 1 月 27 日第 94 号，第 8 页。

[3] 《时事要闻·御史会议监督裁判》，《盛京时报》1908 年 3 月 5 日第 2 版。

[4] 《时事要闻·都察院拟商改三法司会法权限》，《盛京时报》1908 年 6 月 7 日第 2 版。

[5] 李典蓉：《清朝京控制度研究》，第 76-77 页。

[6] 光绪三十四年十二月十一日上谕，载《光绪宣统两朝上谕档》第 34 册，第 326 页。

[7] 《要闻·都察院催结京控案》，《大公报》1909 年 4 月 13 日第 1 张第 4 版。

官吏纳贿徇私等弊道远不便提审者，即派廉干之员驰往审勘，毋得发交原审州县，以杜回护掩覆之私而免冤抑"。[1]

宣统二年（1910），依照《法院编制法》，"在京控案件部分，将都察院与步军统领衙门的受理权画一，移到大理院"，[2] 1910 年四五月间，都察院与大理院多次会议划分权限，"大致系拟定嗣后凡属京控案件，统行改归大理院办理，无庸再由都察院查办，以期判别权限，实行司法独立之制"。[3] 兹事体大，都御史、副都御史集议，"以各省文武官员被参冤抑，向由本院接受呈词，具折代奏为之声〔申〕诉。嗣后，此项案件是否一律划归大理院办理，尚未奉有正式文牍。日内拟即咨行宪政馆，请将办法咨覆，以便知所遵照"。[4] 意为要以正式公文为准。宪政编查馆于 1910 年 4 月 25 日通行各衙门，京控既奏定归大理院管辖，所有各衙门向管京控事宜自宜遵照奏定办法。"凡未设审判厅地方人民来京具呈都察院、步军统领衙门暨各衙门控告者，无论民刑诉讼，俱应驳令原告自赴大理院呈控"。[5] 随后，宪政馆通咨督抚一律遵照法院编制法，所有已设审判庭地方，无论何项衙门，凡无审判权者，概不得违法收受刑民诉讼，并请宣示"遇有京控案件均归大理院办理，不得再赴都察院及步军统领等衙门呈诉，致干诘驳"。[6]

自京控事项划归大理院后，外间传闻都察院已无事可司，行将

[1] 《北京·咨饬慎重上控案件》，《大公报》1909 年 8 月 4 日第 2 张第 1 版。

[2] 李典蓉：《清朝京控制度研究》，第 138 页。

[3] 《北京·都察院与大理院之会议》，《大公报》1910 年 5 月 3 日第 2 张第 1 版。

[4] 《要闻·都察院与大理院》，《大公报》1910 年 5 月 7 日第 1 张第 4 版。

[5] 《北京·宪政馆通咨划清诉讼事宜》，《大公报》1910 年 5 月 4 日第 2 张第 1 版。

[6] 《北京·通饬划清司法权限》，《大公报》1910 年 5 月 5 日第 2 张第 1 版。

裁撤。其实，都察院之责任尚在，"政府现已议定所有官吏营私觖法及被参冤抑等事，均为该院职掌内应行纠察之事，且该院之设，寓有行政审判之性质，朝廷正赖其纠察审度，以期庶政之整齐。若行政审判一日未立，则该院之制亦一日不能变更云"。[1] 或为印证此说法，6 月 2 日，御史俨忠奏州县悬案不结，监禁多人无辜被累。清廷谕令各省督抚认真查核，如地方官有悬案不结无辜久禁者，从严参办。[2]

都察院与法部的关系值得一提。宣统初元，御史俾寿至少两次奏请御史到部观审，均未经法部、大理院拟准。[3] 法部尚书廷杰曾建议会同都察院详订旁坐观审章程，饬令御史不准越权，以资限制。[4] 因"某某两侍郎颇不认可，以为言官有风闻奏事之责，一经得此权利，势必益至嚣张，诸多滋扰，反与司法前途有碍。此事应暂从缓议云"。[5]

三、都察院与各省

都察院与各省之间的关系也有所变化，一方面，各省谘议局代表可以赴都察院呈递国会请愿书；另一方面，都察院处理"京控"事项与各省相干。监察御史按省分道，则与各省关系更为密切。戊戌变法期间，光绪帝否决蔡镇藩规复"巡按"旧制的提议，御史无法出京。丙午新定官制之后，令二十道监察御史访求利病，专司纠

---

[1] 《要闻·都察院之责任尚在》，《大公报》1910 年 6 月 2 日第 1 张第 4 版。

[2] 宣统二年四月二十五日上谕，载《光绪宣统两朝上谕档》第 36 册，第 124-125 页。

[3] 《接紧要新闻·京师近事》，《申报》1909 年 2 月 17 日第 2 张第 2 版。

[4] 《北京·法部拟准御史观审》，《大公报》1910 年 1 月 14 日第 2 张第 1 版。

[5] 《要闻·御史观审尚难议决》，《大公报》1910 年 1 月 15 日第 1 张第 5 版。

察，而外务、农工商、民政新设诸部事件，多不关报。"旧制，各部及各衙门分道稽察，至是停止。其制已洒然非旧云"。[1]

着眼于加强监察各省，屡有臣工提议选派御史出京。1906 年，供职粤赣的劳鼎勋为条议裁改整顿外官，特地致函瞿鸿禨，称"以现有之分道监察御史，令岁周巡该省一次，以所见所闻之政治得失，随时奏陈，关于督抚各司之贤否，再由朝廷专派重臣查办，以实行其赏罚"。[2] 劳的意见枢臣中也有知音，添设巡按御史一事，"拟俟外官章程议有端倪后，即拟提议施行"。[3]

1907 年，军机章京鲍心增条陈添加巡按御史。政务处议覆期间，军机处会议"现各省时务纷繁，督抚坐制数千里，耳目恐有未周，拟每年于春秋两季遴派御史二人巡视各省，略如巡抚之制"。[4] 但会议政务处议覆此举"徒多纷扰，于事无益"。[5]

1907 年底，张英麟掌院后，都察院建议"议员既应分省制为定额，则御史亦应依省分而定，其缺额拟分大中小省，每省设额若干员，宗室满蒙各若干员，以昭平允"。[6] 军机大臣会议对此有所回应，"嗣后御史奏参各省大吏、大小官员，应先由各大臣派员查明确有实

---

[1] "国史馆"校注：《清史稿校注》第 4 册，第 3287 页。

[2] 《劳鼎勋致瞿鸿禨》（光绪三十二年），近代史研究所图书馆供稿《瞿鸿禨朋僚书牍选》（下），载中国社会科学院近代史研究所近代史资料编辑部编《近代史资料》总 109 号，中国社会科学出版社，2004 年，第 62—63 页。

[3] 《京师要闻·北京近事要录·添设巡按消息》，《盛京时报》1907 年 3 月 19 日第 2 版。

[4] 《时事要闻·拟派御史巡视各省》，《盛京时报》1907 年 11 月 19 日第 2 版。

[5] 《会议政务处奏议覆鲍心增遵旨陈言折》，《政治官报》1907 年 11 月 20 日第 26 号，第 9 页。

[6] 《京省·都察院奏请分省设立御史》，《香港华字日报》1907 年 12 月 14 日。

据，然后交部议处"。[1] 但"此议系由某大臣一人之意"，"某邸与某某两中堂均不赞成，谓前曾有奏请设置巡按御史各折，均经政务处奏驳，而此举实与巡按无异，深恐复蹈前明之弊"，故罢议。[2]

载沣监国初期，因屡有人提奏遣派御史出巡，交谕枢臣将其中利弊详细会议具奏，以便核办。[3] 枢垣某大老认为，"此事若经实行，又必滋生流弊，如恐民隐难达，则各省谘议局成立后，实为代表人民之机关，又何必多此一番周折"，提议遂被搁置。[4]

1909 年 3 月 10 日，邮传部左参议李稷勋奏请责成各衙门长官，将其所管辖行政范围的各项委任职务及开办以来逐年进行成绩，制成简明表册，分别造报，"一送内阁会议政务处，一送于察院"，特别说明宪法未宣布、议院未设立之前，监察行政独赖御史一官，"与其风闻弹劾，而指摘容有不实，徒寒任事者之心。何如事实胪陈，则参考易得其真，尤足执当局者之口。如有敷衍搪塞，造报不实者，准由该御史等指名纠参，以儆玩泄"。[5] 会议政务处议覆称，进行成绩拟制简明表册由都察院、政务处监察钩考一节，即是宪政编查馆办理统计各表之意。"似此责成既专，考察亦备，足以促进步而除积习，自无庸别定科条，转蹈法令烦数之弊"。[6]

1910 年 8 月 17 日，毓朗、徐世昌为军机大臣。[7] 毓朗自入军

[1] 《时事要闻·御史奏参须先派查》，《盛京时报》1908 年 1 月 10 日第 2 版。

[2] 《要闻·各省专缺御史有作罢消息》，《大公报》1908 年 2 月 18 日第 4 版。

[3] 《要闻·交议御史出巡利弊》，《大公报》1909 年 3 月 19 日第 1 张第 4 版。

[4] 《要闻·御史出巡之罢议》，《大公报》1909 年 3 月 31 日第 1 张第 4 版。

[5] 《宣统政纪》卷八，宣统元年二月己巳，载《清实录》第 60 册，152 页。

[6] 《紧要新闻·政务处议复李参议条陈内容（北京）》，《申报》1909 年 5 月 13 日第 1 张第 5 版。

[7] 宣统二年七月十三日上谕，载《光绪宣统两朝上谕档》第 36 册，第 254 页。

机以来，颇思有所建白，以各御史居处京师，于各省政治情形颇形隔膜。"所有奏疏不能核实，多以风闻为言，拟奏请此后准各御史出京调查事件，略仿前明巡按之例"。[1] 似无结果。[2] 历代清帝对于请复巡按御史旧制之议，均未允准，光宣之际不断旧议重提，恰是风宪官地位不稳的反应。

宣统年间，清廷裁去各省督抚陆军部尚侍兼衔，旨在剥夺各省兵权收归中央，而都御史兼衔则被保留，意味着内外相维格局的风宪制得以残存，同时也意味着其已经无足轻重。

第五节　不裁自废：辛亥鼎革与都察院变革

丙午改制时，科道反复警示责任内阁破坏祖制，到辛亥年（1911）终成现实。监国摄政王虽"求治綦殷，而济变乏术"，"用人行政多拂舆情，立宪徒托空言"，[3] 只有风宪衙门得以苟延残喘。随着载沣退归藩邸，大权交回内阁总理大臣，都察院失去屏障。而奏事规则的改变，更令都察院陷入"不裁而自废"的尴尬境地。

---

[1]　《言论·奏请御史出京调查事件之问题》，《大公报》1910 年 9 月 26 日第 1 张第 3 版。

[2]　据毓朗之弟毓盈记载，"余兄（毓朗）与徐相固不得与闻"，似为"伴食"性质，其建白效力，可想而知。参见毓盈：《述德笔记》，载中国社会科学院近代史研究所近代史资料编辑部编《近代史资料》总 79 号，中国社会科学出版社，1991，第 128 页。

[3]　宣统三年十月十六日懿旨，载《光绪宣统两朝上谕档》第 37 册，第 330 页。

一、新内阁制出台与都察院自存

宣统元年，御史在制定摄政王礼节、体制、驱逐权臣、亲贵用事等朝堂大事中活动频繁，既迎合载沣广开言路的意向，又巩固都察院维护皇权体制的作用。宣统二年，以江春霖弹劾奕劻案为分水岭，摄政王调整参折处理方式，都察院激扬风宪功能因之弱化。而都察院堂官仰承枢臣意旨，消极处理国会请愿代递事宜，更招致舆论的批评。

己酉至辛亥年间，中枢会议新内阁制，对都察院远期必将裁撤多有共识，近期改革则言人人殊，意见少有统一。舆论亦各有主张，大体以废为主，改设行政裁判机构为辅。都察院仿效翰林院专折上奏，以求自保。与此同时，由于外官制议而难决，督抚仍保留都御史、副都御史兼衔。

1911 年 1 月 17 日，清廷颁布宪政编查馆所上"修正逐年筹备事宜清单"。计划宣统三年（1911），设立内阁、弼德院、行政审判院，颁布施行内外官制，颁布审计院法。宣统四年（1912），颁布宪法、议院法、上下议院议员选举法，举行上下议院议员选举，确定预算决算，设立审计院。宣统五年（1913），颁布召集议员之诏，实行开设议院。[1]

同日，都察院奏职司清要，宜变通职掌，明定权限。"臣等公同讨论，以为言官职任有为议院所不及者，有为议院所未备者"，若一律裁撤，则中国五千年贤主立法之精意荡然泯灭。并援引日人

---

[1]　《宣统政纪》卷四十七，宣统二年十二月丁亥，载《清实录》第 60 册，第 835 页。

北鬼三郎之言，中国都察院不可裁，"宜予变通以为辅助"。[1] 据度
支部员外郎、日本早稻田大学毕业生李景铭节译日本法学士北鬼三
郎所著《大清宪法案》第六章"都察院"，可资佐证。[2] 知情人士
称："该折内容系沥陈该院与资政院种种不同之处，并陈明都察院职
司若何紧要等语，统全折观之，其用意所在，纯系为保存本署不至
遽被裁汰云。"[3]

　　2 月 18 日，大学堂总监督刘廷琛奏陈言路关系重要，断难裁
撤，并着重批驳了三种观点：一是国会监督政府，宣达下情，似无
用此骈枝。"不知国会成效尚难预必，且其职在议法，势不能多所纠
弹。又每年开会不过三月，平时行政官保无贪恣坏法，必须随时纠
察者。言官设有专职，可补议院所不及"。二是议改都察院为行政裁
判所，"不知裁判所系判断于罪状已发之后，都察院则纠察于事情未
发之先，其性质既迥不相侔，其收效亦未可同日语也"。三是都察院
无事可办，"朝廷设立言官，原不责其办事，假以宽闲之时地，养其
严重之威棱，所以使之博稽利病，弹劾官邪，其期望于言官者甚大，
岂以簿书期会造就胥吏之材哉。是又未深明治体矣"。[4]

　　刘廷琛重提光绪三十二年（1906）自己具呈指驳都察院裁撤额

---

　　[1]　《经筵讲官都察院都御史张英麟等奏都察院职司清要宜变通职掌明定权限
事》，宣统二年十二月十七日，中国第一历史档案馆藏军机处录副奏折，档号：
03-7474-066。

　　[2]　《李景铭分期节译日本法学士北鬼三郎所著大清宪法案条文》，载中国第一历
史档案馆、海峡两岸出版交流中心编《清宫辛亥革命档案汇编》第 80 册，九州出版
社，2011，第 39-40 页。

　　[3]　《要闻·都察院封奏之用意》，《大公报》1911 年 1 月 20 日第 1 张第 5 版。

　　[4]　《大学堂总监督刘廷琛奏请饬下核议言路关系重要断难议裁都察院宜与议院
并存事》，宣统三年正月二十日，中国第一历史档案馆藏军机处录副奏折，档号：
03-7440-013。

缺之事，强调"都察院本数千年相传之良法，外人所共称美，岂可废诸一旦"。总而言之，都察院有当整顿之端，而断无可议裁之理，"言论机关以多为贵，都察院允宜与议院并存。"[1]

此论一出，报纸纷纷质疑。《申报》发表题为《异哉刘廷琛之议论》的时评："刘廷琛之奏陈言路，欲将都察院与议院并存，将以察院补助议院耶……将以察都〔院〕隐抗议院耶？""或曰刘非有他意，不过欲保存察院诸公。"[2]《大公报》署名"无妄"《驳刘廷琛保存都察院之谬说》分析道：刘廷琛"出死力以保存都察院者，非仅为该院计直，不啻假途灭虢，将借此以为摧残国会之张本焉耳"。[3]

虽然舆论反对，所奏确有效力，消息称："刘廷琛因受各御史之嘱托，特上封奏保存都察院。而该院复暗中运动枢臣，希望议准。"监国颇以刘之言为可采，"都察院确不宜遽裁"。枢臣遂乘机进言裁撤之事，"尚须从缓"。[4]

二、皇族内阁登场与都察院去留

新内阁制度发布，并未涉及都察院等旧衙门的出路，争论依然继续。一方面，未裁之都察院发挥言责作用，弹劾皇族内阁；另一方面，新内阁制与都察院权限确需厘清，集中体现在奏事权的处理上。

按清朝故事，候补京堂例能奏事。[5] 1911 年 4 月 17 日，候补

[1] 刘锦藻：《清朝续文献通考》，载王云五编纂《万有文库》第二集，1936。

[2]《时评·异哉刘廷琛之议论》，《申报》1911 年 2 月 20 日第 1 张第 6 版。

[3] 无妄：《言论·驳刘廷琛保存都察院之谬说》，《大公报》1911 年 3 月 10 日第 1 张第 5 版。

[4]《北京·刘廷琛封奏之效力》，《大公报》1911 年 3 月 14 日第 2 张第 1 版。

[5] 赵炳麟：《宣统大事鉴》，载《赵柏岩集》（上），第 319 页。

四品京堂赵炳麟奏广西铁路宜统筹全局办法，著邮传部知道。[1] 时论注意到："时政府正忌其人，故保以四品京堂候补以卸其言责，并不言及办路事宜。"[2] 5 月 18 日，清廷借裁缺内阁侍读学士延昌具奏之事大做文章，"况当创立内阁，官员陈奏事件，尤不得漫无限制。嗣后，凡裁缺候补人员，均不准具折奏事"。[3] 据赵炳麟披露，是为军机大臣徐世昌游说奕劻行之。[4]

内阁官制正式发布之前，清廷曾向京内各部征求对官制草案的意见，关于奏事权方面，外务部、吏部、海军部、民政部、农工商部、法部等没有提出异议，而度支部、礼部和学部则有不同看法。度支部尚书载泽认为："目前阁制甫经组织，议会方始萌芽，执行监督之机关尚未完备，似宜稍宽限制。凡例得奏事人员，仍许其径行上奏，以广言路而达下情。"[5] 礼部尚书荣庆担心过于限制建言之人，恐失朝廷"兼听兼观之明"。针对《内阁办事暂行章程》草案中"于内外官制未经一律施行以前，言官得奏劾国务大臣，于条奏国务不适用之"规定，建议"可否将例许言事之人弹劾官吏、条陈时政两事均暂仍旧制，但不得摭拾攻讦，淆乱是非，徒渎圣聪"。[6] 学部尚书唐景崇思量办事暂行章程尚系试办，中国历代治法均以疏

---

[1]　宣统三年三月十九日上谕，载《光绪宣统两朝上谕档》第37册，第68页。

[2]　《紧要新闻一·京师近事》，《申报》1911年4月20日第1张第6版。

[3]　宣统三年四月二十日上谕，载《光绪宣统两朝上谕档》第37册，第102页。

[4]　赵炳麟：《请留台效忠片》，载《赵柏岩集》（上），第519页。

[5]　《度支部说帖》，宣统三年，中国第一历史档案馆藏宫中档朱批奏折，档号：04-01-02-0014-002。鞠方安《中国近代中央官制改革研究》一书先行引用。鞠方安：《中国近代中央官制改革研究》，商务印书馆，2014，第132页。

[6]　《礼部尚书荣庆说帖》，宣统三年，宫中档朱批奏折，中国第一历史档案馆藏宫中档朱批奏折，档号：04-01-02-0014-003。鞠方安《中国近代中央官制改革研究》一书先行引用。鞠方安：《中国近代中央官制改革研究》，第138页。

通言路为第一要政，而草案原文"骤加限制，易滋疑虑"，酌改二项，一是向例准其专折奏事者，具奏国务之条陈"经御览后，统即发交内阁分别采取，以杜分歧"；二是内外官制未经一律施行以前，"言官奏劾国务大臣者，仍照旧例办理"。[1]

5月8日，宪政编查馆、会议政务处会奏内阁官制19条及内阁办事暂行章程14条，所奏得允。其中，内阁官制第10条规定："除国务大臣外，凡例应奏事人员，于国务有所陈奏者，由国务大臣代递。其法令有特别规定者，不在此限"。内阁办事暂行章程第6条规定："关于国务陈奏事件，在内外新官制未经施行以前，凡例应奏事人员，及言官奏劾国务大臣，仍得自行专折入奏，候旨裁夺。"第8条规定："内外行政各衙门应奏不应奏事件，除陆军部、海军部外，由内阁总理大臣、协理大臣会同各部大臣另拟章程，奏请圣裁。前项章程未经奏定以前，所有内外循例具奏事件，照常具奏，候旨裁夺。"[2] 由此可见，清廷采纳度支部等说帖的意见，保留言官弹劾权，国务大臣不在豁免之列，以确保皇权不受影响。

新内阁第一次会议研究吏、礼两部、都察院、翰林院裁撤问题，其解决之法仍以缓裁为宗旨。[3] 都察院内部对于本衙门改设方向的认识不相一致，一部分人员援例以户部未改度支部以前，"出入之稽查本受成于都察院"，倡议改都察院为会计检查院；另一部分人员则以"纠劾贪官污吏本为都察院应有之职分"，鉴于立宪，行政裁判院在所必设，议改都察院为行政裁判院。此两种人员皆

[1] 《学部尚书唐景崇谨具内阁办事暂行章程说帖》，宣统三年，中国第一历史档案馆藏宫中档朱批奏折，档号：04-01-02-0014-006。

[2] 《宣统政纪》，宣统三年四月戊寅，载《清实录》第60册，第931-934页。

[3] 《紧要新闻一·内阁与弼德院》，《申报》1911年5月17日第1张第4版。

都察院中杰出人才，而大多数主张保存都察院，因此会议遂起纷争，[1] 有言责者意见难以统一，反映其面临两难，进退失据。

因改订内官制多有议及裁撤都察院者，曾任左都御史，时任东阁大学士、弼德院院长的陆润庠恐该院将实行裁去，[2] 故于8月29日呈递封奏，略称："议员职在议法，言官则职在击邪。议院开会不过三月，言官则随时可以陈言，议员牵于众论，必待多数人议决而成，一举动即喧腾报纸。言官单衔具折，得以风闻言事，秘密章奏，人莫闻知"，[3] "朝廷欲开通耳目，则谏院不可裁；诸臣欲巩固君权，则亦不可言裁。即使他时国会成立，亦宜使该院独立，勿为邪说所淆"。[4]

似非巧合，张英麟也进说帖于内阁，极言都察院不可裁并的理由：都察院"虽具有行政审判院之性质，然权力实出审判院以上。盖审判院有裁判权而无弹劾权，议院虽有弹劾权而又有一定之时期。当此宪政进行吃紧之时，都察院为朝廷耳目，务请暂缓裁撤，藉以随时献替"。[5]

新旧两任都察院主官交替上书，力保之心不问而知。嗅觉灵敏的报刊，探悉政界对于都察院存废一事的内情：凡不在国务大臣之列而有势力者，多向监国力言此院不可废，国务大臣大率主张裁撤。监国则以该院所奏多与国务大臣有关，"故虽深知当废，一时未易解决，然亦决不因有人运动而遂有绝对不废之主张，不久拟

---

[1] 《紧要新闻一·都察院之纷争》，《申报》1911年8月13日第1张第5版。

[2] 《北京·陆中堂保全都察院》，《大公报》1911年9月8日第2张第1版。

[3] 《陆润庠奏厘订官制宜加详慎言路尤宜保存谨陈管见事》，宣统三年七月初六日，中国第一历史档案馆藏宫中档朱批奏折，档号：04-01-01-1111-039。

[4] "国史馆"校注：《清史稿校注》第13册，第10759页。

[5] 《要闻·都察院又作保存之想》，《大公报》1911年9月5日第1张第3-4版。

付阁议"。[1]

10 月 5 日，都察院奏拟定现行法规总纲十章，第一章训典从都察院渊源入手，"自天聪以来，列圣垂训莫不激扬风宪，慎重纪纲"，近年筹备宪政，"如命都御史、副都御史为钦选议员，互选监督。凡部院各衙门官员，互选事宜，均归查核，则界以组织立法之机关；命给事中御史统司纠察，凡内外各衙门用人不当，办事不实，均准奏参，则用为监督行政之枢纽"，[2] 说明"风宪"与"立宪"并行不悖。

通览都察院厘定法规总纲，有几点值得注意：（一）职掌方面以训典为依据，"首以训典"，"终以考选"，其余八章，"或关言权，或关事权，亦酌分重轻略次前后，均按自然秩序以为逐章分纂之次第焉"；（二）都察院主管事务"有议奏之权，而无执行之责，与一切司法行政各衙门性质既殊"，所编法规，势不能以法律条例章程规则等名称强为标目；（三）按章分纂，仿照资政院、弼德院等章程，以章为纲，以条为目，各章条文前后衔接，将来汇编成册。[3]体现该院存异求同以自保的努力。

三、袁世凯与都察院

皇族内阁改组后，内阁总理大臣袁世凯出于巩固权力的考虑，修改奏事权规则，使得都察院"不裁而自废"；民国肇建，临时

---

[1] 《紧要新闻·都察院存废之暗潮》，《盛京时报》1911 年 9 月 13 日第 2 版。

[2] 《拟定都察院现行法规总则》（宣统三年八月十四日），军机处录副奏折，载中国第一历史档案馆、海峡两岸出版交流中心编《清宫辛亥革命档案汇编》第 64 册，第 91-93 页。

[3] 《都察院奏厘订法规先撮举大要编成总纲折（并单）》《又奏编纂法规拟分纲目片》，《内阁官报》1911 年 10 月 11 日第 49 号，第 12 页。

大总统袁世凯顺应时势，将都察院等旧衙门正式取消。诡异的是，袁世凯大权在握之后，设立肃政厅，一定程度接续都察院的传统。

11月9日谕旨，依宪法信条第八条，命袁世凯为内阁总理大臣。[1] 温肃劾资政院莠言乱政，"得旨，发交内阁阅看。自此以后，袁世凯为内阁总理。所有封奏先经总理阅过，方进摄政王"。[2]

11月22日，内阁总理大臣袁世凯面奏关于奏事入对暂行停止事项，以"现在完全内阁业经组织，各项制度尚未规定。除各衙门办事仍暂照旧外，所有与立宪制度抵触事项，拟请暂行一律停止"，奉旨依议。[3]

停止奏事入对，上奏程序也相应修改，奏折绕过奏事处，"由内阁拟旨进呈"。即使言官呈递封奏，亦视为"题本"，内阁有权拆封审阅，意味着"封奏不封"。兹事体大，恽毓鼎当天日记写道："谕旨定内阁制度，国务大臣不值日，不召见，政事皆归阁臣议决。阁臣不每日入对，有事则特召或请对。言事者亦送阁。阁臣权重，于斯为极（前明首辅，权极重，然尚轻于此）！中国官僚政治之局，至此大变。"[4] 受影响最大的还属都察院，都御史"英麟叹息以为奇变"。[5] 其弟子章梫记其事甚详：

国家沿用明制，大政出于内阁，雍正以后，乃出于军机

————————————

[1] 宣统三年九月十九日上谕，载《光绪宣统两朝上谕档》第37册，第294页。

[2] 温肃：《清温侍御毅夫年谱》，载王云五主编《新编中国名人年谱集成》第二十辑，台湾商务印书馆，1986，第16页。

[3] 《光绪宣统两朝上谕档》第37册，宣统三年十月初二日，第311页。

[4] 恽毓鼎著，史晓风整理：《恽毓鼎澄斋日记》第2册，1911年11月22日，第561页。

[5] "国史馆"校注：《清史稿校注》第13册，第10458-10459页。

处，而耳目则寄于都察院，数百年无所变通。自天子以迄大小工臣皆严惮焉。乱之初生，谋裁都察院而不果。宣统三年四月，改军机处为内阁。八月，武昌变起，又改立宪国之所谓内阁制，以袁世凯总理之。于是饬都察院暨凡可奏事之臣，皆不得奏事，都察院乃不裁而自废。十二月，奉隆裕景皇后懿旨明诏共和，皇帝不复问国政，遂无能上言其事之缪者，以言之无由得达也。[1]

袁世凯主停封奏在前，又做姿态于后。《大公报》消息，其"面谕都察院总宪张英麟氏传知御史，如有关系条陈要政，著缮具说帖封呈本阁，以备采择，奏请施行"。[2] 又通交各衙门京官，准其条陈时事，由内阁代递，"已有谏台数人各递条陈一二件"。[3] 然而，随着御史"干政"之事发生，内阁、都察院走出"蜜月期"。12月20日，御史欧家廉呈递封奏，以组织内阁，停止奏事入对，撤销值日，人心愈疑。"愚者固忧司马昭之心，贤者亦疑伊尹之志"。[4] 同日，内阁总理大臣等会奏，略云："乃现在呈递封奏人员，既非国务衙门，又非专有职掌，仍复纷纷呈递，殊与前奏停止之意未尽吻合，且与宪法信条显有抵触。"[5] 再行请旨申明一切封奏概行

---

[1] 章梫:《张振卿总宪八十寿叙》(丁巳)，载《一山文存》卷十一，沈云龙主编《近代中国史料丛刊》初编第三十三辑之329册，文海出版社，1969，第547–548页。

[2] 《北京·袁总理谕令御史条陈》，《大公报》1911年12月3日第2张第1版。

[3] 《北京·各御史又有言事者》，《大公报》1911年12月14日第2张第1版。

[4] 《宣统政纪》卷六十七，宣统三年十一月甲子，载《清实录》第60册，第1235–1236页。

[5] 《查各立宪国于奏事之制规定颇严》，宣统三年十一月初一日，载《光绪宣统两朝上谕档》第37册，第352页。

停止，庶于统一政治，免有窒碍。[1] 旋即奉旨，奏事章程未定以前，所有嗣后例应奏事人员，"关于国务有所陈述者，均暂呈由内阁核办，毋庸再递封奏"，以明责任而符宪政。[2]

报刊解读十一月一日的谕旨："因日前有某某两御史呈递封奏，请清太后垂帘训政。清太后览毕，不敢自专，将原折发交内阁阅看。袁世凯不悦，借口现在宣布立宪，不可轻易变更，且恐以后再有人率行妄奏，故不三日即下停止封奏之谕。"[3]

民国新政府成立后，都察院等清朝旧署衙门，面临接收问题。1912 年 6 月 2 日，《政府公报》载临时大总统令：翰林院、都察院、给事中各衙门着即取消，由国务院派定专员办理。[4] 大公报社特派员赴国务院调查显示，国务院接收前清都察院时，"仅有该院并各司科道印共二十四颗，其余文卷档案无一件成文者，至署中门扇窗棂及一切家具等无一存者，院中树株亦均一律锯去，异常荒凉"。[5] 可见都察院废除后的凄凉景象。

民国初创，政争不断，门户亦多，反映在制宪上，为数众多的学者自行拟订宪法草案，[6] 其中涉及都察院又具影响力的，当属康有为《拟中华民国宪法草案》，其中论道："窃以行政裁判之制，即

---

[1]　《请申明除经规定奏事各衙门外其余国务均由内阁核办》（宣统三年十一月初一日），军机处录副奏折，载中国第一历史档案馆、海峡两岸出版交流中心编《清宫辛亥革命档案汇编》第 72 册，第 257 页。

[2]　宣统三年十一月初一日上谕，载《光绪宣统两朝上谕档》第 37 册，351 页。

[3]　《要闻·歌舞漏舟之京师》，《申报》1912 年 1 月 1 日第 1 张第 7 版。

[4]　《命令》，《政府公报》1912 年 6 月 4 日第 35 号第 1 页。

[5]　《要闻·国务院特别纪事》，《大公报》1912 年 6 月 16 日第 1 张第 3 版。

[6]　张玉法：《民国初年的政党》，"中研院"近代史研究所，1985，第 477－478 页。

吾御史台都察院，本吾所有，万不可别立新名"，"何必从日本'行政裁判'之名，更何可创立'平政'之目？"[1] 有趣的是，所谓无须创立的"平政"之名，正是其弟子梁启超等进步党人所持观点，[2] 日后付诸实施的行政审判衙门正是叫作平政院。[3]

1914 年，新设肃政厅及其职官肃政史及评事，舆论以为"今之肃政史及评事，即前清都察院之御史也"。[4] 肃政厅都肃政史庄蕴宽自承："本厅一方为前都察院性质，一方即为行政检察厅性质，职务较为繁要。"[5] 用袁世凯总统多次告诫肃政史的话来说："国家之败由官邪也。故历代皆设言官以纠正之，法良意美，治国者所当取法。吾国自入民国以来，仕途庞杂极矣。特设肃政史一官，冀有所补救。……鄙人不过受国民委托为行政之首长，苟有过失，亦望有以纠正之。"[6]"举凡时政得失，关于国计民生者，士民皆可上书，言官尤宜建议。应一并宣布"。[7]"现时肃政史仿佛前朝御史台，专

<hr>

[1] 康有为：《拟中华民国宪法草案》（1913 年 3 月），载姜义华、张荣华编校《康有为全集》第 10 集，第 78 页。

[2] 李启成：《清末民初关于设立行政裁判所的争议》，《现代法学》2005 年第 5 期。

[3] 南京国民政府监察院认为此时期平政院的设立，"然类皆非驴非马，形同虚设"。监察院监察制度编纂处编：《中国历代之监察制度》，载《监察制度史要》，汉文正楷印书局，1935，第 1 页。

[4] 《要闻二·肃政史评事人物之小史·舆论一斑》，《申报》1914 年 5 月 12 日第 2 张第 6 版。

[5] 《都肃政史庄蕴宽呈拟定肃政厅书记官员额并拟置书记官长以资办公请示遵文并批令（中华民国三年七月二十四日）》，《政府公报》1914 年 7 月 27 日，第 22 页。

[6] 《训诫肃政史之演词》（中华民国三年五月二十六日），载骆宝善、刘路生主编《袁世凯全集》第 26 卷，河南大学出版社，2013，第 479 页。

[7] 《接见全体肃政史之谕令》（中华民国三年六月二十三日刊载），载《袁世凯全集》第 27 卷，第 215 页。

司言责。按御史台旧制本系法良意美，但后世多不自爱者，每假风闻奏事，希图搪塞卸责，故使良规大坏。今肃政史职司言论，遇事固当尽言，惟万不可摭拾浮言，蹈前清末季恶习。"[1] 不难看出，袁世凯教导肃政史与前清帝王训诫科道的口吻如出一辙，其心事可想而知。1916 年 6 月 6 日袁去世，肃政厅当月即遭裁撤，存世仅两年多。

一年后，张勋率辫子军进京调停"府院之争"，与康有为等拥护溥仪复辟，并急电各地清朝遗老进京。报载，1917 年 7 月 5 日传出宣统谕文共有 30 余道，其中，张曾敡为都察院都御史。[2] 身在民国心在前清的孤臣遗老，未曾忘怀都察院。只是经历复辟闹剧一场，[3] 明清以来存续 500 多年的都察院，就此彻底告别历史舞台。

结　语

都察院在官制改革中的具体应对过程，可以窥见清末制度移植与本土呼应的实情。一方面，丙午改制和新内阁制使都察院面临去

---

[1]　《要闻一·政府用人之最近表示》，《申报》1914 年 7 月 27 日第 1 张第 3 版。

[2]　《要闻二·变乱中之京中滑稽政局》，《申报》1917 年 7 月 6 日第 2 张第 6 版。

[3]　逊清前监察御史温肃等员未到官而中变，并非一无所获，其神道碑文冠以副都御史之名号。参见温肃：《温侍御（毅夫）年谱及檗盦奏稿》，载沈云龙主编《近代中国史料丛刊》初编第七十五辑之 745 册，文海出版社，1972，第 1 页。又，胡思敬"丁巳（1917）起为左副都御史，未至而事败。自曾祖父母，皆以其官封赠三品"。陈毅：《胡退庐墓表》，载卞孝萱，唐文权编《民国人物碑传集》，凤凰出版社，2011，第 807 页。

留的实际威胁，主要集中在奏事权的争夺。作为直隶总督的袁世凯暗中操控的都察院裁撤方案，遭到都察院的反对和主政者的否决；作为内阁总理大臣的袁世凯停止封奏，使得都察院不裁而自废。另一方面，都察院全体官员在改制过程中深深卷入政治博弈，成为左右本衙门乃至朝局走向的重要力量。都察院主官陆宝忠为适应形势，履新之初即奏请裁缺，遭到内外官员的强烈反对，而后整顿变通措施以及呼应督抚大臣的议改建议，亦为科道反对和中枢抵制，以致郁郁而终。接任者张英麟改弦易辙，对朝廷亦步亦趋，都察院改制的内生动力持续减弱。

随着资政院和各省谘议局的相继开办，言路大开，都察院通达民情的功能大为削弱。而在"民权"与"皇权"博弈之际，力求保留耳目的"上奏权"，意在给皇权多一份保障。然而，正是皇权体制的内在需求，使得都察院无法转型为"中央机构"。一旦完全转变，势必导致皇权受限，失去风宪本意。从清廷对待具有准国会性质并拥有弹劾权的资政院的态度，可以看出脱离控制或者对皇权有所限制的机构，都将受到皇权的干预。清廷的如意盘算，是顾彼而不失此，过渡时期出现资政院与都察院并存的异象，反映了清廷在"内外相维"到"上下贯注"进程中的无力与无奈。

皇权之于风宪制，一方面具有屏障作用，另一方面却限制了其功能的发挥。新兴的共和政权容得下纠弹机构，说明风宪制度具有内在合理性。

民国肇建，顺应时势，正式取消都察院等旧衙门。此后，除了在"张勋复辟"中昙花一现，都察院不复为共和政权所接纳。只是都察院退出历史舞台，并不意味着风宪制寿终正寝。袁世凯大权在握之后，设立肃政厅，实际上接续了风宪制的传统。

在革新者的眼中，独立的纠察、弹劾制度，既符合中国的国情及历史文化，又可以补三权分立的不足。丙午改制前后，孙中山即赞许过纠察制，1910 年初与刘成禺谈话时又提道："明清两代御史，官品虽小而权重内外，上自君相，下及微职，儆惕惶恐，不敢犯法。……如我中国，本历史习惯弹劾鼎立为五权之监察院，代表人民国家之正气，此数千年制度可为世界进化之先觉。"[1]1916 年，孙中山重申弹劾制度"在我国并非新法，古时已有此制，良法美意，实足为近世各国模范"。[2] 1924 年印行的《三民主义》提出："采用外国的行政权、立法权、司法权，加入中国的考试权和监察权，连成一个很好的完璧，造成一个五权分立的政府。"[3] 1928 年，南京国民政府开始"训政"，宣称实行孙中山手订的《建国大纲》，建立行政、立法、司法、考试、监察五院，是为"五权分立"第一次实施。[4]

　　五权宪法的提出，即使孙中山的革命同志也多不理解。而国民政府的训政，更是失败的教训。不过，时至今日，海峡两岸监察制度的变化虽然各具特色，背后都仍有历代风宪制的经验与教训，在各国的政体架构中，显出与众不同的特色。

---

　　[1]　孙中山：《与刘成禺的谈话》（一九一〇年二三月间），载广东省社会科学院历史研究室、中国社会科学院近代史研究所中华民国史研究室、中山大学历史系孙中山研究室合编《孙中山全集》第 1 卷，第 444－445 页。

　　[2]　孙中山：《在杭州陆军同袍社公宴会上的演说》（1916 年 8 月 18 日），载广东省社会科学院历史研究室、中国社会科学院近代史研究所中华民国史研究室、中山大学历史系孙中山研究室合编《孙中山全集》第 3 卷，中华书局，1984，第 346 页。

　　[3]　孙中山：《三民主义·民权主义》（1924 年 4 月 26 日），载广东省社会科学院历史研究室、中国社会科学院近代史研究所中华民国史研究室、中山大学历史系孙中山研究室合编《孙中山全集》第 9 卷，中华书局，1986，第 354 页。

　　[4]　章开沅：《艰难的探索——对五权宪法的再认识》，《中山大学学报论丛》1995 年第 5 期。

征引文献

一、档案

财政部民元档案，上海图书馆藏。

财政处全宗档案，第一历史档案馆。

宫中档朱批奏折，中国第一历史档案馆藏。

会议政务处全宗，财政类，第一历史档案馆藏。

军机处录副·补遗·戊戌变法项，中国第一历史档案馆藏。

军机处录副奏折，中国第一历史档案馆藏。

二、报刊

《北京新闻汇报》

《北洋官报》

《萃报》

《大公报》（天津）

《大同报》（上海）

《东方杂志》

《福建财政月刊》

《甘肃官报》

《格致新报》

《广西官报》

《国学月刊》

《湖北商务报》

《吉林官报》

《两广官报》

《临时政府公报》

《南洋官报》

《内阁官报》

《陕西官报》

《商务官报》

《社会科学杂志》

《申报》

《盛京时报》

《时报》

《时务报》

《顺天时报》

《四川官报》

《台湾日日新报》

《宪政杂志》

《香港华字日报》

《湘学报》

《湘学新报》

《新闻报》

《新亚学报》

《选报》

《政治官报》

《知新报》

《中山文化教育馆季刊》

《中外日报》

《奏疏便览》

The Canton Register

三、一般文献

台北故宫博物院编:《宫中档乾隆朝奏折》第 10 辑，台北：台北故宫博物院，
　　1982。

"国史馆"校注:《清史稿校注》，台北：台湾商务印书馆，1999。

《（宣统二年第一次常年会）资政院会议速记录（第三十二至三十三号）》，清末
　　铅印本。

《大清五朝会典》，北京：线装书局，2006。

《大清五朝会典》，北京：线装书局，2006。

《督抚与阁会》，清末铅印本。

《度支部清理财政处档案》，清末铅印本。

《度支部试办全国预算奏稿》，清末铅印本。

《度支部奏维持预算实行办法折稿》，集成图书公司清末铅印本。

《福建咨议局第二次会议速记录》，清末铅印本。

《各省督抚对于地方税应分三级往来电》，宣统二年朱丝栏钞本。

《光绪二十九年湖北全省出入财政预计表（附注说）》，清末稿本。

《光绪会典》，载沈云龙主编《近代中国史料丛刊》正编第 13 辑，台北：文海
　　出版社，1967。

《河南新志》，郑州：河南省地方史志编纂委员会书刊发行部，1988。

《户部奏稿》，北京：全国图书馆文献缩微复制中心，2004。

《近代史资料》编辑部编:《近代史资料》总 108 号，北京：中国社会科学出版
　　社，2004。

《李鸿章全集·译署函稿》，海口：海南出版社，1997。

《刘忠诚公遗集》，载《清代诗文集汇编》编纂委员会编《清代诗文集汇编》第
　　716 册，上海：上海古籍出版社，2010。

《钦定大清会典》，光绪二十五年重修本。

《钦定武场条例》，载故宫博物院编《钦定科场条例》第 3 册，海口：海南出版
　　社，2000。

《清会典事例》，北京：中华书局，1991。

《清季时事闲评》，民初铅印本。

《清实录》，北京：中华书局，1985—1987。

《上沈提学论国家理财书》，南京：南洋官报局清末铅印本。

《咸丰条约》，载沈云龙主编《近代中国史料丛刊》续编第 76 册，台北：文海
　　出版社。

《湘藩案牍钞存》，清末铅印本。

《宣统二年第一次常年会资政院会议速记录（第三十至三十一号）》，清末铅印
　　单行本。

《宣统二年第一次常年会资政院会议速记录（第十至十一号）》，清末铅印本。

《张文襄公全集》，台北：文海出版社，1970。

A. E. Buck :《各国预算制度》，彭子明译，上海：商务印书馆，1936。

Paul Christopher Hickey: "Bureaucratic Centralization and Public Finance in the
　　Late Qing China", Ph.D. Dissertation, Harvard University, 1990, esp. chs. 2,4.

班固:《白虎通义》，上海：商务印书馆，1937。

班固撰:《汉书》，颜师古注，北京：中华书局，1962。

北京市邮政管理局史志办公室编:《京版报刊上的北京邮政》（中华人民共和国
　　成立前部分），北京：北京燕山出版社，1992。

北京市邮政管理局文史中心编:《中国邮政事务总论》，北京：北京燕山出版社，
　　1995。

卞僧慧:《陈寅恪先生年谱长编（初稿）》，北京：中华书局，2010。

卞孝萱，唐文权编著:《民国人物碑传集》，南京：凤凰出版社，2011。

卞孝萱、唐文权主编:《辛亥人物碑传集》，北京：团结出版社，1991。

蔡乃煌:《策时末议》，光绪戊戌年石印本。

岑春煊:《乐斋漫笔》，北京：中华书局，2007。

陈昌绅辑:《分类时务通纂》，北京：北京图书馆出版社，2005。

陈德溥编:《陈黻宸集》下册，北京：中华书局，1995。

陈登原:《国史旧闻》，北京：中华书局，2000。

陈锋:《清代中央财政与地方财政的调整》，《历史研究》1997 年第 5 期。

陈锦江:《清末现代企业与官商关系》，北京：中国社会科学出版社，1997。

陈美延编:《陈寅恪集》，北京：生活·读书·新知三联书店，2001。

陈启修编:《财政学总论》，清末铅印本。

陈旭麓、顾廷龙、汪熙主编:《辛亥革命前后——盛宣怀档案资料选辑之一》，
　　上海：上海人民出版社，1979。

陈铮编:《黄遵宪全集》下册，北京：中华书局，2005。

陈子龙等辑:《皇明经世文编》，上海：上海古籍出版社，1996。

迟云飞著:《清末预备立宪研究》，北京：中国社会科学出版社，2013。

仇润喜、刘广生主编:《中国邮驿史料》，北京：北京航空航天大学出版社，
　　1999。

储桂山编:《皇朝经世文新编续集》，上海：义记书庄，1902。

褚成博:《坚正堂折稿》，1905。

戴鸿慈、端方合辑:《列国政要》，上海：商务印书馆，1907。

丁文江、赵丰田编:《梁启超年谱长编》，上海：上海人民出版社，1983。

杜春和、韩荣芳、耿来金编:《胡适论学往来书信选》下册，石家庄：河北人民
　　出版社，1998。

杜翰藩:《光绪财政通纂》，成都：蓉城文伦书局，1905。

杜佑:《通典》，杭州：浙江古籍出版社，1988。

端方:《端忠敏公奏稿》,载沈云龙主编《近代中国史料丛刊》正编第 94 辑,台
　　北:文海出版社,1967。

樊增祥:《樊山集》,载《清代诗文集汇编》编纂委员会《清代诗文集汇编》第
　　762 册,上海:上海古籍出版社,2010。

范晔撰:《后汉书》,李贤等注,北京:中华书局,1965。

冯桂芬:《校邠庐抗议》,上海:上海书店出版社,2002。

冯筱才:《从轻商走向重商——晚清重商主义再思考》,《社会科学研究》2003
　　年第 2 期。

冯友兰:《中国哲学史》下册,上海:商务印书馆,1934。

奉天清理财政局编订:《奉天省财政沿革利弊说明书》,清末铅印本。

奉天清理财政局编订:《奉天省划分国家地方两税说明书》,清末铅印本。

敫文社编:《最近官绅履历汇编》,载沈云龙主编《近代中国史料丛刊》第 450
　　册,台北:文海出版社,1970。

服部宇之吉编纂:《清末北京志资料》,张宗平、吕永和译,北京:北京燕山出
　　版社,1994。

傅筑夫:《中国经济史论丛》,北京:生活·读书·新知三联书店,1980。

甘鹏云:《崇雅堂丛书·潜园随笔》,潜江:甘氏崇雅堂,1934。

葛士濬辑:《皇朝经世文续编》,载沈云龙主编《近代中国史料丛刊》正编第 75
　　辑,台北:文海出版社,1972。

故宫博物院明清档案部编:《清末筹备立宪档案史料》,北京:中华书局,1979。

关晓红:《从幕府到职官——清季外官制的转型与困扰》,北京:生活·读书·新
　　知三联书店,2014。

关晓红:《科举停废与近代中国社会》,北京:社会科学文献出版社,2013。

关晓红:《清季外官改制的“地方”困扰》,《近代史研究》2010 年第 5 期。

关晓红:《清末官制改革与行政经费》,《学术研究》2009 年第 11 期。

关晓红:《清末科举改章与停废科举》,《近代史研究》2013 年第 1 期。

关晓红:《晚清学部研究》,广州:广东教育出版社,2000。

关晓红:《晚清议改科举新探》,《史学月刊》2007 年第 10 期。

广东省清理财政局编订:《广东财政说明书》,宣统二年(1910)六月铅印本。

广东省社会科学院历史研究室、中国社会科学院近代史研究所中华民国史研究室、中山大学历史系孙中山研究室合编:《孙中山全集》第 1 卷,北京:中华书局,1981。

广东省社会科学院历史研究室、中国社会科学院近代史研究所中华民国史研究室、中山大学历史系孙中山研究室合编:《孙中山全集》第 3 卷,北京:中华书局,1984。

广东省社会科学院历史研究室、中国社会科学院近代史研究所中华民国史研究室、中山大学历史系孙中山研究室合编:《孙中山全集》第 9 卷,北京:中华书局,1986。

广西清理财政局编订:《广西财政沿革利弊说明书》,清末铅印本。

贵州省清理财政局编订:《贵州省财政说明书》,清末铅印本。

郭成伟编:《大清律例根原》,上海:上海辞书出版社,2012。

郭嵩焘著:《郭嵩焘日记》,长沙:湖南人民出版社,1981。

郭耀力:《商战与大同在进步的时代——清末民初沪、津的商会(1904—1927)》,博士学位论文,台湾大学,2004。

国家档案局明清档案部编:《戊戌变法档案史料》,北京:中华书局,1958。

国家图书馆分馆编选:《(清末)时事采新汇选》,北京:北京图书馆出版社,2004。

韩愈著,马其昶校注,马茂元整理:《韩昌黎文集校注》(第二版),上海:上海古籍出版社,2014。

何炳棣:《明初以降人口及其相关问题(1368—1953)》,葛剑雄译,北京:生活·读书·新知三联书店,2000。

何汉威:《清季中央与各省财政关系的反思》,《"中研院"历史语言研究所集刊》

第 72 本第 3 分，2001。

何汉威："A Final Attempt at Financial Centralisation in the Late Qing Period,1909-1911", *Papers on Far Eastern History* 32，1985。

何烈:《清咸、同时期的财政》，台北：编译馆中华丛书编审委员会，1981。

何煜纂:《日本财务行政述要》，1911。

河北省地方志办公室整理点校:（民国）《河北通志稿》，北京:北京燕山出版社，1993。

贺长龄、盛康辑:《清朝经世文正续编》，扬州：广陵书社，2011。

侯宜杰:《20 世纪初中国政治改革风潮——清末立宪运动史》，北京：人民出版社，1993。

胡钧:《中国财政史讲义》，上海：商务印书馆，1920。

胡思敬:《国闻备乘》，北京：中华书局，2007。

胡思敬:《国闻备乘》，上海：上海书店出版社，1997。

胡思敬:《退庐全集》，载沈云龙主编《近代中国史料丛刊》第 445-446 册，台北：文海出版社，1970。

胡珠生编:《宋恕集》，北京：中华书局，1993。

胡子清辑:《法政粹编第十三种·财政学》，东京：东京并木活版所，1905。

黄鉴晖:《明清山西商人研究》，太原：山西人民出版社，2002。

黄寿衮辑:《富国新典》，清末铅印本。

黄序鹓:《中国经济史长编》，北京：国家图书馆出版社，2011。

黄云鹄:《兵部公牍》，载沈云龙主编《近代中国史料丛刊》第 580 册，台北：文海出版社，1970。

吉林师范大学中国近代史教研室编:《中国近代史事记》，上海：上海人民出版社，1959。

贾士毅:《民国财政史》，上海：商务印书馆，1917。

贾士毅:《五十年来之中国财政》，载沈云龙主编《近代中国史料丛刊》续编第

81 辑，台北：文海出版社，1976。

贾学德：《清代武科举制度的影响及废除》，硕士学位论文，复旦大学，1997。

贾桢：《筹办夷务始末（咸丰朝）》，北京：中华书局，1979。

监察院监察制度编纂处编：《监察制度史要》，南京：汉文正楷印书局，1935。

江苏省苏属清理财政局编订：《江苏苏属财政说明书》，清末铅印本。

姜义华，张荣华编校:《康有为全集》第 7、10 集，北京：中国人民大学出版社，2007。

蒋天枢：《陈寅恪先生编年事辑》（增订本），上海：上海古籍出版社，1997。

角田文衞:《考古学京都学派》（增补），东京：雄山阁，1997。

金蓉镜：《痰气集》，1908。

金毓黻：《静晤室日记》，沈阳：辽沈书社，1993。

柯文:《在传统与现代之间：王韬与晚清改革》，雷颐、罗检秋译，南京：江苏人民出版社，1994。

鞠方安：《中国近代中央官制改革研究》，北京：商务印书馆，2014。

蒯世勋：《上海公共租界史稿》，上海：上海人民出版社，1980。

昆岗等修、刘启端等纂:《钦定大清会典事例》，载《续修四库全书》编纂委员会编《续修四库全书》798 册，上海：上海古籍出版社，2002。

劳祖德整理:《郑孝胥日记》，北京：中华书局，1993。

李典蓉:《清朝京控制度研究》，上海：上海古籍出版社，2011。

李圭：《环游地球新录》，长沙：岳麓书社，1985。

李明勋、尤世玮主编:《张謇全集》，上海：上海辞书出版社，2012。

李启成：《清末民初关于设立行政裁判所的争议》，《现代法学》2005 年第 5 期。

李启成点校:《资政院议场会议速记录——晚清预备国会论辩实录》，上海：上海三联书店，2011。

李希圣:《光绪会计录》，上海：时务报馆。

李细珠:《张之洞与清末新政研究》（增订版），北京：中国社会科学出版社，

2015。

李元鹏:《晚清督抚与社会变革——以1895—1898年初督抚的自强活动为中心》,博士学位论文,河北师范大学,2009。

梁娟娟:《清代谏议制度研究》,博士学位论文,山东大学,2009。

梁启超:《饮冰室合集》,北京:中华书局,1989。

廖一中、罗真容整理:《袁世凯奏议》,天津:天津古籍出版社,1987。

林旻、林树建:《宁波商帮》,合肥:黄山书社,2007。

林鍼:《西海纪游草》,长沙:岳麓书社,1985。

林志道:《日本财政考略》,1910。

苓泉居士辑:《云在山房类稿》,广东省立中山图书馆藏1930年刻本。

刘广京、朱昌凌合编:《李鸿章评传》,上海:上海古籍出版社,1995。

刘广生、赵俊起、宋大可编著:《河西驿写真》,北京:北京燕山出版社,1996。

刘广生主编:《中国古代邮驿史》,北京:人民邮电出版社,1986。

刘锦藻:《清朝续文献通考》,杭州:浙江古籍出版社,1988。

刘锦藻:《清朝续文献通考》,杭州:浙江古籍出版社,2000。

刘锦藻撰:《清朝续文献通考》,上海:商务印书馆,万有文库本,1936。

刘汝骥:《陶甓公牍》,载官箴书集成编纂委员会编《官箴书集成》第10册,合肥:黄山书社,1997。

刘涛:《从都察院到检察厅》,博士学位论文,中国人民大学,2008。

刘增合:《光绪前期户部整顿财政中的旧制规复及其限度》,《“中研院”历史语言研究所集刊》第79本第2分。

刘增合:《清末“急务”与“本源”的失调——以鸦片禁政期间的财政窘况为背景》,《学术月刊》2006年第9期。

刘增合:《清末禁烟时期的盐斤加价与督抚干政》,《清史研究》2004年第3期。

刘子扬:《清代地方官制考》,北京:紫禁城出版社,1988。

龙炳峰:《清代武举制度之研究(1644—1901)》,硕士学位论文,台东师范大学，2002。

楼祖诒：《中国邮驿发达史》，载《民国丛书》第三编第 35 册，上海：上海书店出
　　版社，1991。

陆定撰：《清理财政章程解释》，开封：河南清理财政局，1909。

罗尔纲：《绿营兵志》，北京：中华书局，1984。

罗尔纲：《晚清兵志》，北京：中华书局，1999。

骆宝善、刘路生主编：《袁世凯全集》第 26、27 卷，开封：河南大学出版社，
　　2013。

吕策辑：《财政要论》，清末油印本。

吕思勉：《中国制度史》，上海：上海教育出版社，1985。

马敏、肖芃主编：《苏州商会档案丛编》，武汉：华中师范大学出版社，2009。

马敏、朱英：《传统与近代的二重变奏——晚清苏州商会个案研究》，成都：巴
　　蜀书社，1993。

毛佩之辑：《变化自强奏议汇编》，台北：文海出版社，1974。

茅海建：《近代的尺度：两次鸦片战争的军事与外交》，上海：上海三联书店，
　　1998。

茅海建：《天朝的崩溃：鸦片战争再研究》修订版，北京：生活·读书·新知三
　　联书店，2017。

茅海建：《戊戌变法史事考》，北京：生活·读书·新知三联书店，2005。

孟昭常：《公民必读初编》，光绪丁未八月刻本。

聂鑫：《资政院弹劾军机案的宪法学解读》，《法学研究》2013 年 6 月。

欧阳哲生主编：《傅斯年全集》第 2 卷，长沙：湖南教育出版社，2003。

戚其章：《甲午战争史》，上海：上海人民出版社，2005。

戚其章主编：《中日战争》，北京：中华书局，1989。

钱穆：《中国近三百年学术史》，北京：商务印书馆，1997。

钱穆：《中国历代政治得失》，北京：生活·读书·新知三联书店，2001。

钱学嘉编:《光绪通商综覆表》，光绪元年精刻本。

钱应清:《会计学要论》，杭州：浙江官报兼印刷局，1911。

秦国经等编:《清代官员履历档案全编》第 8 册，上海：华东师范大学出版社，
　　1997。

邱捷:《近代中国民间武器》，北京：社会科学文献出版社，2012。

求是斋辑:《皇朝经世文编五集》，载沈云龙主编《近代中国史料丛刊》三编第
　　28 辑，台北：文海出版社，1987。

屈蟠:《屈主政上度支部论整顿财政书》，清末铅印单行本。

全国图书馆文献缩微复制中心编:《清陆军部档案资料汇编》，北京：全国图书
　　馆文献缩微复制中心，2004。

全国图书馆文献缩微复制中心编:《清末官报汇编》，北京：全国图书馆文献缩
　　微复制中心，2007。

全国图书馆文献缩微复制中心编:《中国近代邮政史料》，北京：全国图书馆文
　　献缩微复制中心，2005。

阙名:《财政学原理》，清末铅印本。

阙名:《连青轩类稿六·自彊刍议》，1901。

阙名:《日本会计检查院情形》，清末稿本。

阙名:《日本岁计预算及执行之顺序》，清末稿本。

阙名:《意大利财政书五种》，驻义使署光绪乙巳四月校印本。

阙名:《预算要论》，清末铅印本。

任达:《新政革命与日本：中国，1898—1912》，李仲贤译，南京：江苏人民出
　　版社，1998。

任青、马忠文整理:《张荫桓日记》，上海：上海书店出版社，2004。

荣孟源、章伯锋主编:《近代稗海》第 2 辑，成都：四川人民出版社，1985。

桑兵:《黄金十年与新政革命——评介〈新政革命与日本：中国，1898—
　　1912〉》，《燕京学报》1998 年新四期。

桑兵:《近代中外比较研究史管窥——陈寅恪〈与刘叔雅论国文试题书〉解析》,
　　《中国社会科学》2003 年第 1 期。

桑兵:《梁启超的东学、西学与新学——评狭间直树〈梁启超·明治·日本西
　　方〉》,《历史研究》2002 年第 6 期。

桑兵:《求其是与求其古:傅斯年"性命古训辩证"的方法启示》,《中国文化》
　　2009 年第 29 期。

山本进:《清代财政史研究》,东京:汲谷书院,2002。

山西清理财政局编订:《山西全省财政说明书》上册,清末铅印本。

山西清理财政局编订:《山西全省财政沿革利弊说明书》上册,清末铅印本。

陕西清理财政局编订:《陕西清理财政局说明书》,清末铅印本。

上海商务印书馆编译所编纂:《大清新法令(1901—1911)》(点校本),北京:
　　商务印书馆,2011。

上海市档案馆编:《工部局董事会会议录》,上海:上海古籍出版社,2001。

上海图书馆编:《汪康年师友书札》,上海:上海古籍出版社,1986。

邵之棠辑:《皇朝经世文统编》,载沈云龙主编《近代中国史料丛刊续编》第
　　七十二辑之 720 册,台北:文海出版社,1980。

社会科学院近代史研究所《近代史资料》编辑部编:《近代史资料》总 109 号,
　　北京:中国社会科学出版社,2004。

沈阳市邮政局邮政志办公室编:《中国邮电史料》(第二辑),沈阳:沈阳市邮政
　　局邮政志办公室,1986。

司马光:《司马温公文集》,北京:中华书局,1985。

苏同炳:《中国近代史上的关键人物》,天津:百花文艺出版社,2000。

孙传栅编:《寿州孙文正公年谱》,载北京图书馆编《北京图书馆藏珍本年谱丛
　　刊》第 169 册,北京:书目文献出版社,1999。

孙德全:《理财考镜》,清末铅印本。

孙圣民、徐晓曼:《经济史中制度变迁研究三种范式的比较分析》,《文史哲》

2008 年第 5 期。

孙毓棠编:《中国近代工业史资料》,北京:科学出版社,2016。

唐才常撰,湖南哲学社会科学研究所编:《唐才常集》,北京:中华书局,1980。

唐文治著,唐庆诒补:《茹经先生自订年谱》,载沈云龙主编《近代中国史料丛刊三编》第九辑之 090 册,台北:文海出版社,1986。

唐文治著:《茹经堂奏疏》,载沈云龙主编《近代中国史料丛刊》初编第六辑之 56 册,台北:文海出版社,1967。

陶模著,杜宏春补正:《陶模奏议遗稿补正》,北京:商务印书馆,2015。

天津市档案馆编:《清末天津海关邮政档案选编》,北京:中国集邮出版社,1988。

天津市档案馆编:《天津商会档案汇编(1903—1911)》,天津:天津人民出版社 1998。

土井常太郎述,蔡承焕辑译:《江苏法政学堂讲义·财政学》,清末刻印本。

汪敬虞编:《中国近代工业史资料》第二辑,北京:中华书局,1957。

汪荣祖:《走向世界的挫折:郭嵩焘与道咸同光时代》,长沙:岳麓书社,2000。

汪叔子编:《文廷式集》上册,北京:中华书局,1993。

汪熙、陈绛编:《轮船招商局——盛宣怀档案资料选辑之八》,上海:上海人民出版社,2002。

王尔敏:《清代勇营制度》,《"中央研究院"近代史研究所集刊》第 4 期,1973。

王尔敏:《清季兵工业的兴起》,桂林:广西师范大学出版社,2009。

王尔敏:《商战观念与重商思想》,《"中研院"近代史研究所集刊》第 5 期,1976。

王尔敏:《中国近代思想史论》,北京:社会科学文献出版社,2003。

王汎森:《中国近代思想文化史研究的若干思考》,《新史学》(台北)第 14 卷第 4 期,2003。

王鸿志:《兴利与牧民:清季劝业道的建制与运作》,博士学位论文,中山大学,2009。

王奎:《清末商部研究》,北京:人民出版社,2008。

王栻主编:《严复集》第 3 册,北京:中华书局,1986。

王韬:《弢园尺牍》,北京:中华书局,1959。

王晓秋、尚小明主编:《戊戌维新与清末新政》,北京:北京大学出版社,1998。

王延熙、王树敏辑:《皇清道咸同光奏议》,台北:文海出版社,1969。

王之春著,赵春晨等校:《王之春集》第 2 册,长沙:岳麓书社,2010。

韦庆远、高放、刘文源:《清末宪政史》,北京:中国人民大学出版社,1993。

魏光奇:《清代后期中央集权财政体制的瓦解》,《近代史研究》1986 年第 1 期。

魏秀梅:《清代之回避制度》,台北:"中研院"近代史研究所,1992。

魏源:《魏源全集》第 4 册,长沙:岳麓书社,2011。

温肃:《清温侍御毅夫年谱》,载王云五主编《新编中国名人年谱集成》第二十
　　辑,台北:台湾商务印书馆,1986。

温肃:《温侍御(毅夫)年谱及檗盒奏稿》,载沈云龙主编《近代中国史料丛刊》
　　初编第七十五辑之 745 册,台北:文海出版社,1975。

文安主编:《清末民初系列丛书·晚清述闻》,北京:中国文史出版社,2004。

吴宓著,吴学昭整理:《吴宓日记》第 2 册,北京:生活·读书·新知三联书店,
　　1998。

吴汝纶撰,施培毅、徐寿凯校:《吴汝纶全集》第 3 册,合肥:黄山书社,
　　2002。

吴天任:《黄公度先生传稿》,香港:香港中文大学出版社,1972。

吴廷燮编:《北京市志稿》,北京:北京燕山出版社,1998。

夏东元编:《郑观应年谱长编》上卷,上海:上海交通大学出版社,2009。

夏国祥:《近代中国税制改革思想研究》,上海:上海财经大学出版社,2006。

宪政编查馆编:《厘订官制参考折件汇存》,编印时间不详。

萧公权:《康有为思想研究》,汪荣祖译,北京:新星出版社,2005。

小林丑三郎,《欧洲财政史》,罗普译,上海:广智书局,1903。

谢彬:《中国邮电航空史》,《民国丛书》第三编第 35 册,上海:上海书店出版
　　社,1991。

谢俊美编:《翁同龢集》下册,北京:中华书局,2005。

谢兴尧整理点校注释:《荣庆日记》,西安:西北大学出版社,1986。

熊希龄:《熊希龄先生遗稿》,上海:上海书店出版社,1998。

熊月之:《西学东渐与晚清社会》,上海:上海人民出版社,1994。

徐东梧:《痛哭疾声呼捄》,1909。

徐建国:《从兴盛到衰败:近代中国民信局(1866—1934)》,北京:中国社会科
　　学出版社,2017。

徐凌霄、徐一士:《凌霄一士随笔》第 2、4 册,太原:山西古籍出版社,1997。

徐一士著,徐禾选编:《亦佳庐小品》,北京:中华书局,2009。

许有根:《清末废武科探因》,《盐城师专学报(哲学社会科学版)》1997 年第
　　1 期。

许有根:《清末废武科原因再探》,《盐城师专学报(哲学社会科学版)》1998 年
　　第 1 期。

薛福成著,徐素华选注:《筹洋刍议:薛福成集》,沈阳:辽宁人民出版社,
　　1994。

薛福成:《出使英法义比四国日记》,载钟叔河主编《走向世界丛书》,长沙:岳
　　麓书社,1985。

闫俊侠:《晚清西方兵学译著在中国的传播(1860—1895)》,博士学位论文,复
　　旦大学,2007。

晏星:《中华邮政发展史》,台北:台湾商务印书馆,1994。

杨道霖:《日本统计类表要论》,1909。

杨国强:《百年嬗蜕:中国近代的士与社会》,上海:上海三联书店,1997。

杨启樵:《雍正帝及其密折制度研究》,上海:上海古籍出版社,2003。

杨雄威:《日暮途穷——清末预备立宪时期的言路》,硕士学位论文,河北师范

大学，2006。

杨荫溥:《五十年来之中国银行业》，载沈云龙主编《近代中国史料丛刊》续编
　　第 81 辑，台北：文海出版社，1976。

杨志刚:《中国礼仪制度研究》，上海：华东师范大学出版社，2001。

姚东木辑:《日本会计录》，光绪前期石印本。

姚锡光著，王凡、汪叔子编:《姚锡光江鄂日记》（外二种），北京：中华书局，
　　2010。

叶子奇撰:《草木子》，北京：中华书局，1959。

伊桑阿等纂修:《大清会典》（康熙朝），载沈云龙主编《近代中国史料丛刊三
　　编》第 72 辑 711 册，台北：文海出版社，1992。

英国怀尔森:《英国财政志》，南洋公学师范院译，南洋公学译书院，1903。

余子侠:《唐文治与清末商政》，《华中师范大学学报》2005 年第 3 期。

俞光:《温州古代经济史料汇编》，上海：上海社会科学院出版社，2003。

俞汝楫:《礼部志稿》，载《文渊阁四库全书》第 597 册，台北：商务印书馆，
　　1986。

苑书义、孙华峰、李秉新主编:《张之洞全集》，石家庄：河北人民出版社，
　　1998。

恽毓鼎著，史晓风整理:《恽毓鼎澄斋日记》，杭州：浙江古籍出版社，2004。

斋藤忠:《考古学史の人びと》，东京：第一书店，1985。

张德彝:《稿本航海述奇汇编》，北京：北京图书馆出版社，1997。

张德泽:《清代国家机关考略》（修订本），北京：学苑出版社，2001。

张国辉:《洋务运动与中国近代企业》，北京：中国社会科学出版社，1979。

张海鹏编:《明清徽商资料选编》，合肥：黄山书社，1985。

张海荣:《甲午战后改革大讨论考述》，《历史研究》2010 年第 4 期。

张謇:《预计地方自治经费厘订地方税界限应请开国会议》，宣统年间铅印本。

张廷玉等撰:《明史》，北京：中华书局，1974。

张怡祖编:《张季子九录·政闻录》,载沈云龙主编《近代中国史料丛刊》续编第97辑,台北:文海出版社,1975。

张翊:《中华邮政史》,台北:东大图书公司,1996。

张勇坚:《武科的存废与军事教育的近代化》,载《复旦学报(社会科学版)》1988年第1期。

张玉法著:《民国初年的政党》,台北:"中研院"近代史研究所,1985。

张正吾、蓝少成、谭志峰编:《王鹏运研究资料》,桂林:漓江出版社,1996。

章开沅:《艰难的探索——对五权宪法的再认识》,《中山大学学报论丛》1995年第5期。

章梫著:《一山文存》,载沈云龙主编《近代中国史料丛刊》初编第三十三辑之329册,台北:文海出版社,1968。

赵炳麟著,黄南津等点校:《赵柏岩集》,南宁:广西人民出版社,2001。

赵德馨主编:《张之洞全集》第3、8册,武汉:武汉出版社,2008。

赵启霖著,施明、刘志盛整理:《赵瀞园集》,长沙:湖南出版社,1992。

赵树贵、曾丽雅编:《陈炽集》,北京:中华书局,1997。

赵玉新点校:《戴震文集》,北京:中华书局,1980。

哲美森:《中国度支考》,林乐知译,上海:上海图书集成局,1897。

浙江清理财政局编订:《浙江财政说明书》,清末铅印本。

郑大华点校:《采西学议——冯桂芬 马建忠集》,沈阳:辽宁人民出版社,1994。

郑大华点校:《新政真诠——何启 胡礼垣集》,沈阳:辽宁人民出版社,1994。

郑观应著,王贻梁评注:《盛世危言》,郑州:中州古籍出版社,1998。

郑剑顺:《论洋务官员的经济思想》,《中国社会经济史研究》1992年第4期。

郑云波:《言官与光绪朝政研究》,博士学位论文,吉林大学,2012。

织田万著,李秀清等点校:《清国行政法》,北京:中国政法大学出版社,2003。

直隶清理财政局编订:《直隶清理财政说明书》,清末铅印本。

中国第二历史档案馆、中国社会科学院近代史研究所合编:《中国海关密档》第
　　5-6、9卷,北京:中华书局,1994—1996。

中国第一历史档案馆,海峡两岸出版交流中心编:《清宫辛亥革命档案汇编》第
　　64、72、80册,北京:九州出版社,2011。

中国第一历史档案馆编:《光绪朝朱批奏折》,北京:中华书局,1995—1996。

中国第一历史档案馆编:《光绪宣统两朝上谕档》,桂林:广西师范大学出版社,
　　1996。

中国第一历史档案馆编:《清代档案史料丛编》第七辑,北京:中华书局,
　　1981。

中国近代史资料丛刊编辑委员会编:《中国海关与邮政》,北京:中华书局,
　　1983。

中国科学院历史研究所第三所主编:《刘坤一遗集》,北京:中华书局,1959。

中国社会科学院近代史研究所近代史资料编辑部编:《近代史资料》总79号,
　　北京:中国社会科学出版社,1991。

中国社会科学院近代史研究所近代史资料编辑部编:《近代史资料》总83号,
　　北京:中国社会科学出版社,1993。

中国史学会主编:《戊戌变法》第1册,上海:上海人民出版社,2000。

中国史学会主编:《辛亥革命》第4册,上海:上海人民出版社,1957。

中国史学会主编:《中国近代史资料丛刊·戊戌变法》第1-2册,上海:上海人
　　民出版社,1957。

中国史学会主编:《中国近代史资料丛刊·洋务运动》,上海:上海人民出版社,
　　1959。

中国史学会主编:《中国近代史资料丛刊·洋务运动》,上海:上海人民出版社,
　　2000。

中国史学会主编:《中日战争》第3册,上海:上海人民出版社,1957。

中华人民共和国信息产业部、《中国邮票史》编审委员会编:《中国邮票史·第

一卷（1878—1896）》，北京：商务印书馆，1999。

中华人民共和国信息产业部、《中国邮票史》编审委员会编:《中国邮票史·第
　　二卷（1896—1911）》，北京：商务印书馆，2004。

忠县志编纂委员会编:《忠县志》，成都：四川辞书出版社，1994。

周育民:《清王朝覆灭前财政体制的改革》，《历史档案》2001年第1期。

周育民:《晚清财政与社会变迁》，上海：上海人民出版社，2000。

周志初:《晚清财政经济研究》，济南：齐鲁书社，2002。

朱诚如、王天有主编:《明清论丛》第5辑，北京：紫禁城出版社，2004。

朱诚如、王天有主编:《明清论丛》第8辑，北京：紫禁城出版社，2008。

朱寿朋编，张静庐等校点:《光绪朝东华录》，北京：中华书局，1958。

朱荫贵:《引进与变革：近代中国企业官利制度分析》，《近代史研究》2001年
　　第4期。

人名索引

胡思敬 266, 286, 287, 289, 290, 295,
    298, 301, 307, 323, 362

胡燏棻 65, 70, 295

黄昌年 315

黄瑞麒 177

黄孝觉 342

黄云鹄 214, 236, 237

黄遵宪 141, 144, 156

惠栋 31, 37

江春霖 336, 351

江藩 31

金登干 246, 247, 248, 253

金毓黻 21, 49, 50

康熙 46, 216, 220

康有为 7, 31, 41, 72, 152, 279, 298, 309,
    320, 360, 361, 362

孔昭莱 152

蒯光典 62, 63, 65

劳鼎勋 348

雷乃煊 154

雷震春 196

李圭 230, 231

李鸿章 85, 86, 88, 98, 109, 216, 239,
    241

李济 20

李稷勋 349

李家驹 148

李经羲 200

李景铭 351, 352

李仁甫 36

李提摩太 156, 157, 192

李希圣 158, 210

李兴锐 164, 165

李宗侗 20

郦道元 36

梁方仲 38, 55

梁启超 7, 18, 26, 27, 30, 32, 34, 41, 324,
    328, 337, 361

梁如浩 266

梁士诒 266

廖寿丰 67, 71

林炳章 177

林朝圻 153

林绍年 266

林志道 140, 146

刘保林 126, 127

刘成禺 364

刘笃敬 124

刘福姚 177

刘果 296

刘坤一 62, 64, 108, 113, 258, 263

刘汝骥 326, 327

文
景

Horizon

社 科 新 知　文 艺 新 潮

章程条文与社会常情
桑兵　关晓红 主编

出 品 人：姚映然
特邀策划：谭徐锋
责任编辑：刘宁宁
营销编辑：胡珍珍
装帧设计：安克晨

出　　品：北京世纪文景文化传播有限责任公司
　　　　　（北京朝阳区东土城路8号林达大厦A座4A　100013）
出版发行：上海人民出版社
印　　刷：山东临沂新华印刷物流集团有限责任公司
制　　版：北京大观世纪文化传媒有限公司

开　本：890mm×1240mm　1/32
印　张：12.5　　字　数：271,000　　插 页：2
2021年5月第1版　　2021年5月第1次印刷
定　价：59.00元
ISBN：978-7-208-16819-0/K · 3021

图书在版编目（CIP）数据

章程条文与社会常情 / 桑兵，关晓红主编. —上海：
上海人民出版社，2020
　（近代中国的知识与制度转型 / 桑兵，关晓红主编.
制度编）
　　ISBN 978-7-208-16819-0

Ⅰ. ① 章… Ⅱ. ① 桑… ② 关… Ⅲ. ① 中国历史-近
代史-研究 Ⅳ.① K250.7

中国版本图书馆CIP数据核字（2020）第218480号

本书如有印装错误，请致电本社更换　010-52187586